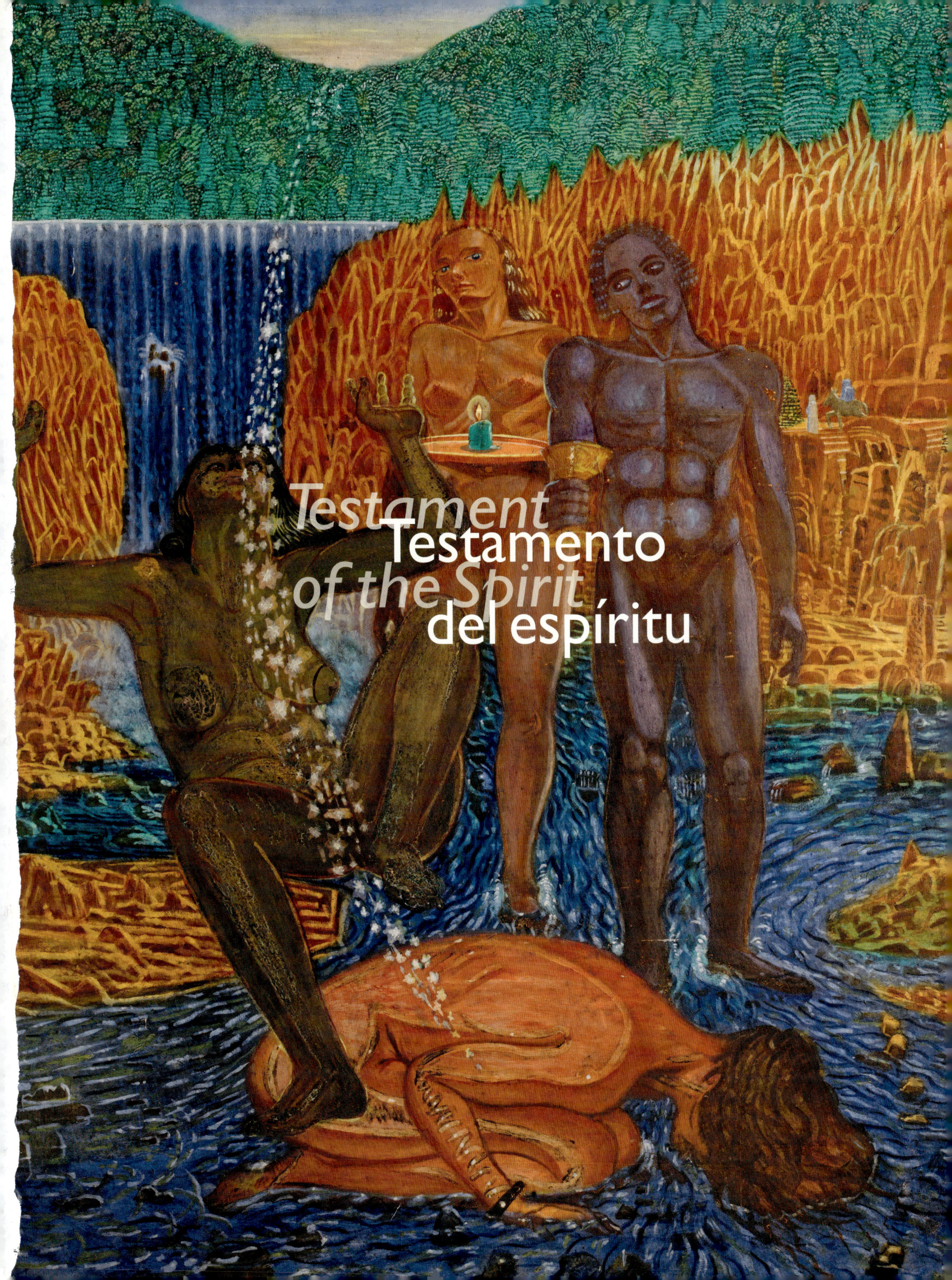
Testament
Testamento
of the Spirit
del espíritu

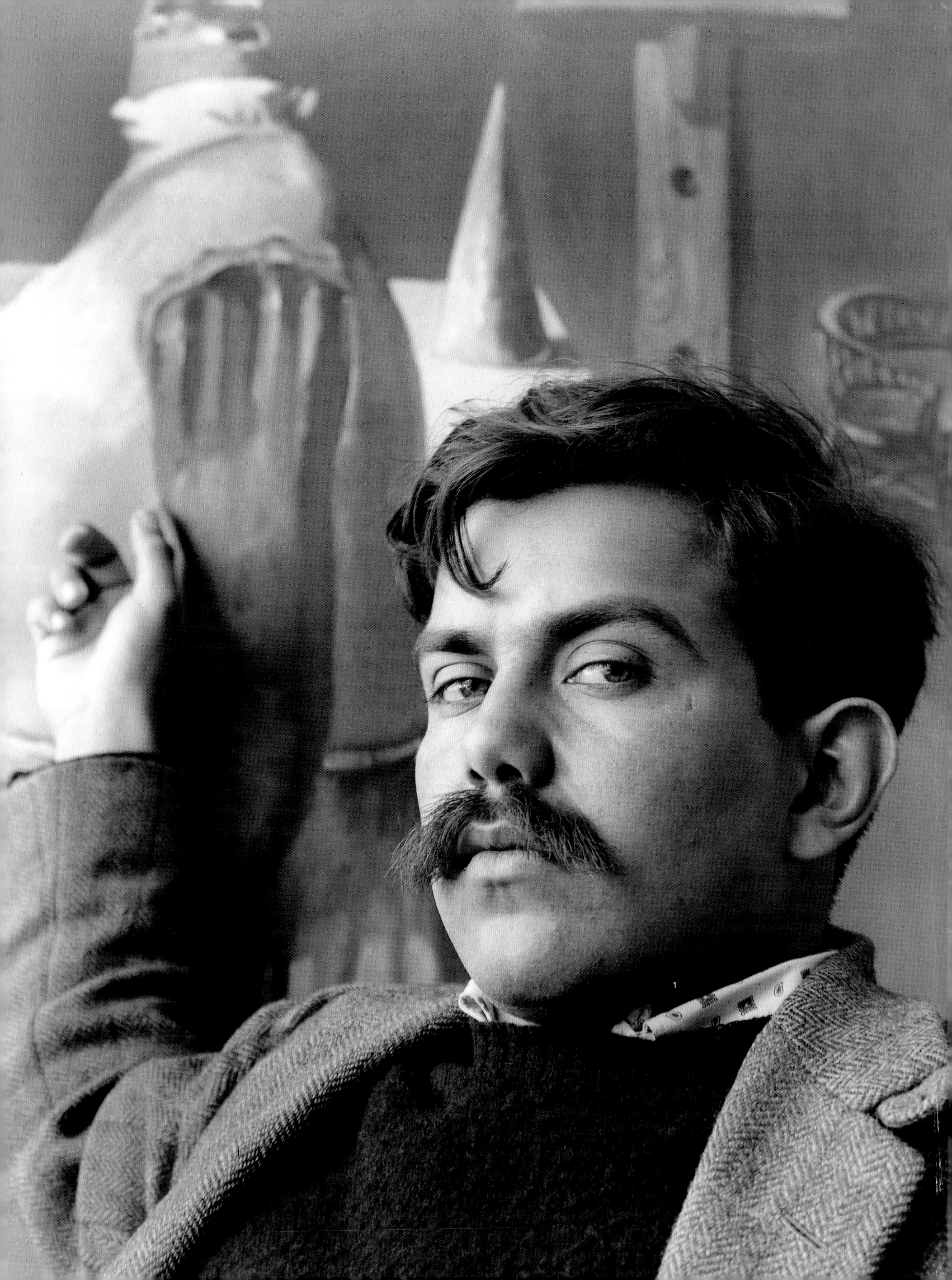

Testament of the Spirit
Testamento del espíritu

Paintings by / Pinturas de

Eduardo Carrillo

SUSAN LEASK

with essays by / con ensayos de

Philip Brookman, Gilberto Cárdenas, Maureen Davidson, Tim Drescher, Michael Duncan, Amalia Mesa-Bains, Terezita Romo, and Christina Waters

Editors / Editoras Kristina Perea Gilmore and Susan Leask

Photographer / Fotógrafo Jesse A. Bravo

Translator / Traductora Krystyna von Henneberg

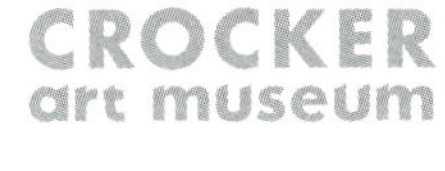

Sacramento, California

Published on the occasion of the exhibition
Testament of the Spirit: Paintings by Eduardo Carrillo
Organized by Crocker Art Museum

Publicado en ocasión para la exposición
Testamento del espíritu: Pinturas de Eduardo Carrillo
Organizado por el Crocker Art Museum

Pasadena Museum of California Art, Pasadena, California
January 21–June 3, 2018 / 21 de enero–3 de junio de 2018
Crocker Art Museum, Sacramento, California
June 24–October 7, 2018 / 24 de junio–7 de octubre de 2018
Triton Museum of Art, Santa Clara, California
October 27, 2018–January 27, 2019 / 27 de octubre de 2018–27 de enero de 2019
American University Museum, Washington, D.C.
April 6–June 1, 2019 / 6 de abril–1 de junio de 2019

CROCKER
art museum

Crocker Art Museum
216 O Street, Sacramento, CA 95814
www.crockerart.org

Library of Congress Control Number: 2017951702

ISBN: 978-1-884038-05-1

Printed and bound in China

Número de control de la Biblioteca de Congreso: 2017951702

ISBN: 978-1-884038-05-1

Impreso y encuadernado en China

Unless otherwise noted, all photographs of artwork and Eduardo Carrillo's worktable were taken by Jesse A. Bravo.

A menos que se indique lo contrario, todas las fotografías de las obras y de la mesa de trabajo de Eduardo Carrillo fueron tomadas por Jesse A. Bravo.

Page i: THE INITIATION, 1978. *Detail. See page 193.*
Página i: LA INICIACIÓN, 1978. *Detalle. Véase la página 193.*

Page ii: *Eduardo Carrillo, Los Angeles, early 1960s. Photo by Edmund Teske.*
Página ii: *Eduardo Carrillo, Los Ángeles, a comienzos de los años sesenta del siglo XX. Fotografía de Edmund Teske.*

Page v: SELF-PORTRAIT, 1960. *Detail. See page 57.*
Página v: AUTORRETRATO, 1960. *Detalle. Véase la página 57.*

Page vi: ED'S GARDEN, 1990. *Detail. See page 163.*
Página vi: EL JARDÍN DE ED, 1990. *Detalle. Véase la página 163.*

Page ix: ALTAR AND VISITOR, 1984. *Detail. See page 174.*
Página ix: ALTAR Y VISITANTE, 1984. *Detalle. Véase la página 174.*

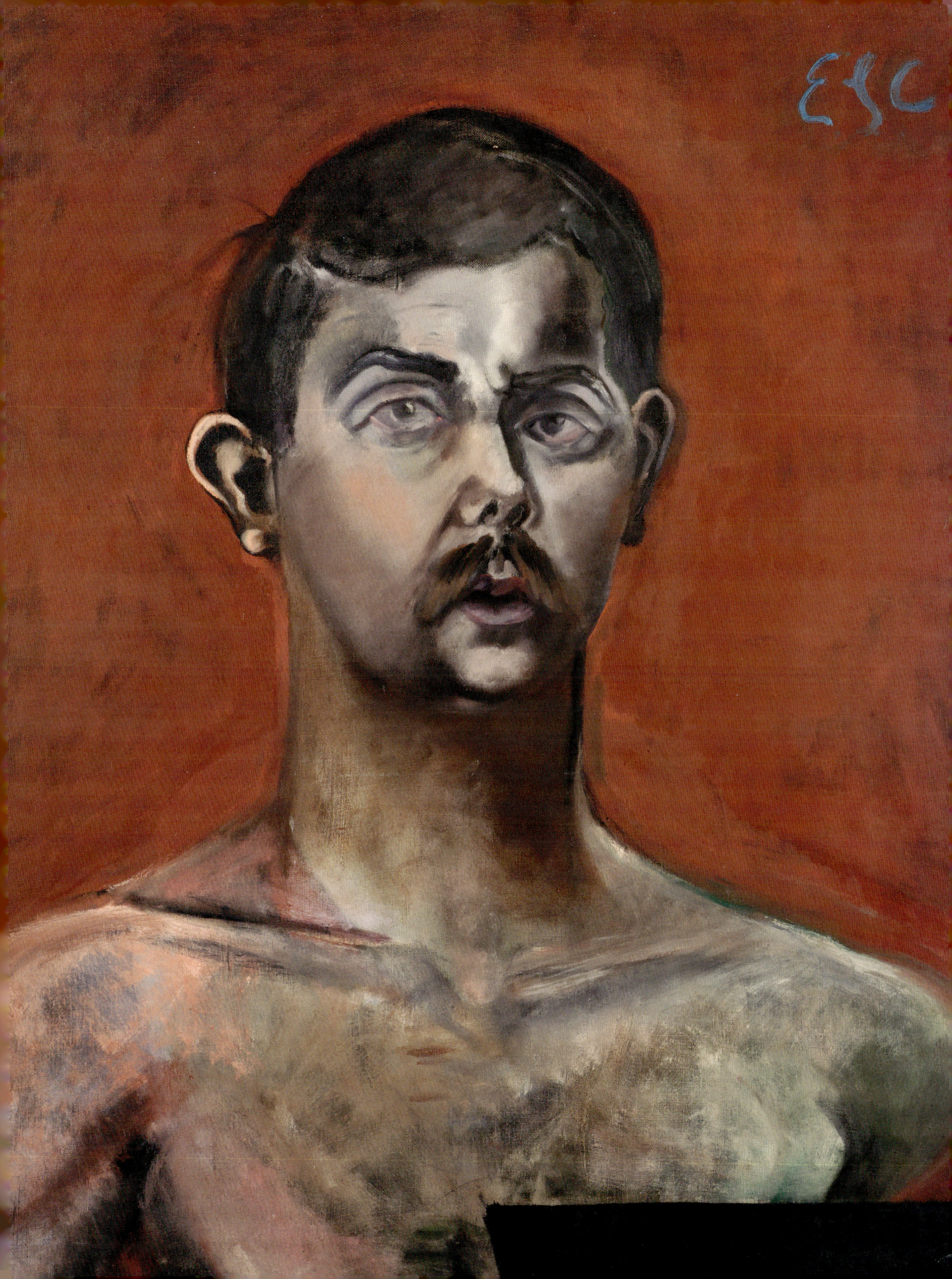

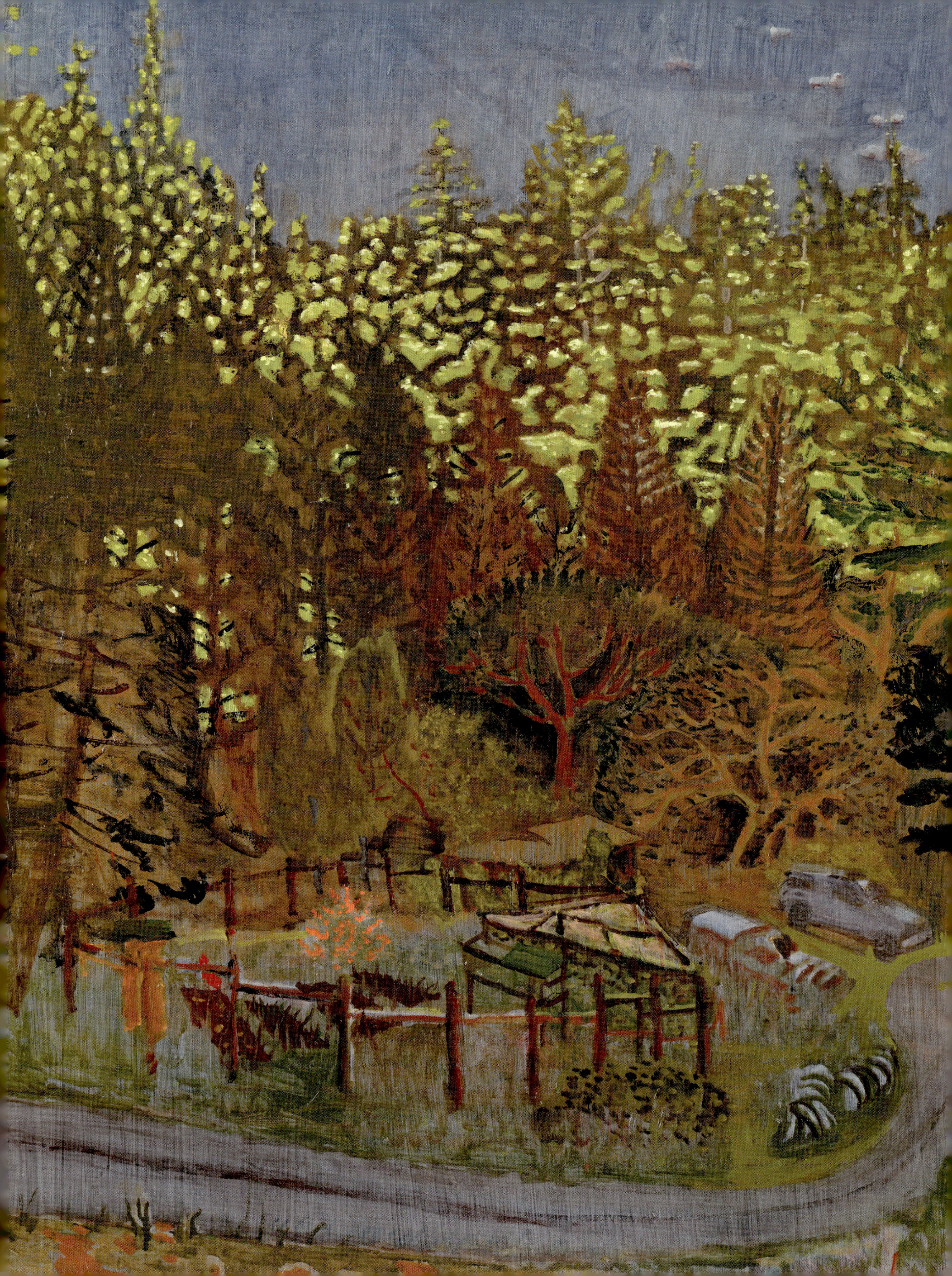

Contents / Índice general

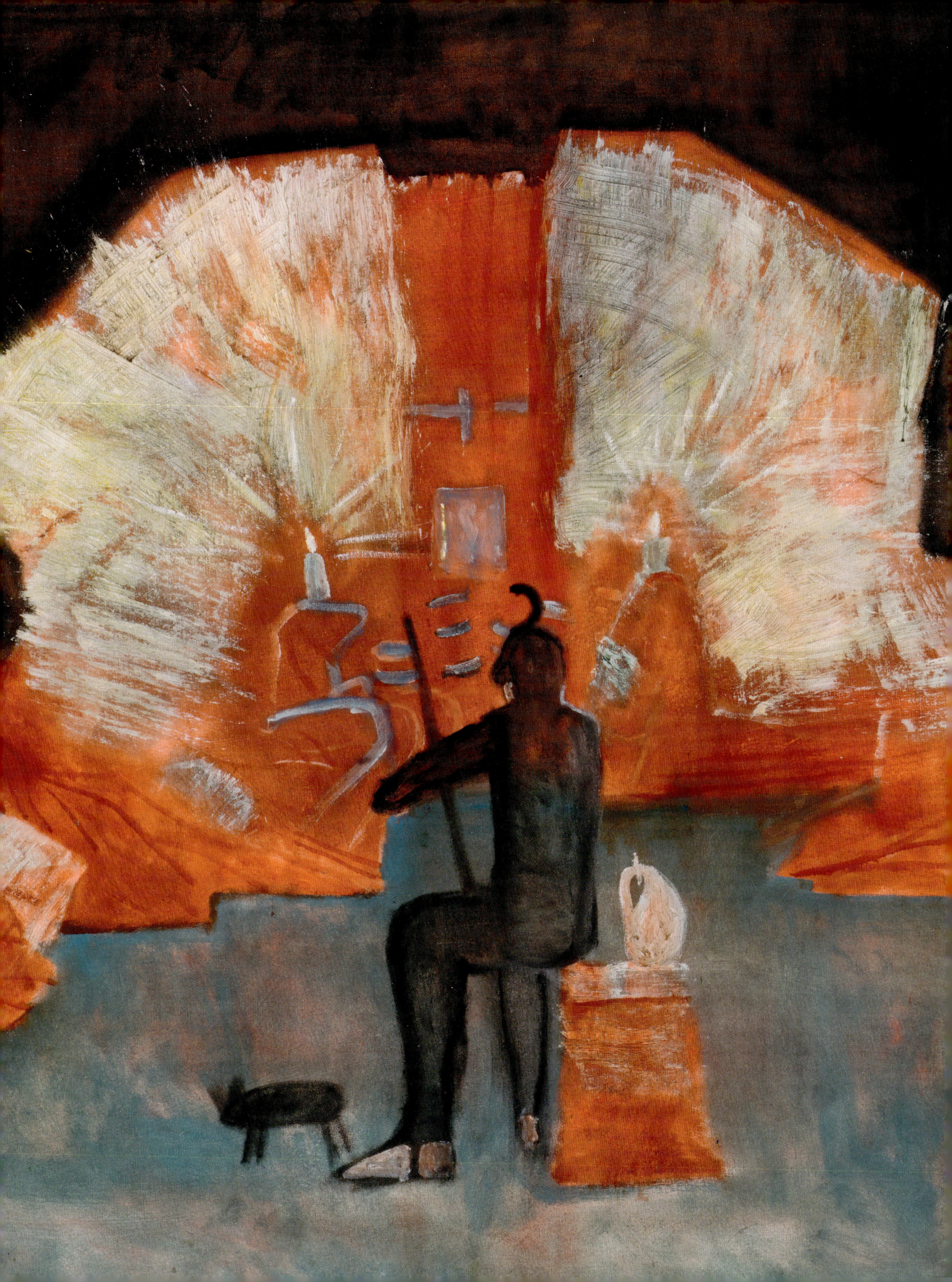

Acknowledgments

Testament of the Spirit: Paintings by Eduardo Carrillo serves as a tribute to the art and life of Eduardo Carrillo. Many of us did not have the pleasure of knowing Carrillo personally, but his work and legacy make clear that he was not only a gifted painter but also a beloved husband, father, brother, teacher, and friend. On the occasion of this exhibition and publication, and on behalf of the Crocker Art Museum, I would like to acknowledge and thank the many people and organizations who have supported this important endeavor to honor Eduardo Carrillo and his life's work.

Our most sincere thank you goes to Alison Carrillo, the late artist's wife, whose cooperation and support were vital. We are also indebted to Betsy Andersen, Executive Director of Museo Eduardo Carrillo, who provided invaluable logistical assistance and enthusiasm. Guest Curator Susan Leask guided the project with great skill and wrote the introductory essay. Susan led an accomplished group of authors, including Philip Brookman, Gilberto Cárdenas, Maureen Davidson, Tim Drescher, Michael Duncan, Amalia Mesa-Bains, Terezita Romo, and Christina Waters, each of whom contributed new insights into Eduardo Carrillo's work and character. We thank Krystyna von Henneberg of Creative Language Works for her outstanding service in translating the text to Spanish. Others helped with various tasks and details, among them Anatol Chavez, Roberto Chavez, Christine Detlefs, Monte Gordon, and Sam Leask.

The artist's children, Juliette Carrillo and Ruben Carrillo, generously lent several paintings to the show. Special thanks also go to numerous other individuals willing to loan their artwork for the exhibition: Michael and Regina Almaguer, Tony Berlant, Mary Beatrice Black, Joseph Chowning, Jane Fitz Gibbon, Kate Fitz Gibbon, Doyle and Selma Foreman, Oscar Gonzalez, Joanne and William Rees, Cruz Ortiz Zamarrón and the Zamarrón Family, and the lenders who wish to remain anonymous.

Reconocimientos

El testamento del espíritu: Pinturas de Eduardo Carrillo sirve como homenaje al arte y la vida de Eduardo Carrillo. Muchos de nosotros no tuvimos el gusto de conocer a Carrillo personalmente, pero su obra y su legado dejan en claro que no solamente era un pintor dotado, sino también un marido, padre, hermano, maestro y amigo muy querido. Aprovechando la ocasión de esta exposición y publicación, y en nombre del Museo de Arte Crocker, quisiera mencionar y agradecer a muchas de las personas y organizaciones que han apoyado esta importante iniciativa para honrar a Eduardo Carrillo y su legado.

Damos nuestro más sincero agradecimiento a Alison Carrillo, la esposa del difunto artista, cuya cooperación y apoyo fueron vitales para el éxito de esta muestra. También estamos en deuda con Betsy Anderson, Directora Ejecutiva del Museo Eduardo Carrillo, que nos proporcionó una inestimable asistencia logística, además de entusiasmo. La curadora invitada Susan Leask guió el proyecto con gran habilidad y escribió el ensayo introductorio. Susan encabezó un grupo de calificados autores, incluyendo Philip Brookman, Gilberto Cárdenas, Maureen Davidson, Tim Drescher, Michael Duncan, Amalia Mesa-Bains, Terezita Romo y Christina Waters, cada uno de los cuales aportó nuevas perspectivas sobre la obra y el carácter de Eduardo Carrillo. Agradecemos a Krystyna von Henneberg de Creative Language Works, quien ofreció un servicio excepcional al traducir el texto al español. Otros ayudaron con varias tareas y detalles, entre ellos Anatol Chavez, Roberto Chavez, Christine Detlefs, Monte Gordon y Sam Leask.

Los hijos del artista, Juliette Carrillo y Ruben Carrillo, prestaron generosamente varias pinturas a la muestra. Ofrecemos un agradecimiento especial a muchas otras personas que estuvieron dispuestas a prestar sus obras de arte para la exposición: Michael y Regina Almaguer, Tony Berlant, Mary Beatrice Black, Joseph Chowning, Jane Fitz Gibbon, Kate Fitz Gibbon, Doyle and Selma Foreman, Oscar Gonzalez, Joanne y William Rees, Cruz Ortiz Zamarrón y la familia Zamarrón, al igual que otras personas que nos prestaron obras y que prefieren mantener el anonimato.

We are grateful to our colleagues at museums and other institutions who lent artwork and provided images for the publication: Christine Miers at Capital Group, Los Angeles, California; Chon Noriega at the Chicano Studies Resource Center, University of California, Los Angeles; Ami Davis and John Rexine at the Monterey Museum of Art; Lori Fogarty and Michael Lange at the Oakland Museum of California; and Pamela Franks, L. Lynne Addison, and Rachel Mihalko at Yale University Art Gallery.

Additional individuals and organizations provided images for the publication; they include the Art Museum of South Texas, Jillian Brenner at L.A. Louver Gallery, Tom Pascale Photography, Emily Hart Roth, George R. Wanlass, and Cruz Ortiz Zamarrón. We especially appreciate the work of lead photographer Jesse A. Bravo for his superb photographs of most of the artworks featured in this publication and for the countless hours he spent scanning and perfecting dozens of supplemental images.

We also thank the following museums and their staff for their assistance and participation in hosting the traveling exhibition: Erin Aitali, Jay Belloli, Sarah Mitchell, and Brianna Smyk at the Pasadena Museum of California Art; Jill Meyers and Preston Metcalf at the Triton Museum of Art; and Jack Rasmussen and Kristi-Anne Caisse at American University Museum, Katzen Gallery.

Christine Taylor and LeRoy Wilsted of Wilsted & Taylor Publishing Services expertly managed the publication of this exhibition catalogue. Their team includes Nancy Koerner, who created the beautiful design, and editor Melody Lacina, whose sharp eyes refined the text.

At the Crocker Art Museum, staff, docents, and volunteers work to ensure the success of each and every exhibition. I am pleased to acknowledge all of them, especially Scott A. Shields, John Caswell, Ashleigh Crocker, Nick Frederick, Christie Hajela, Ben Hunt, Matt Isble, Maria Segoviano, Jessica Svozil, and Associate Curator Kristina Perea Gilmore, for her leadership in coordinating the exhibition and catalogue.

Finally, we express our gratitude to Eduardo Carrillo, an artist richly deserving of our attention. This retrospective and catalogue seek to add an essential component to the art historical record, and also to elucidate Carrillo's role as a trailblazer for cultural pride. They celebrate him both as a leader among creative people from diverse backgrounds and as a visionary, one whose dynamic spirit lives on through his powerfully enigmatic work.

LIAL A. JONES
Mort and Marcy Friedman Director
Crocker Art Museum

Agradecemos a nuestros colegas en museos y otras instituciones que prestaron obras de arte y proporcionaron imágenes para la publicación: Christine Miers del Capital Group, Los Ángeles, California; Chon Noriega del Chicano Studies Resource Center, en la Universidad de California, Los Ángeles; Ami Davis y John Rexine del Monterey Museum of Art; Lori Fogarty y Michael Lange del Oakland Museum of California; y Pamela Franks, L. Lynne Addison y Rachel Mihalko del Yale University Art Gallery.

Otras personas y organizaciones contribuyeron imágenes para esta publicación: el Art Museum de South Texas, Jillian Brenner de la L.A. Louver Gallery, Tom Pascale Photography, Emily Hart Roth, George R. Wanlass y Cruz Ortiz Zamarrón. Apreciamos especialmente el trabajo del fotógrafo principal, Jesse A. Bravo, por sus espléndidas fotografías de la mayoría de las obras de arte presentadas en esta publicación y por las muchísimas horas que dedicó a escanear y perfeccionar docenas de imágenes complementarias.

Agradecemos también a los siguientes museos y su personal por su ayuda y participación al albergar la exposición itinerante: Erin Aitali, Jay Belloli, Sarah Mitchell y Brianna Smyk del Pasadena Museum of California Art; Jill Meyers y Preston Metcalf del Triton Museum of Art; y Jack Rasmussen y Kristi-Anne Caisse del American University Museum, Katzen Arts Center.

Christine Taylor y LeRoy Wilsted de los Wilsted & Taylor Publishing Services gestionaron con gran habilidad la publicación de este catálogo de exposición. Su equipo incluye a Nancy Koerner, quien creó el magnífico diseño del libro, y la editora Melody Lacina, cuya aguda visión perfeccionó el texto.

En el Museo de Arte Crocker, el personal, las guías de museo y los voluntarios laboran para asegurar el éxito de todas y cada una de las exposiciones. Me da gusto reconocer a todos ellos: especialmente a Scott A. Shields, John Caswell, Ashleigh Crocker, Nick Frederick, Christie Hajela, Ben Hunt, Matt Isble, Maria Segoviano, Jessica Svozil, y la curadora asociada Kristina Perea Gilmore, por su liderazgo en la coordinación de la exposición y del catálogo.

Finalmente, expresamos nuestra gratitud a Eduardo Carrillo, un artista altamente merecedor de nuestra atención. Esta retrospectiva y catálogo buscan agregar un componente esencial al registro de la historia del arte, como también poner en claro el papel de Carrillo como pionero del orgullo cultural. Ambos elementos lo celebran tanto por su condición de líder entre personas creativas de procedencias diversas, así como visionario, cuyo espíritu dinámico perdura gracias a su poderosa y enigmática obra.

LIAL A. JONES
Directora Mort y Marcy Friedman
Museo de Arte Crocker

Testament of the Spirit

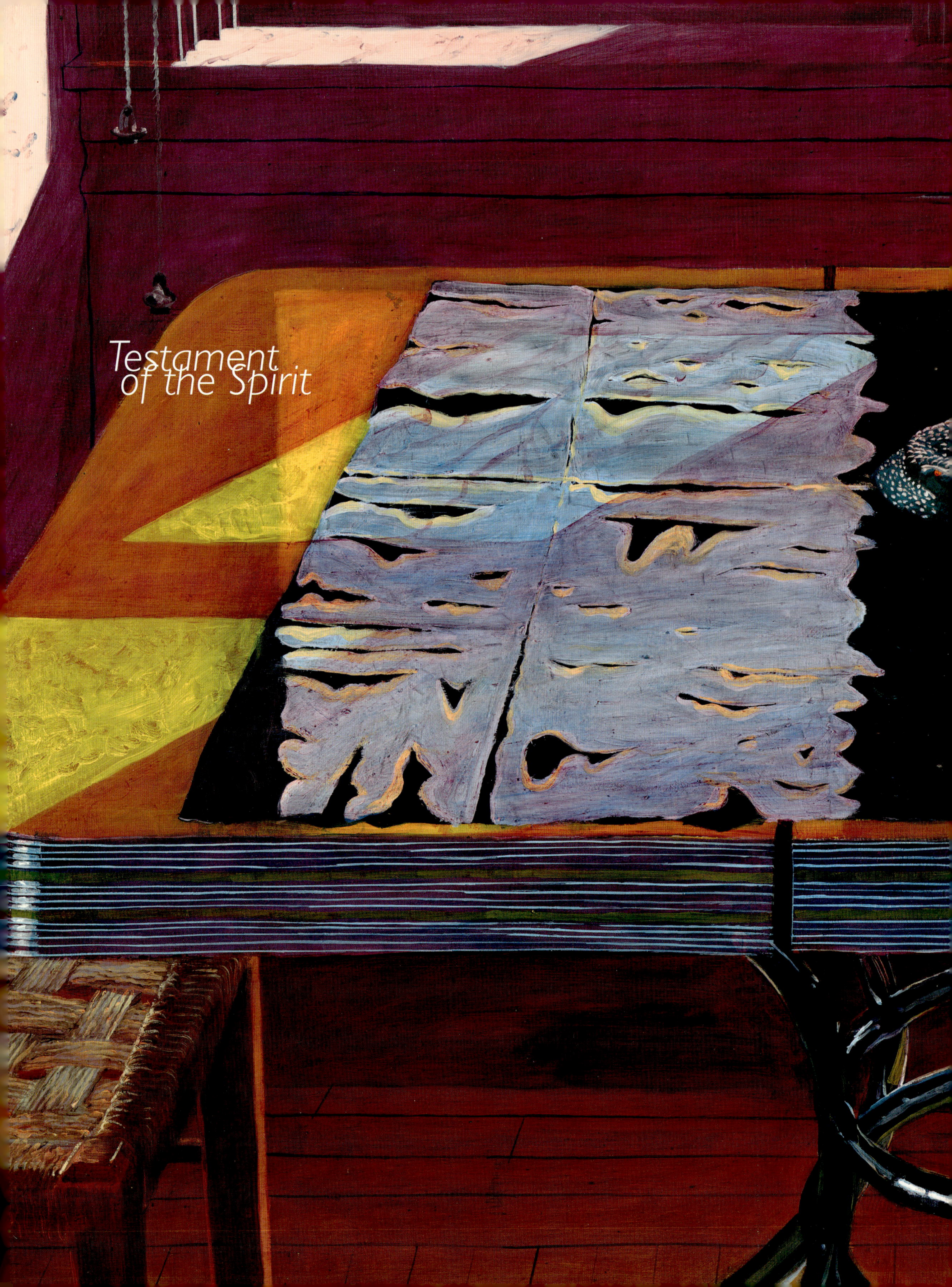

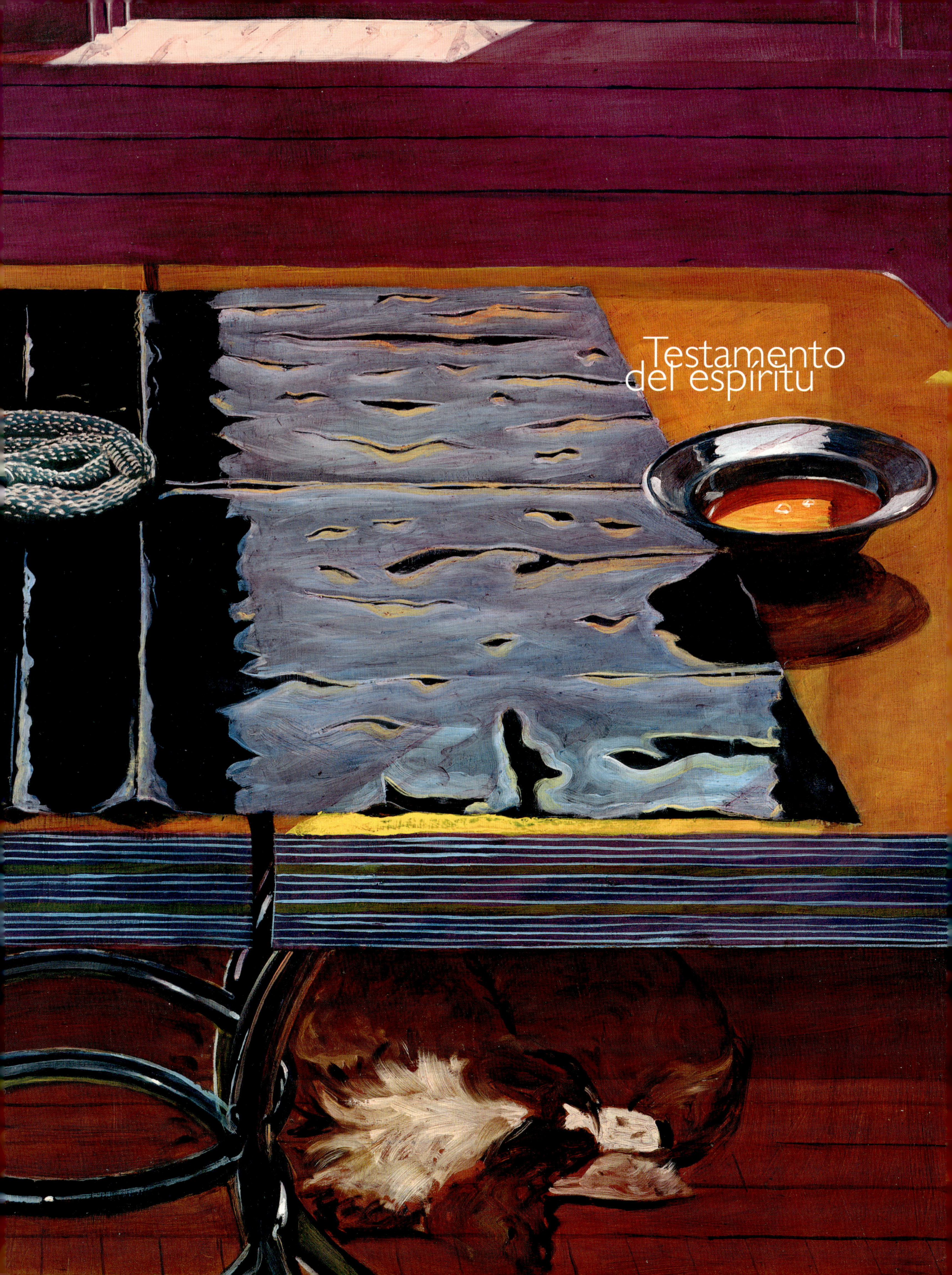
Testamento
del espíritu

Being an artist is not just about what happens when you are in the studio. The way you live, the people you choose to love, and the way you love them . . . will also become the raw material for the art you make.

—TERESITA FERNÁNDEZ[1]

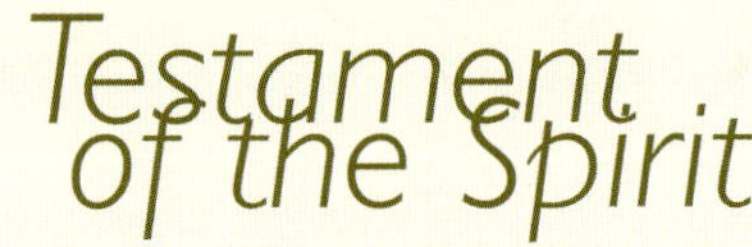

Testament of the Spirit

SUSAN LEASK

Eduardo Carrillo's *Testament of the Holy Spirit*, the painting that inspired the title and theme of this exhibition, is in the collection of the Crocker Art Museum. One of Carrillo's most beautiful and reverent still-life paintings, it embodies the spirit of his life's work and represents the heart of this show: the artist's large-scale visionary paintings, with their mystical scenes, magic realist compositions, and otherworldly spatial juxtapositions. These mysterious and sometimes moody masterpieces underscore his deft painting style, his ability to see beyond the superficial, the clarity of his dreams, and his complex, creative mind.

Testament of the Spirit: Paintings by Eduardo Carrillo also features intimate watercolors and paintings that describe the artist's domestic and personal life: self-portraits, still lifes, and images of people and places he held dear. Together, the exhibition and this accompanying publication highlight the creative achievements and the social and historical importance of Eduardo Carrillo. Through his artwork, teaching, scholarship, and activism, Carrillo significantly advanced the recognition and appreciation of Chicano art and culture in California.

Carrillo's allusion to the spiritual is unmistakable and purposeful in *Testament of the Holy Spirit* and in many of his large-scale paintings. Art historian Susan Landauer writes:

> In this painting, Carrillo has transformed the Formica table in his suburban Sacramento home into an image of spiritual awakening. The coiled snake, a pre-Columbian symbol of divinity, combined with the magical play of reflected light streaming from the windows, signals the presence of the holy in this most mundane of settings.[2]

Carrillo's relationship to the spiritual is also inherent in his smaller, more intimate works, such as *Ed's Glasses* (see page 4). This light-infused watercolor depicts the physical and emotional ease felt at the end of a long day and evening when a professor/artist removes his glasses and gives in to quiet contemplation or repose.

Carrillo channels spirit in a different way in *Down the Lane* (see page 7), which records a part of his life during his tenure at the University of California, Santa Cruz (UCSC). This everyday scene of surfers, bikers, cars, and light filtering through the marine layer resonates, as Paul Figueroa writes, "with the lifestyle and spirit of California" and "refers to a mecca for the surf culture in Santa Cruz, Steamer Lane."[3]

PREVIOUS SPREAD

TESTAMENT OF THE HOLY SPIRIT, 1971.
Detail. See page 24.

PÁGINA DOBLE ANTERIOR

TESTAMENTO DEL ESPÍRITU SANTO, 1971.
Detalle. Véase la página 24.

Eduardo Carrillo often gave his works Spanish titles but followed the English method of capitalization. We have respected those original titles.

Testamento del espíritu

SUSAN LEASK

Ser artista no es solamente lo que pasa cuando estás en el taller. Tu manera de vivir, las personas que eliges amar y la manera como las amas . . . serán también la materia prima del arte que hagas.
—TERESITA FERNÁNDEZ[1]

Testamento del Espíritu Santo [*Testament of the Holy Spirit*], la pintura de Eduardo Carrillo que sirvió de inspiración para el título y tema de esta exposición, forma parte de la colección del Museo de Arte Crocker. Una de las naturalezas muertas más bellas y reverenciadas de Carrillo, esta pintura encarna el espíritu de su obra y representa el corazón de esta muestra: las visionarias pinturas de gran escala del artista, con sus escenas místicas, composiciones de realismo mágico y yuxtaposiciones espaciales como de otro mundo. Estas misteriosas y a veces melancólicas obras maestras subrayan el ágil estilo de su pintura, su capacidad de ver más allá de lo superficial, la claridad de sus sueños así como su mente compleja y creativa.

Testamento del espíritu: Pinturas de Eduardo Carrillo también despliega unas acuarelas y pinturas íntimas que describen la vida personal y doméstica del artista: autorretratos, naturalezas muertas e imágenes de personas y lugares para él queridos. En su conjunto, la muestra y esta publicación adjunta, resaltan los logros creativos y la importancia social e histórica de Eduardo Carrillo. A través de su producción artística, enseñanza, labor académica y activismo, Carrillo hizo avanzar de manera significativa el reconocimiento y la apreciación por el arte y la cultura chicanos en California.

Su alusión a lo espiritual en *Testamento del Espíritu Santo*, así como en muchas de sus pinturas de gran escala, es inconfundible y deliberada. La historiadora de arte Susan Landauer escribe:

> En esta pintura, Carrillo ha transformado la mesa de fórmica de su casa suburbana de Sacramento en una imagen del despertar espiritual. La serpiente enrollada, un símbolo de la divinidad precolombina, combinada con el juego mágico del reflejo de la luz que se cuela por la ventana, señala la presencia de lo sagrado en esta mundanísima escena.[2]

La relación de Carrillo con lo espiritual es también inherente a sus obras más pequeñas e íntimas, como *Las gafas de Ed* [*Ed's Glasses*] (véase la página 4). Esta luminosa acuarela retrata el alivio físico y emocional sentido por un profesor/artista que al final de una larga jornada se quita sus gafas y se entrega a la tranquila contemplación o al reposo.

Carrillo canaliza el espíritu de una manera diferente en *Por el camino* [*Down the Road*] (véase la página 7), la cual registra una parte de su vida durante su tiempo como profesor de la Universidad de California, Santa Cruz (UCSC). Esta escena cotidiana de surfistas, ciclistas, carros y luz que se filtra a través de una capa marina hace eco, como lo describe

A menudo, Eduardo Carrillo titulaba sus obras en español pero usando mayúsculas como se hace en inglés. Hemos conservado esos títulos en su forma original.

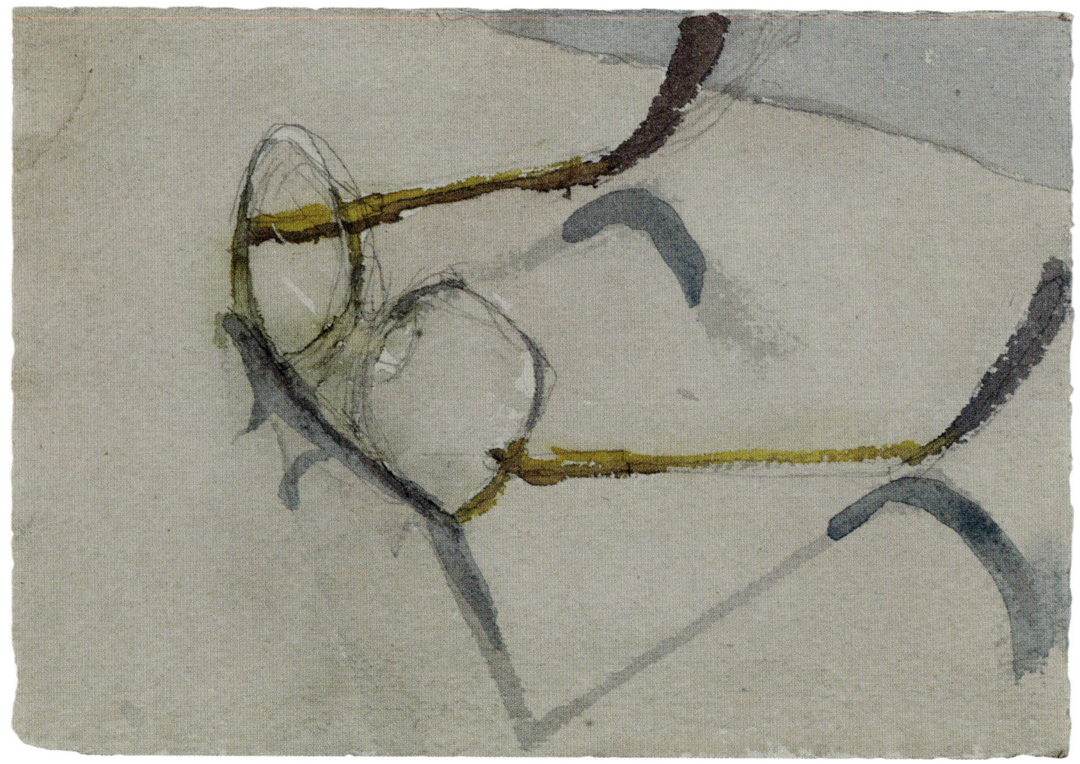

ED'S GLASSES, n.d.
Watercolor on paper, 7⅛ × 10⅛ inches. Private collection.

LAS GAFAS DE ED, sin fecha.
Acuarela sobre papel, 7⅛ × 10⅛ pulgadas. Colección privada.

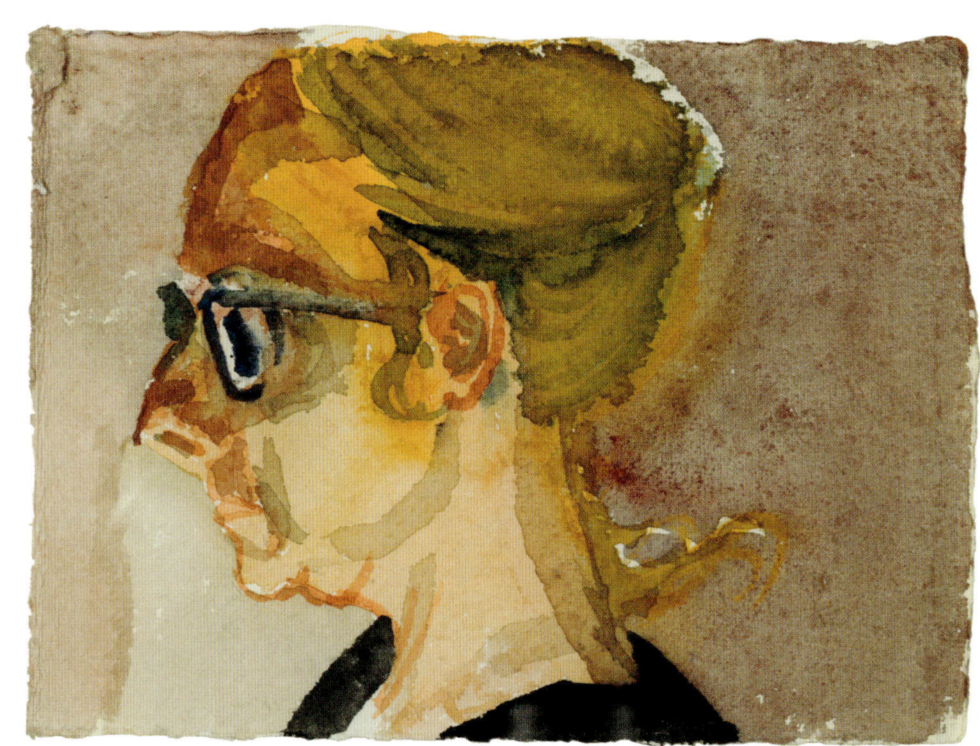

ALISON IN PROFILE, 1993.
Watercolor on paper, 5½ × 7½ inches. Private collection.

ALISON DE PERFIL, 1993.
Acuarela sobre papel, 5½ × 7½ pulgadas. Colección privada.

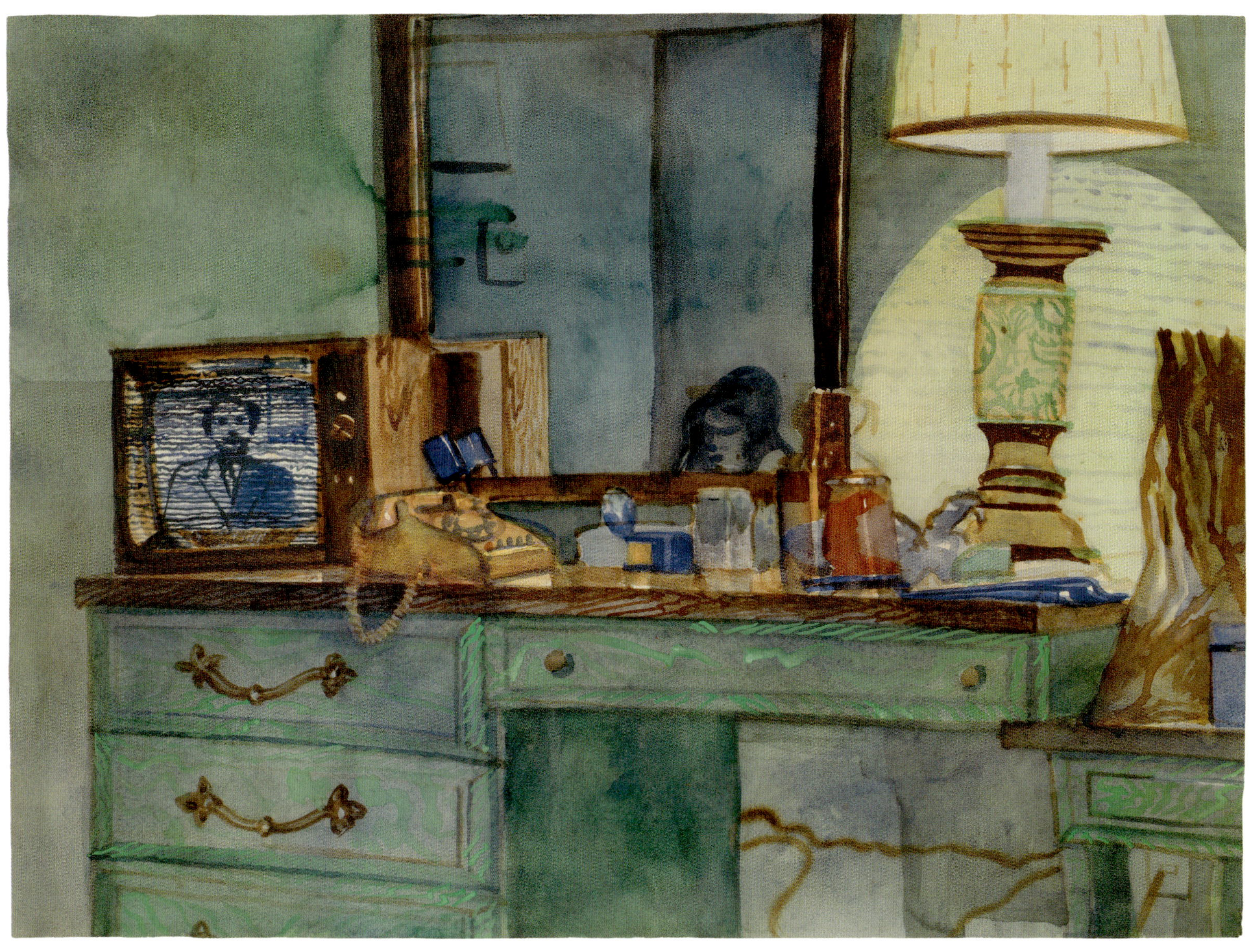

NATURALEZA MUERTA CON TV Y TELÉFONO, sin fecha. *Acuarela sobre papel, 17¼ × 23¼ pulgadas. Colección privada.*

STILL LIFE WITH TV AND PHONE, n.d. *Watercolor on paper, 17¼ × 23¼ inches. Private collection.*

Paul Figueroa, "con el estilo de vida y el espíritu de California", y "se refiere a la Meca de la cultura surfista en Santa Cruz, Steamer Lane".[3]

La extraordinaria habilidad de Carrillo para capturar tanto la luz natural como la luz simbólica permite que sus pinturas transmitan dimensiones multiestratificadas de la realidad. Lo notamos especialmente en obras como *El trapecista* [*The Aerealist*] (véase la página 8), en donde la luz tiene una calidad metafísica o astral con vibrantes redes de energía que conectan todos los elementos de la composición.

La luz que vemos en *El trapecista*, *Testamento del Espíritu Santo* y *Dos hermanos peleándose* [*Two Brothers Fighting*] (véase la página 9) evoca la técnica tenebrista utilizada por pintores del período barroco y, más recientemente, por cineastas contemporáneos. El hijo de Carrillo, Ruben, un fotógrafo y videógrafo, recientemente dijo que su padre "tenía un gran

Carrillo's uncanny ability to capture both ambient and symbolic light allows his paintings to convey multilayered dimensions of reality. We note this especially in works such as *The Aerialist* (see page 8), where the light has a metaphysical or astral quality with vibrating webs of energy that connect all the elements in the composition.

The light seen in *The Aerialist*, *Testament of the Holy Spirit*, and *Two Brothers Fighting* (see page 9) is evocative of the tenebrist technique employed by painters of the baroque period and, more recently, by contemporary filmmakers. Carrillo's son, Ruben, who is a photographer and videographer, recently said that his dad "had a great grasp of the usage of light in his work. . . . *Two Brothers Fighting* has a very sharp directional light coming from a lantern held by one of the brothers, [creating] the perfect mood for the struggle between the two. Also, he had an incredible understanding of how light creates depth and dimension."[4]

QUARTET, 1992.
Watercolor on paper, 15 × 20½ inches. Private collection.

EL CUARTETO, 1992.
Acuarela sobre papel, 15 × 20½ pulgadas. Colección privada.

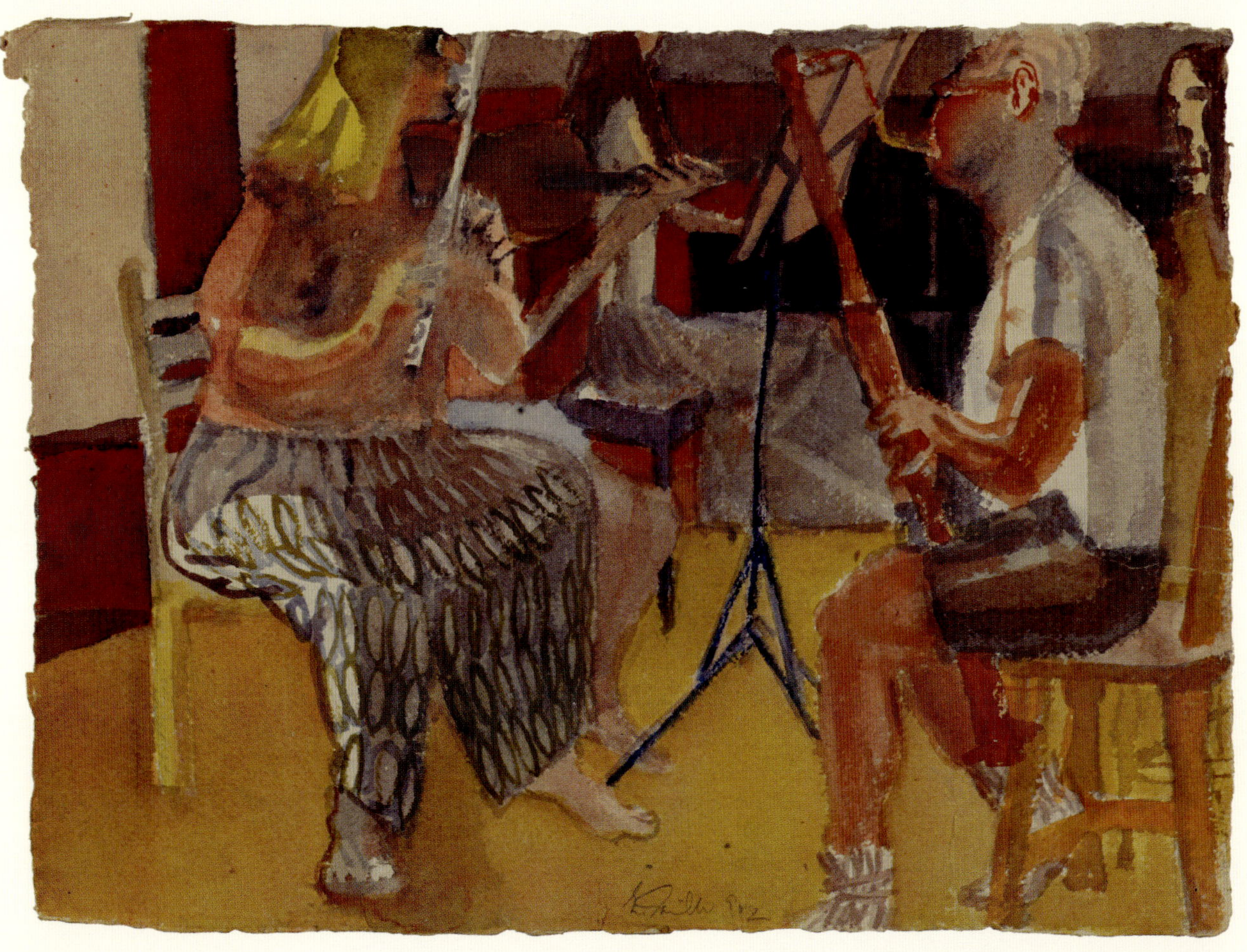

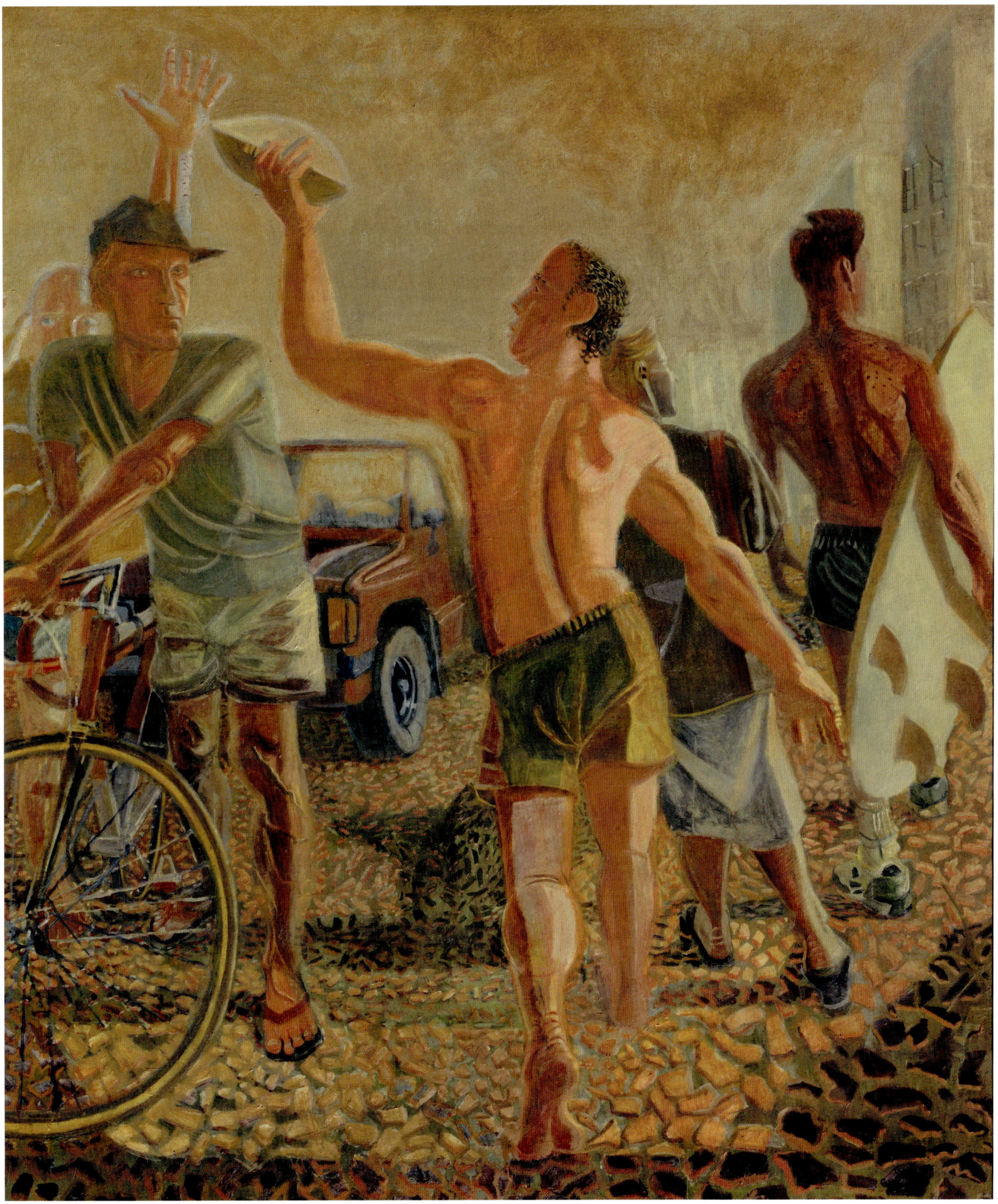

DOWN THE LANE (SURFING AT THE MOUTH OF THE RIVER JORDAN), 1991–92.
Oil on canvas, 71½ × 59½ inches.
The Jane and John Fitz Gibbon Family Trust.

POR EL CALLEJÓN (SURFEANDO EN LA DESEMBOCADURA DEL RÍO JORDÁN), 1991–92.
Óleo sobre lienzo, 71½ × 59½ pulgadas.
Fideicomiso de la Familia de Jane y John Fitz Gibbon.

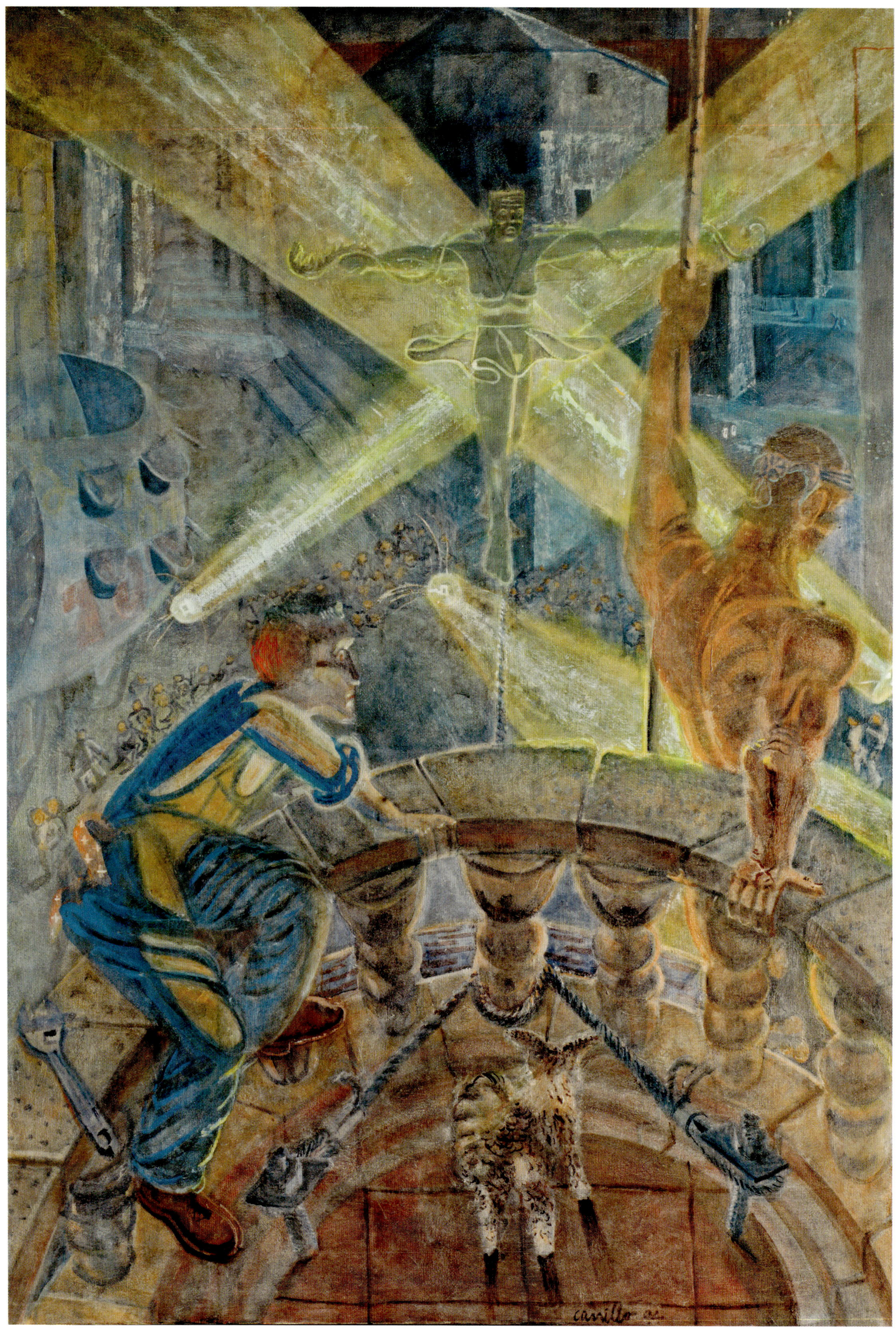

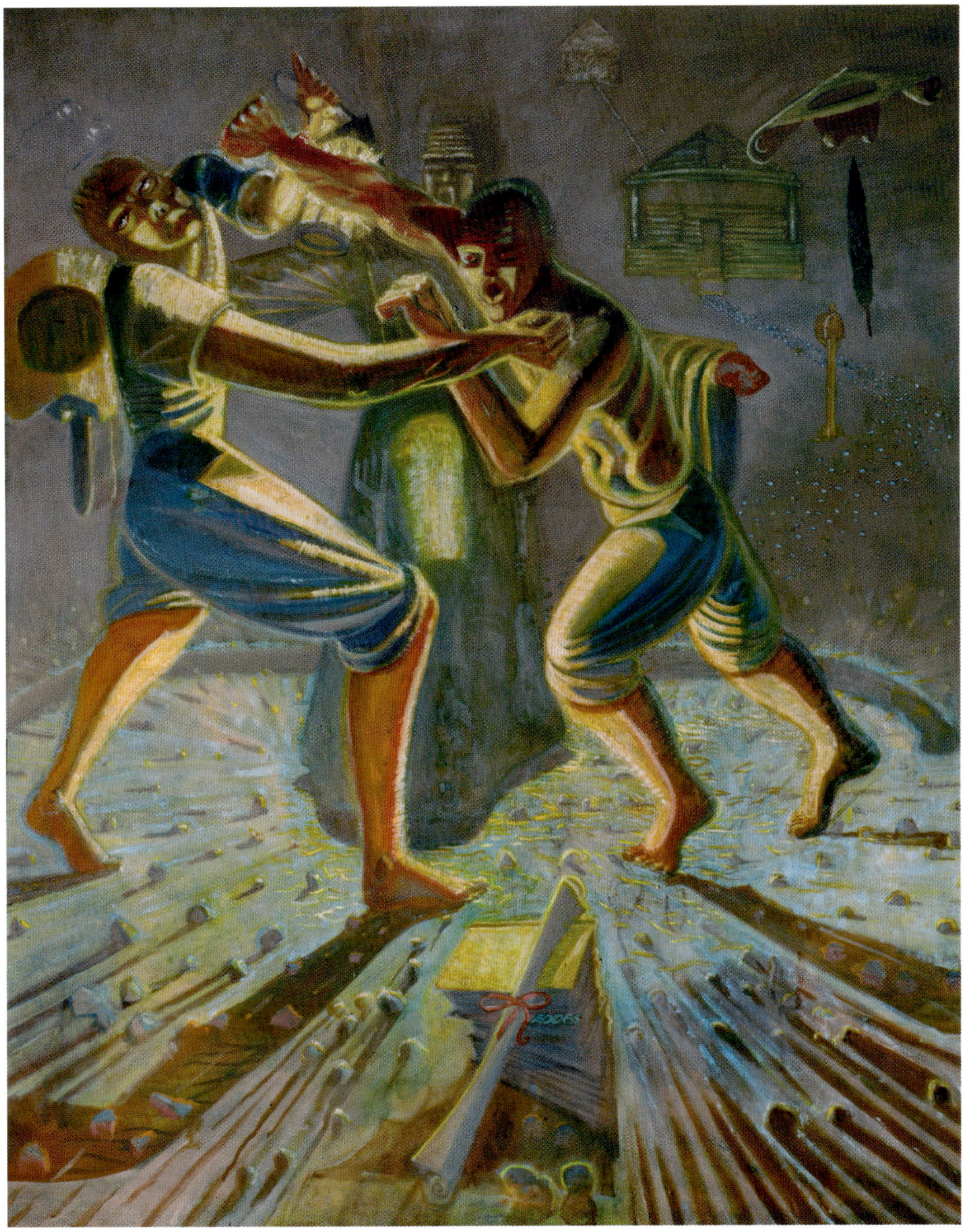

TWO BROTHERS FIGHTING, 1985.
Oil on canvas, 88 × 67 inches.
Collection of Ruben Carrillo.

DOS HERMANOS PELEÁNDOSE, 1985.
Óleo sobre lienzo, 88 × 67 pulgadas.
Colección de Ruben Carrillo.

FACING PAGE

THE AERIALIST, 1994.
Oil on canvas,
75 × 50 inches.
Private collection.

PÁGINA OPUESTA

EL TRAPECISTA, 1994.
Óleo sobre lienzo,
75 × 50 pulgadas.
Colección privada.

Eduardo Carrillo participating in a Tarahumara ritual fight, Copper Canyon, Chihuahua, Mexico, late 1970s. Photo by Edward Ramos.

Eduardo Carrillo participando en una lucha ritual Tarahumara, Barrancas del Cobre, Chihuahua, México, finales de los setenta del siglo XX. Fotografía de Edward Ramos.

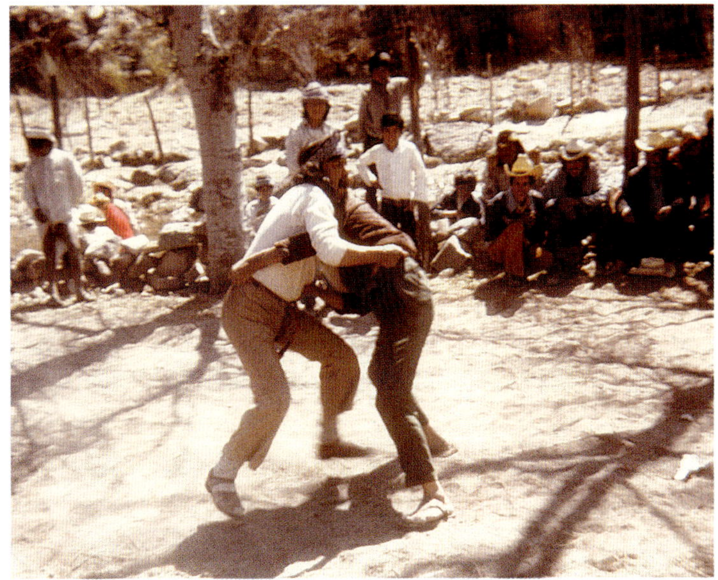

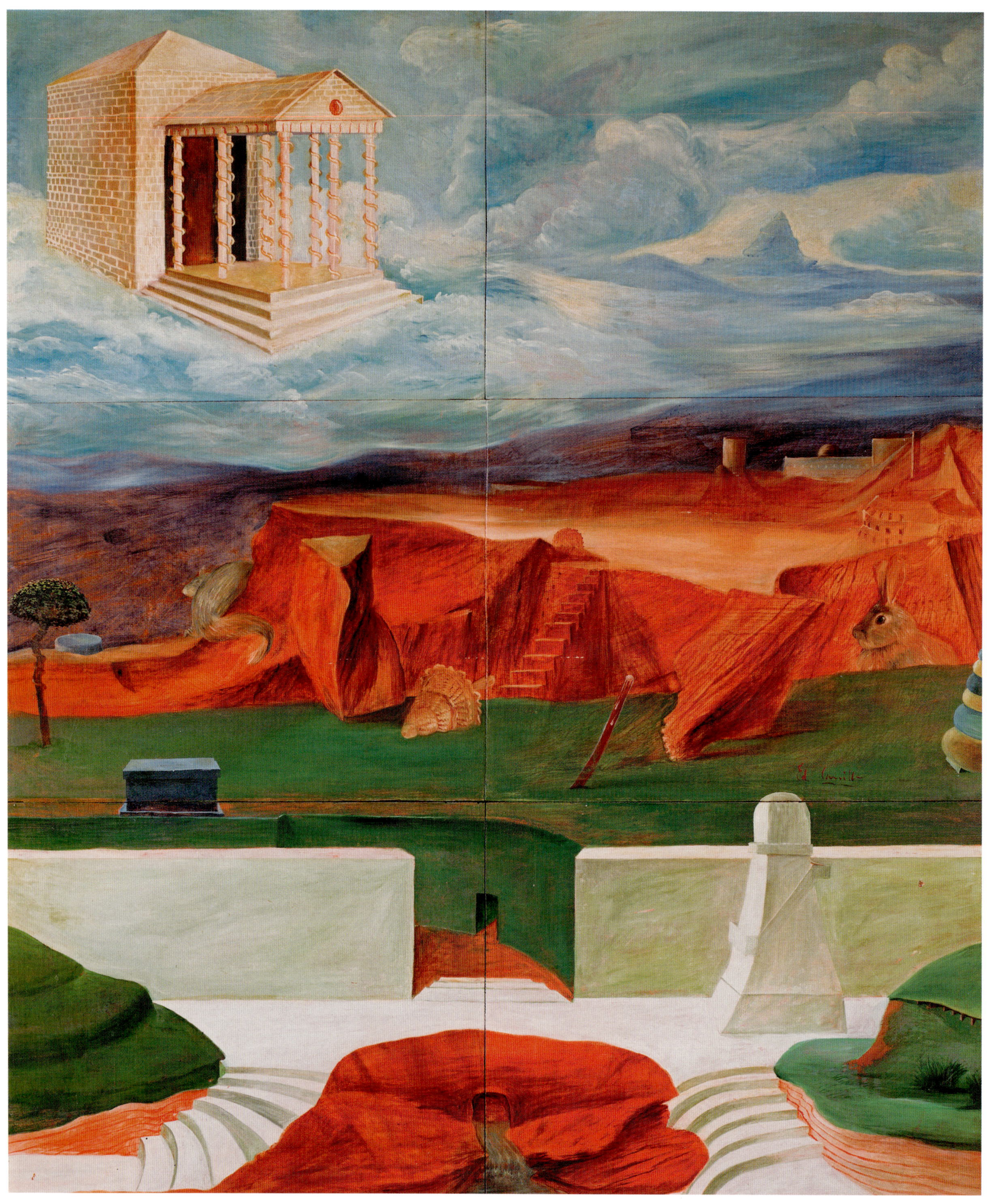

CABIN IN THE SKY, 1966.
Oil on board, 72 × 58¾ inches.
Private collection.

CABAÑA EN EL CIELO, 1966.
Óleo sobre tabla, 72 × 58¾ pulgadas.
Colección privada.

dominio del uso de la luz en su obra. . . *Dos hermanos peleándose* tiene una luz direccional muy aguda que emana de una linterna sostenida por uno de los hermanos, [creando] el estado de ánimo perfecto para el combate entre los dos. Además, él también tenía un entendimiento increíble de cómo la luz crea profundidad y dimensión".[4]

En un catálogo de 1984 sobre los artistas que exponían en la Galería Ceeje de Los Ángeles, Susan B. Larsen destacaba a Carrillo por ser "uno de los más talentosos." Decía que "los hermosos trazos de sus dibujos y la integridad de su visión le permitieron combinar fragmentos pictóricos para crear continuidades incongruentes".[5] Estos dos atributos se manifiestan en la *Cabaña en el cielo* [*Cabin in the Sky*]. Aquí, Carrillo hace una venia al protosurrealismo y al realismo mágico que había encontrado en su profundo estudio de las pinturas de Hieronymous Bosch, conocido como El Bosco, particularmente en el cuadro *Las tentaciones de San Antonio Abad* en el Museo del Prado. La composición onírica de Carrillo está marcada por la singular perspectiva mostrada en la extraña combinación de escalas—conchas monumentales y un conejo sobredimensionado que nos recuerda el de *Alicia en el país de las maravillas*. La cabaña, con sus elementos de templo grecorromano, sobrevuela solitaria en medio de un cielo en movimiento, separada de las otras estructuras y del paisaje debajo de ella. Carrillo utiliza esta presencia flotante para crear una tensión visual que sugiere desazón cultural y ambigüedad social.

El curador y pintor Aron Goldberg ha escrito que el arte de Ed Carrillo "tiene dos tipos de belleza: la terrenal y la celestial".[6] Carrillo era un soñador y un visionario y estaba agudamente consciente de la situación actual y de su potencial de reformar las percepciones del pasado y moldear el futuro. En 1963, durante los primeros días de la exploración espacial, Carrillo pintó *El astronauta* [*The Astronaut*] (véase la página 37), una obra de realismo mágico de una extraña belleza. La superficie maravillosamente pintada de esta pieza nos recuerda de nuevo las pinturas de El Bosco, pero aquí la composición de Carrillo refleja la cultura competitiva e inquisitiva de los Estados Unidos, su país natal.

Otras referencias iconográficas relacionadas a su herencia ancestral mexicana y las enseñanzas religiosas católicas aparecen en *El Vuelo de Sor Juana* (véase la página 15). Esta pintura de 1982 nos trae a la mente el período del trabajo de Carrillo que Peter Selz describió cómo "a menudo preocupado con imágenes de la mitología, historia y cultura contemporánea mexicana".[7]

Invocando su herencia méxico-estadounidense, Amalia Mesa-Bains aclara que la representación de Carrillo de "Sor Juana nos vincula a nuestra

In a 1984 catalogue about the artists who exhibited at Ceeje Gallery in Los Angeles, Susan B. Larsen singled out Carrillo for being "one of the most gifted." She said his "beautiful draftsmanship and completeness of vision allowed him to blend pictorial fragments into incongruous continuities."[5] Both of these attributes are manifested in *Cabin in the Sky* (see page 10). Here, Carrillo bows to the proto-surrealism and magic realism he found in his deep study of Hieronymus Bosch's paintings, particularly the *Temptation of Saint Anthony* in the Museo del Prado. Carrillo's dreamlike composition is punctuated by the unique perspective evident in the odd arrangements of scale—monumental seashells and an oversize rabbit suggestive of *Alice in Wonderland*. The cabin, with Greco-Roman temple features, floats alone in an active sky, alienated from the other structures and the landscape below. Carrillo uses this hovering presence to create visual tension that suggests cultural unease and social ambiguity.

Curator and painter Aron Goldberg wrote that Carrillo's art "is of two beauties: the earthly and the celestial."[6] Carrillo was a dreamer and a visionary, and he was keenly aware of current events and their potential to re-form perceptions of the past and shape the future. In 1963, during the early days of space exploration, Carrillo painted *The Astronaut* (see page 37), a beautifully strange work of magic realism. The gorgeously painted surface of this piece again reminds us of the paintings of Bosch, but here, Carrillo's composition reflects the competitive and inquisitive culture of the United States, his native country.

Other iconographic references that relate to his ancestral Mexican heritage and Catholic religious teachings appear in *El Vuelo de Sor Juana* (The Flight of Sister Juana; see page 15). This painting from 1982 brings to mind the period of Carrillo's work that Peter Selz described as "often preoccupied with images from Mexican mythology, history, and contemporary culture."[7]

Invoking her Mexican-American heritage, Amalia Mesa-Bains states that Carrillo's depiction of "Sor Juana links us to our spiritual tradition of the arts and our place on this continent."[8] Carrillo's painting is also connected to Gian Lorenzo Bernini's famed marble sculpture *Ecstasy of Saint Teresa* (see page 14). Carrillo positions his subject similarly—in a swoon with her back arched, eyes closed, mouth slightly open, and arms falling limply toward the floor. On the chest of Sor Juana's heavily draped habit, just under her chin, is a large *escudo de monja*, or nun's badge. In one hand, she clasps a section of a very long strand of rosary beads, and

tradición artística espiritual de las artes y a nuestro lugar en este continente".[8] La pintura de Carrillo también está conectada a la famosa escultura en mármol de Gian Lorenzo Bernini, *El éxtasis de Santa Teresa* (véase la página 14). El artista coloca al sujeto de manera similar—desmayada, con la espalda arqueada, los ojos cerrados, la boca levemente abierta y los brazos cayendo flácidamente hacia el piso. En el pecho del pesado hábito drapeado de Sor Juana, justo bajo su mentón, hay un escudo grande de monja. En una mano, sujeta algunas cuentas de un larguísimo rosario y entre los dedos de la otra, sostiene una pluma de ganso para escribir. Cerca de su silla hay un pequeño escritorio: papeles caen del cajón y un tintero y otros implementos de escritura esperan para ser usados. En la pared de ladrillo detrás del escritorio hay un crucifijo bañado en un círculo de luz que hace eco a la forma del escudo de Sor Juana. La mayor parte del pergamino al lado del crucifijo sobresale de este círculo y alberga un fantasma ensombrecido que mira hacia el cuarto.

Esta pintura probablemente tenía múltiples significados para Carrillo. Sor Juana Inés de la Cruz se considera como la primera escritora feminista que publicó en el Nuevo Mundo; ella era tanto profundamente religiosa como altamente intelectual. Sor Juana y Carrillo compartían ciertos valores y atributos; ambos valoraban la libertad artística y la educación, y creían de manera apasionada en la igualdad. Al igual que Carrillo, Sor Juana es a menudo identificada y asociada con dos países diferentes—ella con España y México y Carrillo con México y los Estados Unidos.[9]

Luminosidad, símbolos iconográficos y memorias mitológicas de su hogar ancestral están inmersos en la obra artística de Carrillo. Su imaginario refleja su relación tanto con su California natal como con su herencia mexicana. Al mismo tiempo, rinde honor a su formación religiosa y a sus vínculos estéticos y afectivos con la tradición europea de las bellas artes.

Nacido en Santa Mónica, California, en 1937, Edward Leonard Carrillo creció en Los Ángeles. En 1960, viajó a Europa y estudió por un año en el Círculo de Bellas Artes de Madrid, donde también ayudó a restaurar el altar de una iglesia y dedicó tiempo a estudiar las pinturas de El Bosco, Giorgio de Chirico, El Greco, Diego Velázquez y otros artistas europeos en el Museo del Prado. En Madrid, Carrillo encontró una inspiración para toda la vida que definió su propio estilo y sentido estético. Alison Carrillo, la viuda del pintor, recuerda: "Ed encontró su paleta en el Prado. . . . En España, Ed escogió el camino de su vida. Se fue como un estudiante de arte y regresó como un pintor".[10]

Cuando Carrillo volvió de Europa, pintó con los artistas del sur de

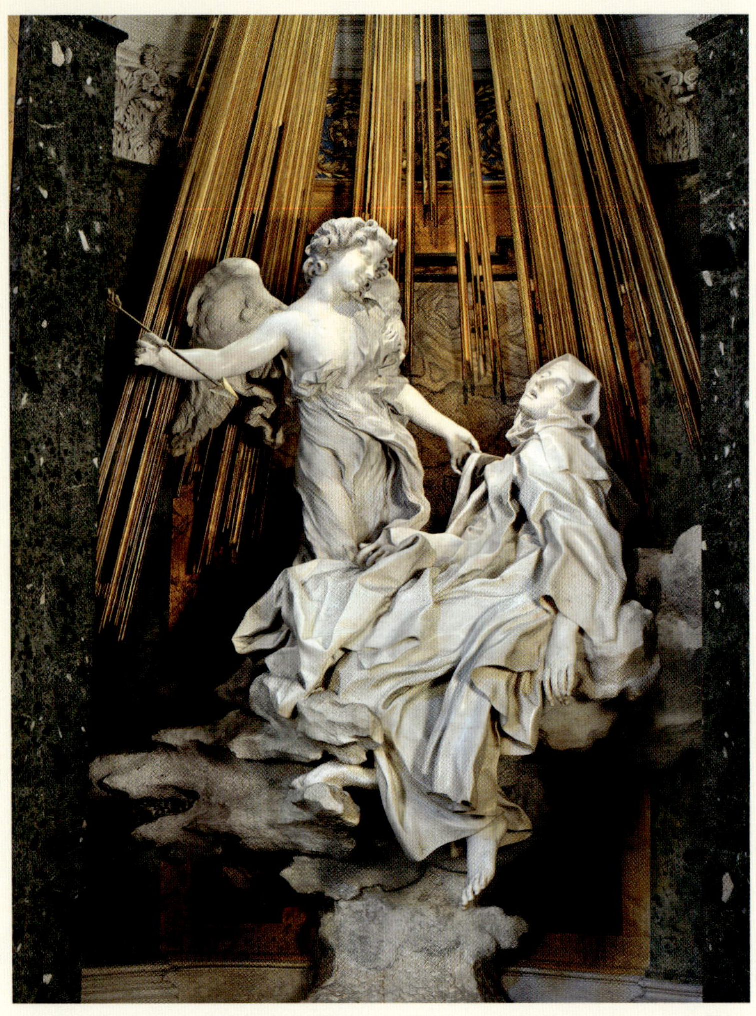

Gian Lorenzo Bernini (1598–1680), The Ecstasy of Saint Teresa, *1647. Marble, 138 inches high. Cornaro Chapel, Santa Maria della Vittoria, Rome, Italy. Scala / Art Resource, NY.*

Gian Lorenzo Bernini (1598–1680), El éxtasis de Santa Teresa, *1647. Mármol, 138 pulgadas de altura. Capilla Cornaro, Santa Maria della Vittoria, Roma, Italia. Scala / Art Resource, NY.*

between the fingers of her other hand, she holds a writing quill. Next to her chair stands a small desk; papers tumble out of the drawer, and an inkwell and other writing implements await her use. On the brick wall behind the desk is a crucifix bathed in a roundel of light that echoes the shape of Sor Juana's badge. The scroll next to the crucifix falls mostly outside the circle and contains a shadowy apparition looking out onto the room.

This painting probably had multiple meanings for Carrillo. Sor Juana Inez de la Cruz is considered to be the first published feminist writer of the New World; she was deeply religious and highly intellectual. Sor Juana and Carrillo shared certain values and traits; they both cherished artistic freedom and education and believed passionately in equality. Like Carrillo, Sor Juana is often identified and associated with two different countries—she with Spain and Mexico and Carrillo with Mexico and the United States.[9]

Luminosity, iconographic symbols, and mythological memories of his ancestral home are embedded in Carrillo's artwork. His imagery reflects his relationship to both his native California and his Mexican heritage. It also honors his early religious upbringing and his aesthetic and emotional connections to the European tradition of fine art.

Born in Santa Monica, California, in 1937, Edward Leonard Carrillo grew up in Los Angeles. In 1960, he traveled to Europe and studied for a year at the Círculo de Bellas Artes in Madrid, where he also assisted with the restoration of a church altar and spent time studying the paintings of Bosch, Giorgio de Chirico, El Greco, Diego Velázquez, and other European artists at the Museo del Prado. In Madrid, Carrillo found lifelong inspiration that informed his own style and sense of aesthetics. Alison Carrillo, the artist's widow, remembers, "Ed found his palette in the Prado. . . . In Spain, Ed chose his life's path. He went over an art student, and came back a painter."[10]

When Carrillo returned from Europe, he painted with Southern

FACING PAGE

EL VUELO DE SOR JUANA [THE FLIGHT OF SOR JUANA], 1982.
Oil on canvas, 96 × 66 inches. Collection of Juliette Carrillo.

PÁGINA OPUESTA

EL VUELO DE SOR JUANA, 1982.
Óleo sobre lienzo, 96 × 66 pulgadas. Colección de Juliette Carrillo.

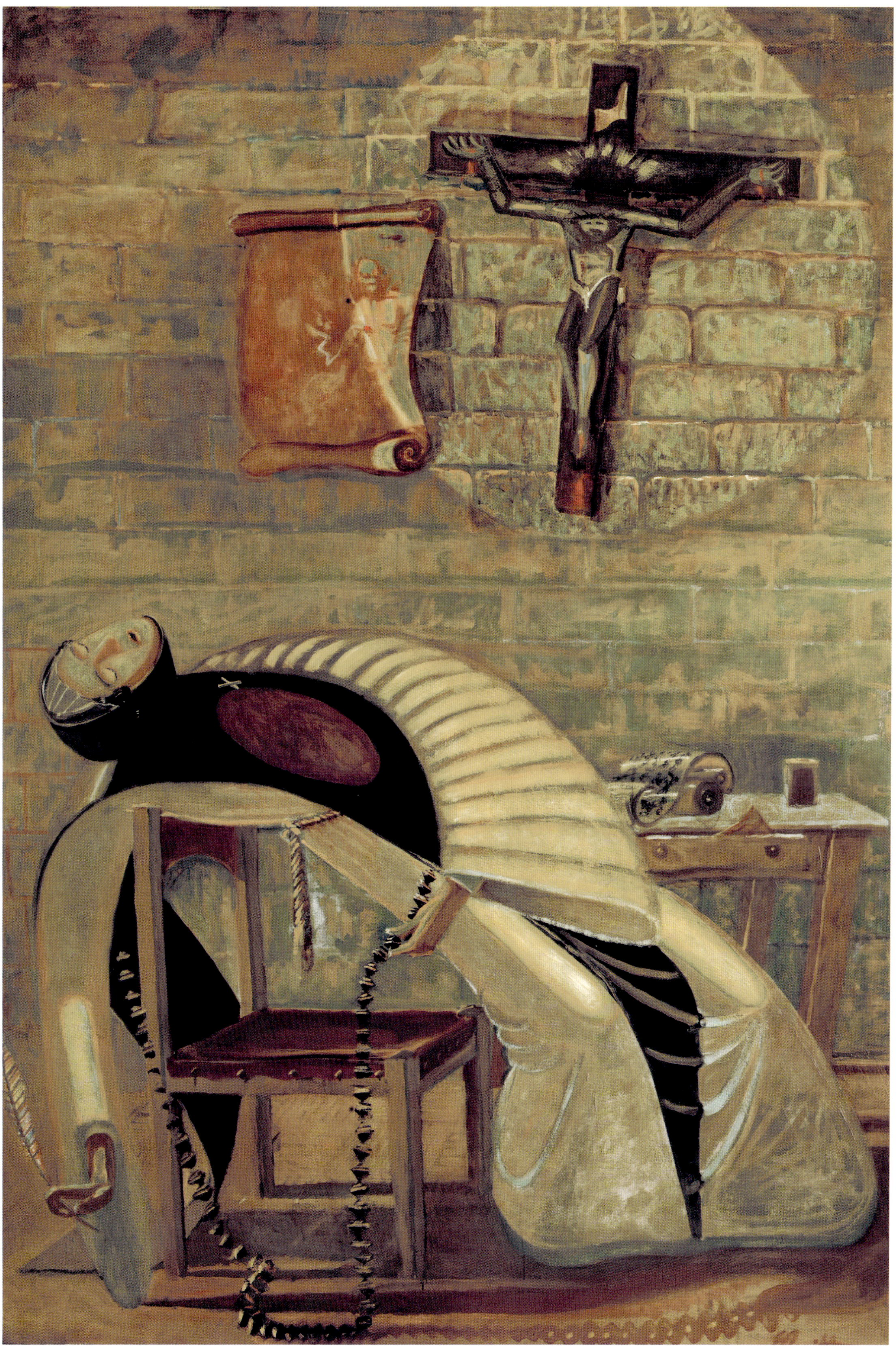

California artists Les Biller, Roberto Chavez, Charles Garabedian, Louie Lunetta, and Lance Richbourg, and studied with William Brice. He earned both his bachelor of arts (1962) and master's of arts (1964) from the University of California, Los Angeles. Following graduate school, Carrillo taught at the University of California, San Diego's extension program for two years.

In 1966, he was awarded a Copley Foundation Grant to start a regional art center in Mexico in order to revive the area's artisanal craft industries by teaching students traditional techniques. He and his first wife, Sheila, moved to his paternal ancestral home in La Paz, Baja California, where they lived for the next three years. During these rich and productive years, Carrillo studied under the mentorship of Zapotec potter Daniel Zenteño and, with Sheila, founded El Centro de Arte Regional. When the Carrillos felt confident that the students were advanced enough in their skill levels to teach others, they went back to the United States. Although he would never again live permanently in Baja California, Carrillo often visited and worked in his studio in San Ignacio, his mother's familial home.

Upon returning to the United States in 1969, Carrillo became active in the Chicano civil rights movement, *El Movimiento*. He advanced to the forefront of the Chicano art renaissance in 1970 when he and Sergio Hernández, Ramses Noriega, and Saul Solache completed *Chicano History* for the Chicano Studies Research Center at the University of California, Los Angeles (see pages 74–75). This nine-panel mural on canvas was the first Chicano history mural to be painted at a university in the United States.[11] Soon after the August 29, 1970, Chicano Moratorium against the Vietnam War ended in violence, Carrillo accepted a teaching position at Sacramento State College (now California State University, Sacramento) and left Los Angeles. After two years in Sacramento, he was invited to join the faculty of UCSC.

Although he shunned violent activism, Carrillo never ceased his efforts to eliminate the racism that gave rise to *El Movimiento*. He chose to practice a gentler, more enduring form of social activism. In both his activism and his artwork, Carrillo highlighted and reinforced indigenous Mexican cultural currents. He was an inspirational leader and a visionary who brought people together in collaborative and efficacious ways. Through his teaching, writing, public art projects, administrative activities, and advocacy, Carrillo created programs and platforms that promoted greater awareness of Mexican and Mexican American culture, aesthetics, and social concerns.

California Les Biller, Roberto Chavez, Charles Garabedian, Louie Lunetta y Lance Richbourg y estudió con William Brice. Se graduó como Licenciado en Bellas Artes (1962) y obtuvo una Maestría en Bellas Artes (1964) de la Universidad de California, Los Ángeles. Después de sus estudios de posgrado, Carrillo impartió clases en el programa de extensión de la Universidad de California, San Diego, durante dos años.

En 1966, fue premiado con una beca de la Fundación Copley para fundar un centro de arte regional en México con el objetivo de reanimar las industrias de obras artesanales de la zona a través de la enseñanza de técnicas tradicionales. Junto con su primera esposa, Sheila, se trasladó a su hogar ancestral paterno en La Paz, Baja California, donde ambos vivieron los siguientes tres años. Durante este período fértil y productivo, Carrillo estudió bajo la tutoría del ceramista zapoteco Daniel Zenteño y, con Sheila, fundó el Centro de Arte Regional. Cuando los Carrillo se sintieron seguros de que los estudiantes habían avanzado lo suficiente en el desarrollo de sus habilidades para poder enseñar a otros, regresaron a los Estados Unidos. Aunque él nunca más volvería a vivir permanentemente en Baja California, Carrillo visitó y trabajó a menudo en su taller en San Ignacio, el hogar ancestral de su madre.

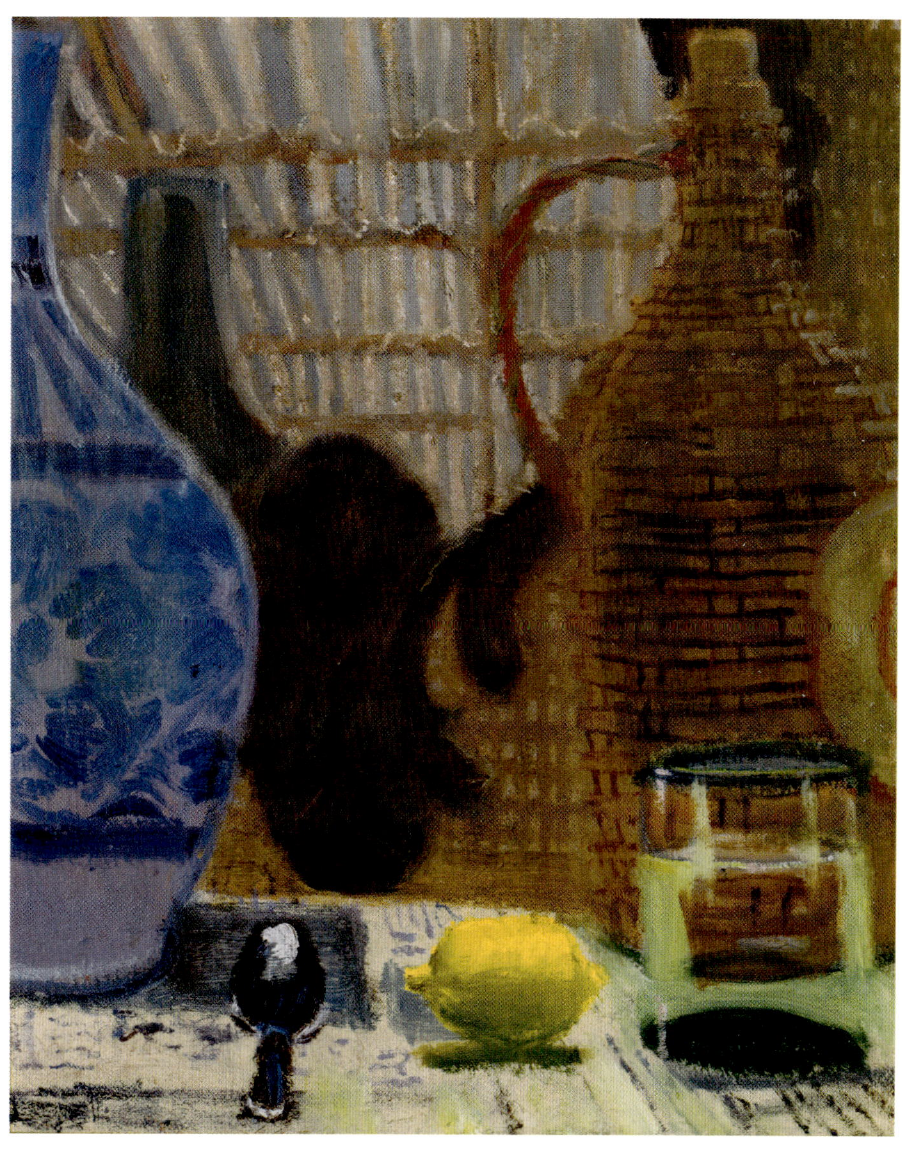

PEQUEÑO EGIPTO, 1991.
Óleo sobre lienzo, 26⅛ × 22¾ pulgadas. Colección privada.

LITTLE EGYPT, 1991.
Oil on canvas, 26⅛ × 22¾ inches. Private collection.

Al regresar a los Estados Unidos en 1969, Carrillo se vinculó activamente con el movimiento chicano por los derechos civiles, El Movimiento. En 1970, llegó a encabezar el renacimiento del arte chicano cuando con Sergio Hernández, Ramses Noriega y Saul Solache completó el mural *La historia chicana* en el Centro de Investigación y Estudios Chicanos (Chicano Studies Research Center) de la Universidad de California de Los Ángeles (véase las páginas 74–75). Este mural de nueve paneles sobre tela fue el primer mural sobre la historia chicana pintado en una universidad de los Estados Unidos.[11] Poco después del 29 de agosto de 1970, cuando La Moratoria Chicana contra la Guerra de Vietnam terminó en violencia, Carrillo aceptó un puesto docente en el Sacramento State College (hoy denominada

As evidenced by his large mural projects such as *Chicano History, El Grito*, and *Birth, Death, and Regeneration* (see pages 80–81 and 92), Carrillo not only had immense leadership skills but also embraced collaborative work with students and other artists. In addition to his studio work and public art projects, he had a distinguished career in education. During his tenure at UCSC (from 1972 until his death in 1997), he was a greatly respected and active faculty member who taught ceramics, drawing, art history, shadow puppetry, and various painting techniques, including mural, fresco, oil, and watercolor. He was also a founding member of Oakes College and a Fellow of both Oakes College and Porter College on the UCSC campus.

UNTITLED (STILL LIFE WITH SANTO NIÑO CANDLE), 1989.
Watercolor on paper, 15¼ × 11¼ inches. Private collection, Davis, California.

SIN TÍTULO (NATURALEZA MUERTA CON VELA DEL SANTO NIÑO), 1989.
Acuarela sobre papel, 15¼ × 11¼ pulgadas. Colección privada, Davis, California.

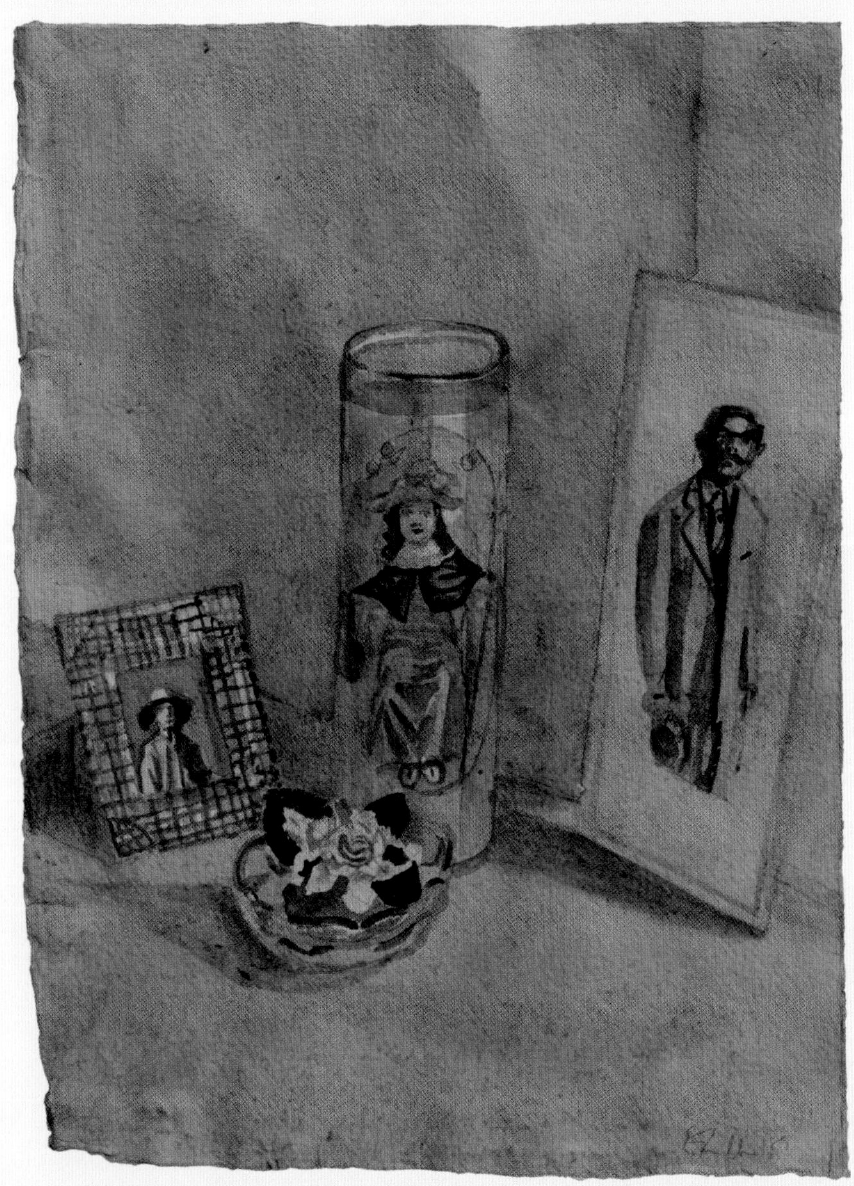

In the early 1980s, working with Philip Brookman at UCSC and Tomás Ybarra-Frausto of Stanford University, Carrillo organized and directed the multiyear, statewide initiative, *Califas: Chicano Art and Culture in California*. This groundbreaking conference included lectures, exhibitions, oral histories, videos, workshops, and performances. The results of this momentous project continue to inform and influence the way Chicano art and culture are considered and presented, just as Carrillo's art sustains connection and continues to inspire. "At the core is the depiction of a Chicano/Mexican world view," Carrillo wrote about *Califas*. "This implies a self-examination, an affirmation of the past, and a conscious plan of action for the future."[12]

Carrillo worked avidly to further cultural understanding and to teach students to become artists, but he also remained true to his own creative impulses. As Mark Van Proyen wrote in a memorial piece for *Artweek*, "Eduardo was keen to see the magic veiled by everyday reality. Whether he was painting a mural or a watercolor, he held his work accountable to this fundamental aesthetic value."[13]

California State University, Sacramento) y dejó Los Ángeles. Después de dos años en Sacramento, fue invitado a integrarse al claustro de profesores de la UCSC.

Aunque rechazó el activismo violento, Carrillo nunca cedió en su esfuerzo por eliminar el racismo que dio lugar al origen de El Movimiento. Escogió una forma de activismo social más mesurado y perdurable. Tanto en su activismo como en su arte, Carrillo destacó y fortaleció corrientes culturales indígenas mexicanas. Fue un líder inspirador y un visionario que juntaba a la gente de manera colaborativa y eficaz. A través de su enseñanza, sus escritos, proyectos de arte público y abogacía, Carrillo creó programas y plataformas que promovían una mayor conciencia de la cultura, la estética y las preocupaciones sociales mexicanas y méxico-estadounidenses.

Como lo evidencian sus grandes proyectos muralistas como *La historia chicana, El Grito* y *Nacimiento, muerte y regeneración* (véase las páginas 80–81 y 92), Carrillo no solamente tenía una enorme capacidad de liderazgo, sino que abrazó el trabajo colaborativo con estudiantes y otros artistas. Además de sus proyectos de estudio y arte público, también tuvo una carrera distinguida en la docencia. Durante su estancia como profesor de la UCSC (de 1972 hasta su muerte en 1997), fue un activo y altamente respetado miembro del claustro académico que impartía clases de cerámica, dibujo, historia del arte, teatro de sombras y varias técnicas de pintura, entre ellas el mural, el fresco, el óleo y la acuarela. Fue también miembro fundador de Oakes College y becario tanto de Oakes College como de Porter College en el campus universitario de la UCSC.

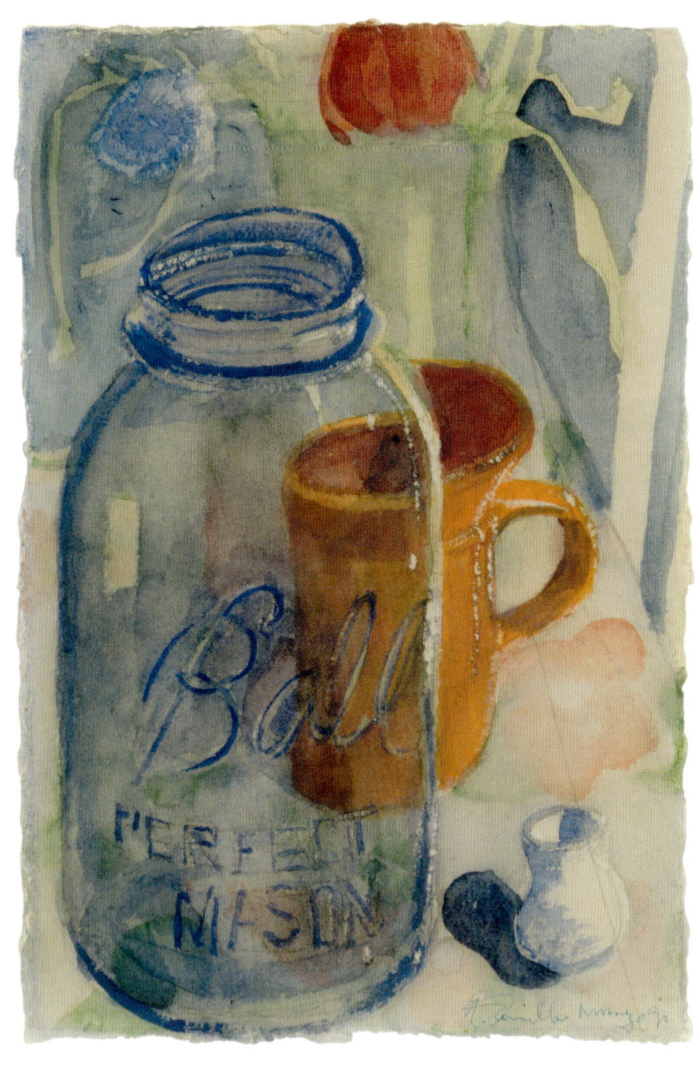

FRASCO DE CONSERVA "BALL PERFECT MASON", 1990.
Acuarela sobre papel, 11¾ × 7¾ pulgadas. Colección privada.

BALL PERFECT MASON, 1990.
Watercolor on paper, 11¾ × 7¾ inches. Private collection.

A comienzos de los años ochenta, junto con Philip Brookman de la UCSC y Tomás Ybarra-Frausto de la Universidad de Stanford, Carrillo organizó y dirigió la iniciativa multianual estatal llamada *Califas: Arte y cultura chicanos en California*. Esta conferencia pionera incluía ponencias, exposiciones, historias orales, vídeos, talleres y representaciones teatrales. Los resultados de este trascendental proyecto siguen informando e influyendo la manera como se considera y presenta el arte y la cultura chicanos, de la misma manera que el arte de Carrillo mantiene la conexión y continúa inspirando. "Al centro está la representación de una visión del mundo chicano/mexicano", escribió Carrillo sobre *Califas*. "Eso implica un autoexamen, una afirmación del pasado y un plan de acción consciente para el futuro".[12]

Carrillo trabajó apasionadamente para avanzar el entendimiento cultural

Theater artist and storyteller Juliette Carrillo remembers her father as someone who was always "looking for ways to keep the creative mind active. My dad taught me to be a creative adventurer. Like him, I invent worlds and images and people for a living. How lucky I am to have had him as my guide."[14]

In 1997, at only sixty years of age, Eduardo Carrillo died of cancer. He left this world while his paintings were still wet and the canvas on his easel in his Santa Cruz studio was unfinished. Still, his spirit will reside forever within his loved ones' hearts, in his beautiful and powerful artwork, and in the lives he changed through his fostering of an increased transmission and appreciation of Chicano culture.

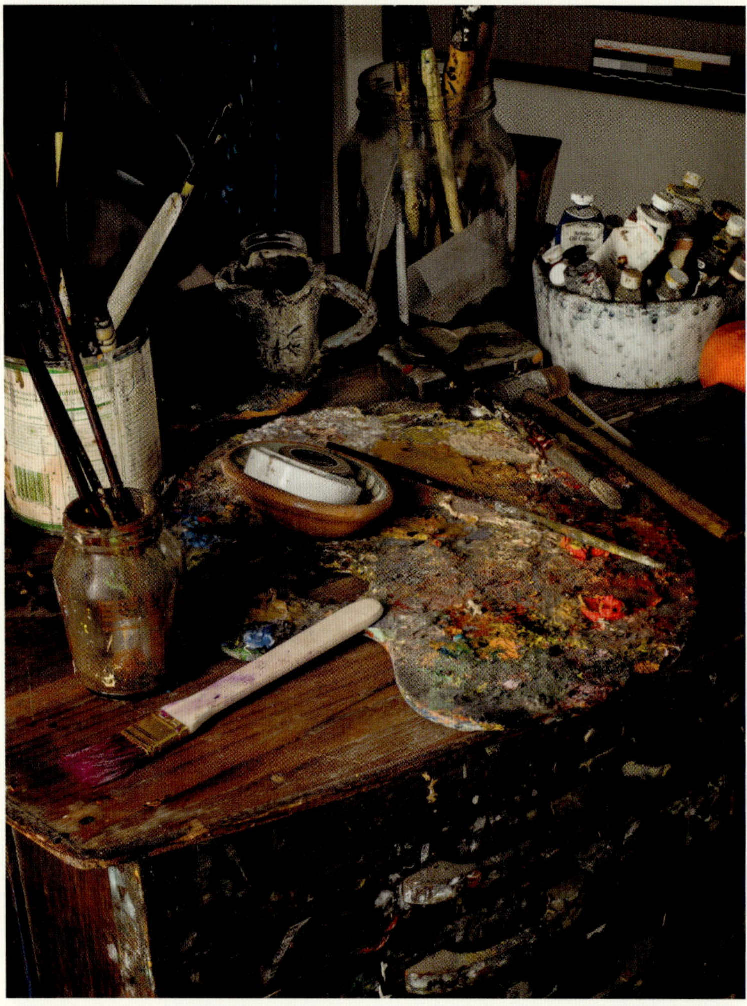

Eduardo Carrillo's worktable, the artist's studio, Santa Cruz, California, 2015.

La mesa de trabajo de Eduardo Carrillo, en el taller del artista, Santa Cruz, California, 2015.

FACING PAGE

LA CUEVA [THE CAVE], 1993. *Oil on canvas, 36 × 28 inches. Private collection.*

PÁGINA OPUESTA

LA CUEVA, 1993. *Óleo sobre lienzo, 36 × 28 pulgadas. Colección privada.*

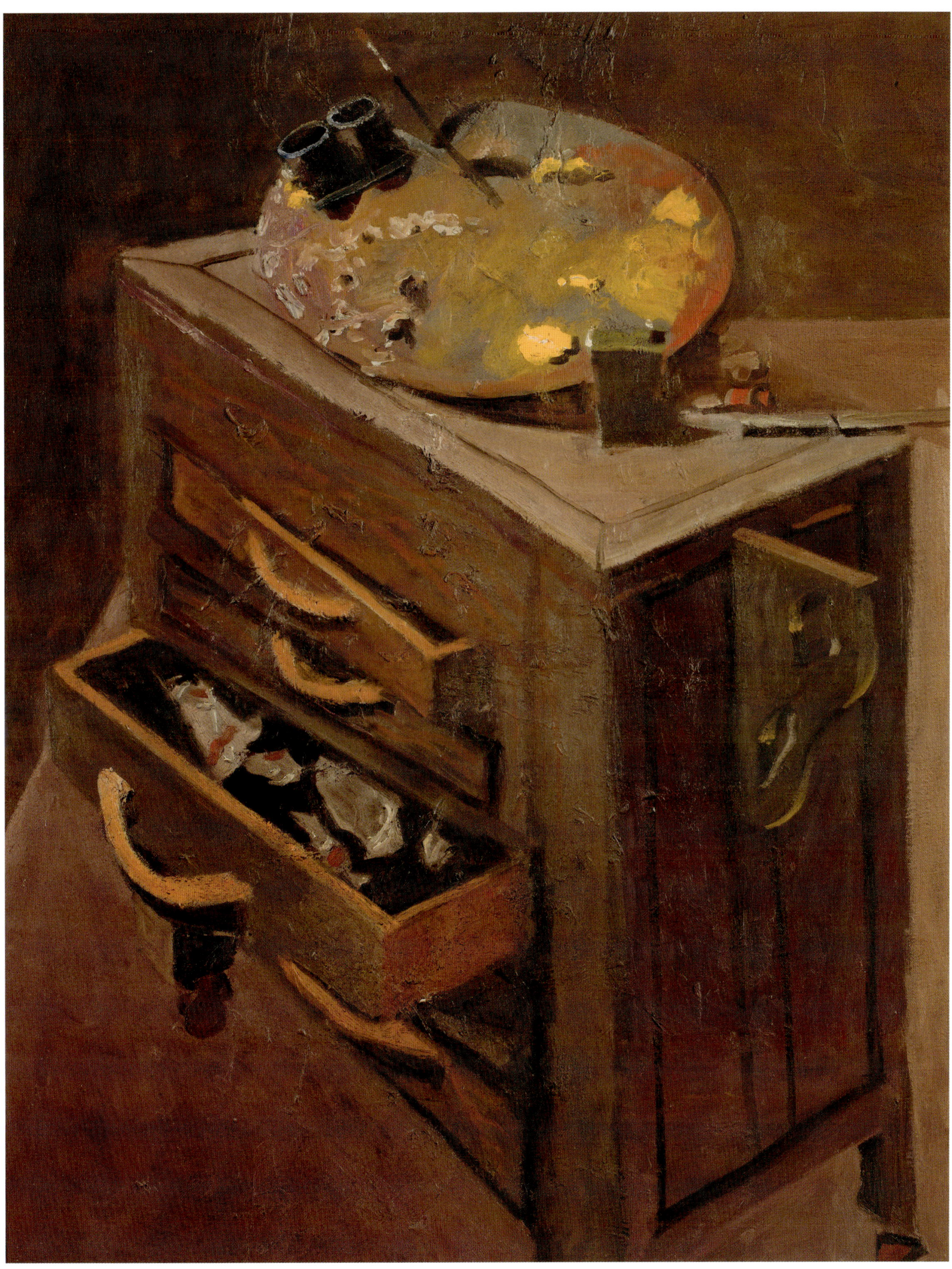

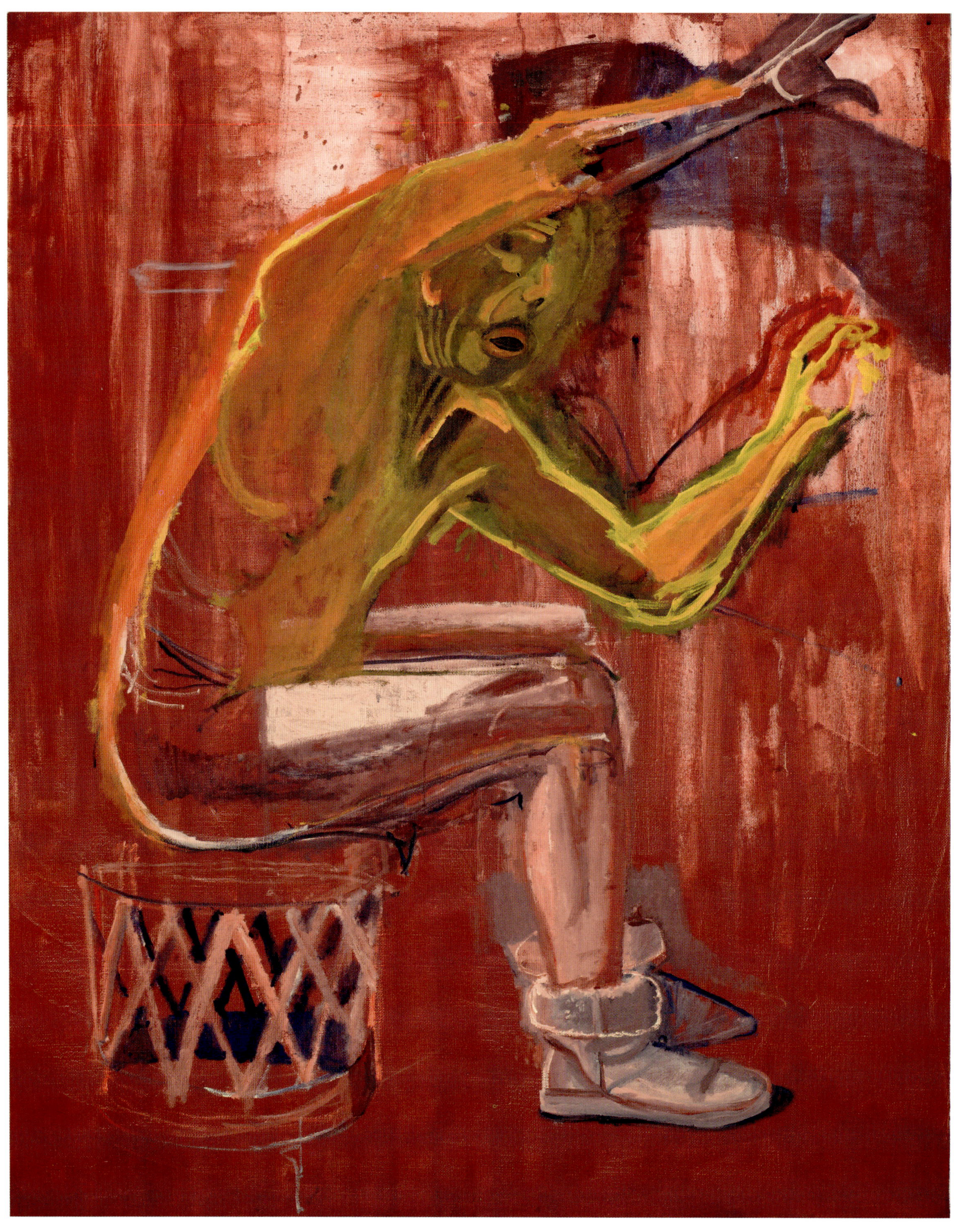

LAST PAINTING (unfinished), 1997.
Oil on canvas, 52 × 40 inches.
Andersen Family Collection.

LA ÚLTIMA OBRA (inacabado), 1997.
Óleo sobre lienzo, 52 × 40 pulgadas.
Colección de la familia Andersen.

y enseñar a los estudiantes a ser artistas, pero al mismo tiempo, se mantuvo fiel a sus propios impulsos. Como Mark Van Proyen escribió en un tributo al artista en la revista *Artweek*, "Eduardo sentía pasión por ver la magia oculta detrás de la realidad cotidiana. Así fuese pintando un mural o una acuarela, hizo que su arte respondiera a este valor estético fundamental".[13]

La actriz de teatro y cuentacuentos Juliette Carrillo recuerda a su padre como alguien que siempre "buscaba la manera de mantener activa la mente creativa. Mi papá me enseñó a ser una aventurera creativa. Como él, yo invento mundos e imágenes y personas para ganarme la vida. Qué suerte tengo de haberlo tenido como guía".[14]

En 1997, con tan sólo sesenta años de edad, Eduardo Carrillo murió de cáncer. Dejó este mundo cuando sus pinturas estaban aún húmedas y el lienzo sobre el caballete de su taller de Santa Cruz quedó inconcluso. Sin embargo, su espíritu vivirá para siempre en los corazones de sus seres queridos, en su hermoso y poderoso arte y en las vidas que cambió a través de su promoción de una mayor transmisión y apreciación por el arte chicano.

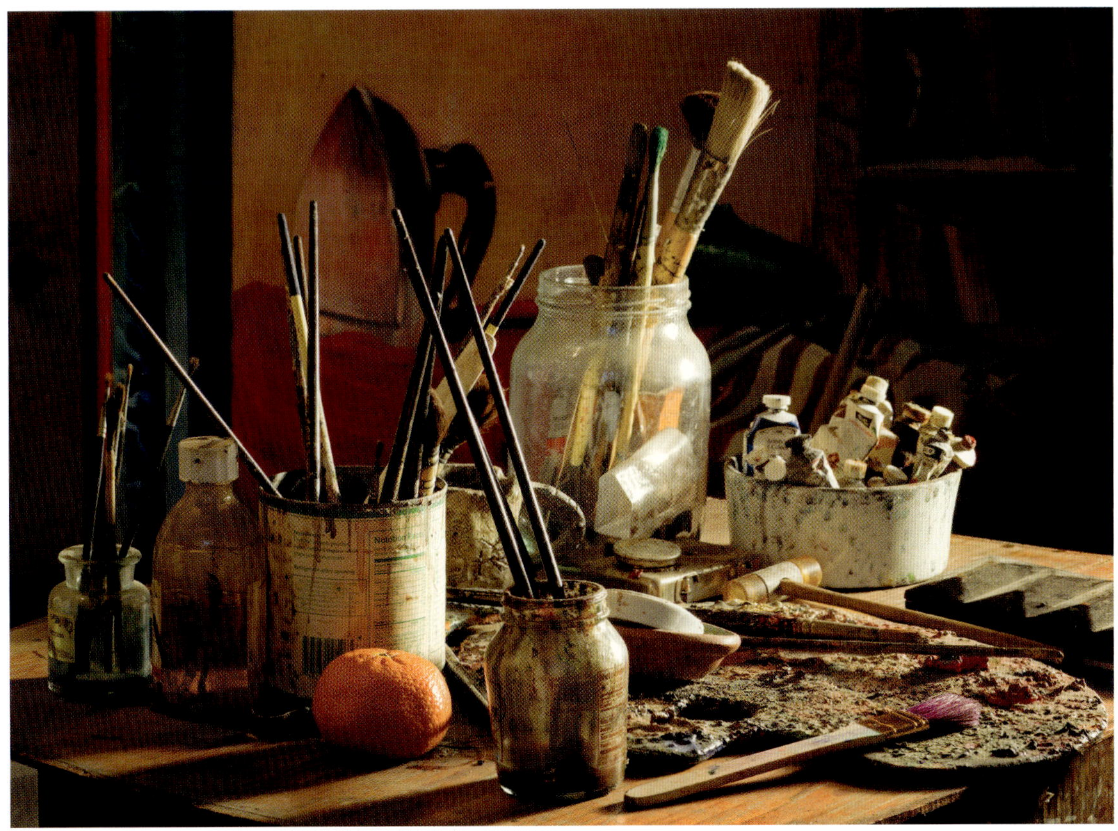

La mesa de trabajo de Eduardo Carrillo, en el taller del artista, Santa Cruz, California, 2015.

Eduardo Carrillo's worktable, the artist's studio, Santa Cruz, California, 2015.

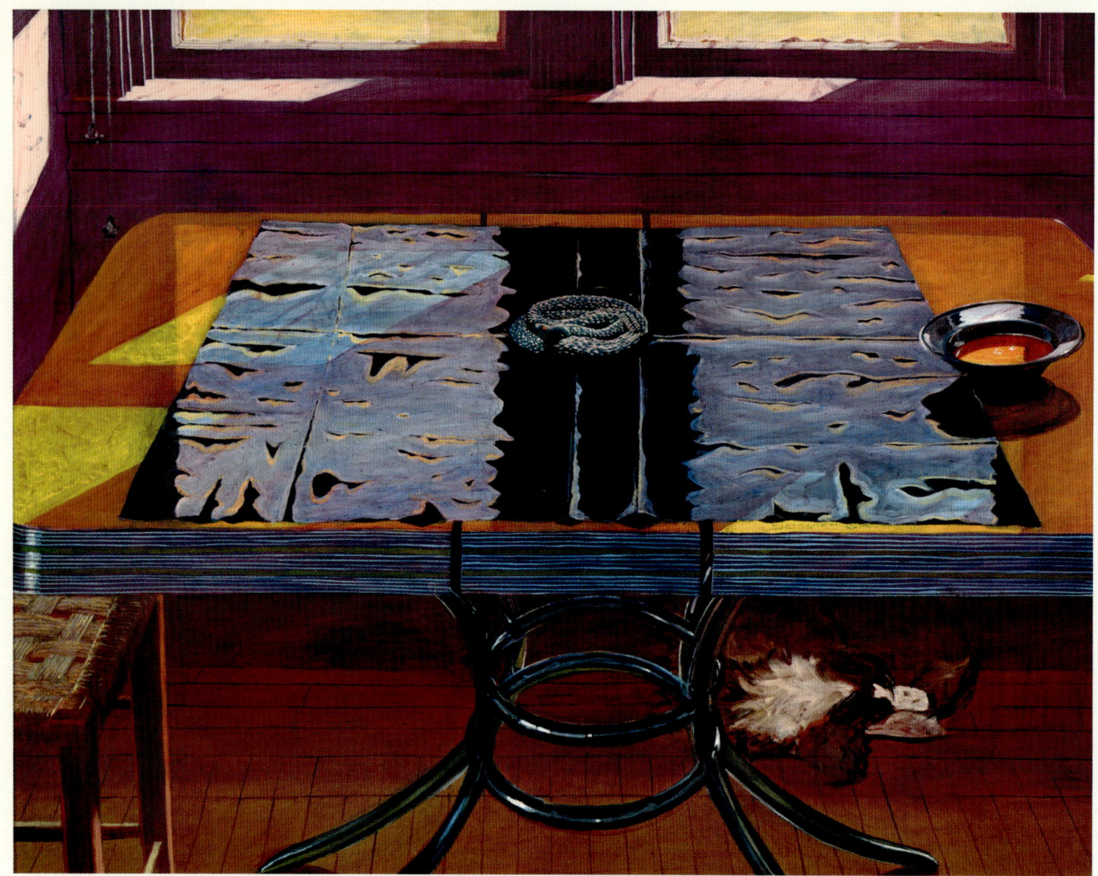

TESTAMENT OF THE HOLY SPIRIT, 1971.
Oil on panel, 47¾ × 60 inches. Crocker Art Museum Purchase with funds from the Maude T. Pook Acquisition Fund, 1972.24.

TESTAMENTO DEL ESPÍRITU SANTO, 1971.
Óleo sobre tabla, 47¾ × 60 pulgadas. Adquirido por el Crocker Art Museum con fondos del Maude T. Pook Acquisition Fund, 1972.24.

Notes

1. Marina Popova, "What It Really Takes to Be an Artist: MacArthur Genius Teresita Fernández's Magnificent Commencement Address" (December 14, 2014), www.brainpickings.org.
2. Susan Landauer, William H. Gerdts, and Patricia Trenton, *The Not-So-Still Life: A Century of California Painting and Sculpture* (Berkeley and Los Angeles: University of California Press, 2003), 138.
3. Paul Figueroa, "An Introduction to Eduardo Carrillo," in Museo Eduardo Carrillo, *Eduardo Carrillo* (Santa Cruz, CA: Museo Eduardo Carrillo, 2009), 3. Steamer Lane is a spot on the Santa Cruz coastline favored by surfers.
4. Ruben Carrillo, e-mail message to author, March 1, 2016.
5. Susan B. Larsen, "A Warm Spot in the Cool Sixties," in Los Angeles Municipal Art Gallery, *Ceeje Revisited*; Preface by Josine Ianco-Starrets; Introduction by Faith Flam; Essays by Susan B. Larsen and Fidel Danieli (Los Angeles: Los Angeles Municipal Art Gallery, 1984), 11.
6. Aron Goldberg, "Introduction," in *Edward Carrillo: Selected Works, 1960–1975* (Los Angeles: California State University, Fine Arts Gallery, 1975), n.p.
7. Peter Selz, *Art of Engagement: Visual Politics in California and Beyond*, with an essay by Susan Landauer (Berkeley and Los Angeles: University of California Press, 2006), 175.
8. Amalia Mesa-Bains, "A Reflection on Sor Juana Inez de la Cruz and Her Portrait," in Museo Eduardo Carrillo, *Eduardo Carrillo*, 20.
9. Octavio Paz, *Sor Juana or the Traps of Faith*, translated by Margaret Sayers Peden (Cambridge, MA: Belknap Press of Harvard University, 1988).
10. Alison Carrillo in discussion with the author, July 2015.
11. Carlos Manuel Haro, e-mail message to author, July 2, 2014.
12. Eduardo Carrillo, "CALIFAS: Is Chicano Art Safe in Santa Cruz?," *Arts at Santa Cruz* 1, no. 1 (Spring 1981): 6.
13. Mark Van Proyen, "On Point," *Artweek*, December 1997.
14. Juliette Carrillo, e-mail message to author, March 4, 2016.

Notas

1. Marina Popova, "What It Really Takes to Be an Artist: MacArthur Genius Teresita Fernández's Magnificent Commencement Address," *Brain Pickings* (14 de diciembre de 2014), www.brainpickings.org.
2. Susan Landauer, William H. Gerdts y Patricia Trenton, *The Not-So-Still Life: A Century of California Painting and Sculpture* (Berkeley y Los Ángeles: University of California Press, 2003), 138.
3. Paul Figueroa, "An Introduction to Eduardo Carrillo", en Museo Eduardo Carrillo, *Eduardo Carrillo* (Santa Cruz, CA: Museo Eduardo Carrillo, 2009), 3. Steamer Lane es un lugar preferido por los surfistas en la costa de Santa Cruz, California.
4. Ruben Carrillo, correo electrónico enviado a la autora, 1 de marzo de 2016.
5. Susan B. Larsen, "A Warm Spot in the Cool Sixties", en Los Angeles Municipal Art Gallery, *Ceeje Revisited*; Prefacio de Josine Ianco-Starrets; Introducción de Faith Flam; Ensayos de Susan B. Larsen y Fidel Danieli (Los Ángeles: Los Angeles Municipal Art Gallery, 1984), 11.
6. Aron Goldberg, "Introducción" en *Edward Carrillo: Selected Works*, 1960–1975 (Los Ángeles: California State University, Fine Arts Gallery, 1975), sin página.
7. Peter Selz, *Art of Engagement: Visual Politics in California and Beyond*, con un ensayo de Susan Landauer (Berkeley y Los Ángeles: University of California Press, 2006), 175.
8. Amalia Mesa-Bains, "A Reflection on Sor Juana Inez de la Cruz and Her Portrait", en Museo Eduardo Carrillo, *Eduardo Carrillo*, 20.
9. Octavio Paz, *Sor Juana or the Traps of Faith*, traducido por Margaret Sayers Peden (Cambridge, MA: Belknap Press of Harvard University, 1988).
10. Alison Carrillo, discusión con la autora, julio de 2015.
11. Carlos Manuel Haro, correo electrónico enviado a la autora, 2 de julio de 2014.
12. Eduardo Carrillo, "CALIFAS: Is Chicano Art Safe in Santa Cruz?", *Arts at Santa Cruz* 1, no. 1 (Primavera 1981): 6.
13. Mark Van Proyen, "On Point", *Artweek*, diciembre de 1997.
14. Juliette Carrillo, correo electrónico enviado a la autora, 4 de marzo de 2016.

JUGUETE DE BAÑO, 1972.
Óleo sobre tabla, 30 × 24 pulgadas. Colección de Juliette Carrillo y Ruben Carrillo.

TUB TOY, 1972.
Oil on board, 30 × 24 inches. Collection of Juliette Carrillo and Ruben Carrillo.

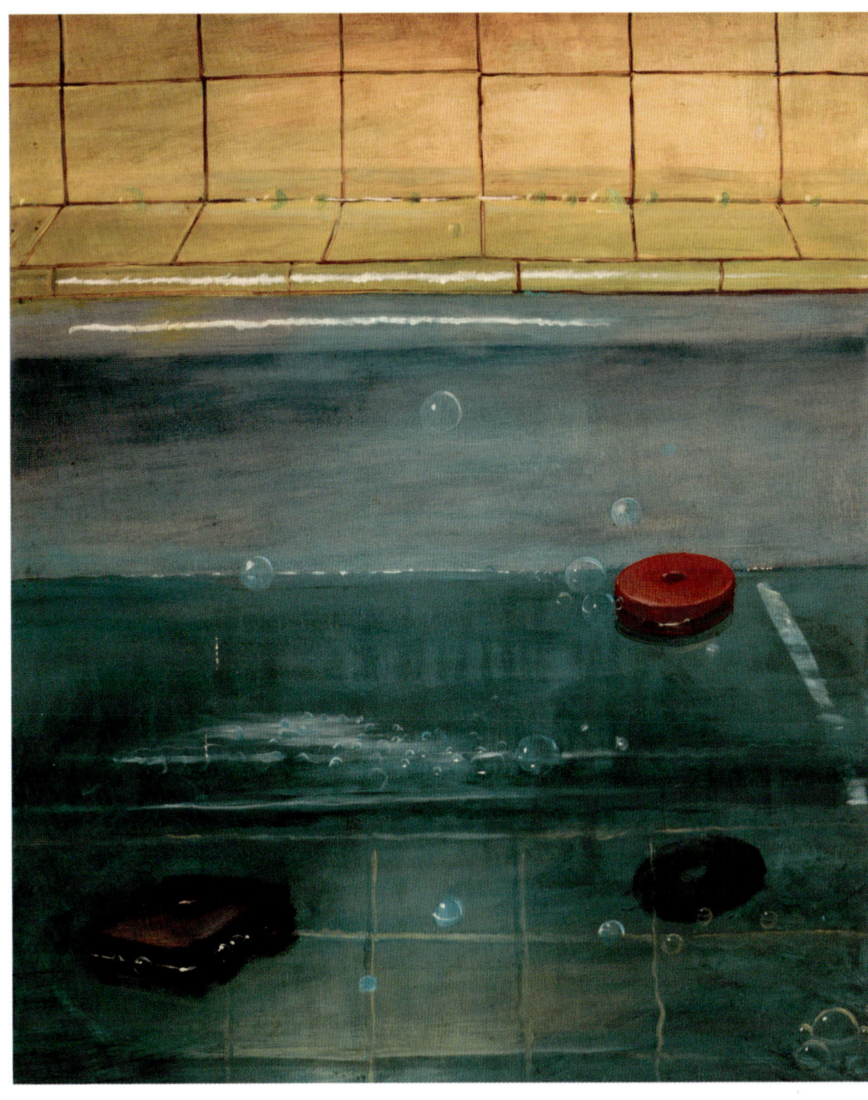

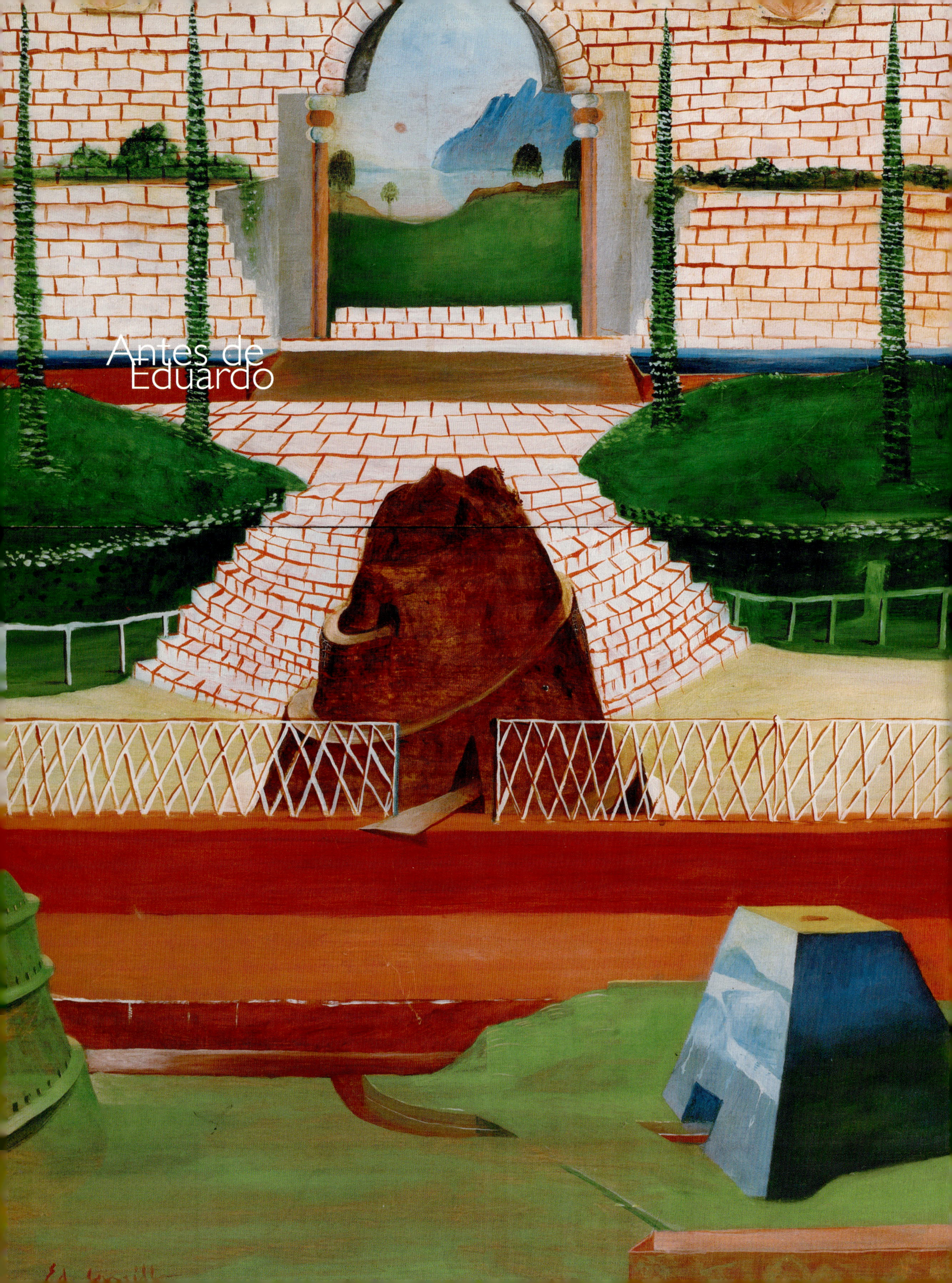

Antes de Eduardo

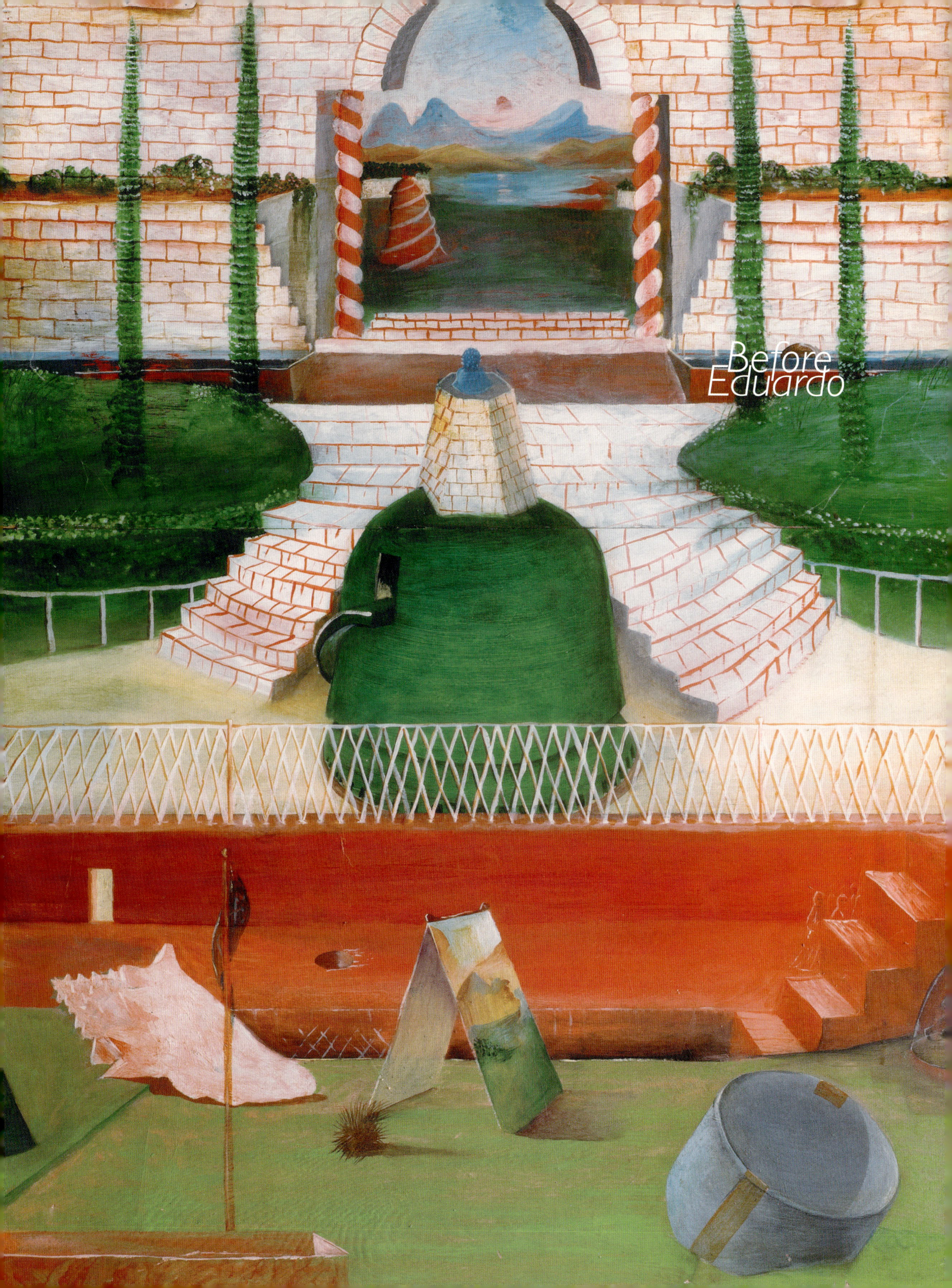

Before Eduardo

Antes de Eduardo

La obra temprana de Carrillo

MICHAEL DUNCAN

Figura clave en el desarrollo del arte chicano en los años setenta, Eduardo Carrillo realizó pinturas y murales que amplían las ideas de cómo el arte puede atender a las inquietudes de los méxico-estadounidenses más allá de los límites de las acciones políticas identitarias y de concientización. Cargados de significados personales, a través de la luz y el color, sus naturalezas muertas, retratos, alegorías y paisajes hallan un contenido espiritual en objetos, actividades y escenas cotidianas. El momento decisivo en la carrera de Carrillo llegó con el establecimiento en 1969 del Centro de Arte Regional en Baja California. Sus experiencias con artesanos tradicionales en México lo llevaron a tener un compromiso de por vida con las culturas indígenas y a entender su efecto sobre la experiencia chicana a largo plazo.

Sin embargo, antes de que Carrillo se fuera al Centro de Arte Regional, su sensibilidad había sido nutrida por otras tradiciones y experiencias. La infancia de Carrillo en Los Ángeles, sus vivencias como estudiante de arte allí y en España, así como su amistad con los artistas de la Galería Ceeje, le brindaron un trasfondo crucial para su desarrollo como artista. Cuando todavía era un estudiante de maestría, el precoz Carrillo empezó una serie de enigmáticos paisajes fantásticos que siguen intrigando y desconcertando a los observadores. El pintor Irving Petlin describió estas obras poéticamente como "pasajes inspirados y coloridamente soñados mediante una nación imaginada".[1] Inmersos en la historia del arte, estas raras y cautivantes pinturas pueden ser mejor entendidas a través del examen de sus fuentes en el pasado de Carrillo. Estas pinturas gozan de una especie de relación simbiótica con las obras de sus héroes artísticos, maestros y colegas.

Criado por su madre y su abuela, ambas católicas devotas, Carrillo fue monaguillo en la iglesia de San Miguel en el sur de Los Ángeles y fue educado en escuelas católicas. Las pinturas, esculturas y vitrales de su iglesia fueron las primeras obras de arte que él vio y sus imágenes religiosas marcaron sus gustos tempranos. Visitas periódicas al pueblo natal de su madre, San Ignacio, en Baja California, México, lo expusieron a un mundo que trascendía las fronteras de los Estados Unidos. La abuela de Carrillo, doña María Leree, se había trasladado a San Ignacio cuando era joven y estuvo intensamente involucrada en las actividades de la Misión de San Ignacio de Kadalamen, situada en un espectacular lugar del pueblo. En 1964, tras la insistencia de su madre, Carrillo hizo unas nuevas pinturas para las pechinas deterioradas de la misión, copiando unas representaciones de los cuatro evangelistas hechos por El Greco.

En 1955, luego de graduarse de la escuela preparatoria, Carrillo asistió

PÁGINA DOBLE ANTERIOR

PORTALES APERLADOS, 1966.
Detalle. Véase la página 50.

PREVIOUS SPREAD

PEARLY GATES, 1966.
Detail. See page 50.

Before Eduardo

Carrillo's Early Work

MICHAEL DUNCAN

A crucial figure in the development of Chicano art in the 1970s, Eduardo Carrillo made paintings and murals that expand ideas about how art might address the concerns of Mexican Americans beyond the boundaries of identity politics and political consciousness raising. Imbued with personal meaning, his still lifes, portraits, allegories, and landscapes find spiritual content in everyday objects, activities, and settings, communicated through light and color. The turning point in Carrillo's career came with the establishment in 1969 of El Centro de Arte Regional in Baja California. His experiences with traditional craftspeople in Mexico led to a lifelong commitment to indigenous Indian cultures and an understanding of their lasting effect on Chicano experience.

But before Carrillo went to El Centro de Arte Regional, his sensibility had been nurtured by other traditions and experiences. Carrillo's childhood in Los Angeles, his experiences as an art student there and in Spain, and his friendships with the artists of Ceeje Gallery provided a crucial background for his development as an artist. While still a graduate student, the precocious Carrillo began a series of enigmatic fantasy landscapes that continue to intrigue and mystify viewers. The painter Irving Petlin poetically described these works as "inspired and color dreamt passages through an imagined nation."[1] Steeped in art history, these strange, captivating paintings can be better understood by examining their sources in Carrillo's past. His early works enjoy a kind of symbiotic relationship with works by his art heroes, teachers, and peers.

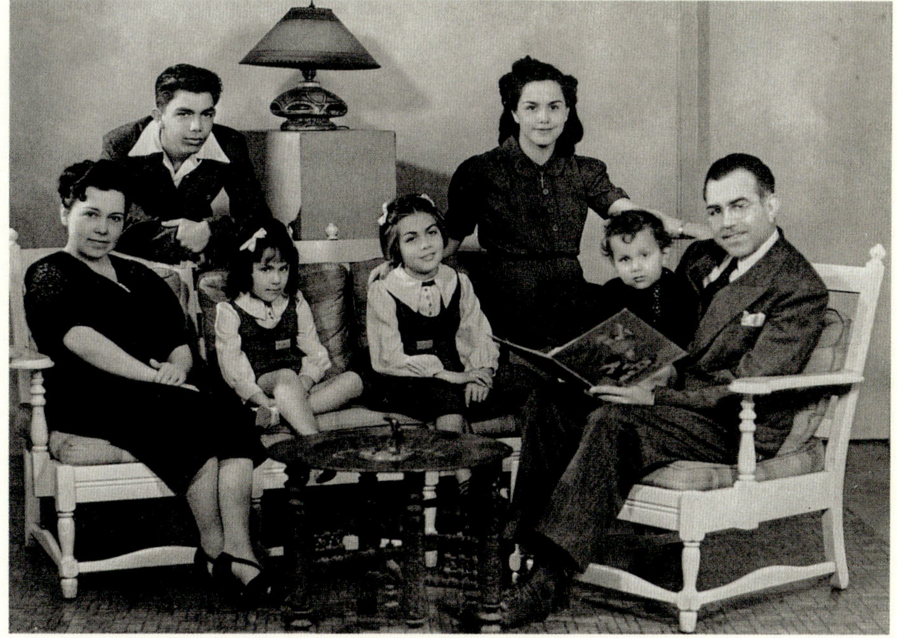

The Carrillo family, Los Angeles, 1939. Rebecca Leree (mother), Alex (standing), Pat, Mary, Georgina, Eddie, Alexander (father). Photographer unknown.

La familia Carrillo, Los Ángeles, 1939. Rebecca Leree (madre), Alfredo (de pie), Patricia, María Beatriz, Georgina, Eduardo, Alejandro (padre). Fotógrafo desconocido.

Raised by his devout Catholic mother and grandmother, Carrillo was an altar boy at Saint Michael's Church in south Los Angeles and educated in Catholic schools. The paintings, sculpture, and stained glass of his church were the first artworks he saw, and religious imagery stamped his early taste. Regular visits to his mother's Baja hometown, San Ignacio, exposed him to a world outside U.S. borders. Carrillo's grandmother, Doña María Leree, had moved to San Ignacio as a young girl and was actively involved with

al City College de Los Ángeles, donde fue premiado por la facultad de bellas artes.[2] Al año siguiente, se transfirió a la Universidad de California, Los Ángeles (UCLA), cuya facultad de bellas artes contaba en esa época con un fuerte grupo de profesores que enfatizaban el expresionismo figurativo. Más tarde, Carrillo reconocería a William Brice, Jack Hooper y Mary Holmes como importantes mentores.[3] Brice—quien había expuesto en Nueva York y cuya obra estaba profundamente influida por el trabajo figurativo de Rico Lebrun—era uno de los artistas figurativos más destacados de Los Ángeles, conocido por la soltura y maestría de sus dibujos. Al final de los años cincuenta, Brice estaba hallando su propio lenguaje artístico maduro a través de pinturas dramáticas y atmosféricas que mostraban figuras que se fundían en paisajes rocosos, representadas desde múltiples puntos de vista, y con poca atención a la verosimilitud.[4] En 1962, Brice viajó con algunos amigos cercanos a México, donde visitó ruinas aztecas y al pintor Rufino Tamayo.

Carrillo reconoció a Brice y a Jack Hooper por haberlo introducido al trabajo de los grandes artistas mexicanos Diego Rivera, José Clemente Orozco y David Alfaro Siqueiros. Hooper había estudiado en la Ciudad de México en el Mexico City College (hoy, la Universidad de las Américas), trabajado como ayudante en los murales de Siqueiros y conocido a Frida Kahlo. De 1956 a 1958 fue profesor asociado de arte en la UCLA y trabajó como ayudante de estudio de Rico Lebrun. En México, Hooper se había asociado a la Generación de la Ruptura, un grupo de artistas que reaccionaron contra la línea abiertamente política de los maestros mexicanos predecesores, promoviendo contenidos que fueran más personales y ambiguos.[5] Ya que Hooper había estudiado también en París en la renombrada Académie Julian, él le ofreció a Carrillo una perspectiva cosmopolita del quehacer artístico, derivada de tradiciones tanto europeas como mexicanas.

Durante sus años en la UCLA, dos importantes exposiciones debieron haberle llamado la atención a Carrillo. La muestra en 1955 de Giorgio de Chirico en el Museo de Arte Moderno de Nueva York y el catálogo de la muestra escrito por James Thrall Soby fueron ampliamente celebrados en la prensa del arte, reavivando el interés por el surrealista italiano. Como lo atestiguan sus paisajes fantásticos, Carrillo apreciaba claramente la manera radical con la cual de Chirico trataba el espacio y su yuxtaposición de planos llanos para crear un espacio ambiguo y vertiginoso. Más cerca de casa, la exposición de 1957 titulada *Pintura expresionista alemana* en el Pomona College, curada por Peter Selz, tuvo un gran impacto sobre los artistas de Los Ángeles. En una entrevista, el fundador de la Galería Ceeje, Cecil Hedrick—quien fue compañero de estudios de arte de Carrillo—señaló la importancia

the town's dramatically sited Mission of San Ignacio de Kadakamen. In 1964, after being urged by his mother, Carrillo made new paintings for the mission's decayed pendentives, copying depictions of the four evangelists by El Greco.

In 1955, after graduating from high school, Carrillo attended Los Angeles City College, where he received an award from the art department.[2] He transferred the next year to the University of California, Los Angeles (UCLA), whose art department at that time had a strong faculty that emphasized expressive figuration. Carrillo later acknowledged William Brice, Jack Hooper, and Mary Holmes as important mentors.[3] Brice—who had shown in New York and was deeply influenced by the figurative work of Rico Lebrun—was one of the most prominent figurative artists of Los Angeles, known for his loose, masterful draftsmanship. In the late 1950s, Brice was finding his mature voice as an artist in dramatic, atmospheric paintings that feature figures merging into rocky landscapes with little concern for verisimilitude, rendered from multiple points of view.[4] In 1962, Brice traveled with close friends to Mexico, visiting Aztec ruins and painter Rufino Tamayo.

Carrillo credited Brice and Jack Hooper for introducing him to the work of the great Mexican artists Diego Rivera, José Clemente Orozco, and David Alfaro Siqueiros. Hooper had studied in Mexico City at the College of the Americas, worked as a mural assistant to Siqueiros, and met Frida Kahlo. From 1956 to 1958 he served as an associate professor of art at UCLA and a studio assistant to Rico Lebrun. In Mexico, Hooper had associated himself with the *Generación de la Ruptura*, artists who reacted against the overt politics of the earlier Mexican masters, advocating content that was more personal and ambiguous.[5] Since Hooper had also studied in Paris at the renowned Académie Julian, he offered Carrillo a cosmopolitan approach to art making, drawing on both European and Mexican traditions.

During Carrillo's stint at UCLA, two important exhibitions must have caught his attention. Giorgio de Chirico's 1955 exhibition at the Museum of Modern Art, New York, and its catalogue by James Thrall Soby were widely celebrated in the art press, rekindling interest in the Italian surrealist. As Carrillo's fantasy landscapes attest, he clearly relished de Chirico's radical treatment of space and his juxtaposition of flat planes to create queasy ambiguous space. Closer to home, the 1957 exhibition *German Expressionist Painting* at Pomona College, curated by Peter Selz, made a big impact on L.A. artists. In an interview, Ceeje

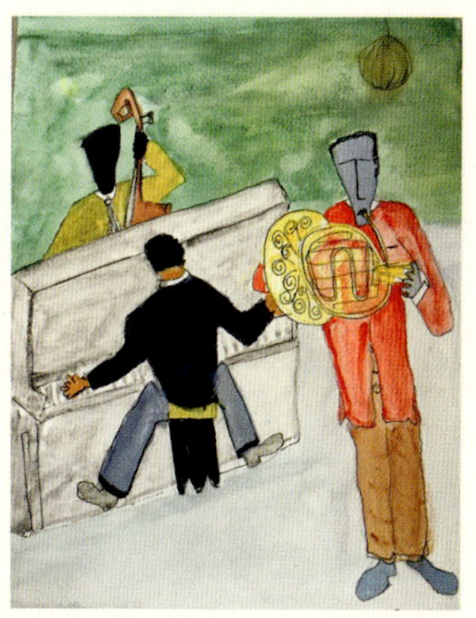

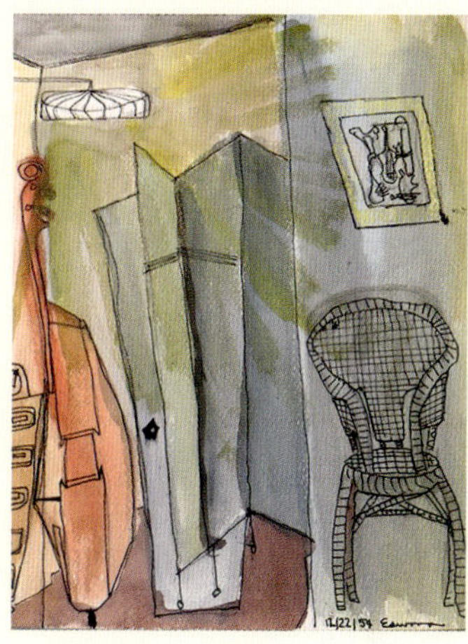

Watercolor sketches, 1954. Collection of Juliette Carrillo.

Bocetos de acuarela, 1954. Colección de Juliette Carrillo.

de esta exposición para William Brice y sus estudiantes en la UCLA.[6] Para Carrillo y sus colegas artistas de la Ceeje, Charles Garabedian, Roberto Chavez, Louie Lunetta, Lance Richbourg, Arleen Goldberg, Aron Goldberg y Les Biller, las obras de los expresionistas alemanes del principio del siglo XX tales como Max Beckmann, Otto Dix, Ernst Ludwig Kirschner y Erich Heckel representaban una alternativa dinámica a las obras de expresionismo abstracto y de Arte Pop que dominaban el mundo artístico en esa época.

Mary Holmes, docente de la UCLA, tuvo una influencia enriquecedora sobre Carrillo y llegó a ser una amiga de por vida. Su planteamiento docente pragmático se basaba en una apreciación del arte dirigida, según sus propias palabras, a "aumentar el placer" y fomentar la idea de que "el entendimiento y el placer pueden unirse en el arte".[7] Sus propias pinturas mostraban figuras alegóricas en escenarios fantásticos de colores brillantes. En 1959, Holmes animó a Carrillo a solicitar una beca para viajar a España para estudiar las pinturas de los viejos maestros que tanto le gustaban, particularmente las obras proto-surrealistas de Hieronymous Bosch ("El Bosco"). Cuando su solicitud fue rechazada, Carrillo quedó impávido, ganando por su cuenta el dinero necesario para viajar. En sus comentarios en la conmemoración por Carrillo después de su muerte, Holmes lo encomió por su determinación, elogiándole por haber seguido sus deseos, "entregándose a El Bosco", llegando así a ser un mejor artista.[8]

En 1960 Carrillo viajó a España, donde participó en sesiones de dibujo en el Círculo de Bellas Artes de Madrid y pasó tiempo en el Prado. En la destacadísima colección del museo se dice que Carrillo puso particular atención a las obras de Diego Velázquez, El Greco, Francisco Goya, El Bosco y Joachim Patinir.[9] Gracias a su asociación con el Círculo, pudo pintar en la galería del museo una copia del cuadro de El Bosco *Las tentaciones de San Antonio Abad*. El Bosco también pintó un tríptico más elaborado sobre este tema, colmado de detalles espeluznantes, sexualmente cargados, de monstruos y demonios. Curiosamente, Carrillo escogió copiar la versión más pequeña y serena. Sentado en cuclillas en un árbol hueco, el santo de El Bosco medita solitario, justo con unas pocas y raras figuras fantásticas señalando su angustia mental. Lejos de ser un demonio, el cerdo a su lado parece ser una mascota. Una rara criatura bípeda ornamentada con un tocado de seda parece estar sonriendo.

El aspecto más pertinente a la obra de Carrillo a comienzos de los sesenta es el espacio fracturado de la pintura de El Bosco. La pintura de El Bosco está dividida en tres áreas dispares, con la colina verde donde está sentado San Antonio aparentemente estucada en primer plano.

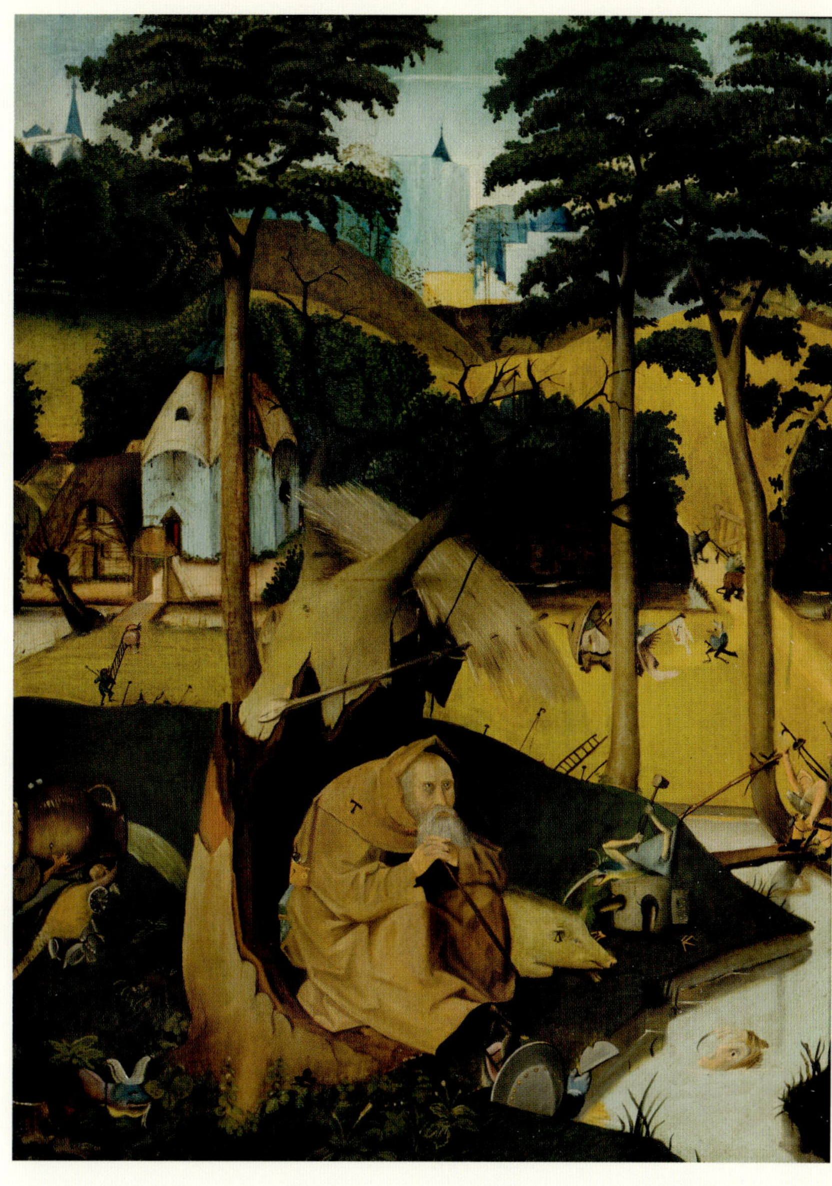

THE TEMPTATION OF SAINT ANTHONY, 1960. *Eduardo Carrillo's copy of Hieronymus Bosch painting. Oil on panel, 27¼ × 19½ inches. Private collection.*

LA TENTACIÓN DE SAN ANTONIO, 1960. *Copia de Eduardo Carrillo de un cuadro de Hieronymus Bosch, "El Bosco". Óleo sobre tabla, 27¼ × 19½ pulgadas. Colección privada.*

Gallery founder Cecil Hedrick—who was an art student peer of Carrillo—mentioned the importance of the exhibition to William Brice and his UCLA students.[6] For Carrillo and his fellow Ceeje artists Charles Garabedian, Roberto Chavez, Louie Lunetta, Lance Richbourg, Arleen Goldberg, Aron Goldberg, and Les Biller, the works of early twentieth-century German expressionists like Max Beckmann, Otto Dix, Ernst Ludwig Kirschner, and Erich Heckel represented a lively alternative to the abstract expressionist and pop works then dominating the art world.

For Carrillo, UCLA instructor Mary Holmes was a nurturing influence who became a lifelong friend. Her down-to-earth approach to teaching was based on art appreciation, intending, in her words, to "increase pleasure" and to foster the idea that "understanding and pleasure can come together in art."[7] Her own paintings featured allegorical figures in brightly colored fantasy settings. In 1959, Holmes encouraged Carrillo to pursue a grant to travel to Spain to study the old master paintings he relished, particularly the proto-surreal works of Hieronymus Bosch. When his application was turned down, he was undaunted, earning money on his own for the trip. In her memorial remarks after Carrillo's death, she commended him for that determination, praising him for following his desires, "submitting himself to Bosch," and thereby becoming a better artist.[8]

In 1960, Carrillo traveled to Spain, where he engaged in drawing sessions at the Círculo de Bellas Artes in Madrid and spent time in the Prado. In the museum's sterling collection, he reportedly focused particular attention on the works of Diego Velázquez, El Greco, Francisco Goya, Hieronymus Bosch, and Joachim Patinir.[9] Through his association with the Círculo, he was able to paint in the museum gallery a copy of Bosch's *Temptation of Saint Anthony*. Bosch also painted a much more elaborate triptych of this subject, complete with nightmarish, sexually charged details of monsters and demons. Interestingly, Carrillo chose to copy Bosch's smaller, more serene version. Squatting in a hollowed-out

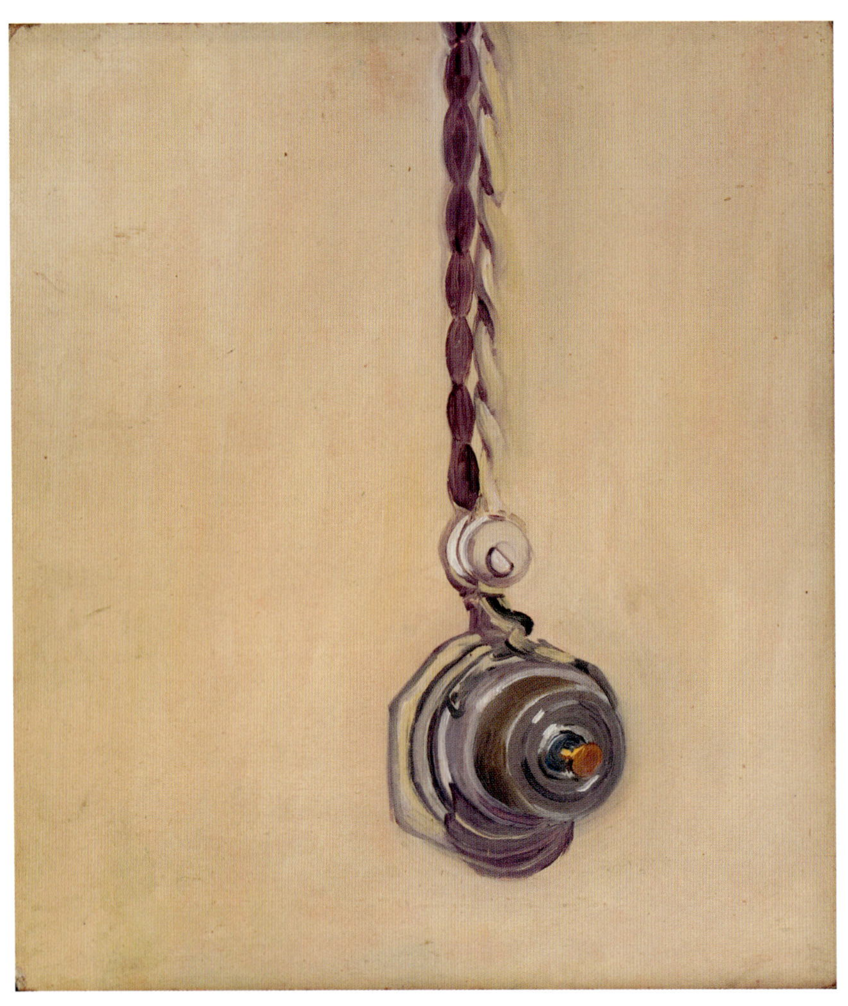

SIN TÍTULO
(TIMBRE), 1969.
Óleo sobre tabla,
14 × 12 pulgadas.
Colección de la familia Gordon.

UNTITLED
(DOORBELL), 1969.
Oil on board,
14 × 12 inches.
Gordon Family collection.

En el fondo se erige una arquitectura neblinosamente fantástica, mientras que en medio hay una escena agrícola otoñal. Las desarticuladas y oníricas escenas de la pintura reflejan el estado del santo, cuya incorpórea experiencia de tortura es interna. En sus propias obras, Carrillo llegó a sugerir una variedad de maneras para expresar el despertar espiritual, desde el desmayo estático de Sor Juana hasta su representación sutilmente cargada de un timbre. Como escribió su amigo el artista Aron Goldberg: "Quizás fue en las doctrinas de su formación católica que entendió por primera vez que el misterio de la transubstanciación era central para su sentido de vida. Es ciertamente la base de todo el arte el hacer carne del espíritu. A través de su trabajo como artista y como buscador espiritual, siempre es atraído hacia ese éxtasis potencial escondido en lo llamado inerte y finito".[10]

Carrillo recibió su licenciatura en 1962 y su maestría en 1964, ambas de la UCLA. Sus pinturas de comienzos de los sesenta se inspiran directamente de las estructuras y estrategias pictóricas de las obras que admiró en España. En el cuadro *El cruce entre el señor y la señora X* [*The Crossing of Mr. and Mrs. X*] (1964), el espacio segmentado, las colinas deformes y los árboles tubulares con sus largos troncos sin ramas parecen ser inspirados directamente de El Bosco. La narrativa extrañamente misteriosa se parece a las pinturas de predelas del Renacimiento temprano; las áreas deliberada y torpemente yuxtapuestas son como una escenografía teatral para un sueño inescrutable. De igual manera, la cápsula insólita que domina el centro del escenario en *El astronauta* [*The Astronaut*] (1963; véase la página 37) recuerda una de las curiosas vainas o calabazas en el cuadro de El Bosco, *El jardín de las delicias* (véase la página 36).

El tríptico de Carrillo *El jardín* [*The Garden*] (1962; véase las páginas 38–39) toma prestados algunos detalles directamente de El Bosco: la diminuta criatura alada en el panel izquierdo se parece a uno de los duendes volantes del cuadro de El Bosco, el *Tríptico del carro de heno* (1512–1515), el que representa en el panel izquierdo la caída de Adán y Eva en tres viñetas. El panel

tree, Bosch's saint meditates alone, with only a few odd fantasy figures indicating his mental anguish. Far from a demon, the pig at his side seems a pet. One strange two-footed creature ornamented with a silk headpiece appears to be smiling.

Most pertinent to Carrillo's early 1960s work is the fractured space of Bosch's painting. The Bosch work is divided into three disparate areas, with the green hillock where Saint Anthony sits seemingly plastered onto the foreground. Misty fantastical architecture stands in the background, while the middle ground is an autumnal farmland scene. The painting's disjointed, dreamlike settings reflect the state of the saint whose torturous out-of-body experience is interior. In his own works, Carrillo went on to suggest a variety of ways to express spiritual awakening, from the ecstatic swoon of Sor Juana to his subtly charged depiction of a doorbell. As his friend the artist Aron Goldberg wrote, "Perhaps it was in the doctrines of his Catholic upbringing that he first understood that the mystery of transsubstantiation was central to his feeling for life. It is certainly the basis of all art—the making of flesh of the spirit. Through his work as an artist and as a spiritual seeker he is always drawn toward that ecstatic potential concealed in the so-called inert and limited."[10]

THE CROSSING OF MR. AND MRS. X, 1964.
Oil on canvas and board, 24 × 18 inches. Private collection.

EL CRUCE ENTRE EL SEÑOR Y LA SEÑORA X, 1964.
Óleo sobre lienzo y tabla, 24 × 18 pulgadas. Colección privada.

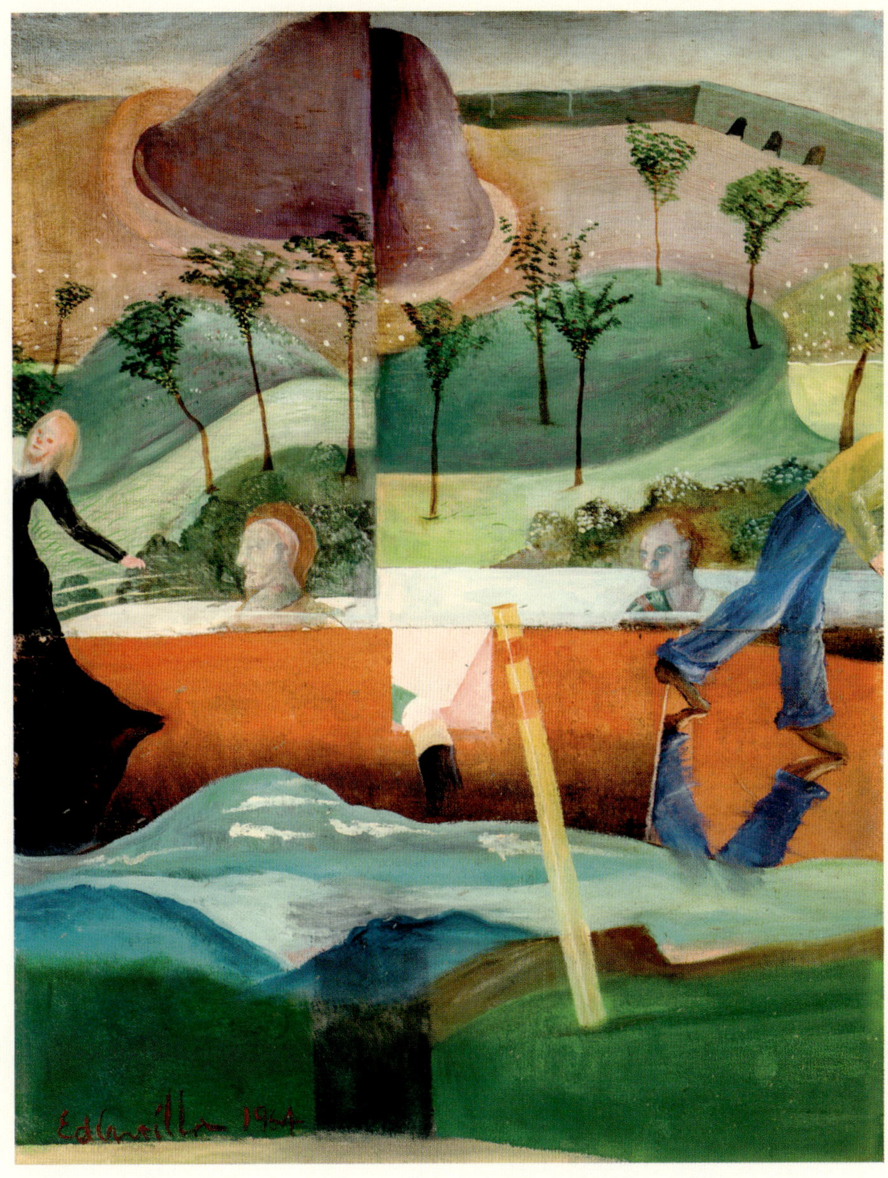

Carrillo received his B.A. in 1962 and his M.A. in 1964, both from UCLA. His paintings from the early 1960s draw directly on the structures and gambits of works he admired in Spain. In *The Crossing of Mr. and Mrs. X* (1964), the segmented space, oddly shaped hillocks, and stalky trees with long, branchless trunks seem directly indebted to Bosch. The work's weirdly mysterious narrative seems like those of early Renaissance predella paintings;

derecho del tríptico de Carrillo sugiere una escena cómica después de la Caída en la cual un par de artistas de circo realizan una acrobacia. Estos graciosos Adán y Eva han abandonado el jardín del gran panel central, concediéndolo a una criatura serpentina salida de un cuadro de El Bosco. El jardín de Carrillo está dominado por la fragante y alucinógena flor *Brugsmansia*, a veces conocida como trompetas de ángel, que se encuentra comúnmente en Los Ángeles.

Los cuadros de Carrillo de 1965 a 1966—*Maestro del teclado* [*Master of the Keyboard*], *Cabaña en el cielo* [*Cabin in the Sky*], *Portales aperlados* [*Pearly Gates*] y *Quimera* [*Pipe Dream*] (véase las páginas 40, 10, 50 y 42)—incorporan unos detalles raros y evocativos de El Bosco, en espacios enigmáticos y desérticos como las plazas vacías de De Chirico (véase la página 41). Las secciones segmentadas de estas pinturas compiten por nuestra atención, jugando con simetría y duplicación. *Portales aperlados* es un díptico simétrico que representa una Torre de Babel a la izquierda y una loma parecida a la del *Tríptico del carro de heno* de El Bosco a la derecha. En primer plano, una única escalera a la derecha lleva desde una especie de desértica pista de obstáculos de estructuras geométricas hacia dos escalinatas en un espacio intermedio que

Hieronymus Bosch ("El Bosco") (hacia 1450–1516), El jardín de las delicias, *1500–1505. Grisalla, óleo sobre tabla de madera de roble, 2.2 × 3.89 metros. Museo Nacional del Prado, Madrid, España. Copyright de la imagen del Museo Nacional del Prado / Art Resource, NY.*

Hieronymus Bosch (ca. 1450–1516), The Garden of Earthly Delights, *1500–1505. Oil, grisaille on oak panel, 2.2 × 3.89 m. Museo Nacional del Prado, Madrid, Spain. Copyright of the image Museo Nacional del Prado / Art Resource, NY.*

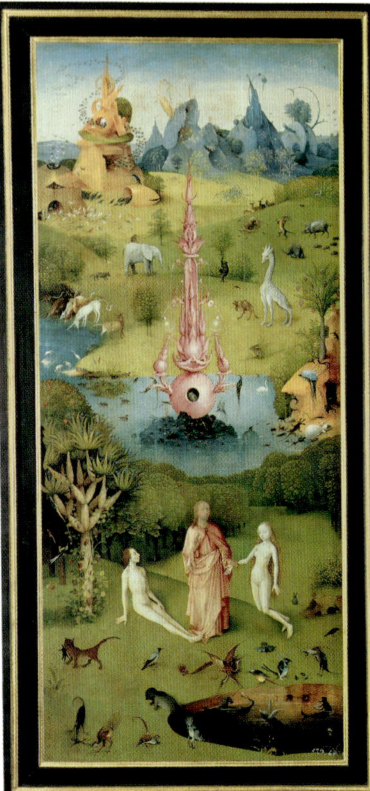
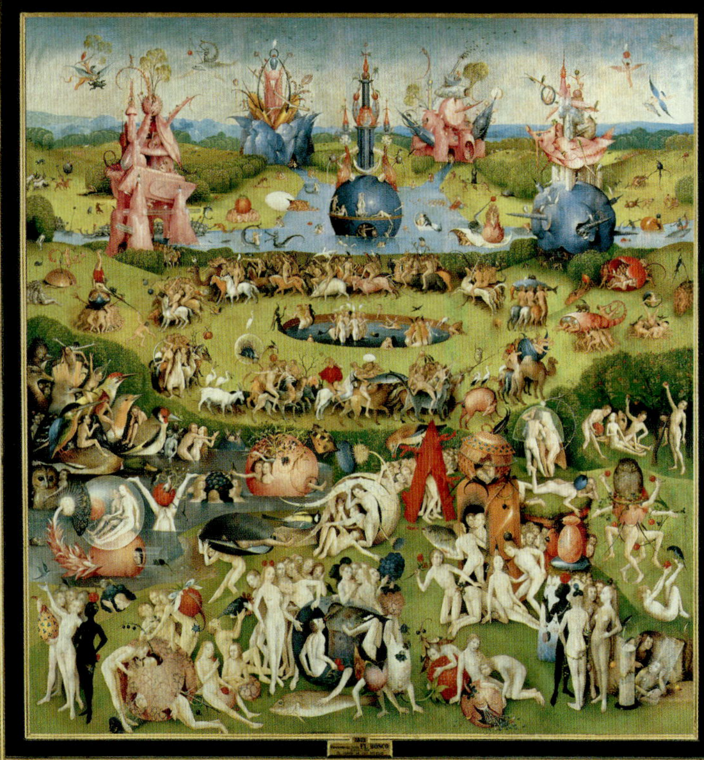
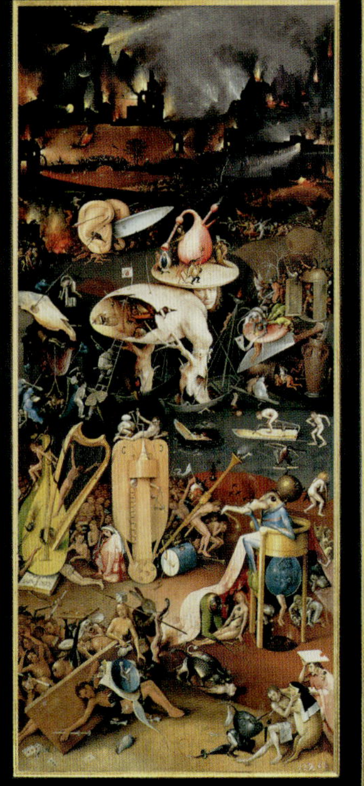

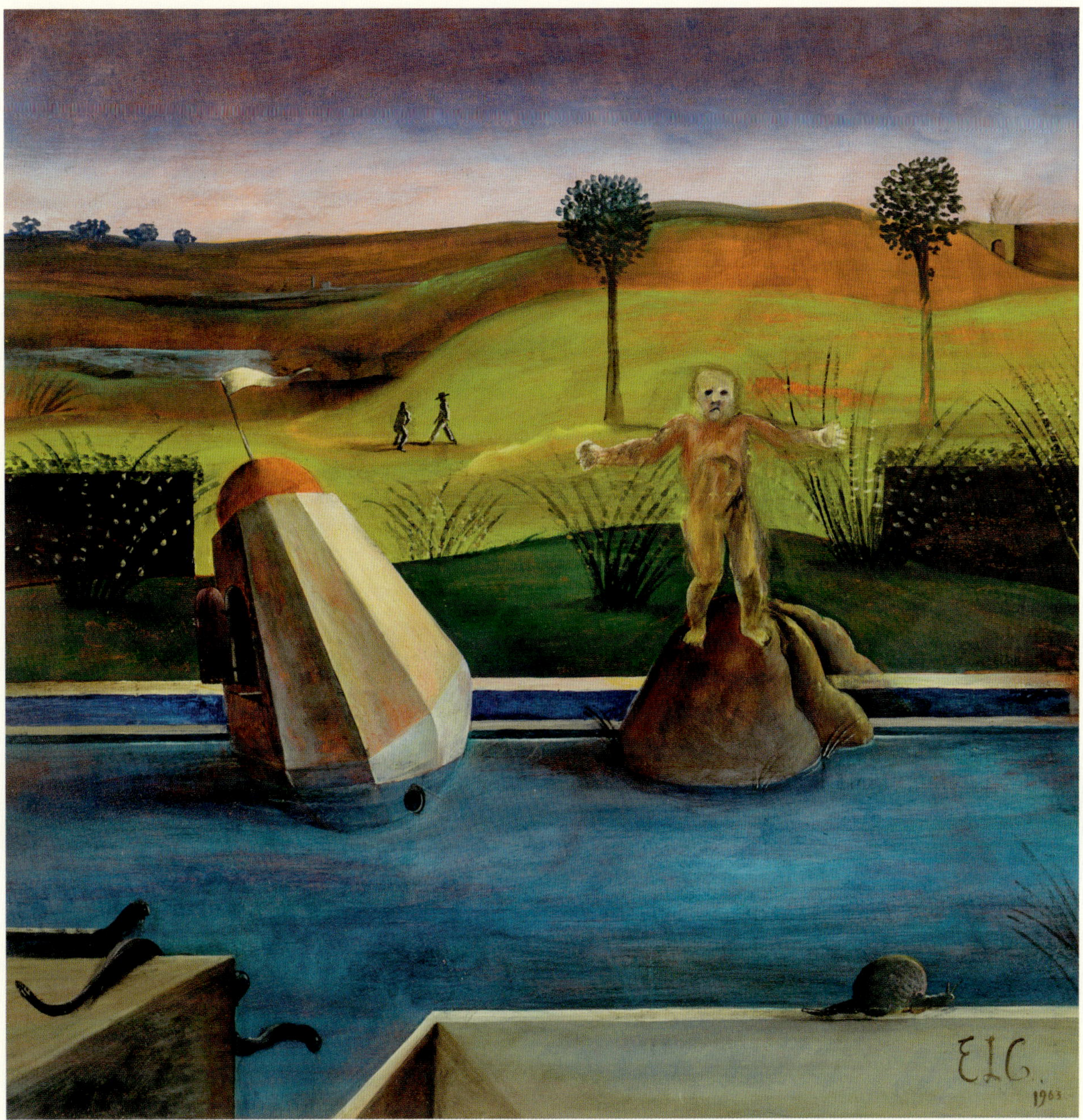

THE ASTRONAUT, 1963.
Oil on board, 24 × 24 inches.
Collection of Museo Eduardo Carrillo.

EL ASTRONAUTA, 1963.
Óleo sobre tabla, 24 × 24 pulgadas.
Colección del Museo Eduardo Carrillo.

the deliberately awkward, juxtaposed areas are like theater backdrops for an inscrutable dream. In a similar vein, the strange capsule taking center stage in *The Astronaut* (1963) is reminiscent of one of the bizarre pods or gourds in Bosch's *Garden of Earthly Delights*.

Carrillo's triptych *The Garden* (1962; see pages 38–39) borrows details directly from Bosch; the tiny winged creature in the left panel resembles one of the flying sprites of Bosch's *Haywain Triptych* (1512–1515), which portrays in its left panel the Fall of Adam and Eve in three vignettes. The right panel of Carrillo's triptych suggests a comic scene after the Fall in which a pair of circus performers execute a stunt. This droll Adam and Eve have abandoned the garden of the large central panel to a snake-like creature out of Bosch. Carrillo's garden is dominated by *Brugmansia*, the fragrant, hallucinogenic flower common to Los Angeles that is sometimes called "angels' trumpets."

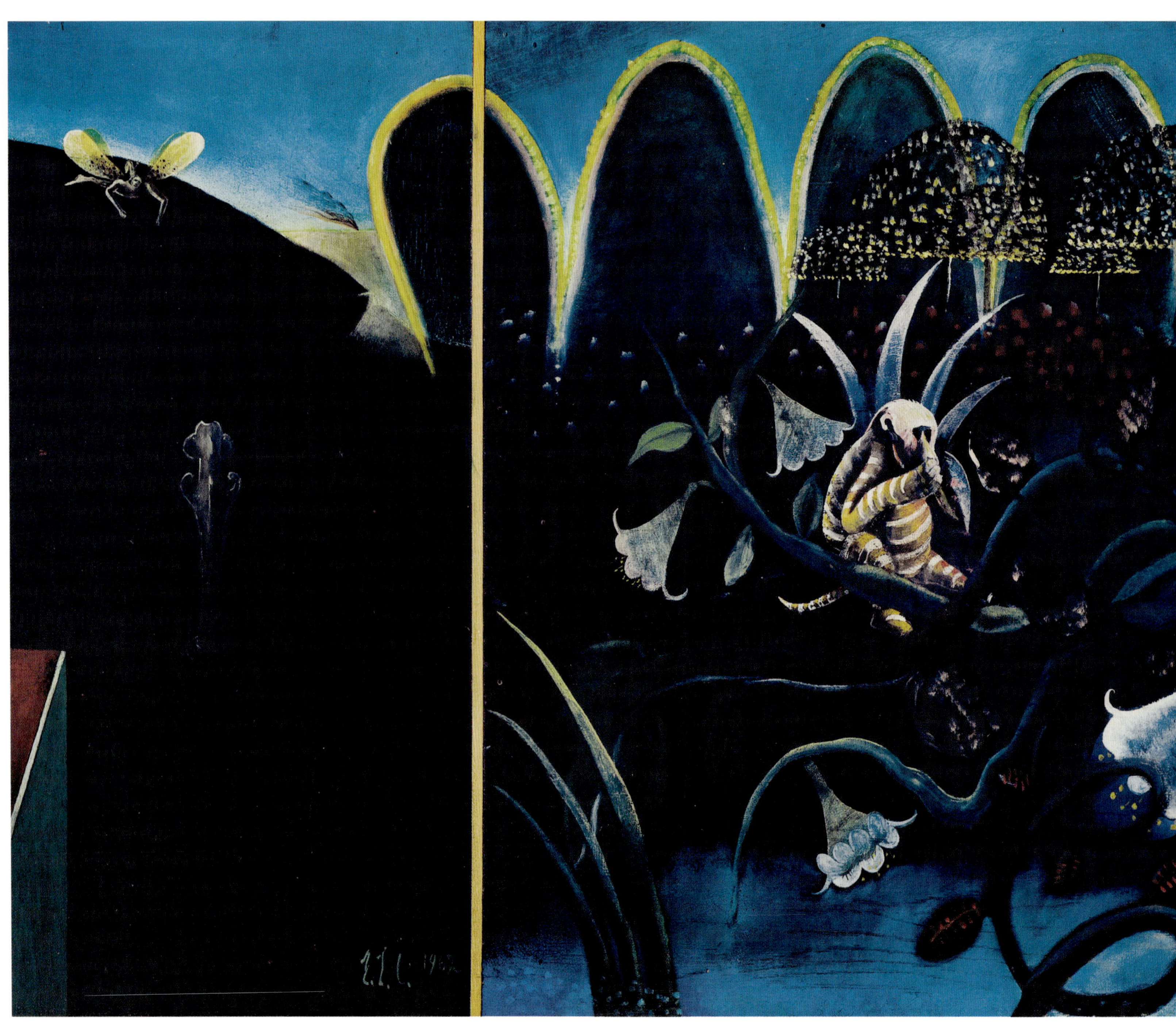

THE GARDEN, 1962.
Oil on panel (triptych), 23½ × 55½ inches.
Collection of George R. Wanlass.
Photo by Tom Pascale.

EL JARDÍN, 1962.
Óleo sobre tabla (tríptico), 23½ × 55½ pulgadas.
Colección de George R. Wanlass.
Fotografía de Tom Pascale.

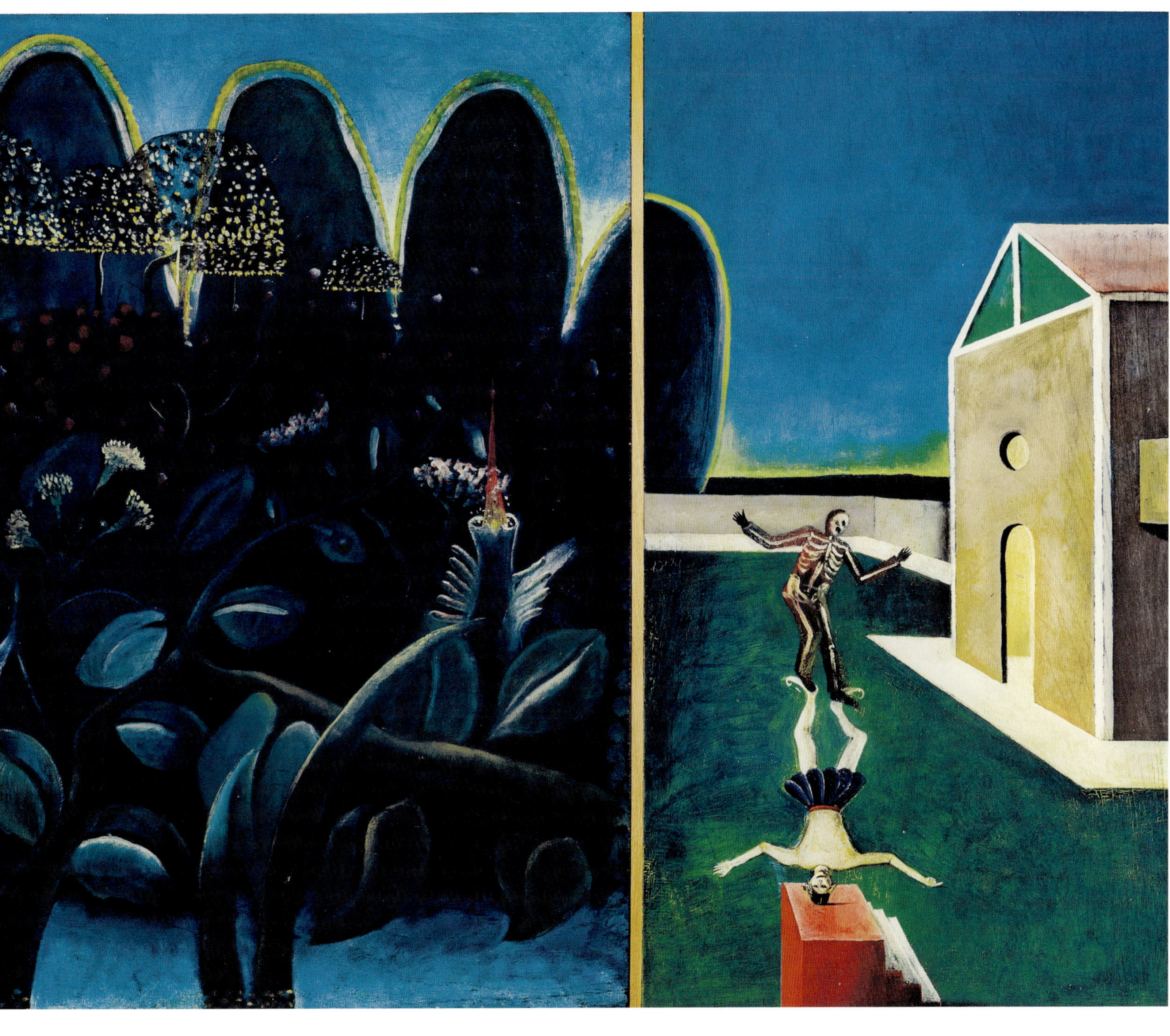

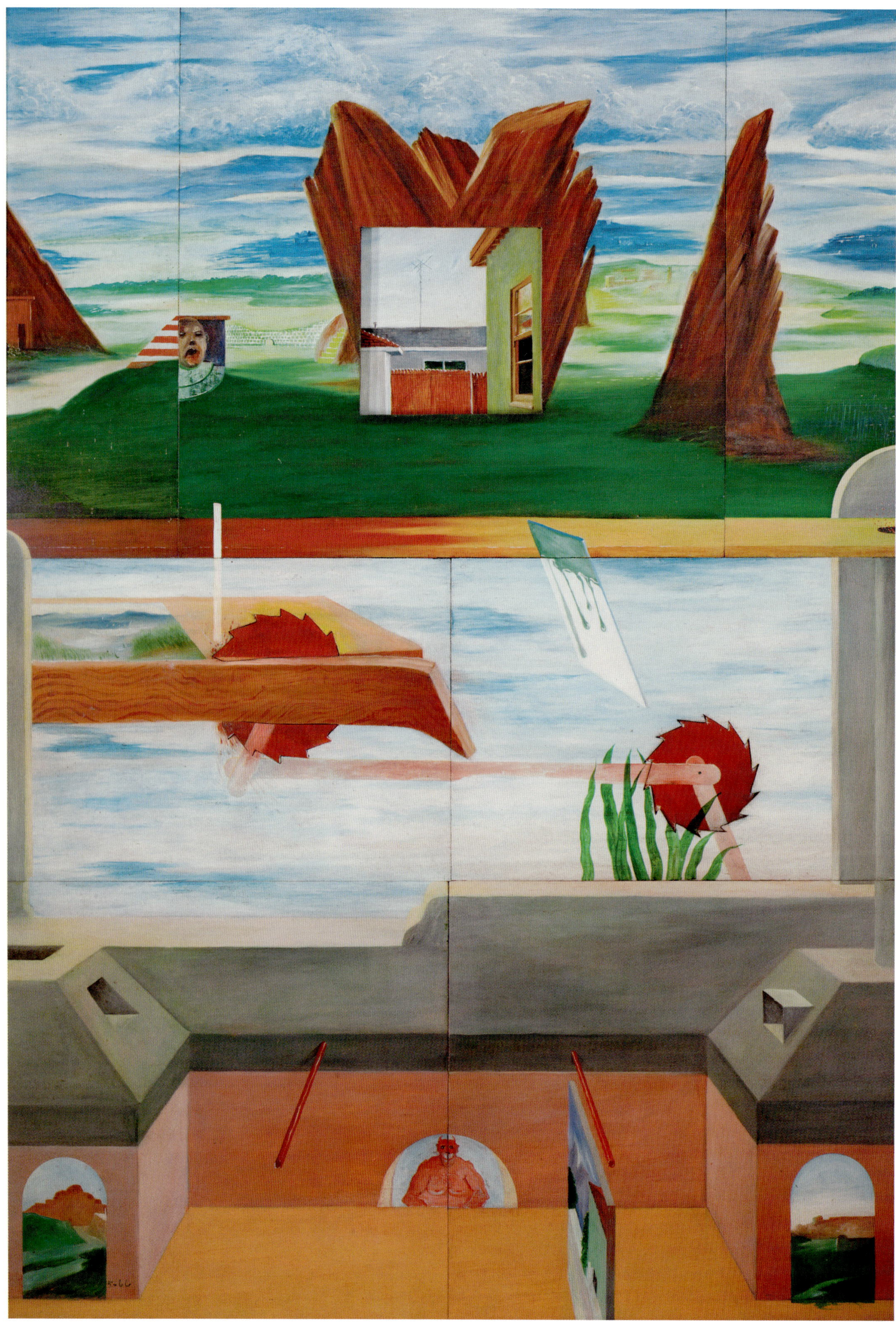

Carrillo's paintings from 1965 and 1966—*Master of the Keyboard*, *Cabin in the Sky*, *Pearly Gates*, and *Pipe Dream* (see pages 10, 50, and 42)—incorporate odd, Bosch-like details in enigmatic, deserted spaces reminiscent of de Chirico's empty plazas. The segmented sections of these paintings vie for attention, playing with symmetry and doubling. *Pearly Gates* is a symmetrical diptych that presents a Tower of Babel on the left and a *Haywain*-like hillock on the right. In the foreground, a single staircase on the right leads from a kind of deserted obstacle course of geometric structures to two middle-ground staircases that climax in dual portals, each blocked by a painting of a heavenly vista. Carrillo offers a labyrinthine pathway to the "pearly gates," fraught with detours and blocked passages.

European and Mesoamerican myths come together in *Cabin in the Sky*, which depicts another set of staircases and tunnel openings leading to or from a central sloped mesa. Suggesting the dramatic walled spaces of Mayan playing fields, the broad expanse of the mesa and the land below it contrast with the floating classical temple in the sky. Devoid of human presences, the painting features a cultural struggle happening beyond the purview of humankind; a gigantic rabbit, squirrel, and seashell are the only witnesses in this surreal tableau.

Reflecting personal struggles of faith and identity, Carrillo's early allegories are elliptical self-portraits. A portrait of Carrillo from the early 1960s by photographer Edmund Teske (see page ii) shows the artist in his studio with still-life objects arranged on a table in

FACING PAGE

MASTER OF THE KEYBOARD, 1965–66.
Oil on panels, cutouts with inserts, 83½ × 59½ inches. Collection of Juliette Carrillo.

PÁGINA OPUESTA

MAESTRO DEL TECLADO, 1965–66.
Óleo sobre tablas, recortes con inserciones, 83½ × 59½ pulgadas. Colección de Juliette Carrillo.

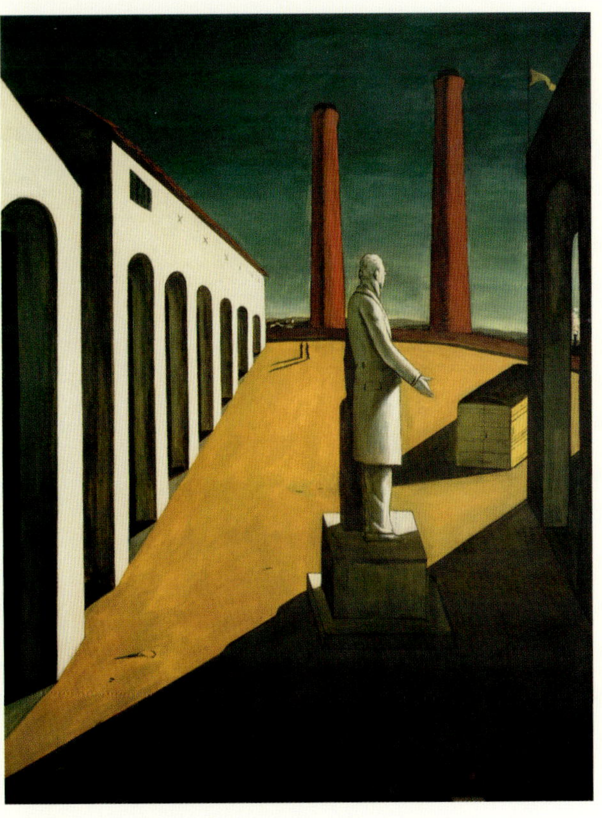

Giorgio de Chirico (1888–1978), The Enigma of a Day, *Paris, early 1914. Oil on canvas, 6 feet 1¼ inches × 55 inches (185.5 × 139.7 cm). James Thrall Soby Bequest. © Artists Rights Society (ARS), New York / SIAE, Rome. The Museum of Modern Art, New York, NY, U.S.A. Digital image © The Museum of Modern Art / Licensed by SCALA / Art Resource, NY.*

Giorgio de Chirico (1888–1978), El enigma de un día, *Paris, a comienzos de 1914. Óleo sobre lienzo, 6 pies y 1¼ pulgadas × 55 pulgadas (185.5 × 139.7 cm). Legado de James Thrall Soby. © Artists Rights Society (ARS), Nueva York / SIAE, Roma. The Museum of Modern Art, Nueva York, NY, EE UU. Imagen digital © The Museum of Modern Art / Licencia de SCALA / Art Resource, NY.*

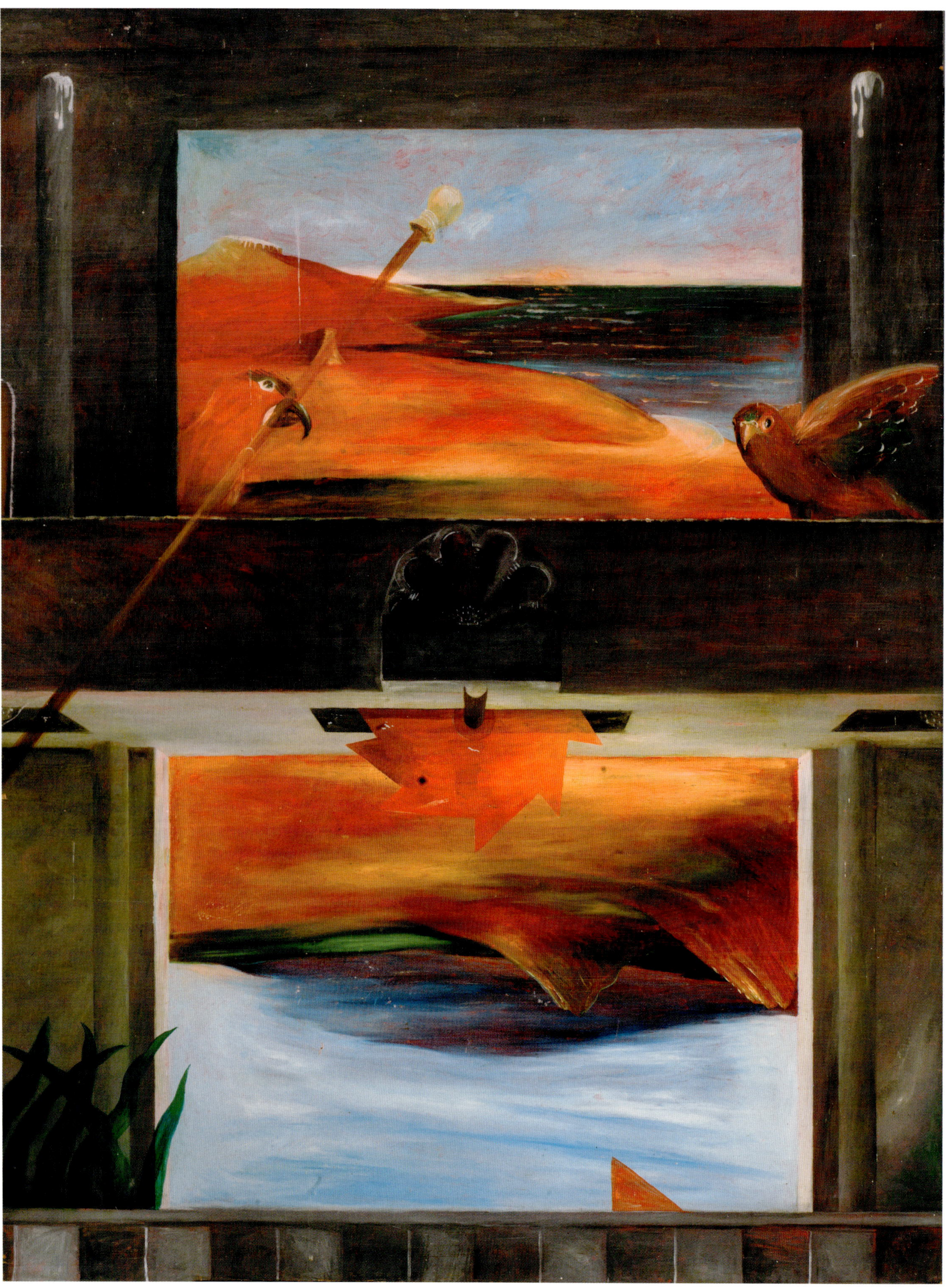

front of a mannequin that was depicted in Carrillo's *Comedy of Two Mothers* (1960). This painting presents an enigmatic allegory with an apparition of the artist himself appearing behind its tabletop still life.

In *Spanish Still Life* (1961; see page 45), Carrillo takes on the conventions of seventeenth-century Spanish *vanitas* paintings, which were made in recognition of the ravages of time and the follies of the human ego. His tabletop display of allegorical objects includes a crucifix, a split melon, and a human skull, with a ghostlike silhouette of a ruffled Spanish count appearing at the table. This apparition is reminiscent of the figures in El Greco's *The Funeral of Count Orgaz* (see page 45), which Carrillo made a special trip to see in Toledo.[11] Carrillo opens up his painting's space in Renaissance style, showing distant landscape vistas through a window and a doorway. A mirror on the table reflects an off-frame, opposing wall that further delineates the space.

COMEDY OF TWO MOTHERS, 1960.
Oil on canvas, 93 × 71 inches.
Location unknown.
Photo by Frank Thomas.

COMEDIA DE DOS MADRES, 1960.
Óleo sobre lienzo, 93 × 71 pulgadas.
Paradero desconocido.
Fotografía de Frank Thomas.

Carrillo repeatedly used mirrors to expand his compositions, perhaps in a nod to Velázquez, who in *Las Meninas* slyly used a mirrored reflection of the Spanish king and queen to help delineate a very complex space. On a much smaller scale, in *Travel by Motorcycle (Leucadia)* (1964; see page 46), Carrillo depicts a space nearly as complex as that of the Spanish masterpiece. His painting within the painting features a mirrored reflection of the artist, presumably at work on the fictional piece. Further complicating the composition, a frontal view of the Santa Claus statuette magically appears both on the depicted table and—impossibly, magically—in the reflection. The appearance of an impish child in the doorway accentuates the sense of play.

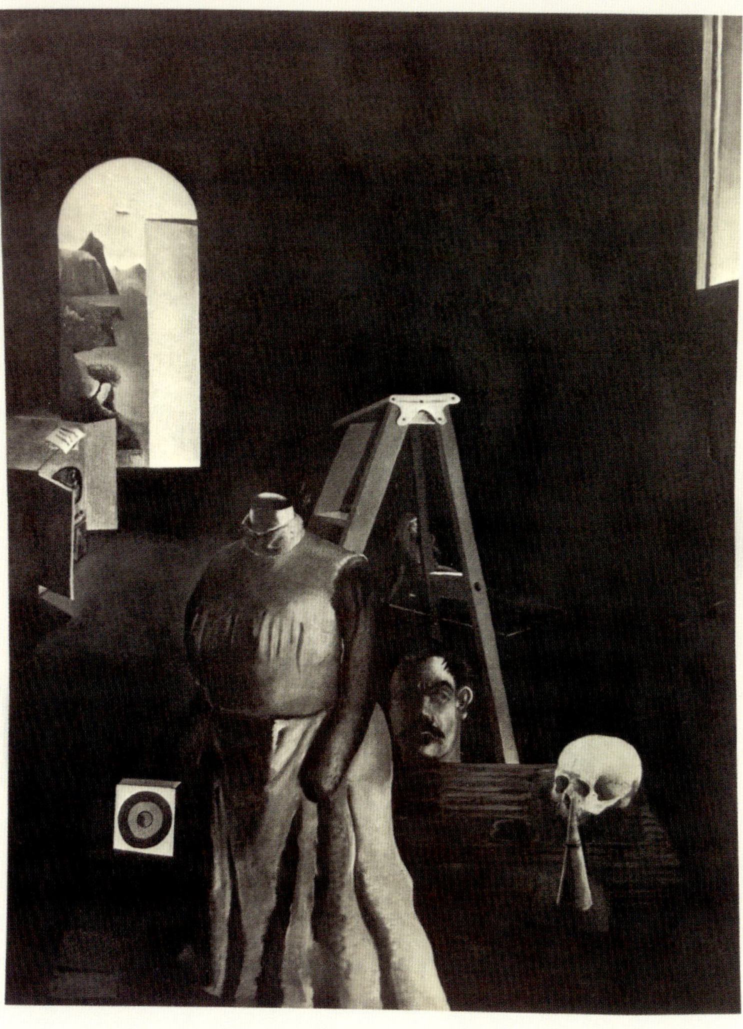

FACING PAGE

PIPE DREAM, 1966.
Oil on board, 48 × 35¾ inches.
Collection of Ruben Carrillo.

PÁGINA OPUESTA

QUIMERA, 1966.
Óleo sobre tabla, 48 × 35¾ pulgadas.
Colección de Ruben Carrillo.

en su punto máximo alcanzan dos portales, cada uno bloqueado por una pintura de una vista celestial. Carrillo ofrece un camino laberíntico a los "portales aperlados", plagado de desvíos y pasadizos bloqueados.

Mitos europeos y mesoamericanos se unen en *Cabaña en el cielo*, cuadro en el que figuran otro par de escaleras y aperturas de túneles que conducen hacia—o desde—una meseta central inclinada. Evocando los dramáticos espacios amurallados de las canchas de juego maya, la amplia extensión de la meseta y la tierra debajo de ella contrasta con el templo clásico que flota en el cielo. Privada de toda presencia humana, la pintura presenta una lucha cultural que se lleva a cabo más allá del alcance de la humanidad; un conejo, una ardilla y una concha marina gigantes son los únicos testigos en este retablo surreal.

Las tempranas alegorías de Carrillo son autorretratos elípticos que atestiguan sus luchas personales con su fe e identidad. Un retrato de Carrillo a comienzos de los años sesenta realizado por el fotógrafo Edmund Teske (véase la página ii) muestra al artista en su taller, con objetos de naturalezas muertas dispuestos sobre la mesa frente a un maniquí que Carrillo había retratado en su cuadro *Comedia de dos madres* [*Comedy of Two Mothers*] (1960; véase la página 43). Esta pintura ofrece una alegoría enigmática, con la aparición del artista mismo detrás de la naturaleza muerta sobre la mesa.

En el cuadro *Naturaleza muerta española* [*Spanish Still Life*] (1961), Carrillo adopta convenciones de las pinturas españolas del siglo XVII conocidas como *vanitas*, hechas en reconocimiento de los estragos causados por el tiempo y las locuras del ego humano. Los objetos alegóricos desplegados sobre la mesa incluyen un crucifijo, un melón partido, una calavera y una silueta fantasmagórica de un arrugado conde español sentado a la mesa. Esta aparición recuerda a las figuras en el cuadro de El Greco, *El entierro del conde de Orgaz*, que Carrillo vió en un viaje que hizo especialmente para ello a Toledo.[11] Carrillo abre el espacio de su cuadro en estilo renacentista, abriendo la vista sobre un lejano paisaje a través de una ventana y una portada. Un espejo en la mesa refleja una pared opuesta que no figura en el cuadro y que sirve para definir mejor el espacio.

Carrillo utilizó espejos repetidamente para expandir sus composiciones, quizás como una referencia explícita a Velázquez, quien en *Las meninas* utilizó ingeniosamente el reflejo en un espejo del rey y la reina de España para ayudar a definir un espacio muy complejo. En una escala mucho

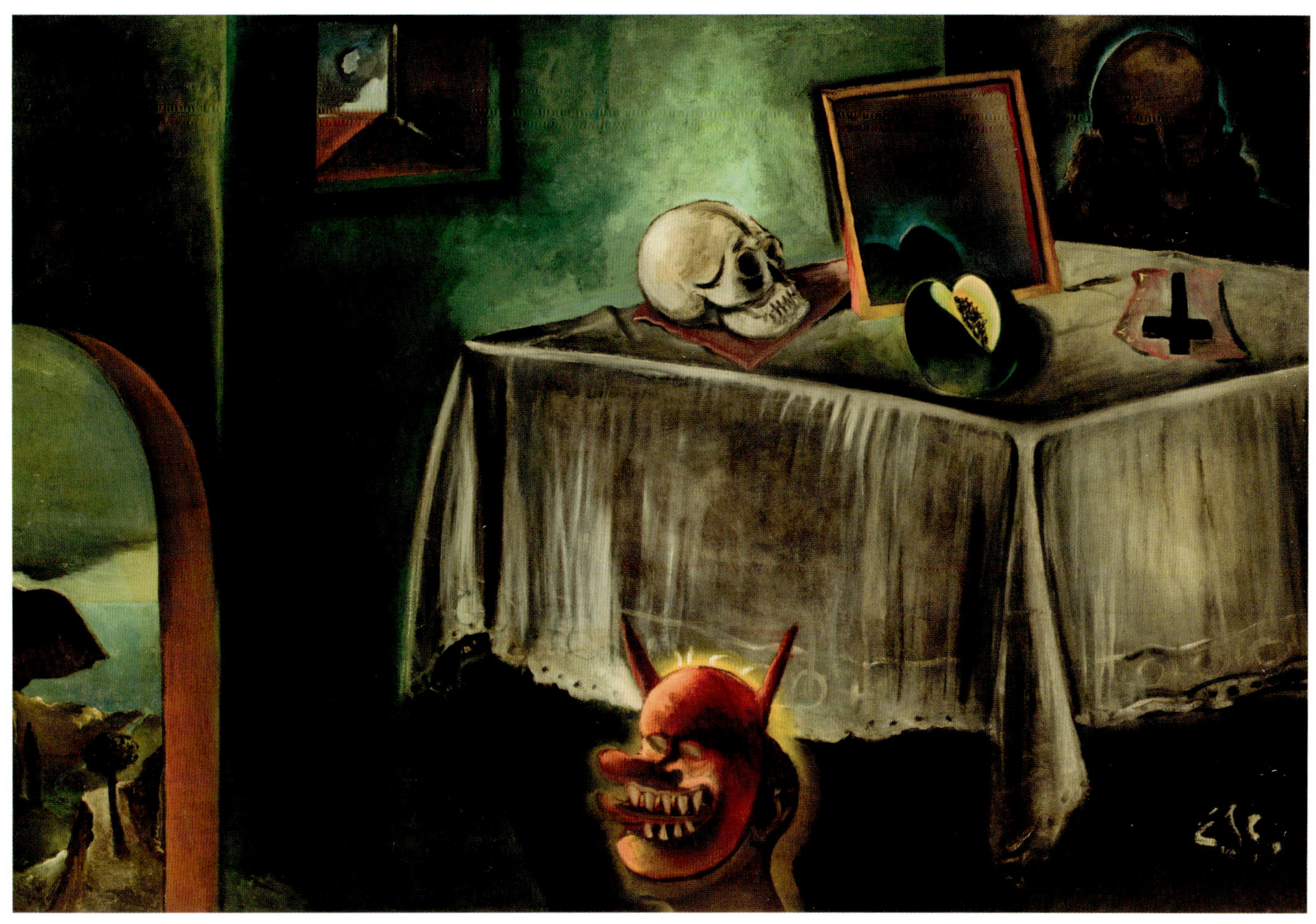

SPANISH STILL LIFE, 1961.
Oil on canvas,
45½ × 64 inches.
Collection of Juliette Carrillo.

NATURALEZA
MUERTA ESPAÑOLA, 1961.
Óleo sobre lienzo,
45½ × 64 pulgadas.
Colección de Juliette Carrillo.

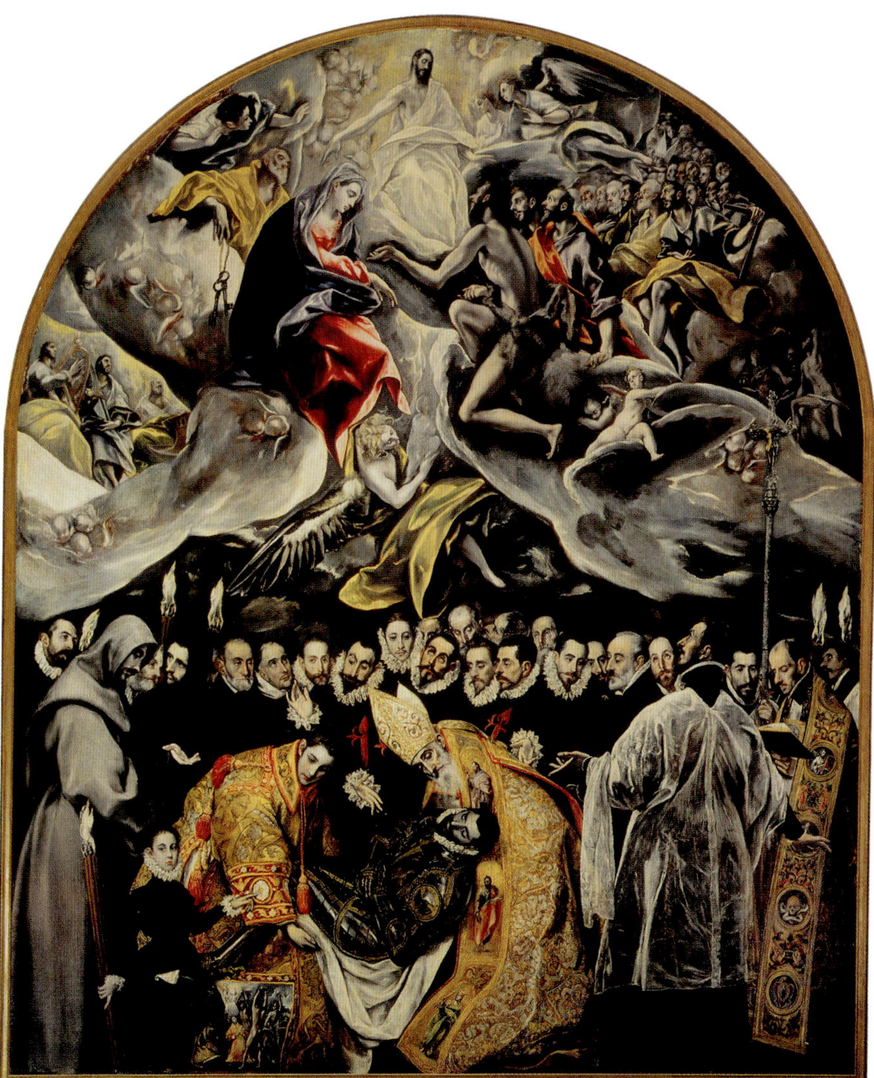

El Greco (1541–1614),
The Funeral of Count Orgaz, *1586.*
Oil on canvas, 460 × 360 cm.
S. Tome, Toledo, Spain. Scala /
Art Resource, NY.

El Greco (1541–1614), El entierro del Conde de Orgaz, *1586.*
Óleo sobre lienzo, 460 × 360 cm.
S. Tomé, Toledo, España. Scala /
Art Resource, NY.

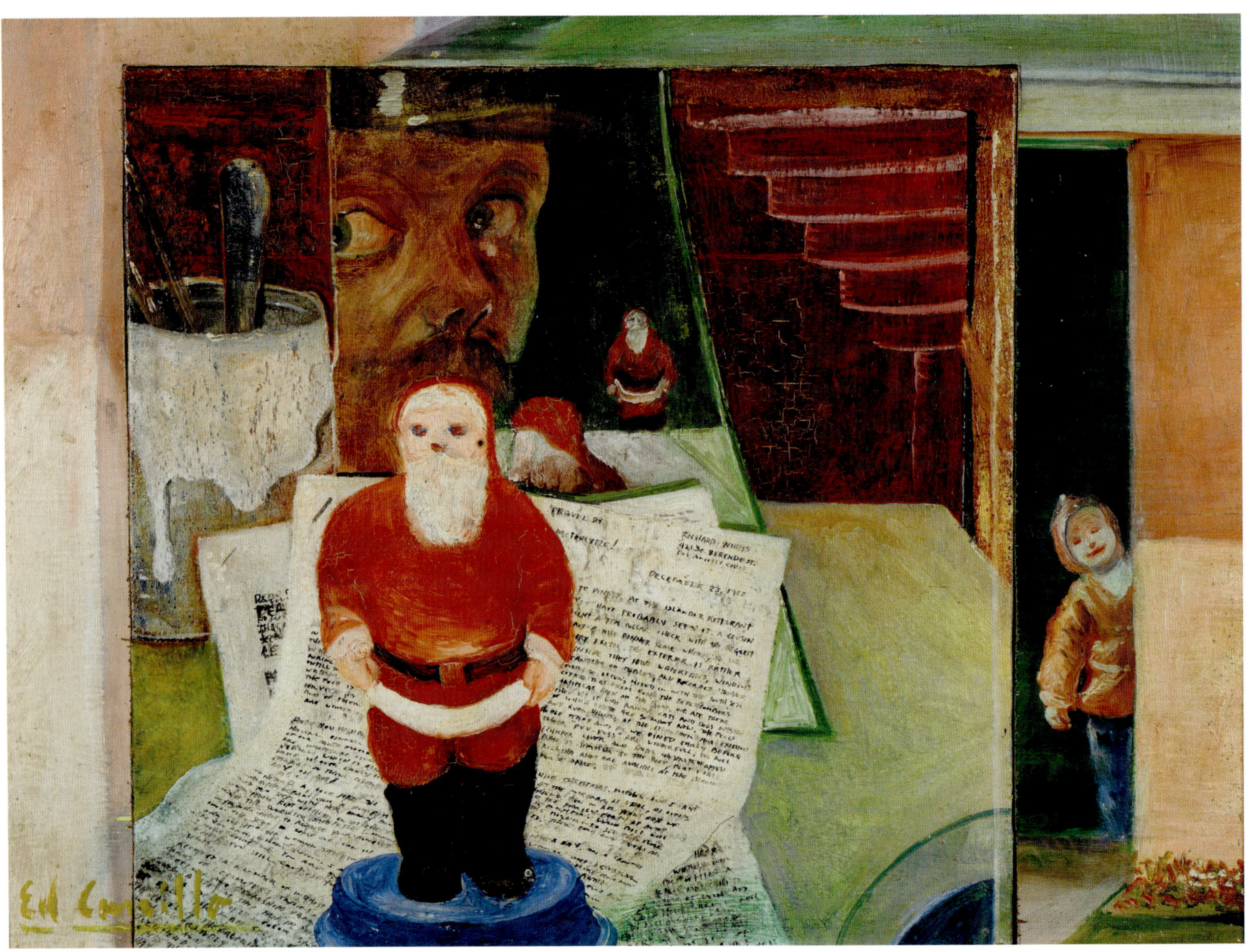

VIAJE EN MOTOCICLETA (LEUCADIA), 1964.
Óleo sobre tabla, 18 × 24 pulgadas. Colección privada.

TRAVEL BY MOTORCYCLE (LEUCADIA), 1964.
Oil on board, 18 × 24 inches. Private collection.

menor, en *Viaje por motocicleta (Leucadia)* [*Travel by Motorcycle (Leucadia)*] (1964), Carrillo representa un espacio casi tan complejo como el de la obra maestra española. Su cuadro dentro del cuadro muestra el reflejo del artista en el espejo, supuestamente trabajando en esta obra ficticia. Una vista frontal de la estatuilla de Santa Claus, que aparece mágica e inverosímilmente tanto en la mesa como en el reflejo del espejo, hace la composición aún más compleja. La presencia de un niño pícaro en la puerta acentúa el sentido juguetón del cuadro.

Las pinturas intensas y fantásticas de Carrillo de los años sesenta despliegan fascinantes similitudes con las obras contemporáneas de sus compañeros de Ceeje. En 1962, Carrillo expuso en la galería junto con sus compañeros de clase de la UCLA Charles Garabedian, Roberto Chavez, y Louie Lunetta, en una muestra llamada *Four Painters* [*Cuatro pintores*], que incluía el retrato cómico del grupo de Chavez, *El zapato del grupo*

LITTLE BETHLEHEM, 1965.
Oil on panel,
23½ × 28½ inches.
Private collection.

PEQUEÑA BELÉN, 1965.
Óleo sobre tabla,
23½ × 28½ pulgadas.
Colección privada.

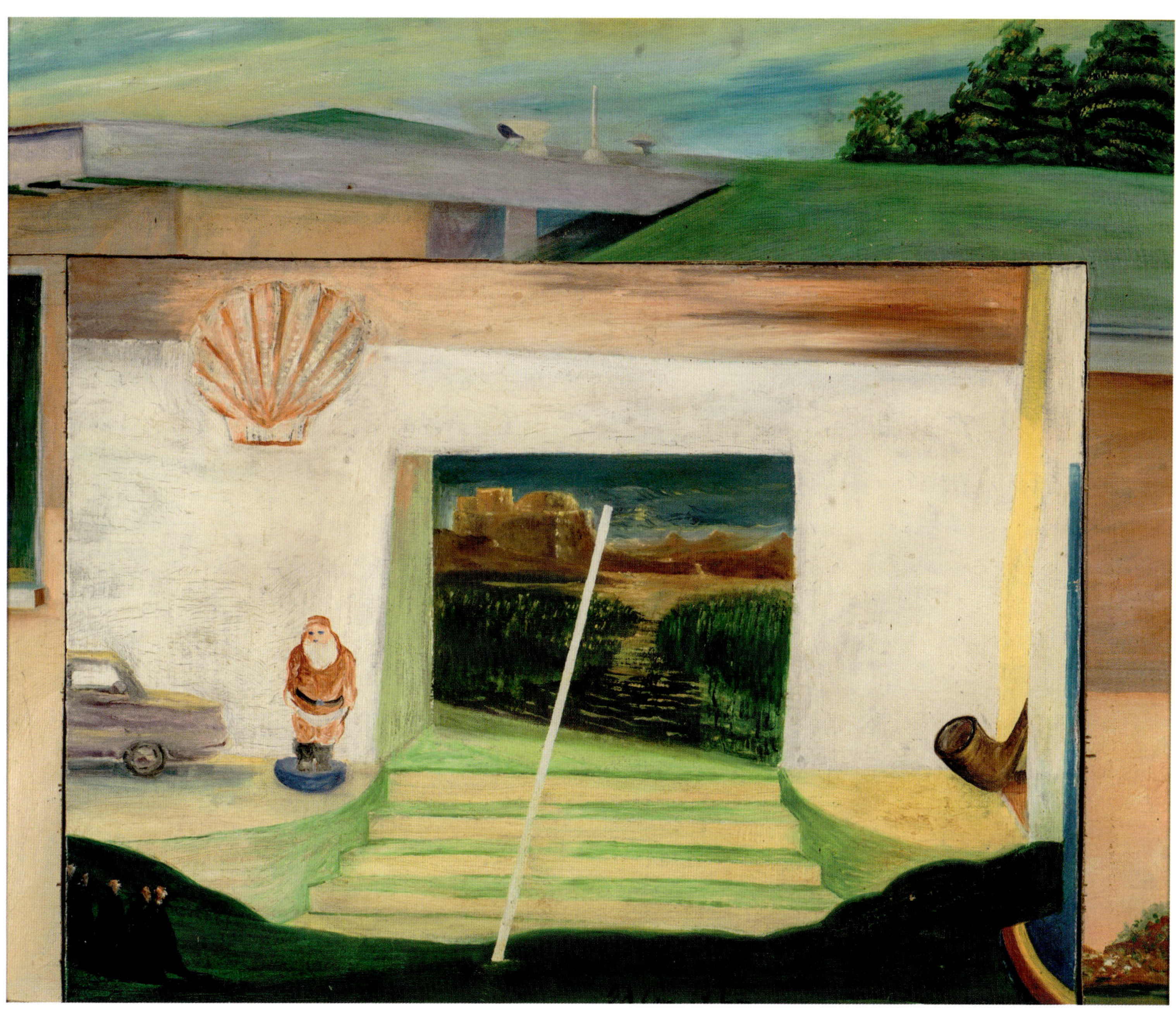

[*The Group Shoe*] (1962), una distorsionada naturaleza muerta que presentaba una alineación de los cuatro artistas con caras agrias, sentados en frente de un viejo zapato usado. En su reseña de la muestra, el crítico Jules Langsner señaló los ambiciosos experimentos formales de los artistas: "las imágenes están imbuidas de energía, como si los artistas hubiesen descubierto por sí mismos abordajes viables de la imagen".[12] Cada uno de los cuatro artistas exploraba la imaginería religiosa en estilos expresivos. Cada uno adoptó temas del Renacimiento a su propia manera excéntrica, cómica y vivaz.

Los amigos de Carrillo compartían su pasión por la cultura mexicana e hispanoamericana. En 1959, Garabedian y Lunetta viajaron extensamente por México, donde visitaron ruinas precolombinas y fueron expuestos directamente a los trabajos de Orozco y Siqueiros. Varios miembros del grupo Ceeje visitaron San Ignacio y viajaron por Baja California; más tarde, Richbourg se casó con la hermana de Sheila, la primera esposa de Carrillo. La película surreal de Lunetta, *Louie's Mexico* [*El México de Louie*] (1960–61), incluyó metraje de pirámides mayas, mercados de pueblitos, cantinas y un burdel, y fue protagonizada por Garabedian con apariciones en escena de Lunetta, Chavez, Carrillo y Les Biller. Los artistas Ceeje siguieron siendo amigos toda la vida, infundiendo a Carrillo un sentido de camaradería en el quehacer artístico. Los logros del grupo ofrecen una importante alternativa libre y desenvuelta frente a la historia dominante del arte de Los Ángeles de los años sesenta. La formación histórico-artística de Carrillo, junto a la escena de Ceeje, lo prepararon para sus autodescubrimientos radicales en La Paz y los avances estilísticos que iban a tener lugar en su obra maestra del 1972–73, *Las Tropicanas* (véase las páginas 98–99).

Notas

1. Irving S. Petlin, "Ed Carrillo: Ceeje Gallery", *Artforum* 4, no. 5 (enero de 1966): 13.
2. Terezita Romo, "Mexican Heritage, American Art: Six Angeleno Artists", en Chon Noriega, Terezita Romo y Pilar Tompkins Rivas, *L.A. Xicano* (Los Ángeles: UCLA Chicano Studies Research Center Press, 2011), 22.
3. Algunos comentaristas han reconocido el mérito de Stanton Macdonald-Wright como uno de los profesores de Carrillo en la Universidad de California, Los Ángeles (UCLA). Macdonald-Wright se jubiló de la docencia en 1954, dos años antes de que Carrillo se inscribiera en la UCLA. En su entrevista del 9 de octubre del 1983 con Philip Brookman, Carrillo menciona a William Brice y Jack Hooper como importantes mentores para él en la UCLA. Department of Special Collections, Universidad de California, Santa Barbara, https://archive.org/details/cusb_00005.
4. Emily Genauer, "William Brice: Drawing, Painting in Harmony Again", *New York Herald Tribune*, 29 de abril de 1956.

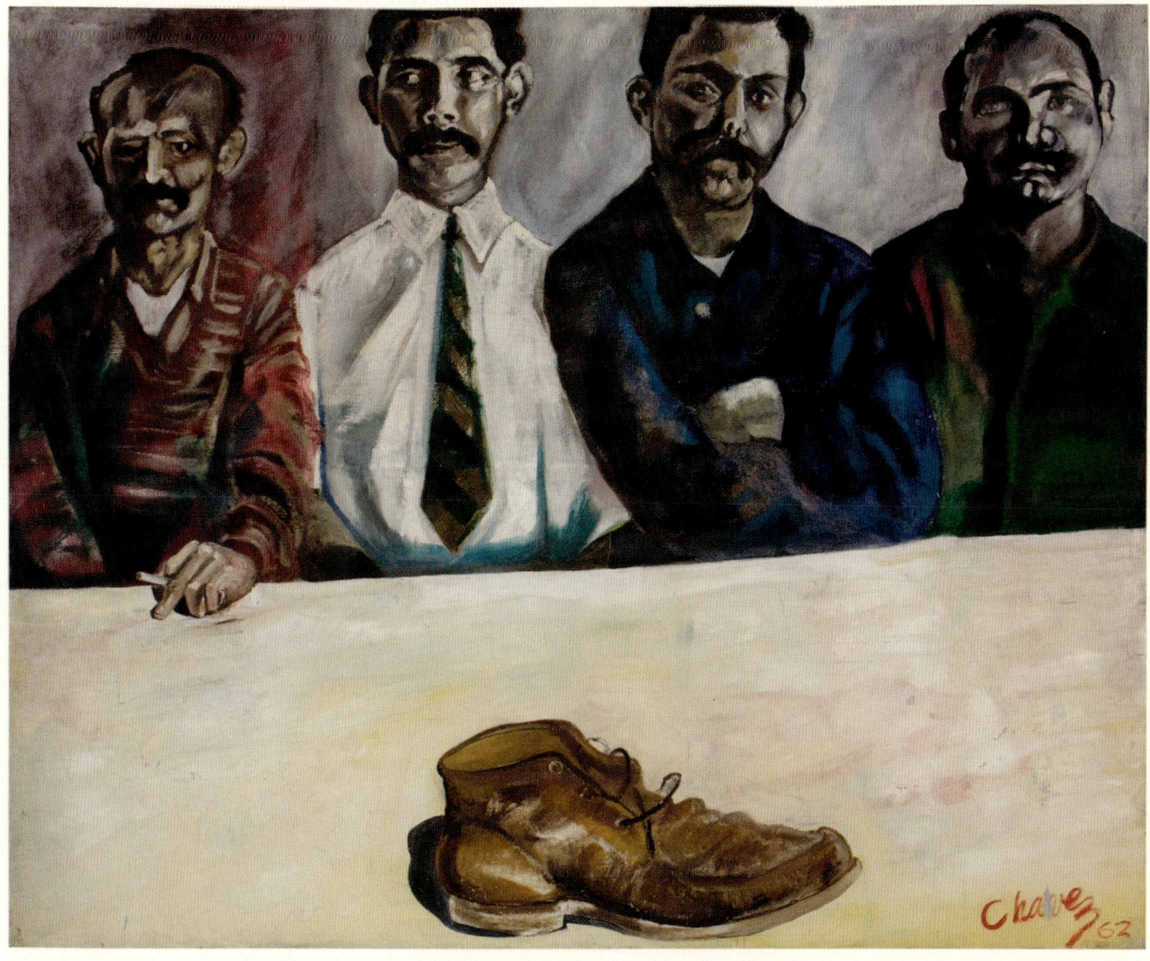

Roberto Chavez (born 1932),
The Group Shoe, *1962 (left to right: Charles Garabedian, Roberto Chavez, Eduardo Carrillo, Louie Lunetta). Oil on canvas, 50 × 60 inches. Private collection.*

Roberto Chavez (nacido 1932),
El zapato del grupo, *1962 (de izquierda a derecha: Charles Garabedian, Roberto Chavez, Eduardo Carrillo, Louie Lunetta). Óleo sobre lienzo, 50 × 60 pulgadas. Colección privada.*

Carrillo's intense and fantastical paintings of the 1960s display fascinating similarities with the contemporaneous works of his Ceeje peers. In 1962, Carrillo showed at the gallery alongside fellow UCLA classmates Charles Garabedian, Roberto Chavez, and Louie Lunetta in *Four Painters*, an exhibition that featured Chavez's comical group portrait, *The Group Shoe* (1962), a twisted still life that featured a lineup of the four dour-looking artists sitting across from a beat-up old shoe. In his review of the show, critic Jules Langsner noted the artists' ambitious formal experiments: "the pictures are infused with energy, as if the artists had made discoveries for themselves of viable approaches to the image."[12] Each of the four artists explored religious imagery in expressive styles. Each adapted Renaissance subject matter in his own eccentric, comic, and lively way.

Carrillo's friends shared his passion for Mexican and Spanish American culture. In 1959, Garabedian and Lunetta traveled extensively through Mexico, where they visited pre-Columbian ruins and became exposed firsthand to works by Orozco and Siqueiros. Various members of the Ceeje group visited San Ignacio and traveled around Baja; Richbourg later married the sister of Carrillo's first wife, Sheila. Including footage of

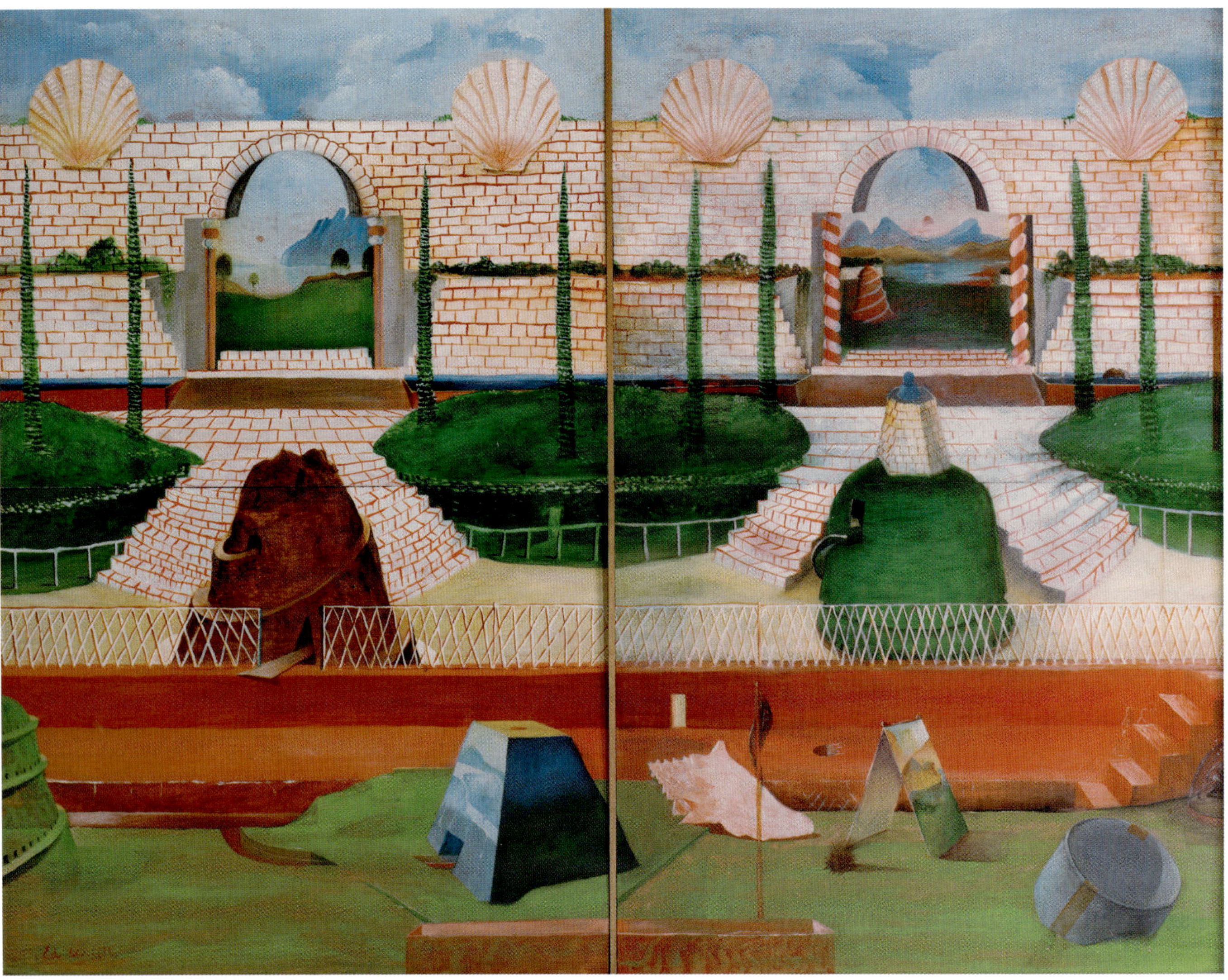

PORTALES APERLADOS, 1966.
Óleo sobre tabla (4 paneles en total), 47¾ × 60 pulgadas. Colección del Museo Eduardo Carrillo.

PEARLY GATES, 1966.
Oil on panel (4 panels total), 47¾ × 60 inches. Collection of Museo Eduardo Carrillo.

5. Aunque el trabajo de Hooper apareció en importantes exposiciones, tal como la muestra *Cincuenta artistas de California* [*Fifty California Artists*] (1962) del Museo de Arte de San Francisco, se sabe poco de él. Esta información se tomó del sitio web de su marchante: http://www.lesartssf.com/bioHooper.php.
6. Cecil Hedrick, entrevistado por Fidel Danieli, 1974, Fidel Danieli Papers, Archives of American Art, Smithsonian Institution, Washington, D.C.
7. Varias de las conferencias televisadas de Mary Holmes de los años cincuenta para un curso en casa patrocinado por la UCLA están disponibles y pueden ser vistas en YouTube.
8. Mary Holmes, "Mary Holmes Speaks at Eduardo's Memorial Service" [Mary Holmes habla en la ceremonia conmemorativa de Eduardo], Museo Eduardo Carrillo, http://www.museoeduardocarrillo.org/html/biography/remember/mary_speech.htm.
9. El artista John Fox, que acompañó a Carrillo a España, escribió un relato sobre su viaje titulado "Ed in Spain, 1960–61", Museo Eduardo Carrillo, http://museoeduardocarrillo.org/ed-in-spain-1960-61/.
10. Aron Goldberg, "Introduction," en *Edward Carrillo: Selected Works*, 1960–1975 (Los Ángeles: California State University, Fine Arts Gallery, 1975).
11. John Fox, "Ed in Spain, 1960–61".
12. Jules Langsner, "Art News from Los Angeles", *Art News* 61, no. 6 (octubre de 1962): 50.

Mayan pyramids, small-town markets, cantinas, and a brothel, Lunetta's surreal film *Louie's Mexico* (1960–61) starred Garabedian and featured appearances by Lunetta, Chavez, Carrillo, and Les Biller. The Ceeje artists remained lifelong friends, instilling Carrillo with a sense of art-making camaraderie. The group's accomplishments offer an important, free-wheeling alternative to the dominant history of 1960s Los Angeles art. Carrillo's background in art history and the Ceeje scene prepared him for his radical self-discoveries in La Paz and the stylistic break-throughs that were to occur with his 1972–73 masterpiece, *Las Tropicanas* (see pages 98–99).

Notes

1. Irving S. Petlin, "Ed Carrillo: Ceeje Gallery," *Artforum* 4, no. 5 (January 1966): 13.
2. Terezita Romo, "Mexican Heritage, American Art: Six Angeleno Artists," in Chon Noriega, Terezita Romo, and Pilar Tompkins Rivas, *L.A. Xicano* (Los Angeles: UCLA Chicano Studies Research Center Press, 2011), 22.
3. Several commentators have credited Stanton Macdonald-Wright as one of Carrillo's UCLA professors. Macdonald-Wright retired from teaching in 1954, two years before Carrillo enrolled at UCLA. In his October 9, 1983, interview with Philip Brookman, Carrillo mentions William Brice and Jack Hooper as his important UCLA mentors. Department of Special Collections, University of California, Santa Barbara, https://archive.org/details/cusb_00005.
4. Emily Genauer, "William Brice: Drawing, Painting in Harmony Again," *New York Herald Tribune*, April 29, 1956.
5. Although Hooper's work appeared in important exhibitions such as San Francisco Museum of Art's *Fifty California Artists* (1962), little is known about him. Information here is taken from his dealer's website: http://www.lesartssf.com/bioHooper.php.
6. Cecil Hedrick, interview by Fidel Danieli, 1974, Fidel Danieli Papers, Archives of American Art, Smithsonian Institution, Washington, D.C.
7. Several of Mary Holmes's televised 1950s lectures for a UCLA-sponsored, at-home art course are available for viewing on YouTube.
8. Mary Holmes, "Mary Holmes Speaks at Eduardo's Memorial Service," Museo Eduardo Carrillo, http://museoeduardocarrillo.org/mary-holmes-speaks-at-eduardos-memorial-service/.
9. Artist John Fox, who accompanied Carrillo to Spain, wrote an account of their trip, "Ed in Spain, 1960–61," Museo Eduardo Carrillo, http://museoeduardocarrillo.org/ed-in-spain-1960-61/.
10. Aron Goldberg, "Introduction," in *Edward Carrillo: Selected Works, 1960–1975* (Los Angeles: California State University, Fine Arts Gallery, 1975).
11. John Fox, "Ed in Spain, 1960–61."
12. Jules Langsner, "Art News from Los Angeles," *Art News* 61, no. 6 (October 1962): 50.

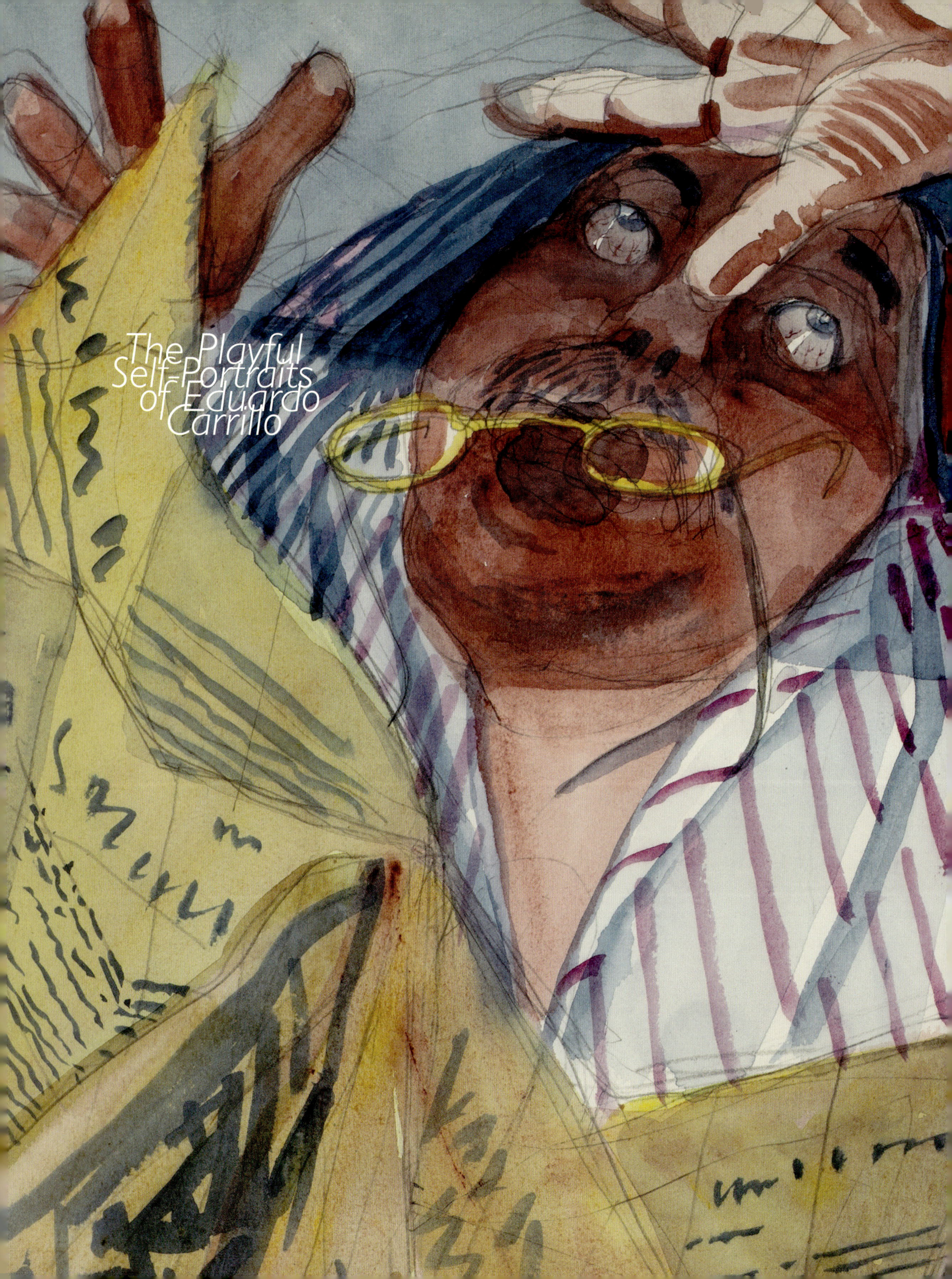

The Playful Self-Portraits of Eduardo Carrillo

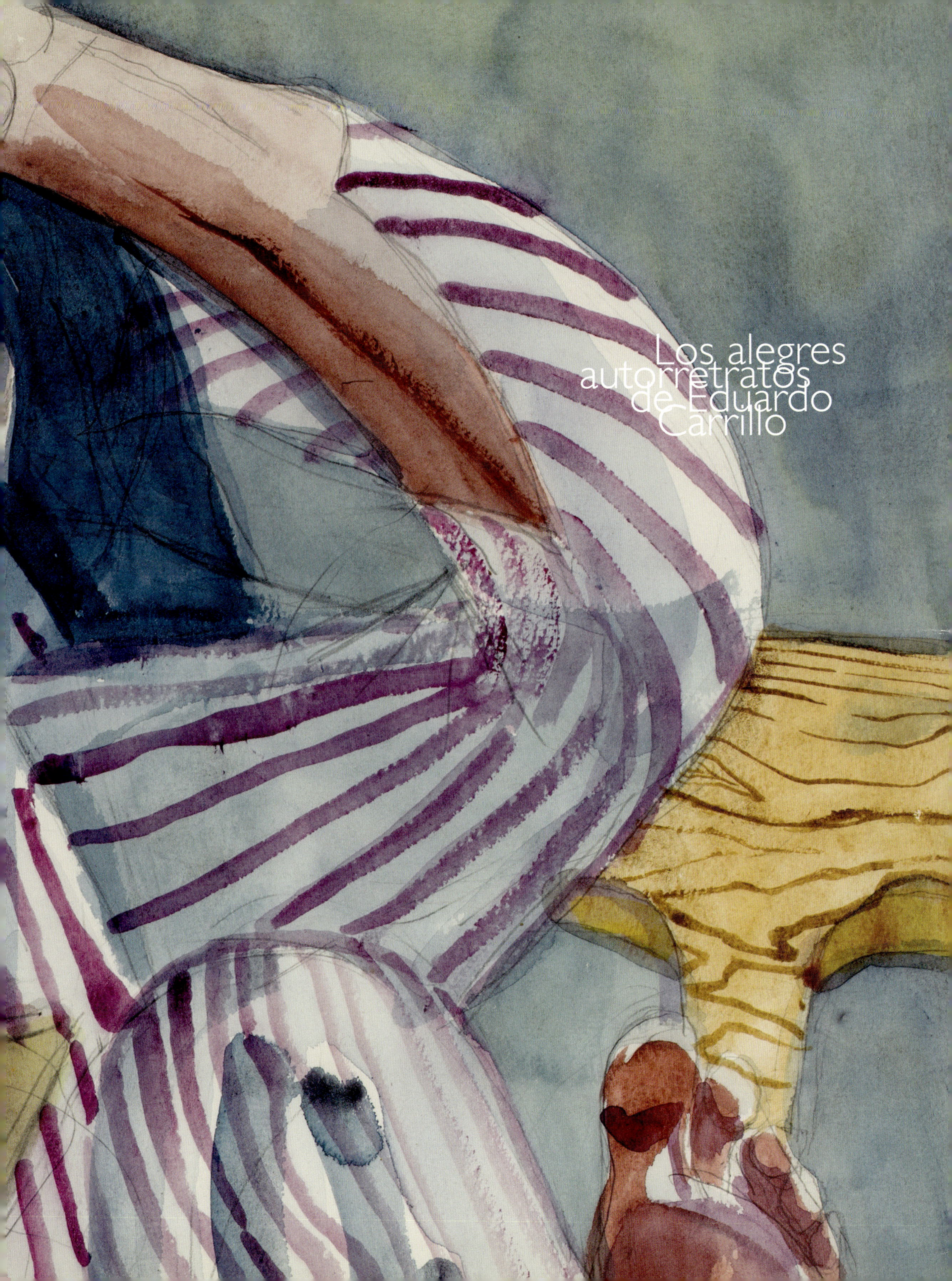

Los alegres autorretratos de Eduardo Carrillo

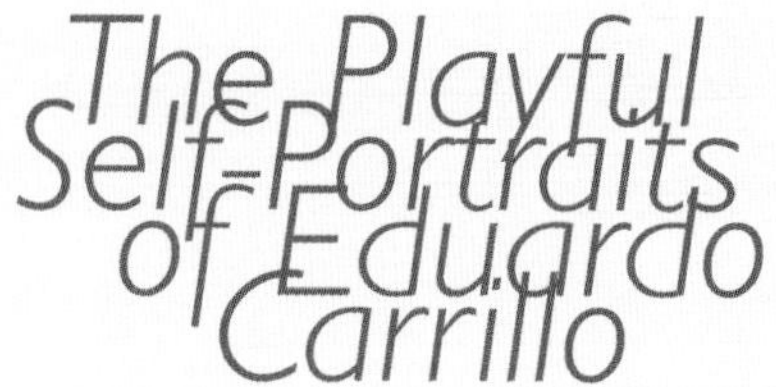

The Playful Self-Portraits of Eduardo Carrillo

An Interpretive Memoir

CHRISTINA WATERS

Eduardo Carrillo had little time for ego or pretense. In much of his work, Carrillo's attitude and imagery escaped the restrictions of space, time, and even physics. Dreams and games often form the uncanny ground upon which he shaped self-portraits. In person, he was never without a smile and an easy laugh. He couldn't maintain a straight face for long. Although he was always up for spontaneous fun, Carrillo avoided being the center of attention. This spirit of playful invention is reflected in his work, most amusingly in his self-portraits. Infused with the high-key palette and folkloric iconography of magic realism, his work in oils and watercolors reveals a passionate, robust exploration of life. Music was an essential ally; he played guitar for his students as they painted. Sports, myth, romance, festival, combat, music—all received careful yet carefree attention in his large-scale murals as well as in his smaller studies.

With a light touch and a candid gaze, Carrillo captures himself *playing* at being an outside observer. Even in the most academic poses, the work adroitly sidesteps seriousness. An early self-portrait from 1958 shows Carrillo performing the role of a painter (see page 56). The young artist has costumed himself in the style of other masters and is clearly aware of his Spanish predecessors, such as Velázquez, Picasso, and Dalí. Here we see Carrillo painting, and posing, in the style of pre-cubist Picasso.

He was developing his consciousness as a painter, building his artistic identity along with his arsenal of technique. In the painting, the young Carrillo—in a formal costume of jacket and tie—wields an insistently large palette and ruffles his collar in bohemian *déshabillé*. Engaged in solving problems of light, paint, and perspective, he gazes up at us from a contorted diagonal pose as if to remind us that he is now officially a painter. But the distorted collar gives him away. He is painting himself *as* a painter. In this self-portrait, Carrillo's body defies both gravity and tradition; it is caught in an ambiguous space, in midair, affecting a bit of *contrapposto* in order to look us in the eye. Careful to look serious, Carrillo's youthful image can barely contain its playful attitude. He is a serious painter who will not take being a painter too seriously. Defying gravity will become a theme in many of his more mature works.

PREVIOUS SPREAD

BUSH TOURS MALL, 1990.
Detail. See page 68.

PÁGINA DOBLE ANTERIOR

BUSH RECORRE CENTRO COMERCIAL, 1990.
Detalle. Véase la página 68.

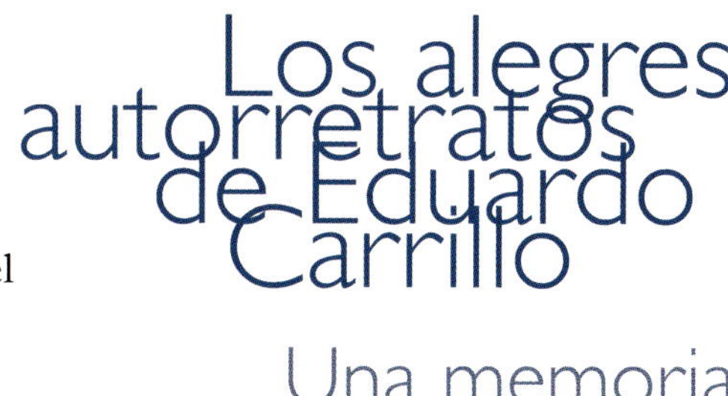

CHRISTINA WATERS

Eduardo Carrillo no tenía paciencia para el egoísmo o la presunción. En gran parte de su obra, su actitud y sus imágenes se escapan de las restricciones del espacio, del tiempo y hasta de las leyes de la física. Los sueños y los juegos a menudo forman el misterioso terreno sobre el cual moldeaba sus autorretratos. En persona, nunca dejaba de sonreír y se reía fácilmente. No podía mantener la cara seria por mucho tiempo. Aunque siempre estaba listo para divertirse espontáneamente, Carrillo evitaba ser el centro de atención. Ese espíritu de ingenio juguetón se refleja en su obra, y de manera aún más divertida, en sus autorretratos. Imbuidos en una paleta de colores luminosos e intensos y la iconografía folclórica del realismo mágico, sus óleos y acuarelas revelan una apasionada y robusta exploración de la vida. La música era una aliada esencial: él tocaba la guitarra mientras sus estudiantes pintaban. El deporte, el mito, el romance, el festival, el combate, la música . . . todos recibían una rigurosa pero desenfadada atención en sus murales de gran escala, como también en sus estudios más pequeños.

Con un toque ligero y una mirada cándida, Carrillo se captura a sí mismo *jugando* el papel del observador externo. Aún en la más académica de las poses, la obra hábilmente elude la seriedad. Un autorretrato temprano de 1958 muestra a Carrillo desempeñando el papel de pintor (véase la página 56). El joven artista se ha disfrazado al estilo de otros maestros y es claramente consciente de sus predecesores españoles tales como Velázquez, Picasso y Dalí. Aquí vemos a Carrillo pintando y posando al estilo de un Picasso precubista.

Él estaba desarrollando su consciencia como pintor, construyendo su identidad artística junto a su arsenal técnico. En la pintura, el joven Carrillo—con un disfraz formal de saco y corbata—esgrime una paleta desmesuradamente grande y arruga el cuello de su camisa con un descuido bohemio. Comprometido con resolver problemas de luz, pintura y perspectiva, Carrillo nos contempla desde abajo en una contorsionada pose diagonal, como si quisiera recordarnos que ahora es oficialmente un pintor. Pero el cuello de la camisa torcido lo delata. Se está pintando a él mismo como pintor. En este autorretrato, el cuerpo de Carrillo desafía tanto la gravedad como la tradición; está atrapado en un espacio ambiguo, suspendido en el aire, asumiendo una postura de tipo *contrapposto* para poder mirarnos a los ojos. Atenta en lucir seria, la joven imagen de Carrillo casi no puede contener su actitud juguetona. Es un pintor serio que no tomará demasiado en serio el ser pintor. Desafiar la gravedad se convertirá en tema de muchas de sus obras más maduras.

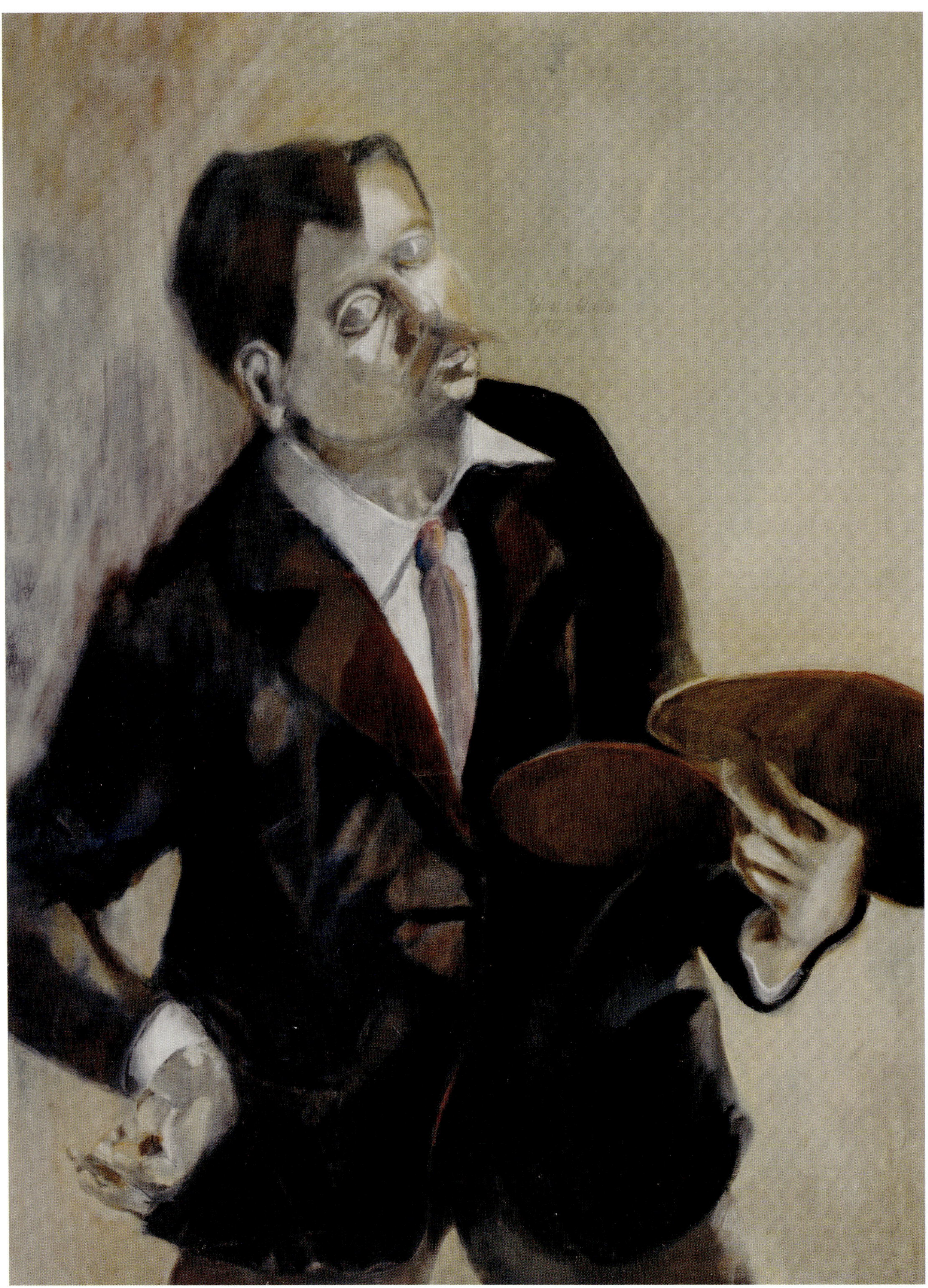

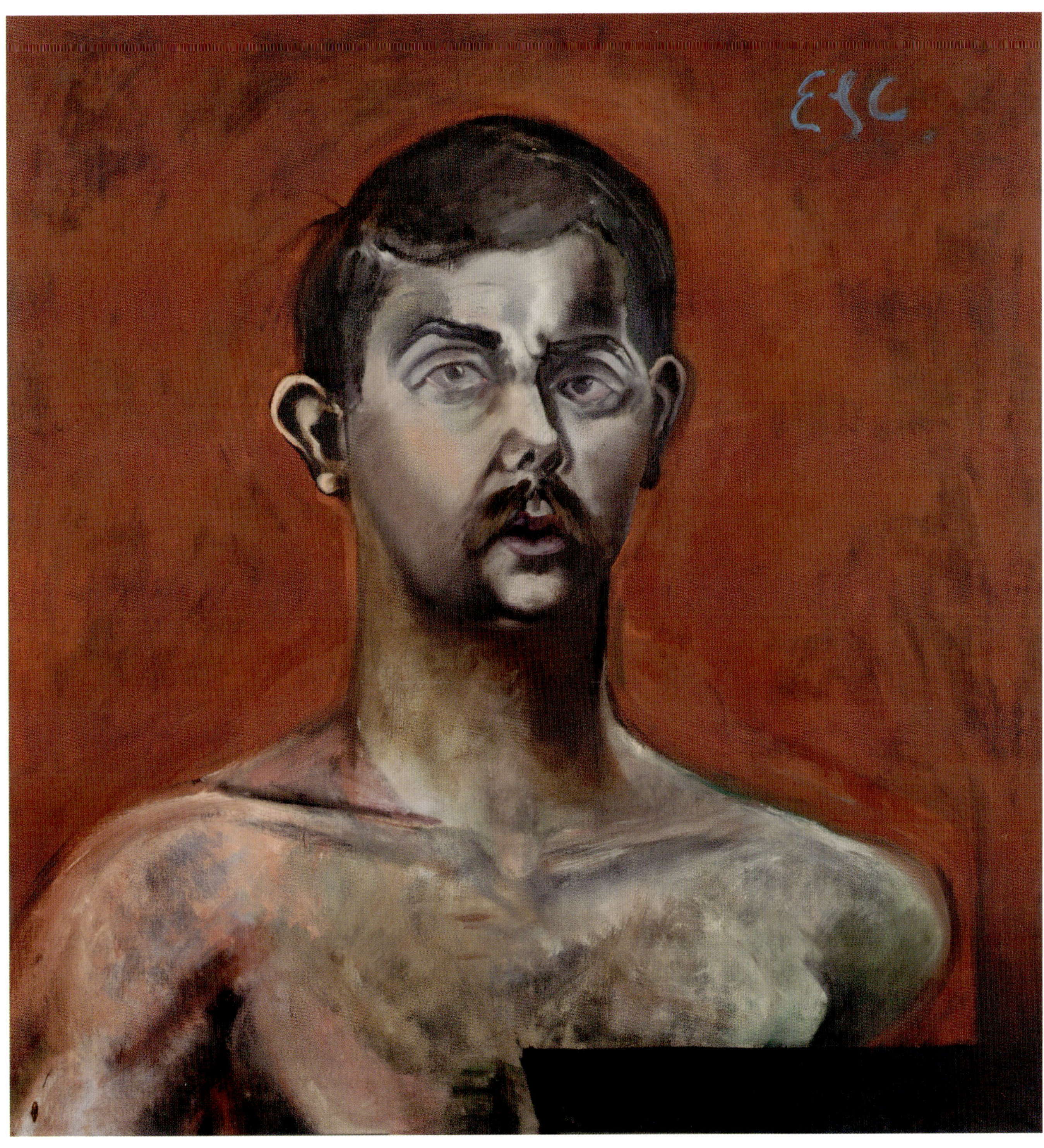

SELF-PORTRAIT, 1960.
Oil on canvas,
29½ × 27¾ inches.
Private collection.

AUTORRETRATO, 1960.
Óleo sobre lienzo,
29½ × 27¾ pulgadas.
Colección privada.

FACING PAGE

SELF-PORTRAIT, 1958.
Oil on canvas, 48 × 34½ inches.
Private collection.

PÁGINA OPUESTA

AUTORRETRATO, 1958.
Óleo sobre lienzo, 48 × 34½ pulgadas.
Colección privada.

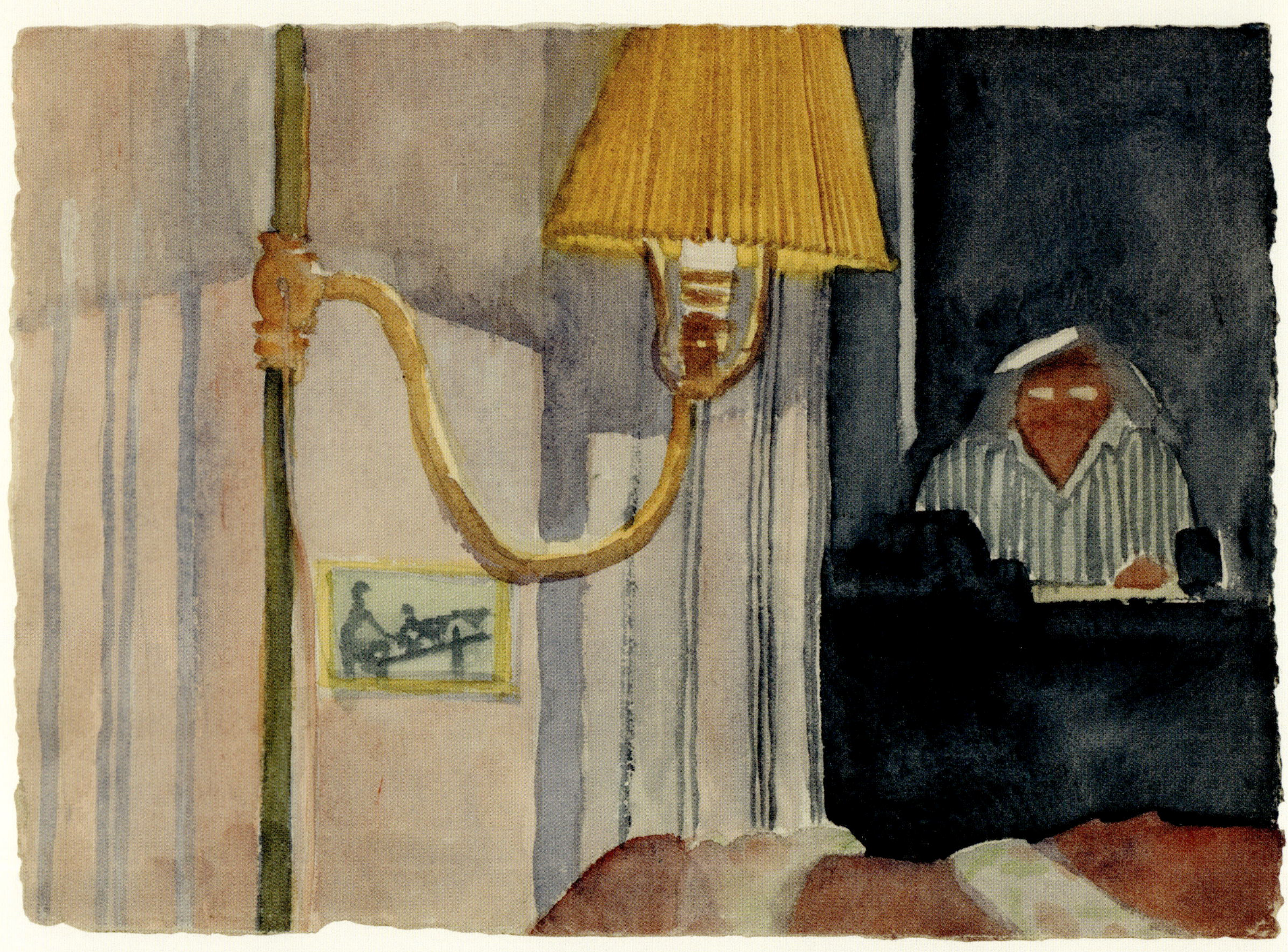

NIGHT DRAWING WITH LAMP, late 1980s.
Watercolor on paper, 9¼ × 13 inches.
Private collection.

DIBUJANDO EN LA NOCHE CON LÁMPARA, finales de los ochenta del siglo XX.
Acuarela sobre papel, 9¼ × 13 pulgadas.
Colección privada.

Along with gravity, Carrillo experimented with light, with how the paint could shimmer with possibilities of almost sculptural color. And, as his ensuing self-portraits display, he refused to settle on a single identity. *Night Drawing with Lamp* (late 1980s) exemplifies Carrillo as a scrutinizer of the larger world, its most unassuming details, its often overlooked tenderness. In this work, Carrillo himself is barely visible, a blue figure at the far background, while the lamp with its shimmering bulb and golden pleated shade dominates the foreground. The self is subsumed in a room filled with light.

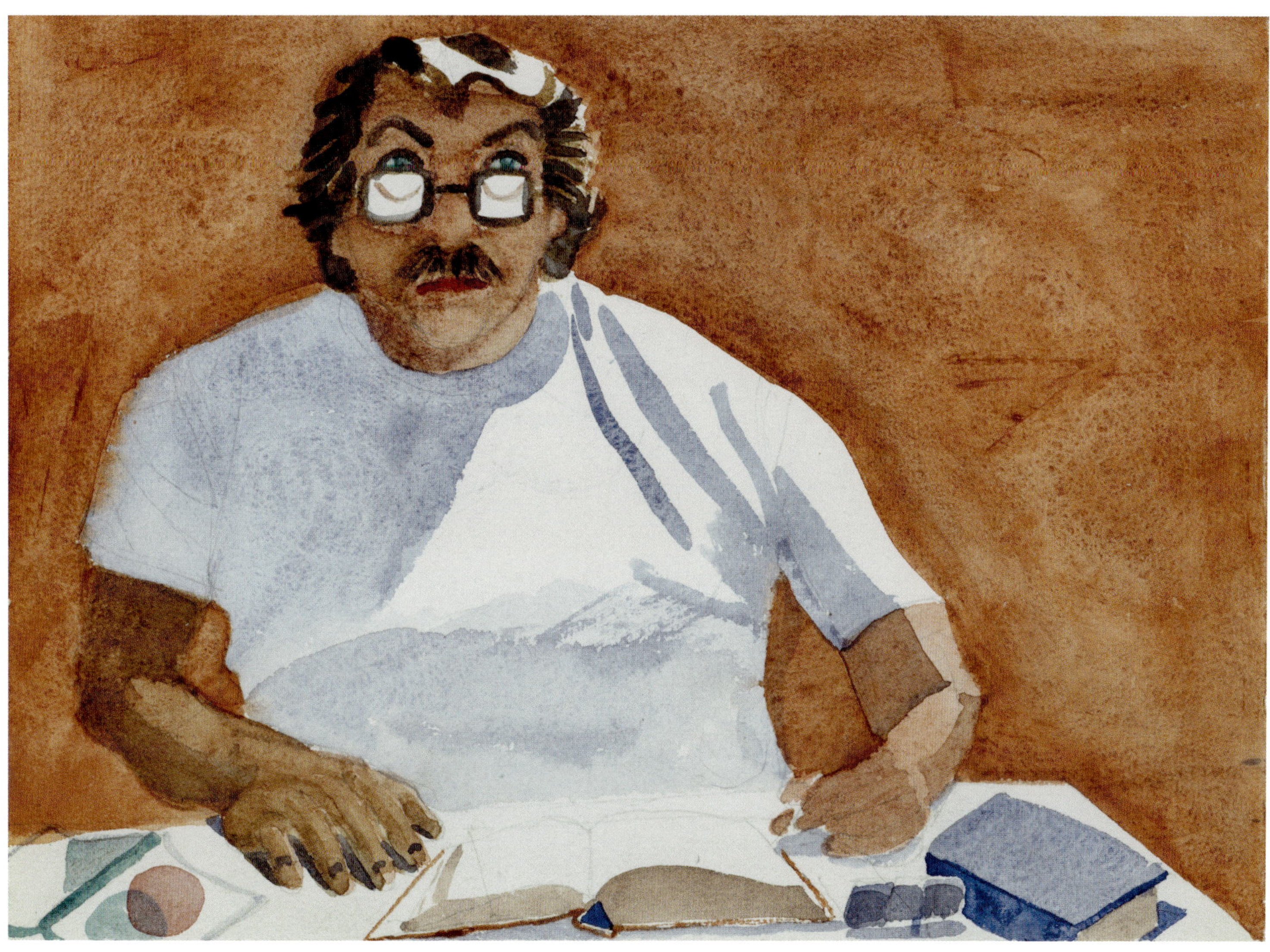

AUTORRETRATO CON GAFAS CUADRADAS, 1988.
Acuarela sobre papel, 9¾ × 13 pulgadas. Colección privada.

SELF-PORTRAIT WITH SQUARE GLASSES, 1988.
Watercolor on paper, 9¾ × 13 inches. Private collection.

Junto con la gravedad, Carrillo también experimentó con la luz, con la manera en que la pintura podía resplandecer con posibilidades de color casi escultórico. Como lo muestran sus siguientes autorretratos, él se negaba a conformarse con una identidad única. *Dibujando en la noche con lámpara* [*Night Drawing with Lamp*] (de finales de los ochenta) ejemplifica a Carrillo como escrutador de un mundo más amplio, de sus detalles más discretos y su ternura frecuentemente ignorada. En esta obra, el mismo Carrillo es apenas visible, una figura azul en el fondo distante, mientras que la lámpara con su bombilla incandescente y su dorada pantalla plisada dominan el primer plano.

In self-portraiture, Carrillo considers the tangible vigor, the athleticism of making paintings. Shedding vanity in favor of curiosity, he punctuates his oeuvre with moments of self-effacing reflection. In *Self-Portrait While Drawing* (1986), Carrillo assumes an athletic stance, leaning forward, squinting at the image he studies in the unseen mirror. The physicality of the act is captured in his hunched shoulders, his eyes intently staring over glasses. This is no Dürer capturing his beauty for posterity. Nor is this Rembrandt minutely chronicling the ravages of time. Carrillo is capturing himself in the act of drawing. Again, the moment of action is a persistent theme in his work.

SELF-PORTRAIT WHILE DRAWING, 1986.
Watercolor on paper,
30 × 22 inches.
Collection of Juliette Carrillo.

DIBUJANDO AUTORRETRATO, 1986.
Acuarela sobre papel,
30 × 22 pulgadas.
Colección de Juliette Carrillo.

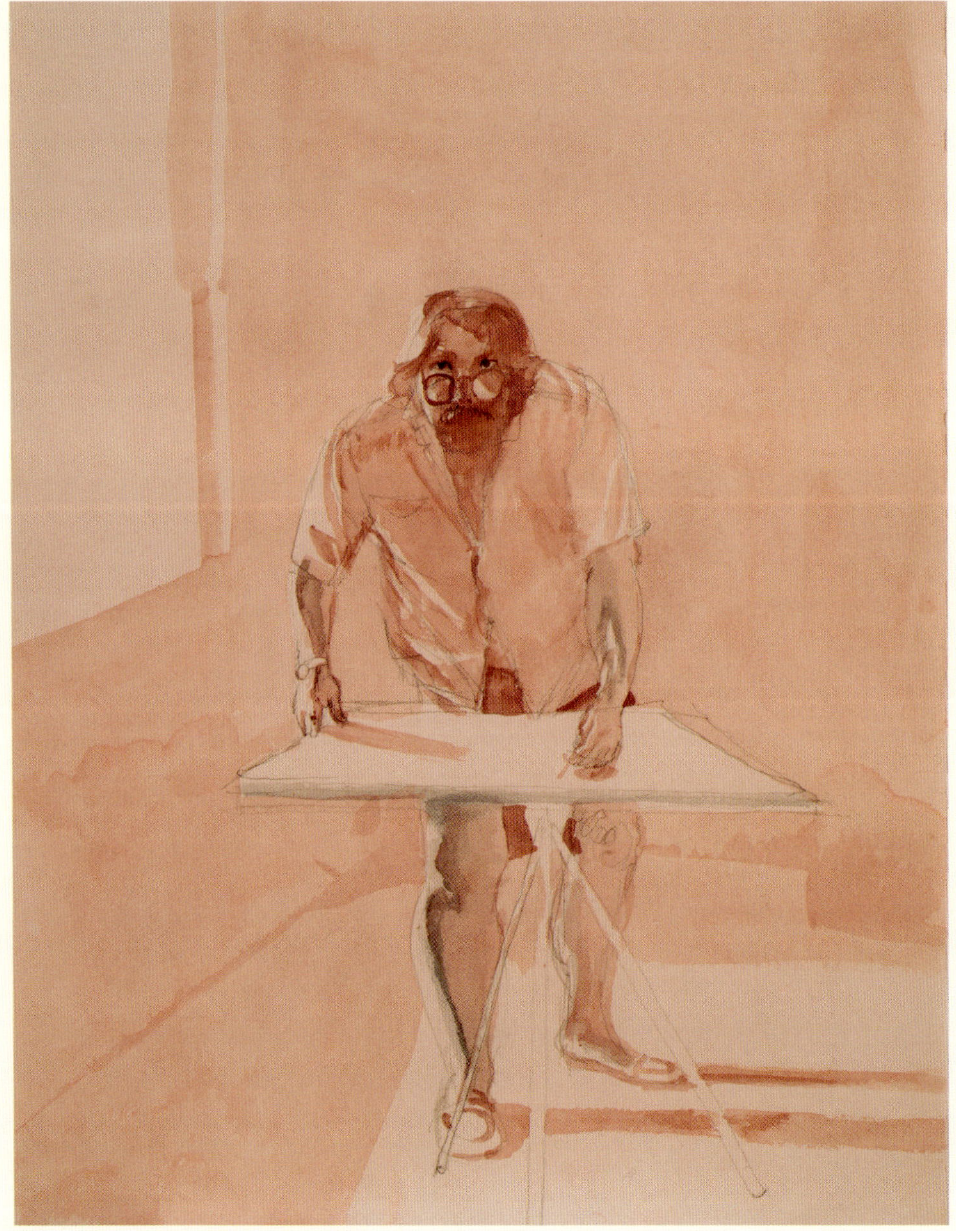

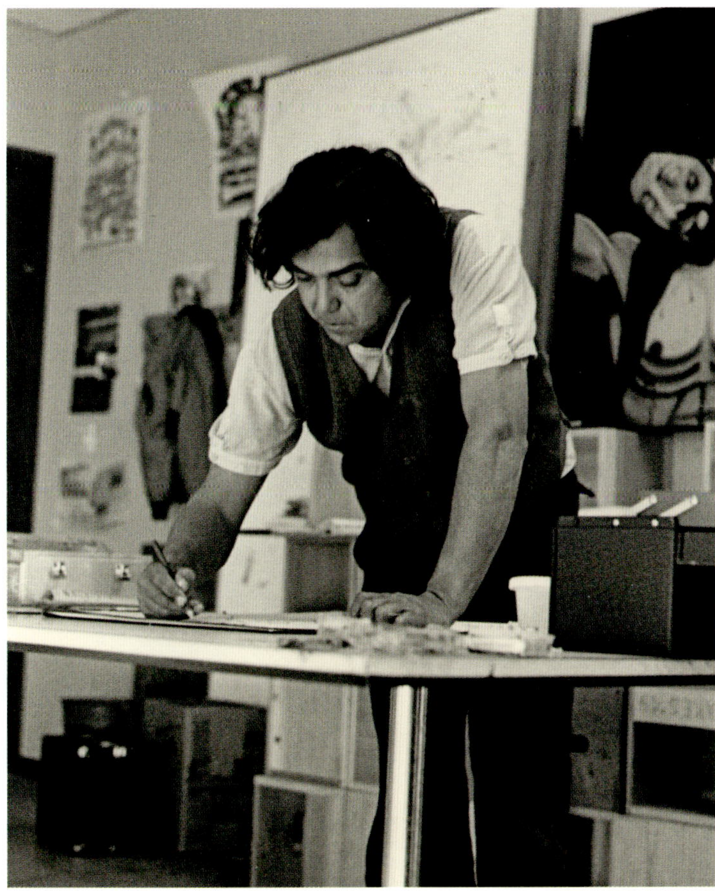

Eduardo Carrillo dibujando, Universidad de California, Santa Cruz, 1975–76. Fotografía de Cruz Ortiz Zamarrón.

Eduardo Carrillo drawing, University of California, Santa Cruz, 1975–76. Photo by Cruz Ortiz Zamarrón.

En los autorretratos, Carrillo toma en cuenta el vigor tangible, el acto atlético de producir pinturas. Despojándose de la vanidad a favor de la curiosidad, él puntúa su obra con momentos de humilde reflexión. En *Dibujando autorretrato* [*Self-Portrait While Drawing*] (1986), Carrillo asume una postura atlética, inclinándose hacia adelante, entrecerrando los ojos para mirar a la imagen que estudia en el espejo oculto. La naturaleza física del acto se expresa en sus hombros encorvados y en sus ojos mirando fijamente por encima de sus gafas. Esto no es Dürer captando su belleza para la posteridad; tampoco es Rembrandt registrando los estragos del tiempo. Carrillo se está captando a sí mismo en el acto de dibujar. De nuevo, el momento de la acción es un tema persistente en su obra.

En otro autorretrato ricamente colorido, *Autorretrato con marco tallado* [*Self-Portrait with Carved Frame*] de 1993 (véase la página 62), Carrillo se autorepresenta como el extraordinario heredero del manto de Diego Rivera o, quizás más lúdicamente, del de Frida Kahlo. Su cara parece tallada en el lienzo por una iluminación cinemática, y está colocada en un marco del artista de San Ignacio Clemente Arce Villavicencio, el cual está adornado con imágenes folclóricas de paisajes y retablos mexicanos. Él se muestra a sí mismo actuando en un drama más extenso en el que él no es el actor principal. Aquí él está abierto, seguro de sí mismo, pero también experimentando con lo imposible, como diciendo, "Soy tanto el pintor como el sujeto de la pintura, y no es para que se tome demasiado en serio". Es un momento de bravura, aunque él no lo hubiera descrito de esta manera.

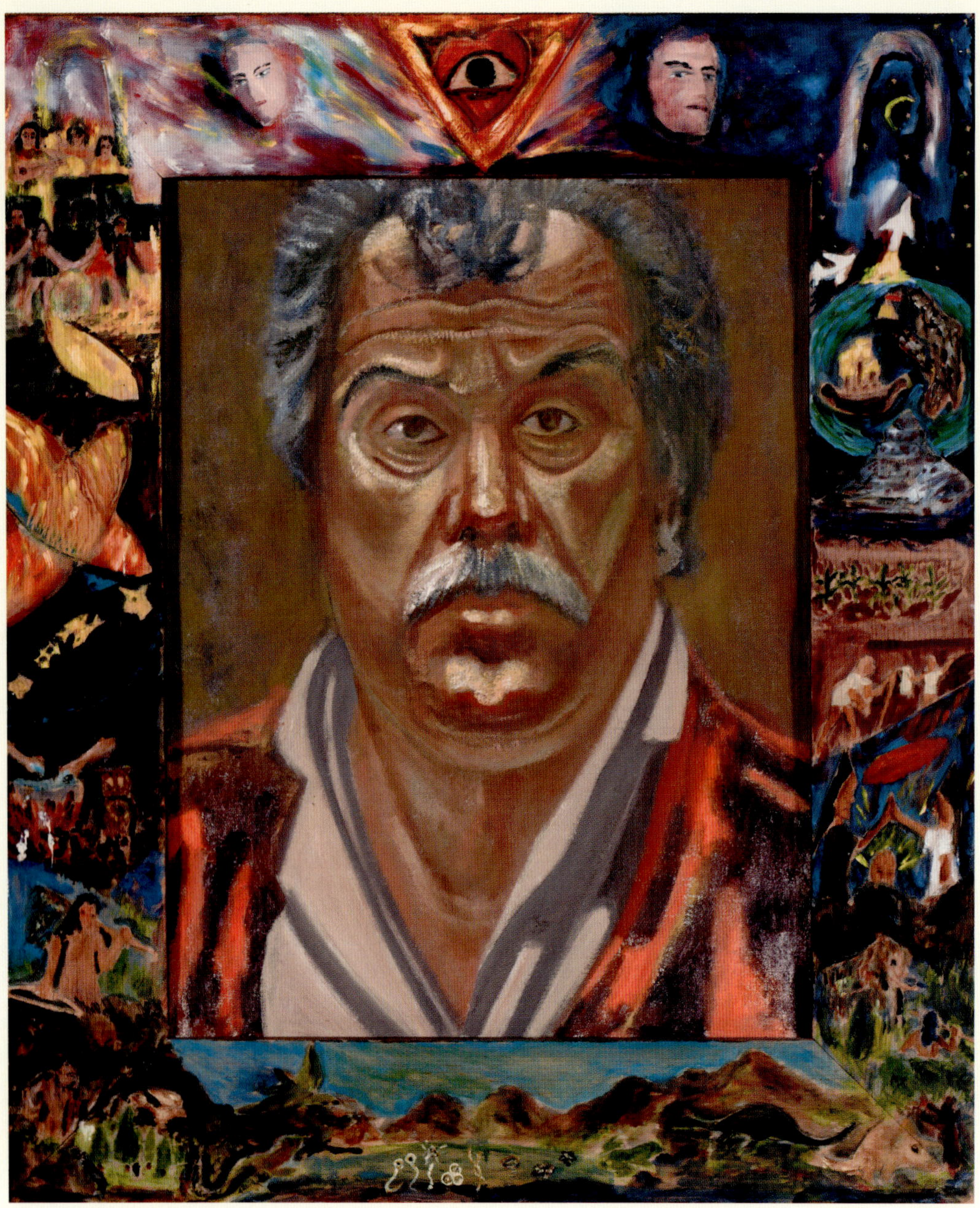

SELF-PORTRAIT WITH CARVED FRAME, 1993.
Oil on canvas,
23¾ × 17⅝ inches.
Private collection.

AUTORRETRATO CON MARCO TALLADO, 1993.
Óleo sobre lienzo,
23¾ × 17⅞ pulgadas.
Colección privada.

In another richly colored *Self-Portrait with Carved Frame* of 1993, Carrillo has cast himself as larger-than-life heir to the mantle of Diego Rivera or, perhaps more playfully, that of Frida Kahlo. His face seems carved into the canvas by cinematic lighting and is set in a frame by San Ignacio artist Clemente Arce Villavicencio that is adorned with primitive folkloric imagery from Mexican landscapes and retablos. He displays himself role-playing in a larger drama, one in which he is not the central player. Here he is open, confident, yet also experimenting with the impossible—as if to say, "I am both the painter and the subject, and it's not to be taken too seriously." It is a bravura moment, although he wouldn't have put it that way.

Similarly, in *Matrimonial Bliss (The Family)* (1996), the cowboy-hatted Carrillo takes a supporting role, playing the mandolin, with his face almost hidden by his dancing wife, who fills most of the canvas. He is part of a musical dream—the world is alive and vibrant, and it swirls around him.

De manera similar, en *Dicha conyugal (La familia)* [*Matrimonial Bliss (The Family)*] (1996), Carrillo asume un papel secundario, luciendo un sombrero de vaquero y tocando la mandolina, con la cara casi oculta por su esposa que está bailando y que ocupa la mayor parte del lienzo. Él es parte de un sueño musical—el mundo está vivo y animado y se arremolina alrededor de él.

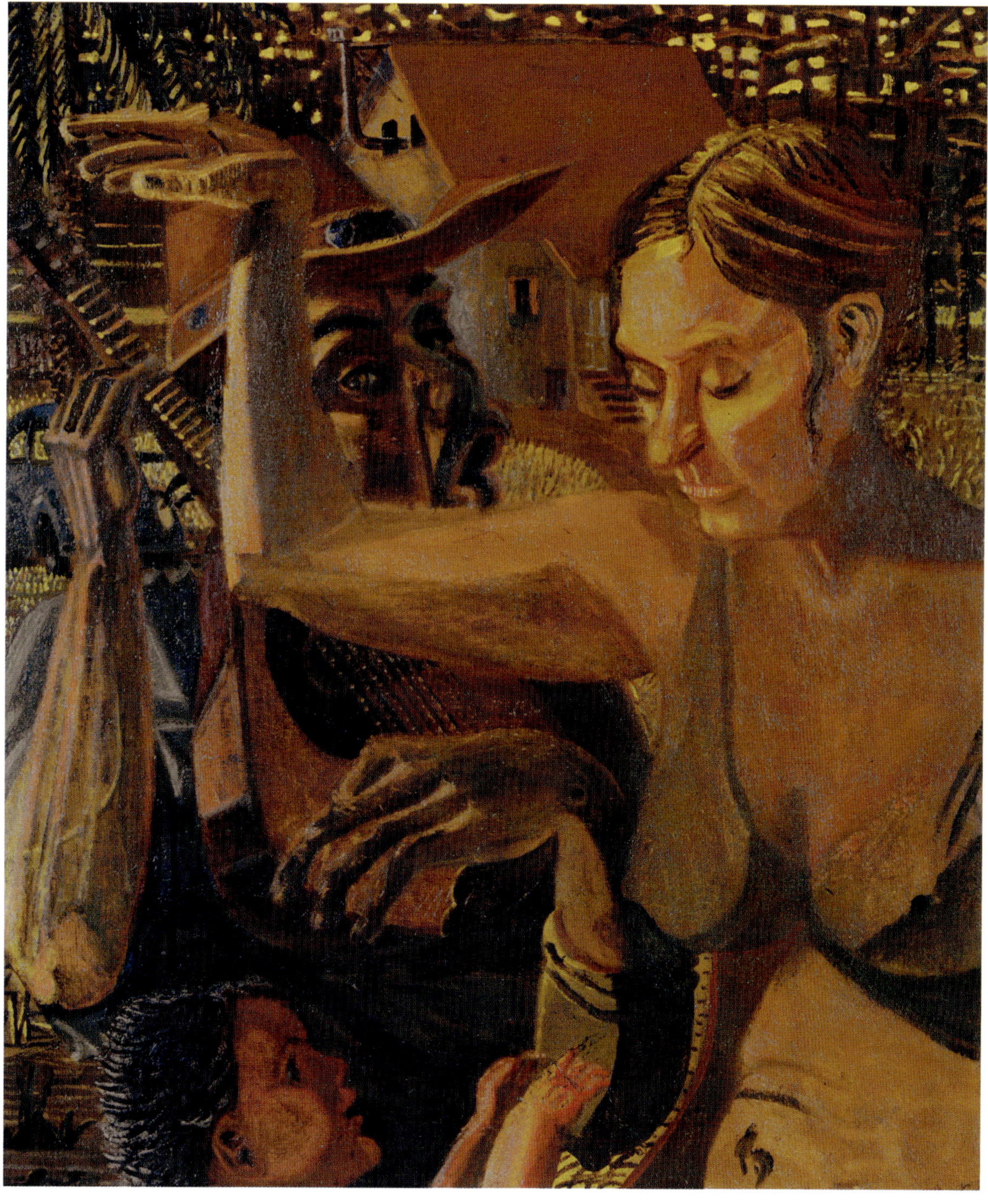

DICHA CONYUGAL (LA FAMILIA), 1996. *Óleo sobre lienzo, 36 × 30 pulgadas. Colección privada.*

MATRIMONIAL BLISS (THE FAMILY), 1996. *Oil on canvas, 36 × 30 inches. Private collection.*

In *Self-Portrait with Pipe* (1991), Carrillo uses his own face and hand not as objects of self-study but as props for what he considered light and shadow—sacred twins. His expression, with eyes looking off into the distance, is dreamily unfocused, as if he has caught himself in an unguarded moment. He has painted a self-portrait of a man who is not looking at himself. It is the intensity of the light sculpting his muscular brows and mouth that interests him. The man himself is merely the experimental vehicle.

SELF-PORTRAIT WITH PIPE, 1991.
Oil on canvas, 14 × 18 inches.
Collection of Ruben Carrillo.

AUTORRETRATO CON PIPA, 1991.
Óleo sobre lienzo, 14 × 18 pulgadas.
Colección de Ruben Carrillo.

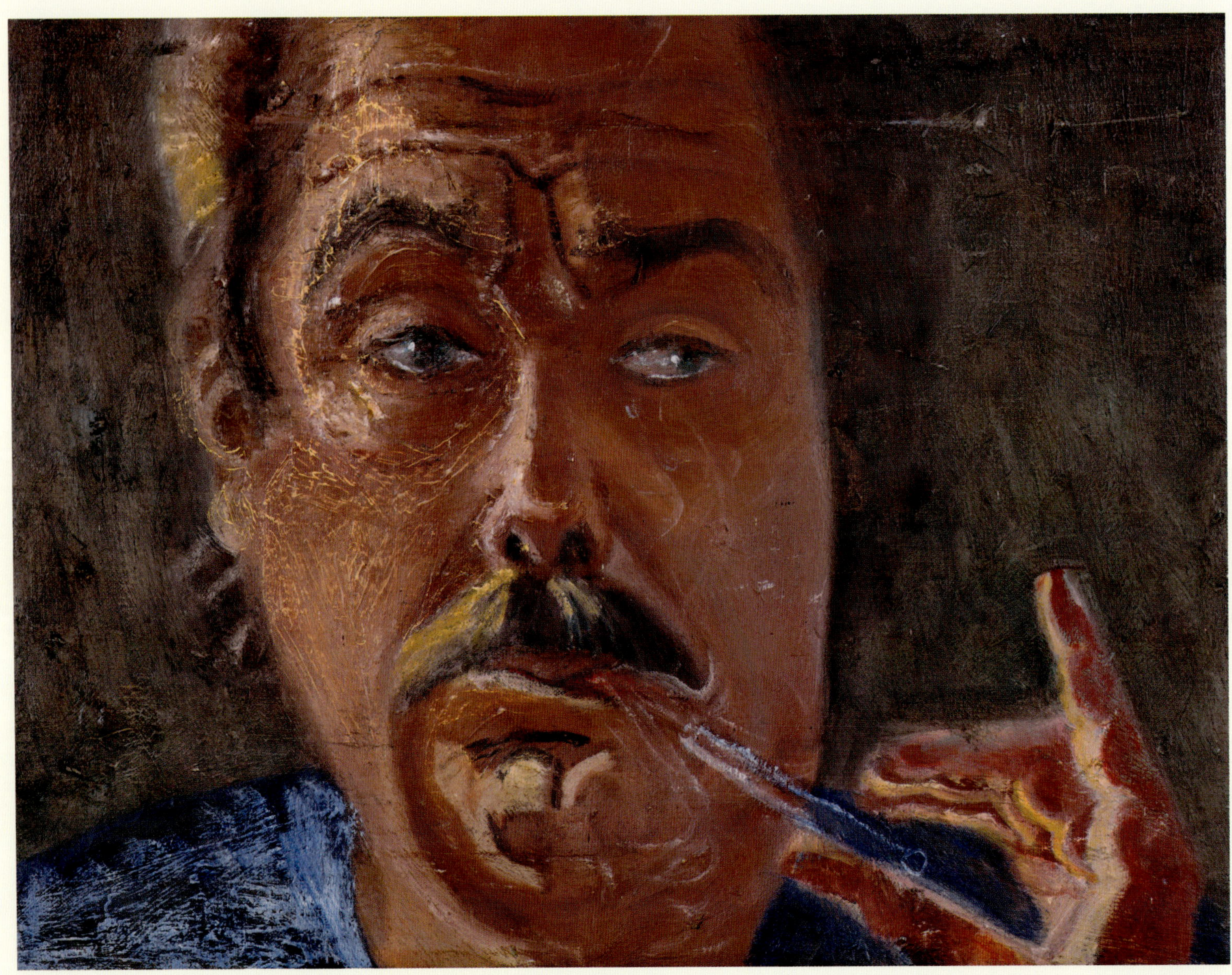

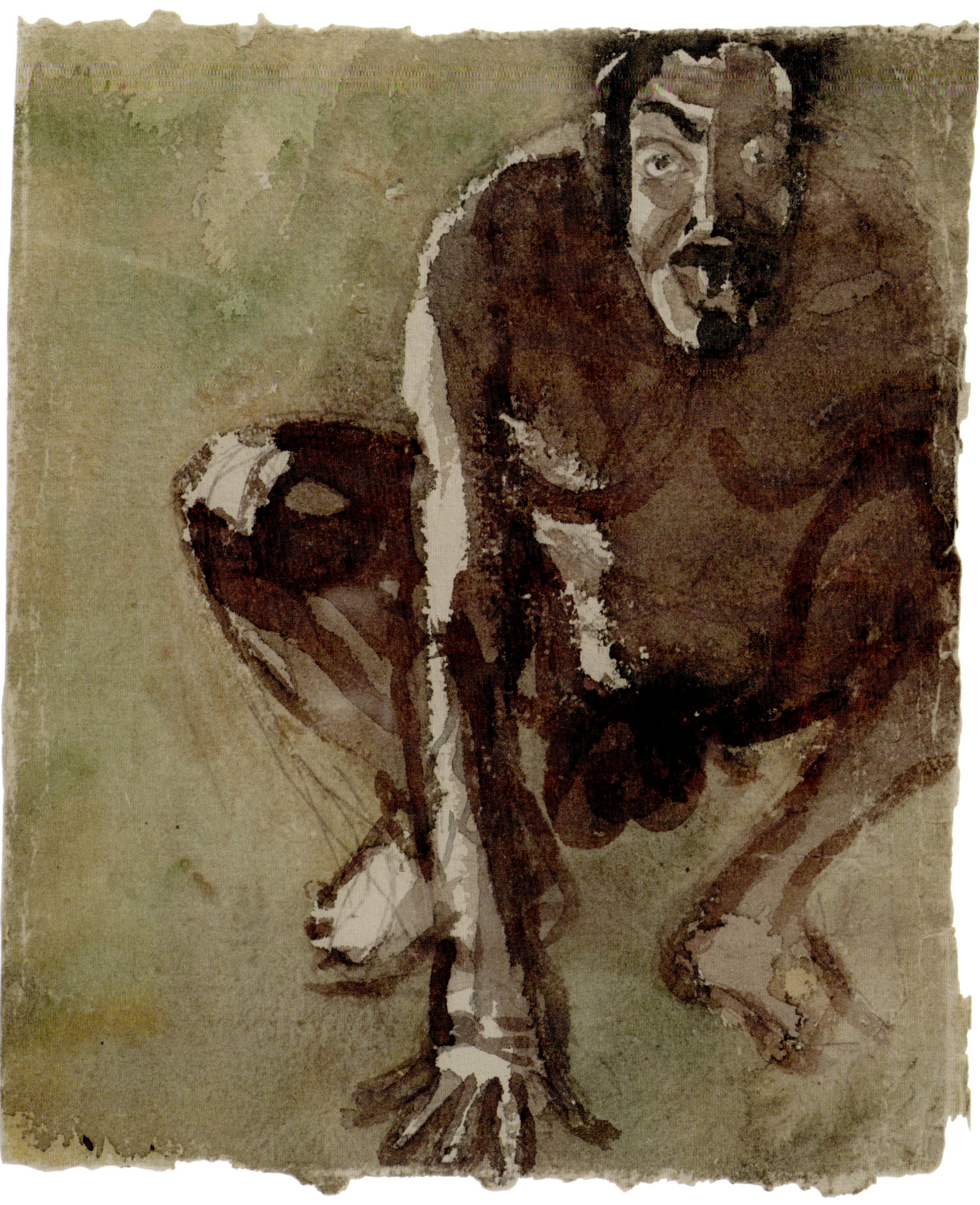

AGAZAPADO, AUTORRETRATO, 1992.
Acuarela sobre papel, 9¾ × 8 pulgadas.
Colección privada.

SELF-PORTRAIT CROUCHING, 1992.
Watercolor on paper, 9¾ × 8 inches.
Private collection.

En *Autorretrato con pipa* [*Self-Portrait with Pipe*] (1991), Carrillo usa su propio rostro y mano no como objetos de autoestudio, sino como adornos para lo que él consideraba luz y sombra—gemelos sagrados. Su expresión, con ojos que miran a la distancia, está desenfocada, como en un sueño, como si se hubiese sorprendido a sí mismo con la guardia baja. Ha pintado el autorretrato de un hombre que no se está mirando. Lo que le interesa es la intensidad de la luz que esculpe su muscular entrecejo y su boca. El hombre mismo es solamente el vehículo experimental.

SELF-PORTRAIT IN YELLOW HAT, 1987.
Oil on canvas, 18½ × 28 inches.
Private collection.

AUTORRETRATO CON SOMBRERO AMARILLO, 1987.
Óleo sobre lienzo, 18½ × 28 pulgadas.
Colección privada.

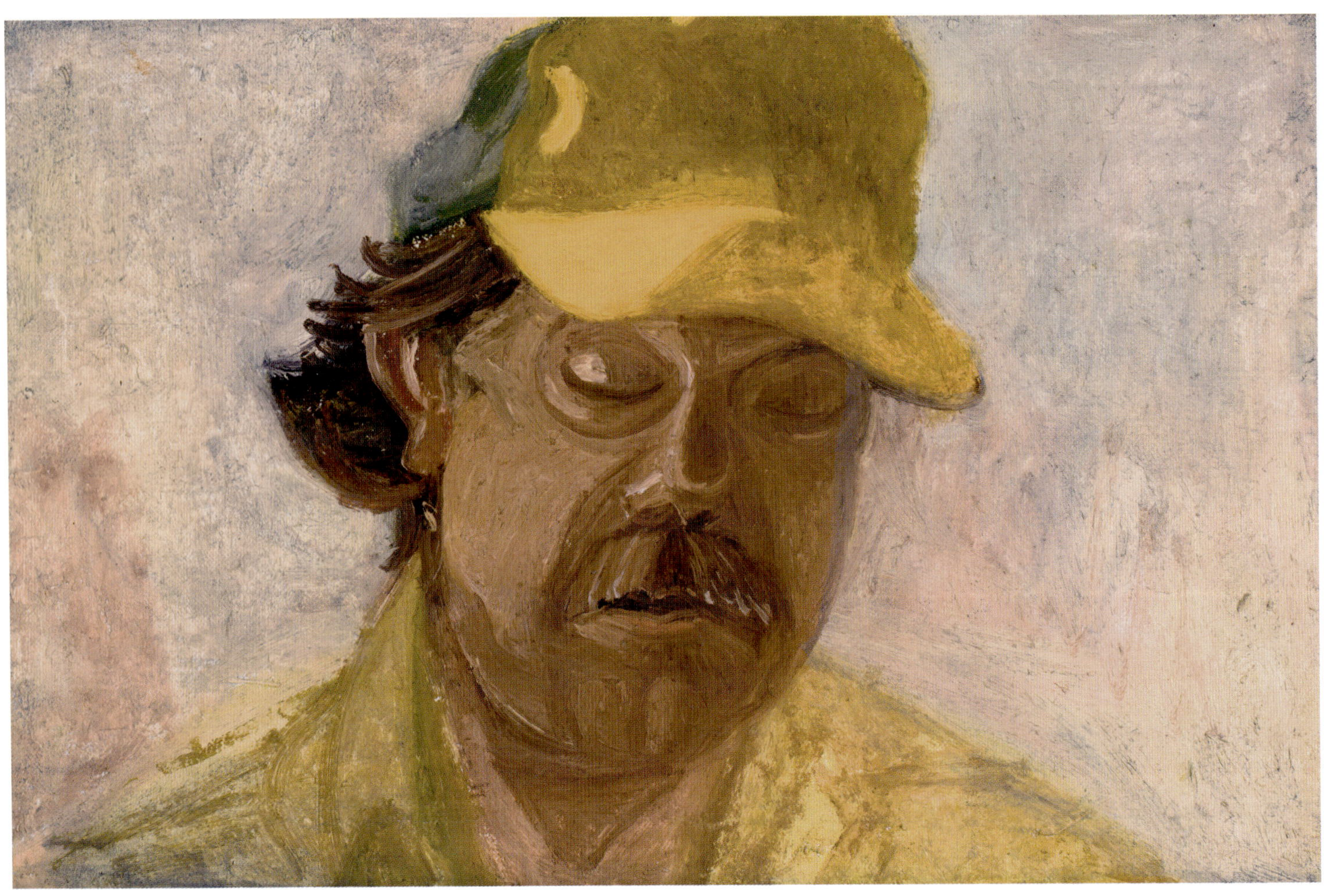

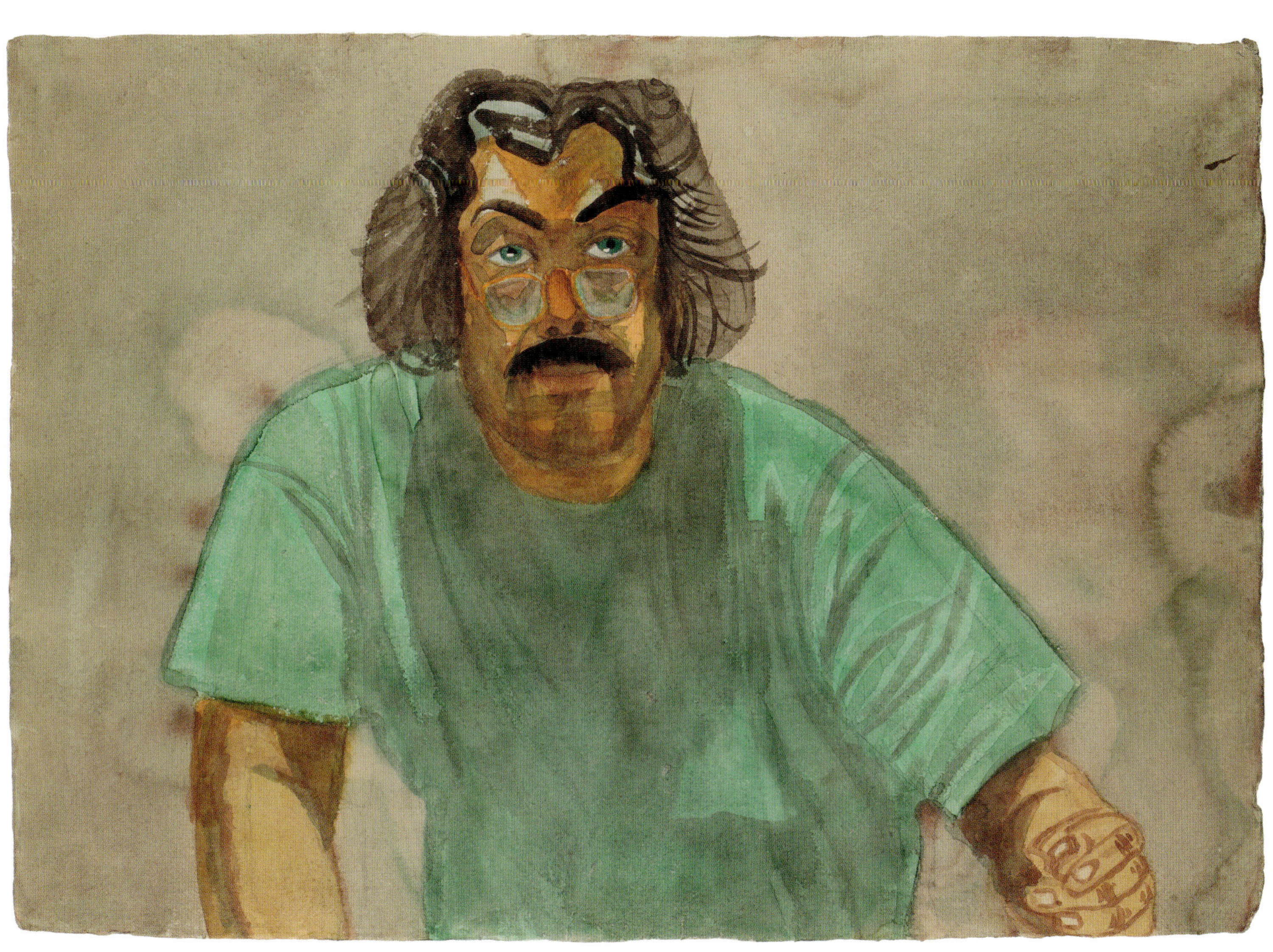

SELF-PORTRAIT, 1989.
Watercolor on paper,
22½ × 30½ inches.
Private collection.

AUTORRETRATO, 1989.
Acuarela sobre papel,
22½ × 30½ pulgadas.
Colección privada.

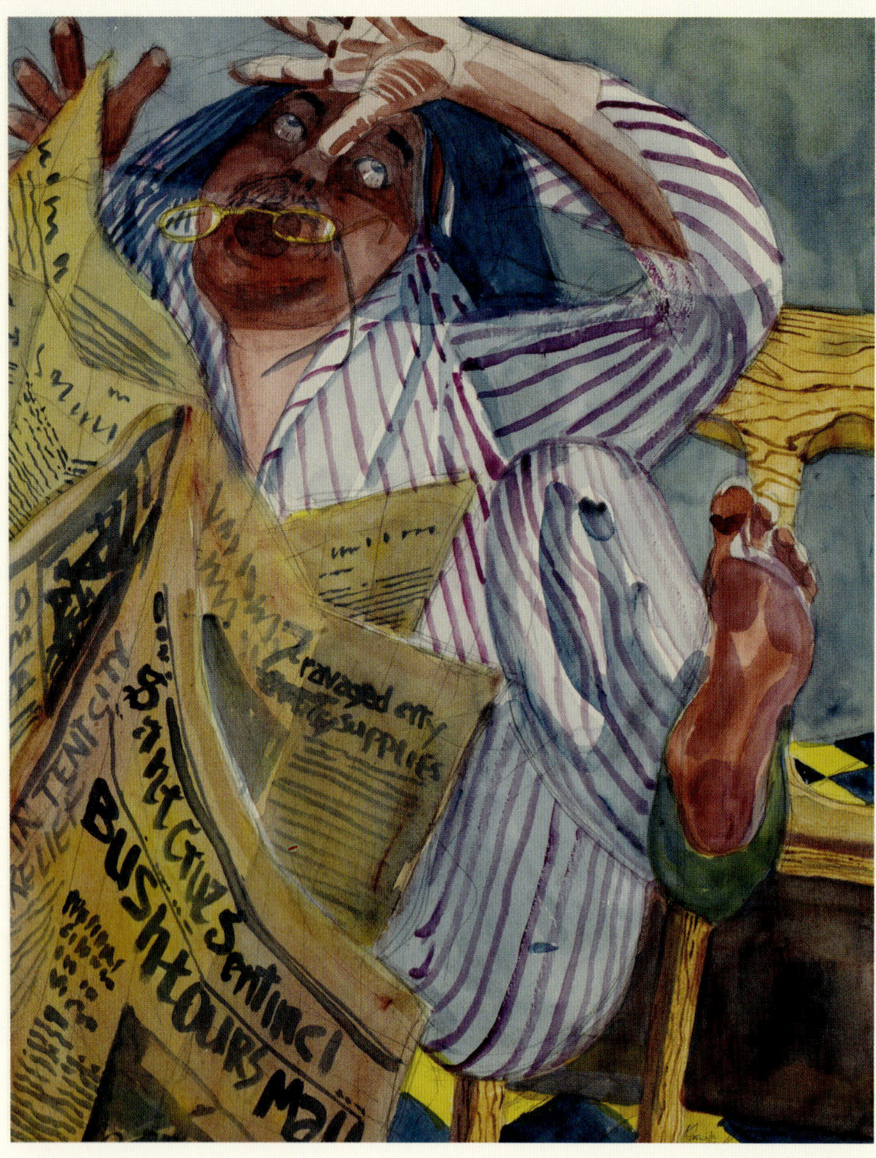

BUSH TOURS MALL, 1990.
Watercolor on paper, 28½ × 22 inches. Private collection.

BUSH RECORRE CENTRO COMERCIAL, 1990.
Acuarela sobre papel, 28½ × 22 pulgadas. Colección privada.

Carrillo's spirit of play, even mischief, is captured in a self-portrait created after the 1989 earthquake, *Bush Tours Mall* (1990), in which his pajama-clad body tumbles backward through space, shaken loose of gravity, acrobatic as an Aztec god. Here he is once again off-balance yet buoyant, hovering in a magical suspension between the shaking earth and the heavens. The ironically titled painting is emblematic of his confident dexterity with unconventional portrayals of space.[1]

Carrillo's self-portraits fully reveal the artist's delight in visualizing a world outside the guidelines of everyday physics. His is a world of games, of colorful tensions, of dreams, of improbable angles. As these self-portraits suggest, he took great pleasure in his life as a painter. His artistic career was spent as much in playful experimentation as in sensitive observation. Invariably sacrificing ego for invention, Eduardo Carrillo used his own image to support myriad studies of light, volume, and color—always pushing against canonic strictures in favor of bold celebrations of artistic practice.

Note

1. The title for this painting appears to derive from an October 20, 1989, article by the same title in the *Santa Cruz Sentinel* about President George H. W. Bush's visit to the earthquake-damaged Pacific Garden Mall in the heart of Santa Cruz.

El espíritu lúdico e incluso travieso de Carrillo queda captado en un autorretrato creado después del temblor de Loma Prieta en California en 1989, titulado *Bush recorre centro comercial* [*Bush Tours Mall*] (1990). Aquí, su cuerpo empijamado trastabilla hacia atrás a través del espacio; acrobático como un dios azteca, se libera de la gravedad. Nuevamente aquí él aparece desequilibrado pero flotante, sobrevolando en suspensión mágica entre la temblorosa tierra y los cielos. La pintura, con su título irónico, es emblemática de su segura destreza para representar el espacio de manera poco convencional.[1]

AUTORRETRATO PARCIAL, 1991.
Óleo sobre lienzo, 14 × 10 pulgadas.
Colección privada.

PARTIAL SELF-PORTRAIT, 1991.
Oil on canvas, 14 × 10 inches.
Private collection.

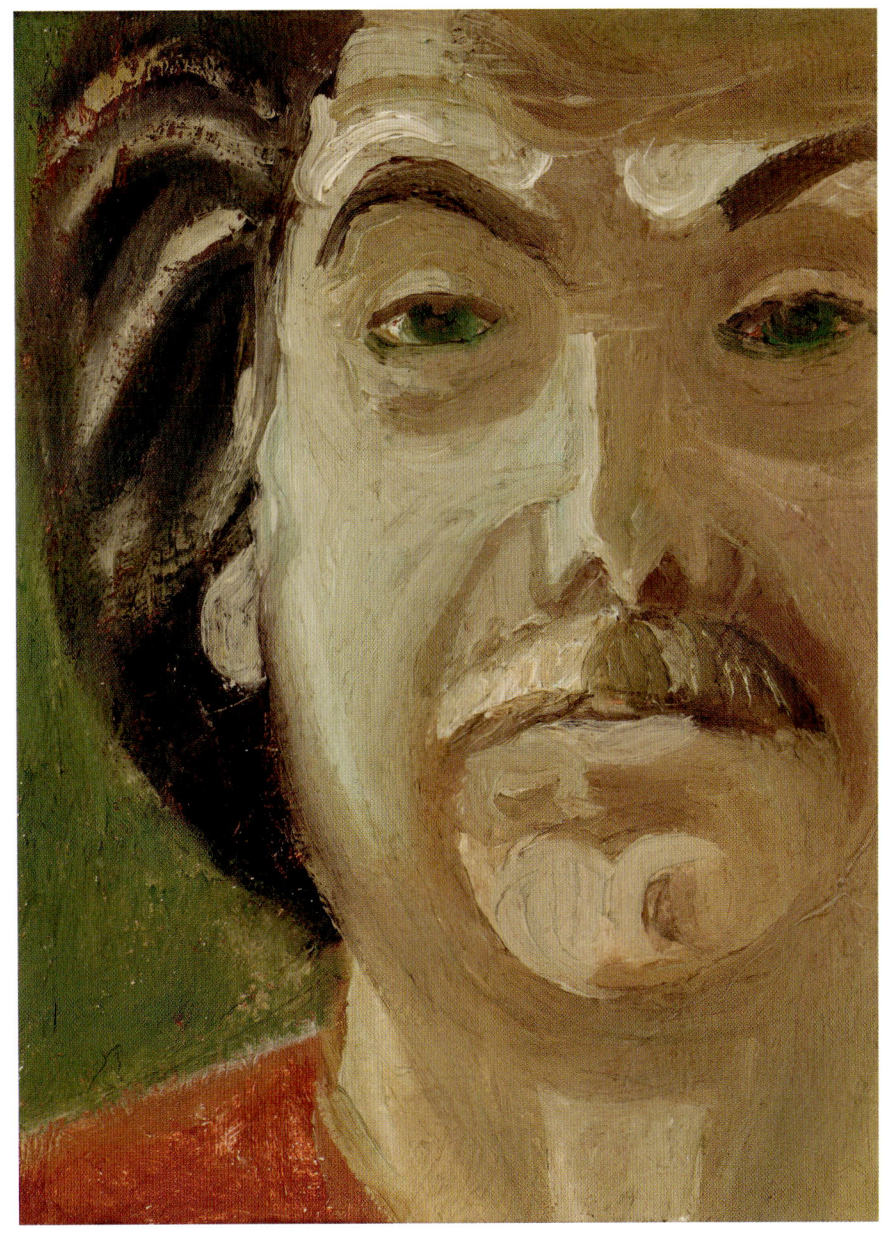

Los autorretratos de Carrillo revelan plenamente la dicha del artista en visualizar un mundo más allá de las leyes de la física cotidiana. El suyo es un mundo de juegos, de tensiones coloridas, de sueños, de perspectivas improbables. Como lo sugieren estos autorretratos, él disfrutó enormemente su vida como pintor. Su carrera artística estuvo dedicada tanto a la experimentación divertida como a la observación sensible. Sacrificando invariablemente su ego por la invención, Eduardo Carrillo usó su propia imagen para apoyar múltiples estudios de la luz, el volumen y el color, siempre en contracorriente de los dictados canónicos y en apoyo a audaces celebraciones de la práctica artística.

Nota

1. El título de esta pintura parece derivar de un artículo epónimo publicado el 20 de octubre de 1989 en el periódico *Santa Cruz Sentinel* sobre la visita del presidente George H. W. Bush al centro comercial Pacific Garden en el centro de Santa Cruz, que fue derrumbado por el temblor.

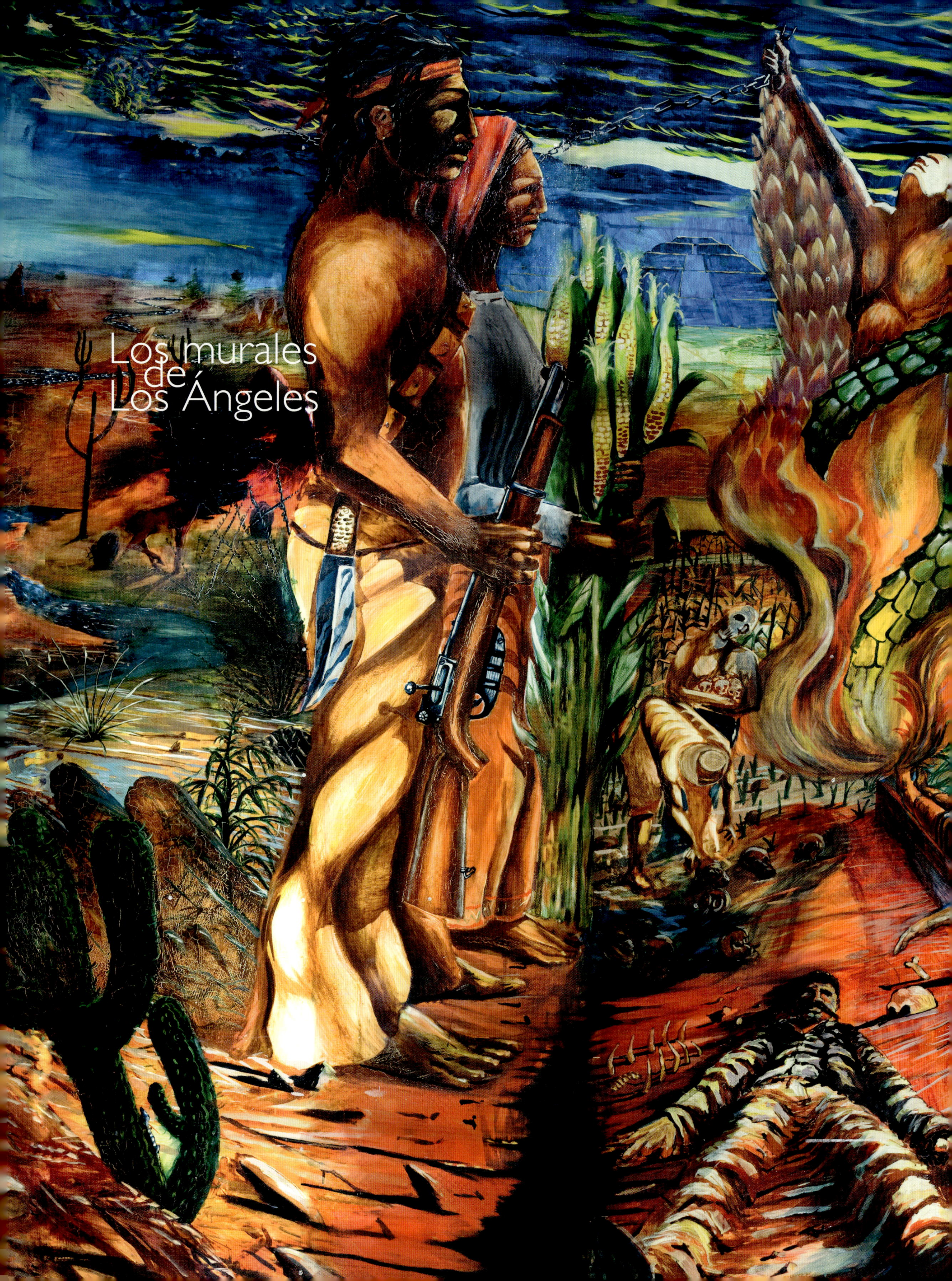
Los murales
de
Los Ángeles

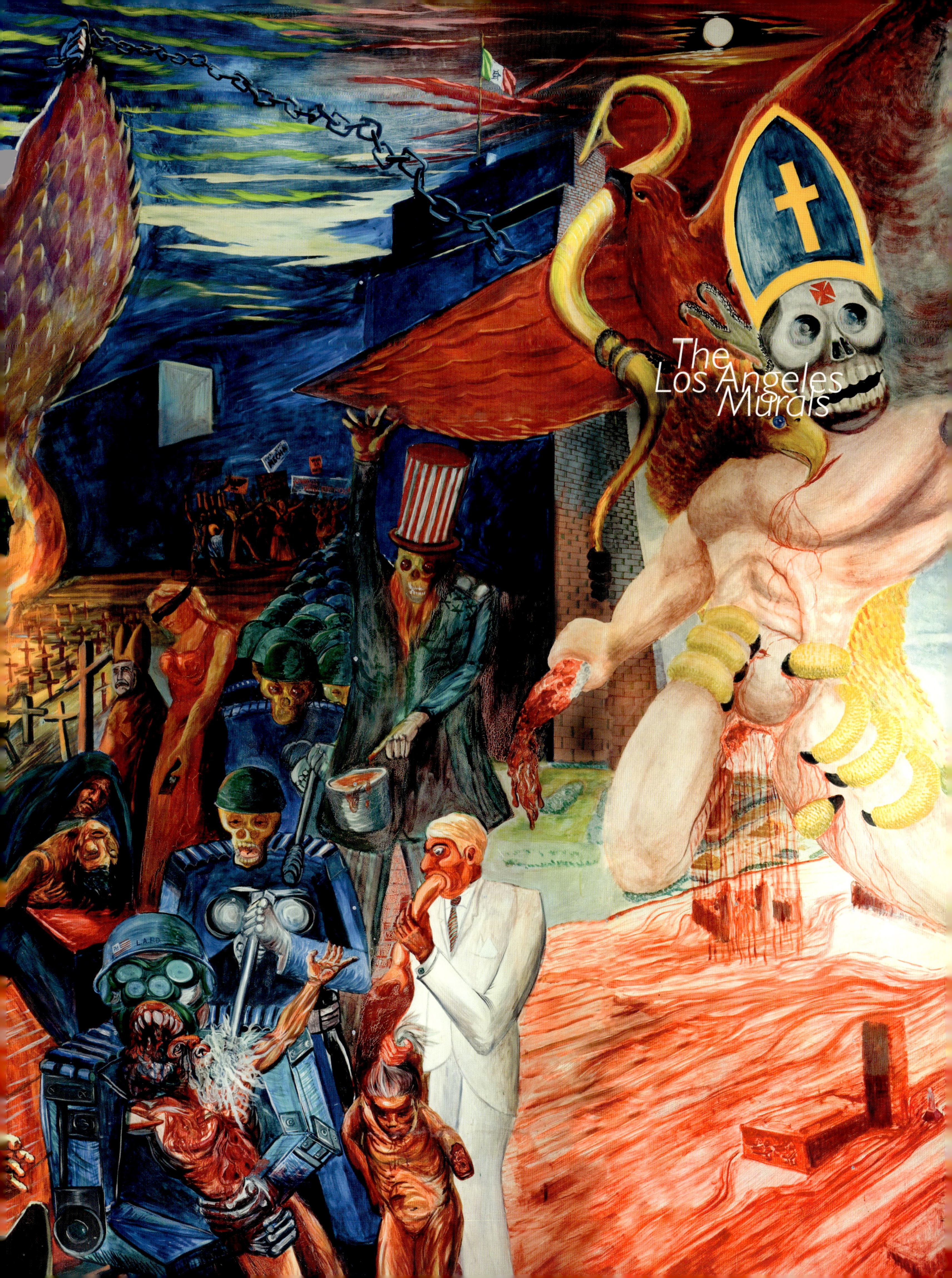
The
Los Angeles
Murals

Los murales de Los Ángeles

TIM DRESCHER

Eduardo Carrillo creó dos murales en Los Ángeles: *Chicano History* [*Historia chicana*] en 1970, para el Centro de Investigación y Estudios Chicanos (Chicano Studies Research Center) de la Universidad de California, Los Ángeles, cuando éste estaba en Campbell Hall; y *El Grito* en 1979, ejecutado en baldosas cerámicas pintadas y cocidas, en la Placita de Dolores, donde la ciudad fue fundada, al lado de la Calle Olvera. *Historia chicana*, pintado con Sergio Hernández, Ramses Noriega y Saul Solache, es uno de los primeros murales chicanos. *El Grito* está a la cabeza de cientos de murales chicanos pintados en la década precedente. El hecho de que Carrillo ganara este importante cargo cívico indica el respeto que el movimiento muralista chicano había adquirido. La obra de Carrillo enmarca el movimiento en sus albores.

Las imágenes de *Historia chicana* surgieron del caos político de la época. El mural expresa el orgullo y la determinación de los chicanos, quienes buscan su propia expresión y por primera vez están definiendo quienes son en sus propios términos y por sus propias razones. Inicialmente el mural provocó una fuerte respuesta debida a las escenas explícitas de canibalismo que representaba; pero la sección de Carrillo estaba en la parte izquierda del mural y—más de acuerdo con sus inclinaciones—presentaba un paisaje suroccidental de Aztlán, el terruño espiritual del pueblo chicano. *Historia chicana* combina esta escena, políticamente cargada, del suroeste estadounidense con imágenes de las luchas mexicanas y chicanas por la independencia del colonialismo y contra la corrupción gubernamental y "el espíritu castrante de la conquista española que denuncia a la Iglesia Católica".[1] El mural también muestra "la revolución armada mexicana con dos figuras monumentales que representan al guerrero y a la familia como el enfoque central de nuestro pueblo", así como "el espíritu de una revolución social que pone en evidencia varios temas de la época".[2]

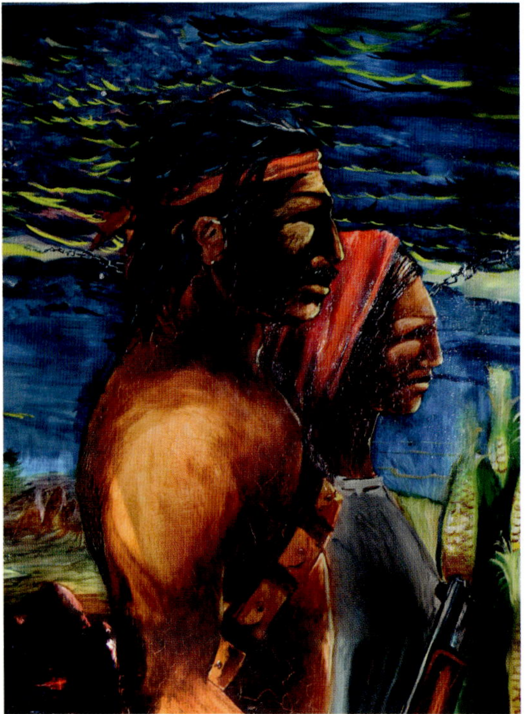

PÁGINA DOBLE ANTERIOR Y A LA DERECHA

HISTORIA CHICANA, 1970.
Detalles. *Véase las páginas 74–75.*

PREVIOUS SPREAD AND AT RIGHT

CHICANO HISTORY, 1970.
Details. *See pages 74–75.*

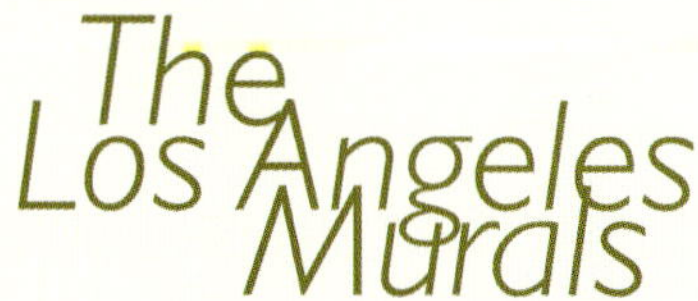

TIM DRESCHER

Eduardo Carrillo created two murals in Los Angeles: *Chicano History*, in 1970, for the UCLA Chicano Studies Research Center when it was located in Campbell Hall; and *El Grito*, in 1979, which was executed in painted and fired ceramic tiles at the Placita de Dolores, where the city was founded, adjacent to Olvera Street. *Chicano History*, painted with Sergio Hernández, Ramses Noriega, and Saul Solache, is one of the earliest Chicano murals. *El Grito* rides the crest of hundreds of Chicano murals painted in the intervening decade. That Carrillo won this important civic commission indicates the respect that the Chicano mural movement had gained. Carrillo's works frame that early movement.

Chicano History's imagery grew out of the political chaos of the times. The mural expresses the pride and determination of Chicanos, who are seeking self-expression and who, for the first time, are defining who they are in their own terms and for their own reasons. When originally painted, the mural provoked considerable response, due to the graphic cannibalism depicted, but Carrillo's section was on the left-hand side of the mural and presented—more in keeping with his proclivities—a Southwest landscape of Aztlán, the spiritual homeland of the Chicano people. *Chicano History* combines this politically infused Southwest scene with images representing Mexican and Chicano struggles for independence from colonialism, and against government corruption and "the emasculating spirit that the Spanish conquest brought which indicts the Catholic Church."[1] The mural also shows "Mexican armed revolution with two monumental figures representing the warrior and the family as the central focus of our people" as well as "the spirit of a social revolution exposing the various issues of the times."[2]

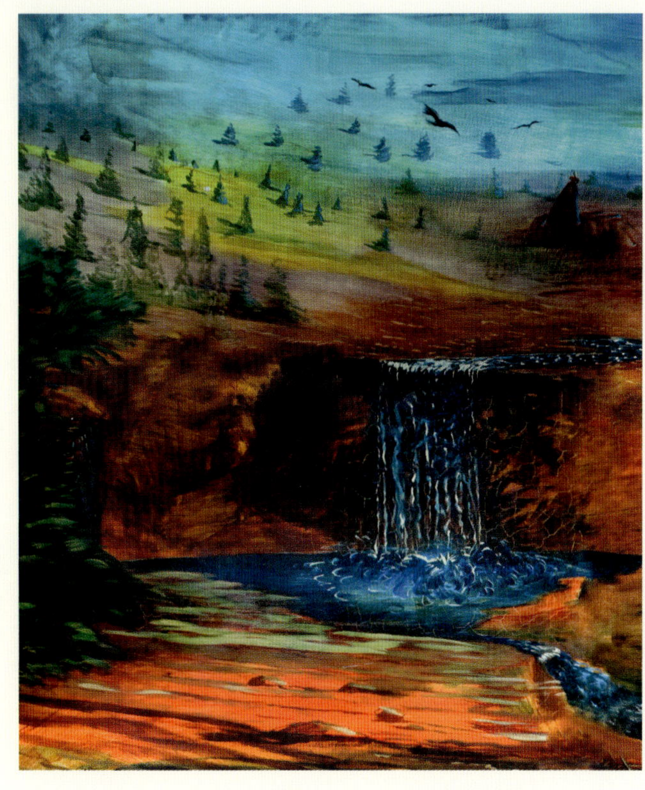

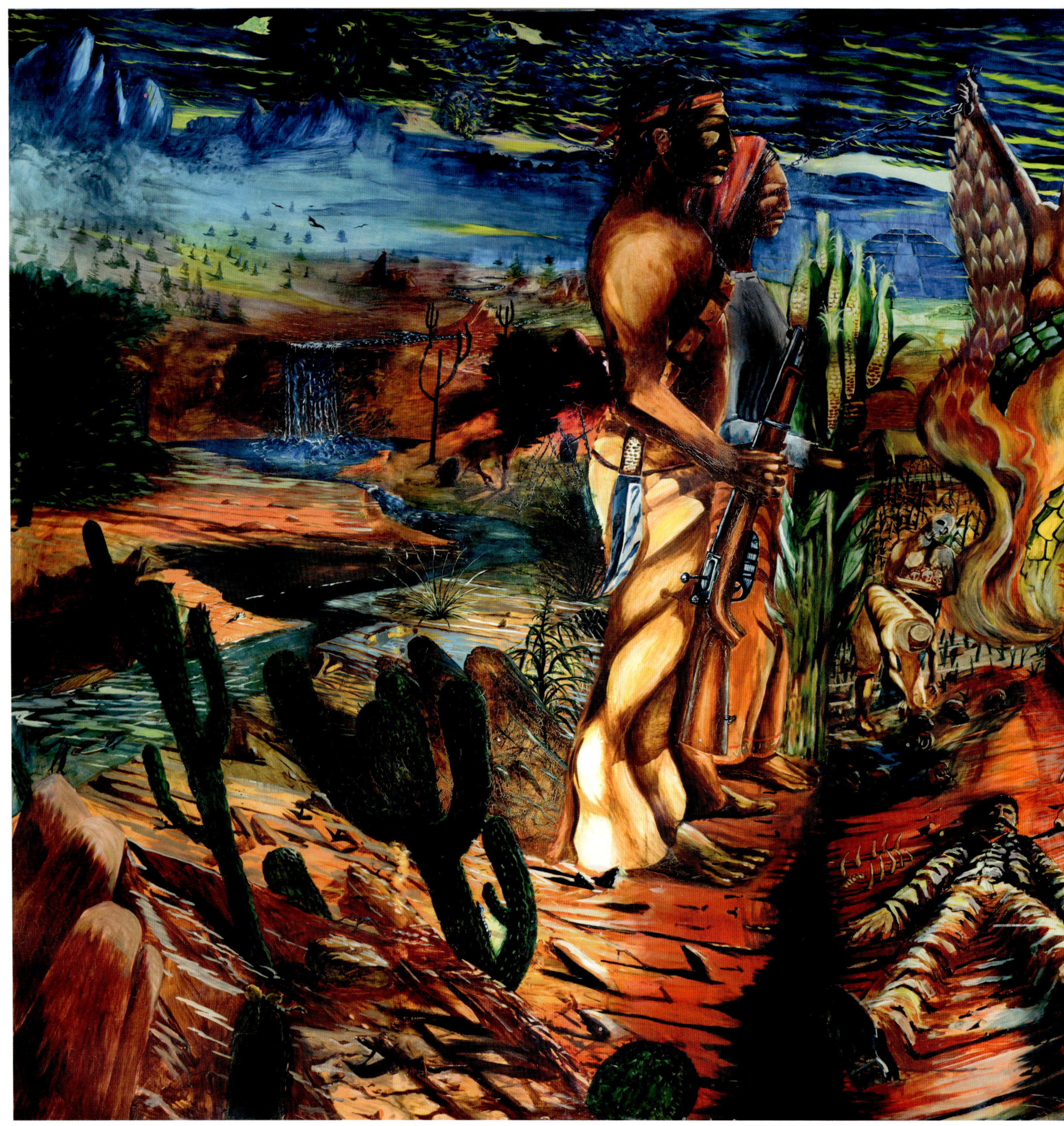

CHICANO HISTORY, 1970.
Oil on panel, 144 × 264 inches.
Chicano Studies Research Center, University of California, Los Angeles. Image courtesy of the UCLA Chicano Studies Research Center.

HISTORIA CHICANA, 1970.
Óleo sobre tabla, 144 × 264 pulgadas.
Chicano Studies Research Center, Universidad de California, Los Ángeles. Imagen cortesía del Chicano Studies Research Center de la UCLA.

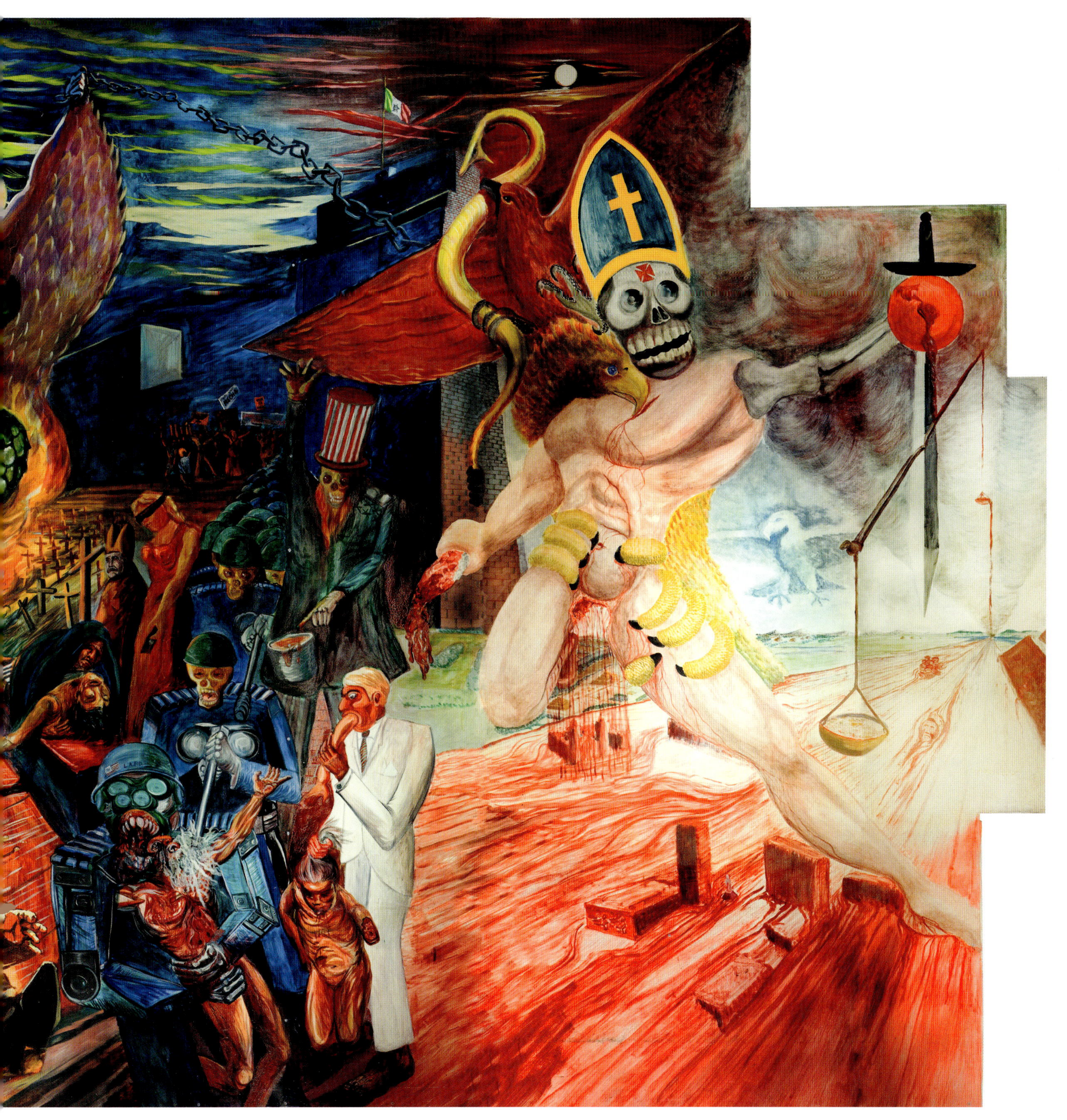

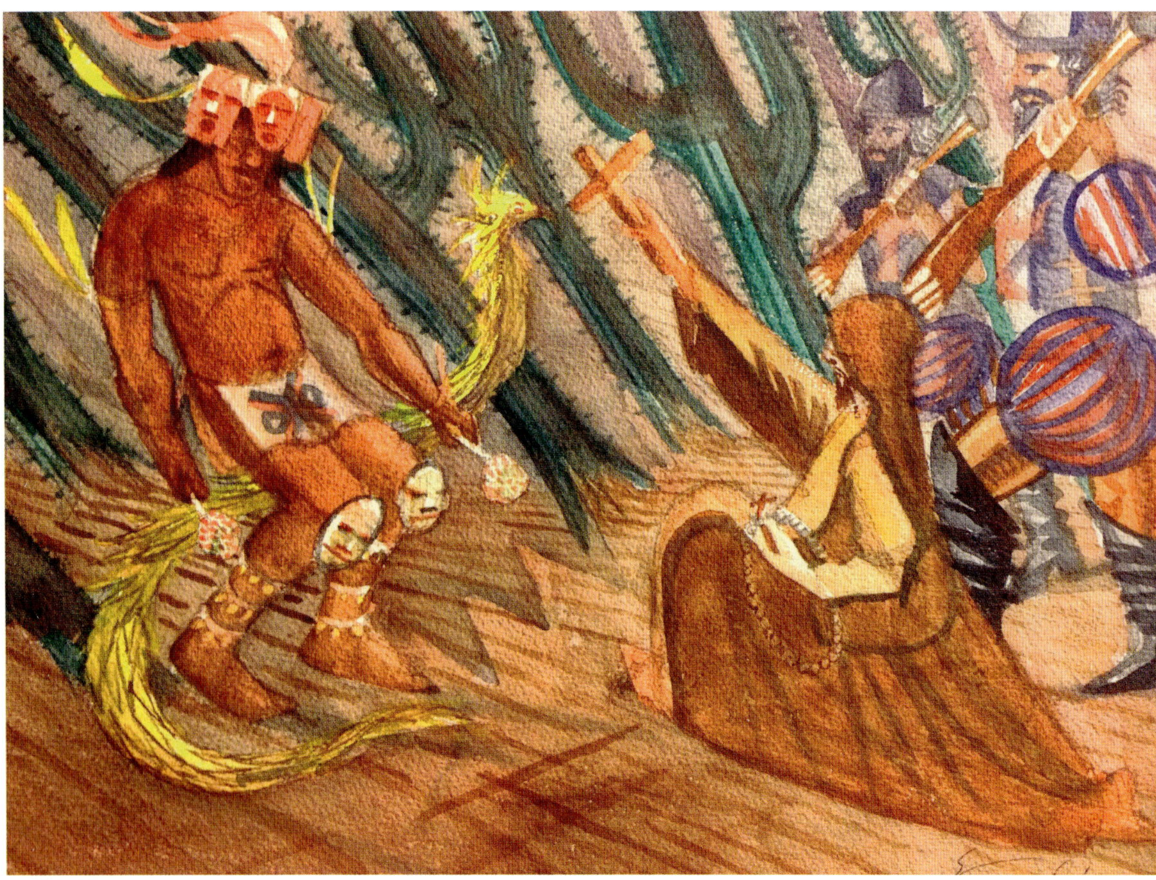

ENCUENTRO DE DOS MUNDOS, sin fecha.
Acuarela sobre papel, 12¼ × 16 pulgadas. Cortesía de la Colección de la Familia Zamarrón.

MEETING OF TWO WORLDS, n.d.
Watercolor on paper, 12¼ × 16 inches. Courtesy of the Zamarrón Family Collection.

Esa lucha por la autonomía es también el tema del otro mural de Carrillo en Los Ángeles, *El Grito* (véase las páginas 80–81). Esta obra conmemora los comienzos del movimiento por la independencia mexicana, instigado por el padre Miguel Hidalgo, quien es representado guiando al pueblo hacia la rebelión contra la dominación española. El mural de Carrillo le da presencia física a la idea de Hidalgo, tanto como encarnación histórica como expresión estética. Un azul oscuro domina el esquema de colores, aliviado por unas figuras terracota y amarillas que emergen de la oscuridad nocturna, a la cual pertenecen figurativa y políticamente. El mural muestra una escena urbana a la izquierda y una escena rural a la derecha. Ciudadanos y campesinos cargan cestos de armas y la balanza de la justicia, montan en magníficos caballos y cocinan tortillas al lado de un maizal. El campo y la ciudad se encuentran en esta imagen e Hidalgo los une.

El grupo central emerge de una catedral colonial—si bien la religión forma parte del fondo histórico e ideológico del mural, ésta no lo domina. El estilo semiabstracto de Carrillo connota una perspectiva moderna: los revolucionarios son apasionantes, visualmente dinámicos y de gran interés para el espectador; ante todo la escena trata de la historia, especialmente la historia del público a la cual está dirigida: los chicanos de hoy.

La escala de la obra encaja perfectamente en su espacio: en vez de abrumar a sus espectadores por su tamaño, los acoge dentro del momento

That struggle for autonomy is also the theme of Carrillo's other Los Angeles mural, *El Grito* (see pages 80–81). *El Grito* commemorates the beginning of the Mexican movement for independence, incited by Father Miguel Hidalgo, who is pictured leading the people to rebel against Spanish domination. Carrillo's mural gives Hidalgo's idea a physical presence, both historically infused and aesthetically expressed. Dark blue dominates the color scheme and is relieved by terra-cotta and yellow figures emerging out of the night, of which they are a part, both figuratively and politically. The mural portrays an urban scene on the left and a rural scene on the right. Citizens and peasants carry baskets of weapons and the scales of justice, ride magnificent horses, and cook tortillas next to a cornfield. City and country meet in this image, and Hidalgo unites them.

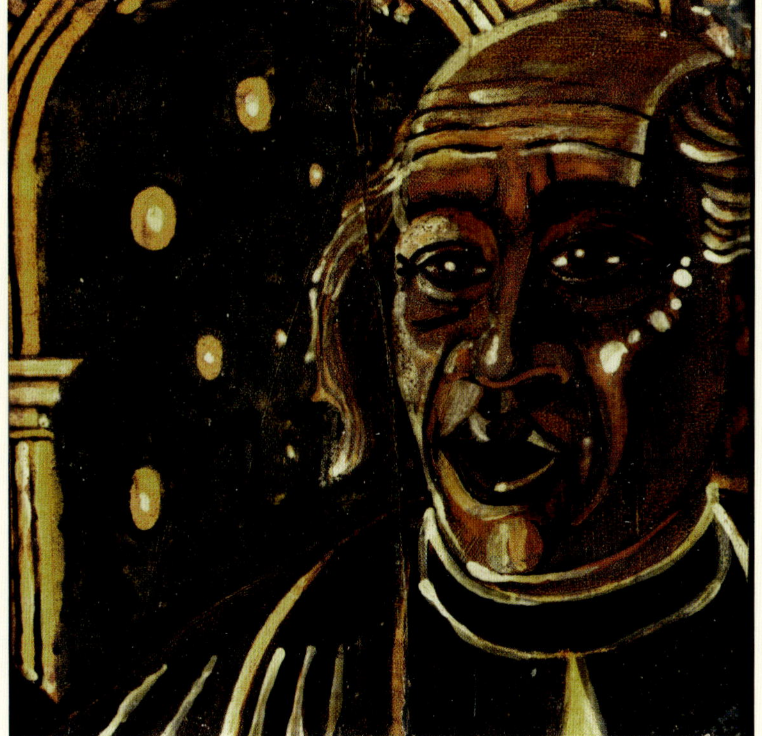

FATHER HIDALGO, 1979.
Ceramic tile, 12 × 12 inches.
Private collection.

EL PADRE HIDALGO, 1979.
Baldosa cerámica, 12 × 12 pulgadas.
Colección privada.

The central group emerges from a colonial cathedral—religion is a part of the mural's historical and ideological background but does not dominate it. Carrillo's semiabstract style connotes a modern perspective: the revolutionaries are exciting, visually dynamic, and relevant to their audience; the scene is about history first and foremost, especially the history of the mural's primary audience, today's Chicanos.

The work's scale suits its space perfectly, not overwhelming viewers with size but welcoming them into the historical moment of Hidalgo's catalytic shout. *El Grito*'s design also relates to its location physically, both in its concave "embracing arms" structure and in its incorporation of the church plaza tiles in the image to connect with the modern plaza where it resides. The mural draws viewers into the action of the central grouping, thus noting that the history depicted is also the history of the Los Angeles *placita* and its Chicano population. Independence is important to Mexicans and Chicanos, as well as to all peoples, whether in the nineteenth, late twentieth (when the mural was created), or early twenty-first century. In this coterminous depiction of struggles for independence, the homeland of Aztlán becomes inscribed onto the earlier struggle for Mexican independence, a grafting of history that marks both of Eduardo Carrillo's Los Angeles murals.

Notes

1. Ramses Noriega, undated handout.
2. Ibid.

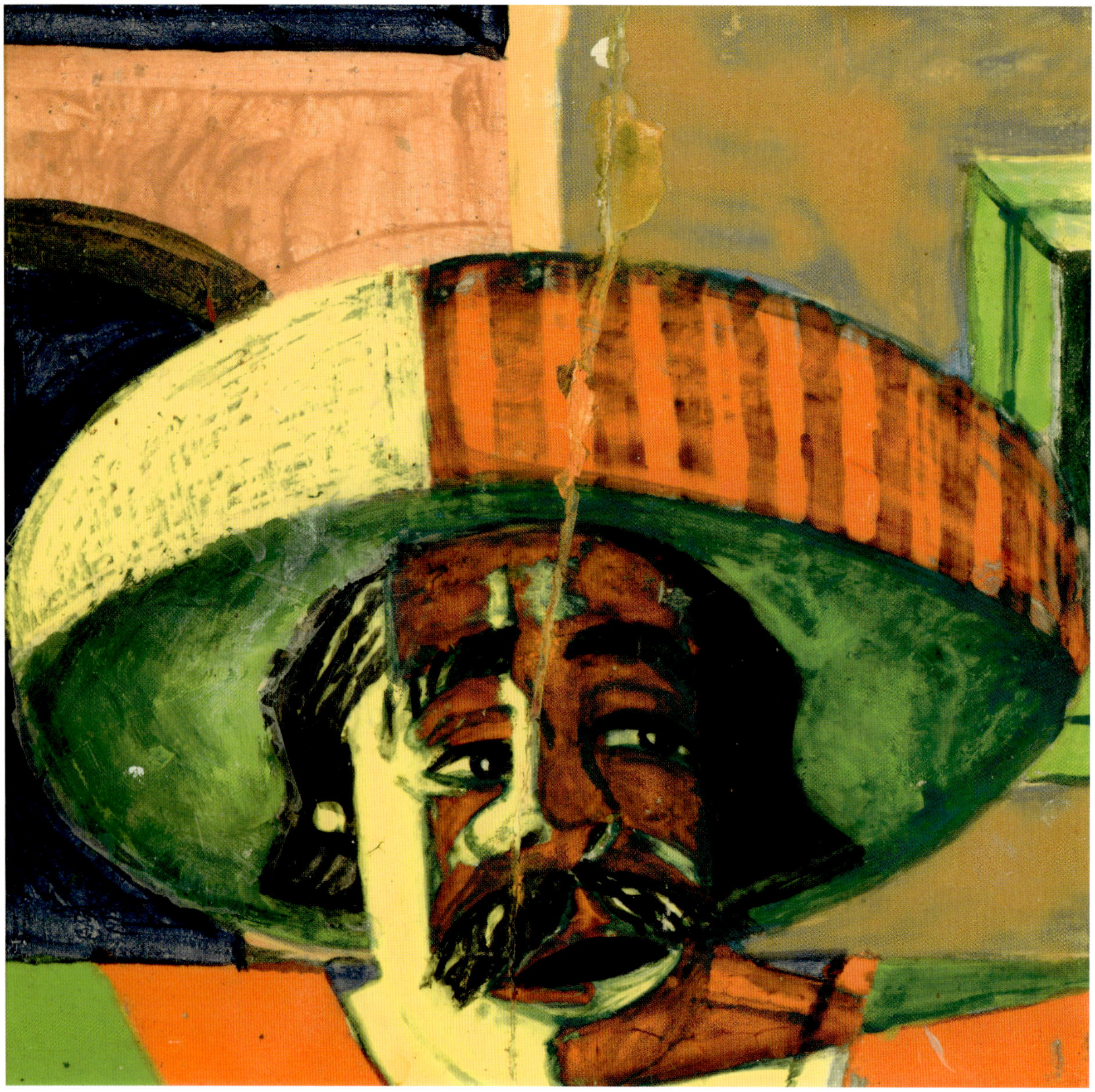

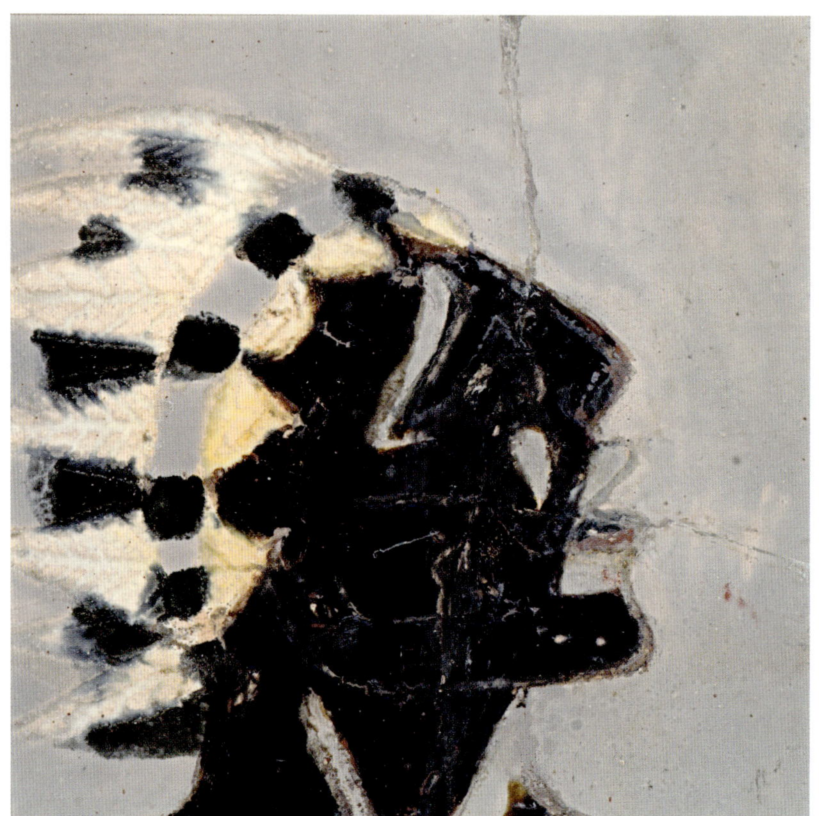

THIS SPREAD

UNTITLED, 1977–78.
Practice tiles for El Grito *mural.*
Ceramic tiles, 12 × 12 inches (each).
Private collection.

ESTA PÁGINA DOBLE

SIN TÍTULO, 1977–78.
Baldosas de prueba
para el mural El Grito.
Baldosas cerámicas,
12 × 12 pulgadas (cada una).
Private collection.

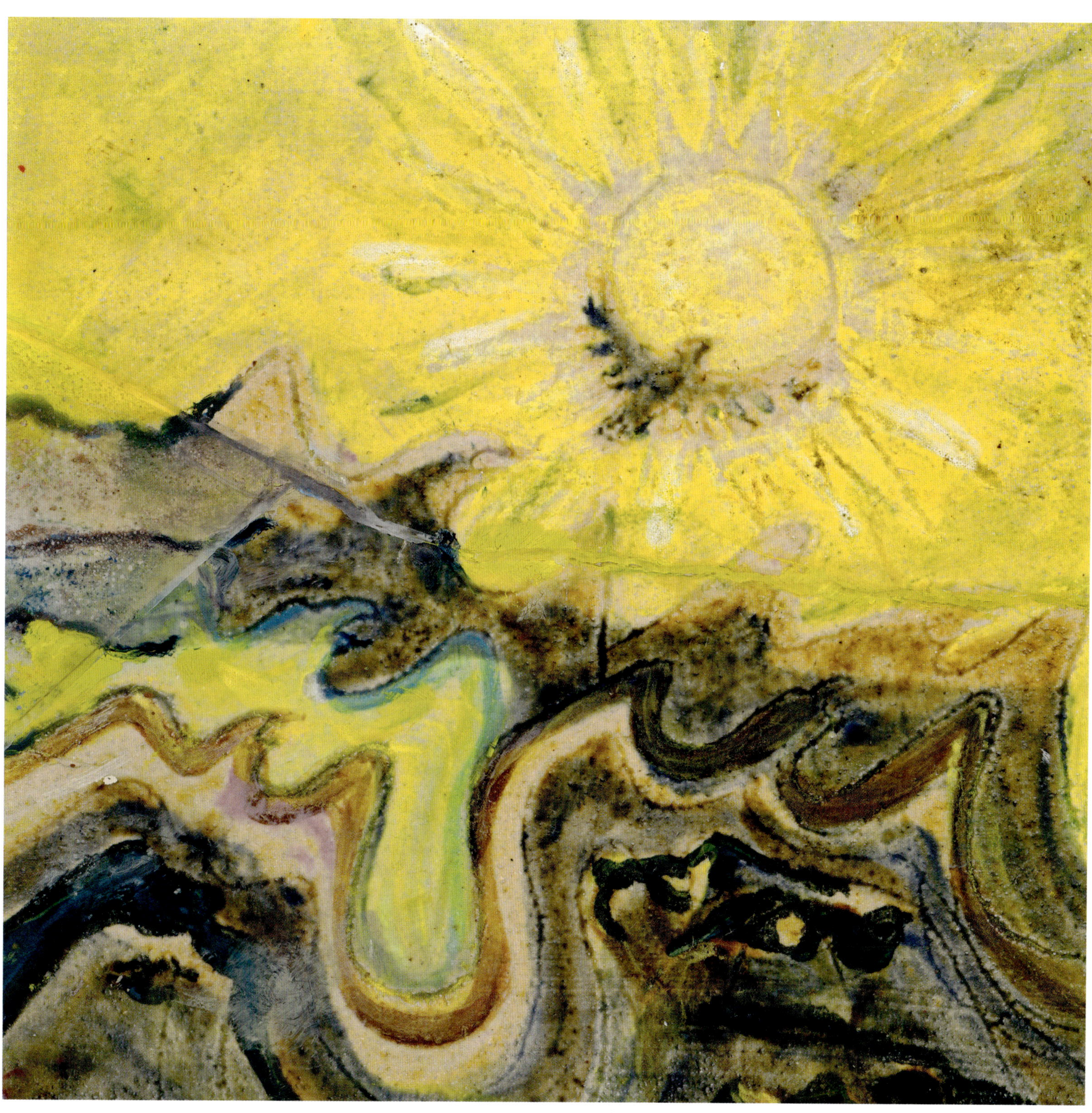

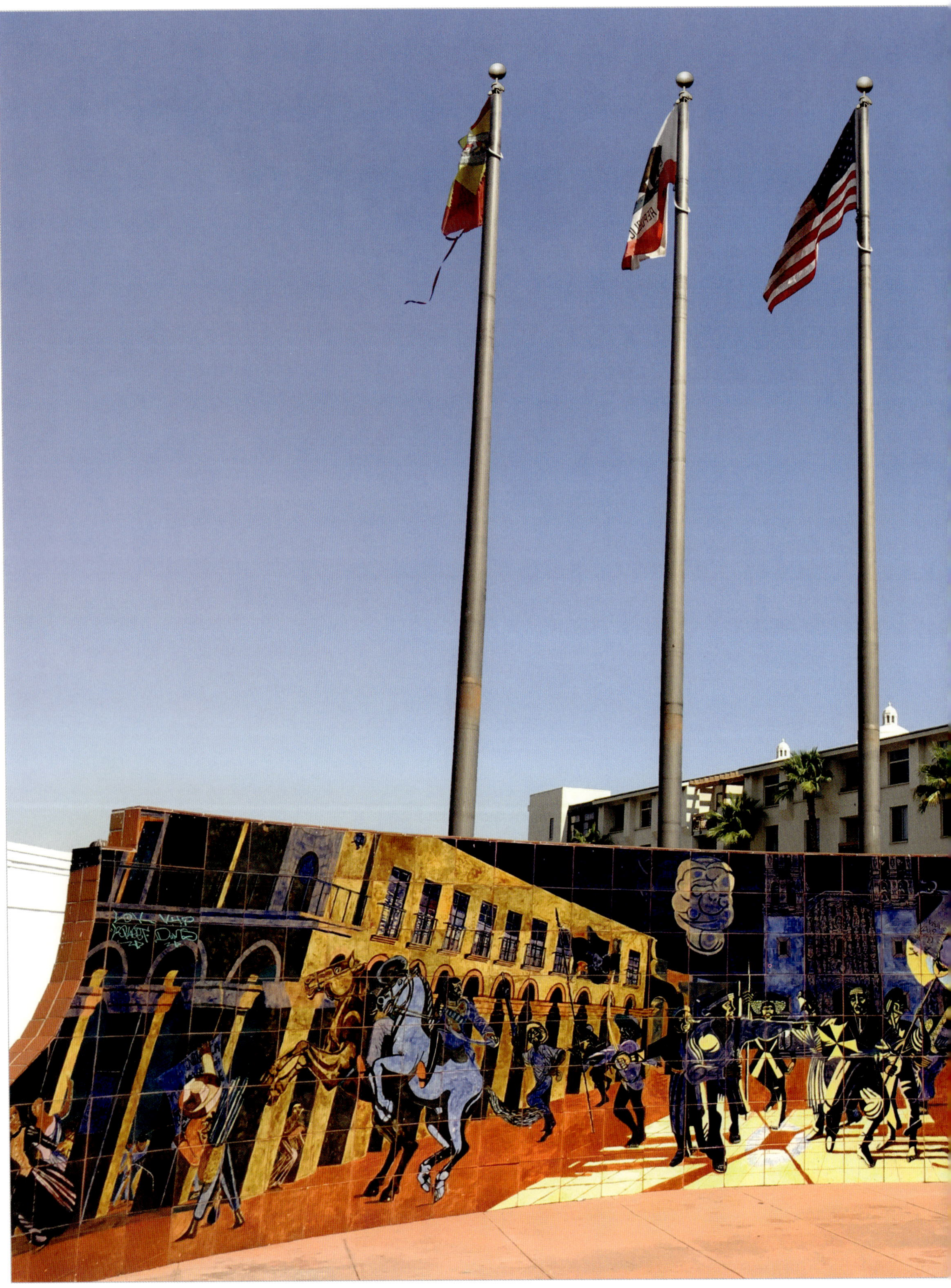

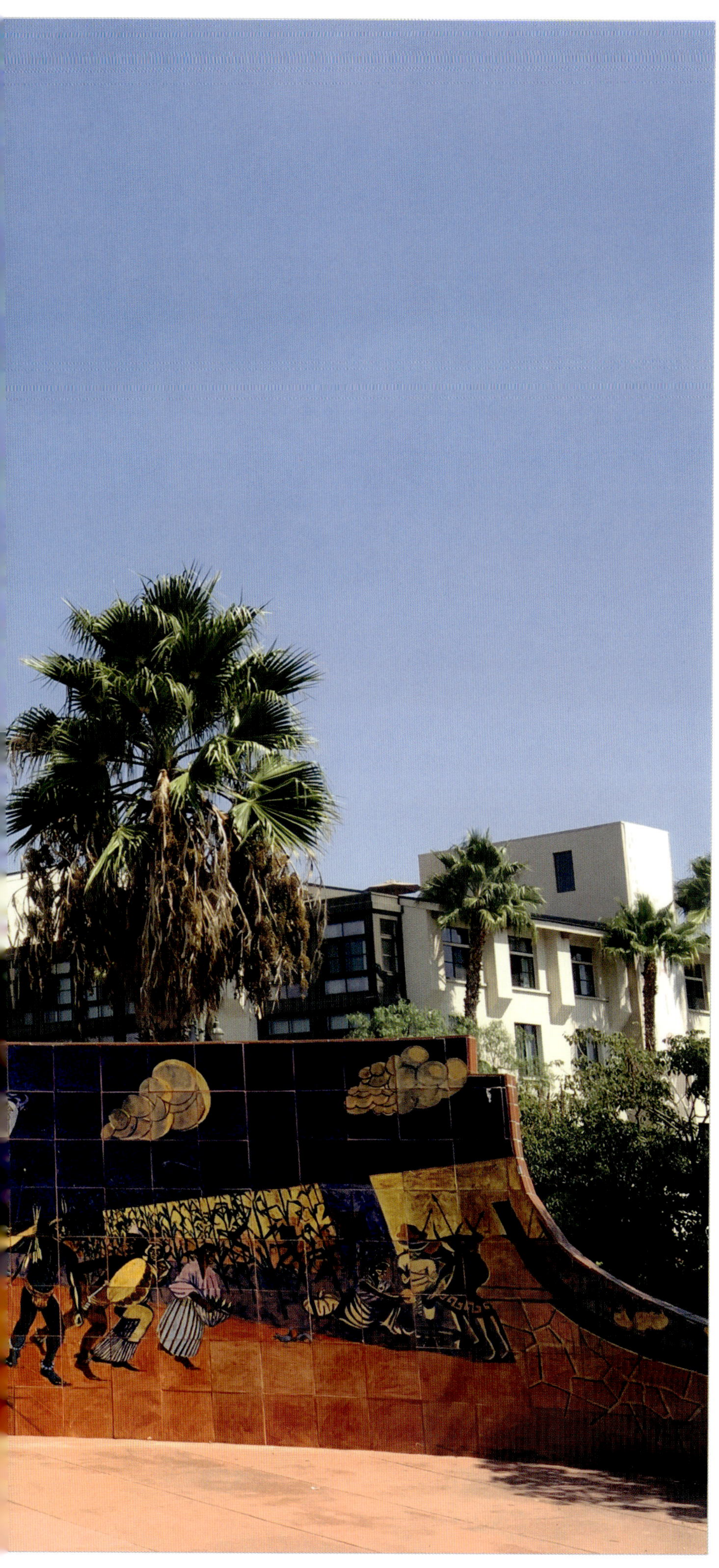

EL GRITO [THE CRY], 1979.
Placita de Dolores, Los Angeles. Ceramic tile, 8 × 44 feet. Mural Conservancy of Los Angeles. Photo by Eduardo Carrillo; archives of Isabel Rojas-Williams, art historian.

EL GRITO, 1979.
Placita de Dolores, Los Ángeles. Baldosa cerámica, 8 × 44 pies. Mural Conservancy of Los Angeles. Fotografía de Eduardo Carrillo; archivos de Isabel Rojas-Williams, historiadora de arte.

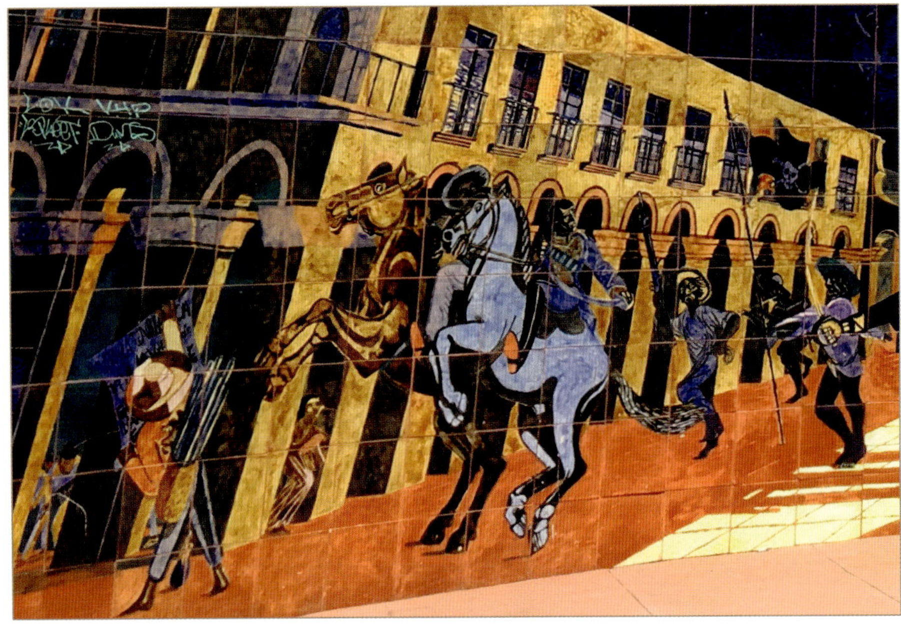

EL GRITO, 1979.
Detalle. Véase las páginas 80–81.

EL GRITO [THE CRY], 1979.
Detail. See pages 80–81.

histórico del grito catalizador de Hidalgo. El diseño de *El Grito* también lo vincula a su ubicación física tanto por la estructura cóncava de los "brazos extendidos", como por la incorporación de las baldosas de la plaza de la iglesia en la imagen, las cuales lo conectan con la plaza moderna donde está ubicado. El mural atrae a los espectadores hacia las acciones del grupo central, dejando así en claro que la historia descrita es también la historia de la placita de Los Ángeles y su población chicana. La independencia es importante para los mexicanos y chicanos como para todos los pueblos, ya sea en el siglo XIX, a finales del siglo XX (cuando el mural fue creado) o a comienzos del siglo XXI. En esta doble y concordante representación de las luchas por la independencia, la patria de Aztlán se inscribe en las luchas anteriores por la independencia mexicana, una fusión histórica que caracteriza a ambos murales de Eduardo Carrillo en Los Ángeles.

Notas

1. Ramses Noriega, folleto sin fecha.
2. Ibid.

PÁGINA OPUESTA
TÍO BETO Y TÍO NACHO EN EL PRECIPICIO,
hacia los años setenta del siglo XX.
Acuarela sobre papel, 37½ × 30½ pulgadas.
Cortesía de la Colección de la Familia Zamarrón.

FACING PAGE
TÍO BETO Y TÍO NACHO AT THE PRECIPICE, ca. 1970s.
Watercolor on paper, 37½ × 30½ inches.
Courtesy of the Zamarrón Family Collection.

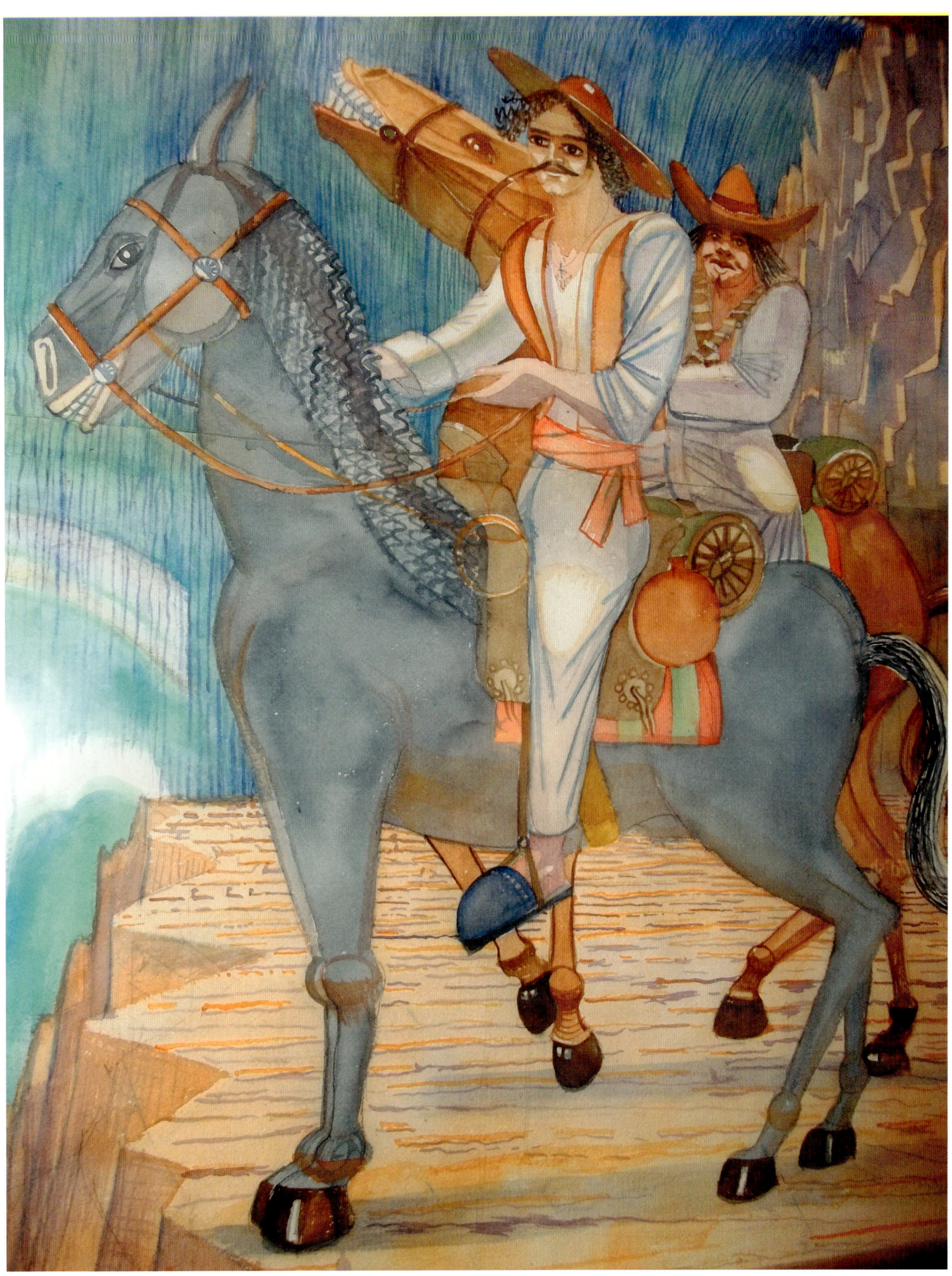

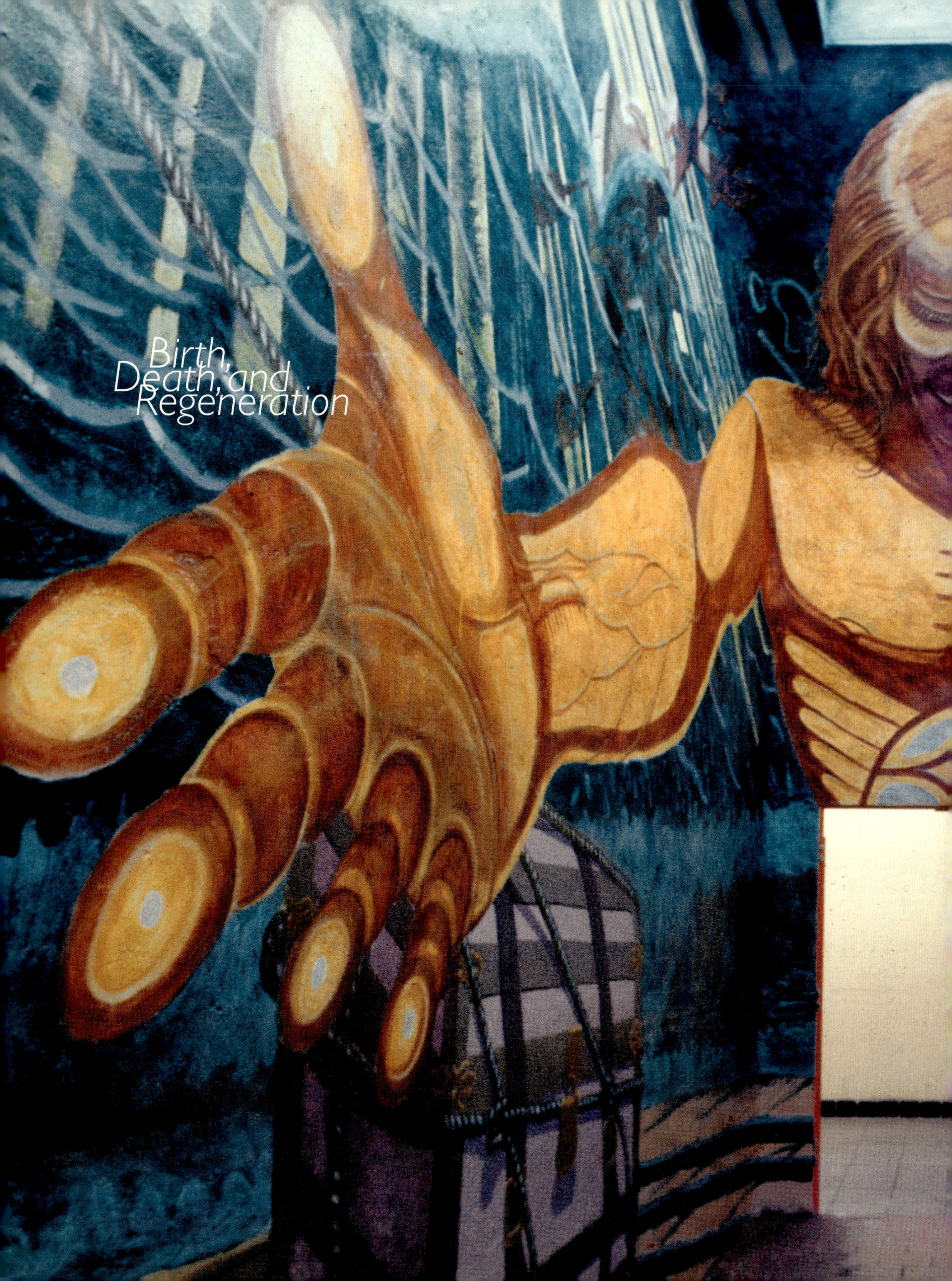

Birth, Death, and Regeneration

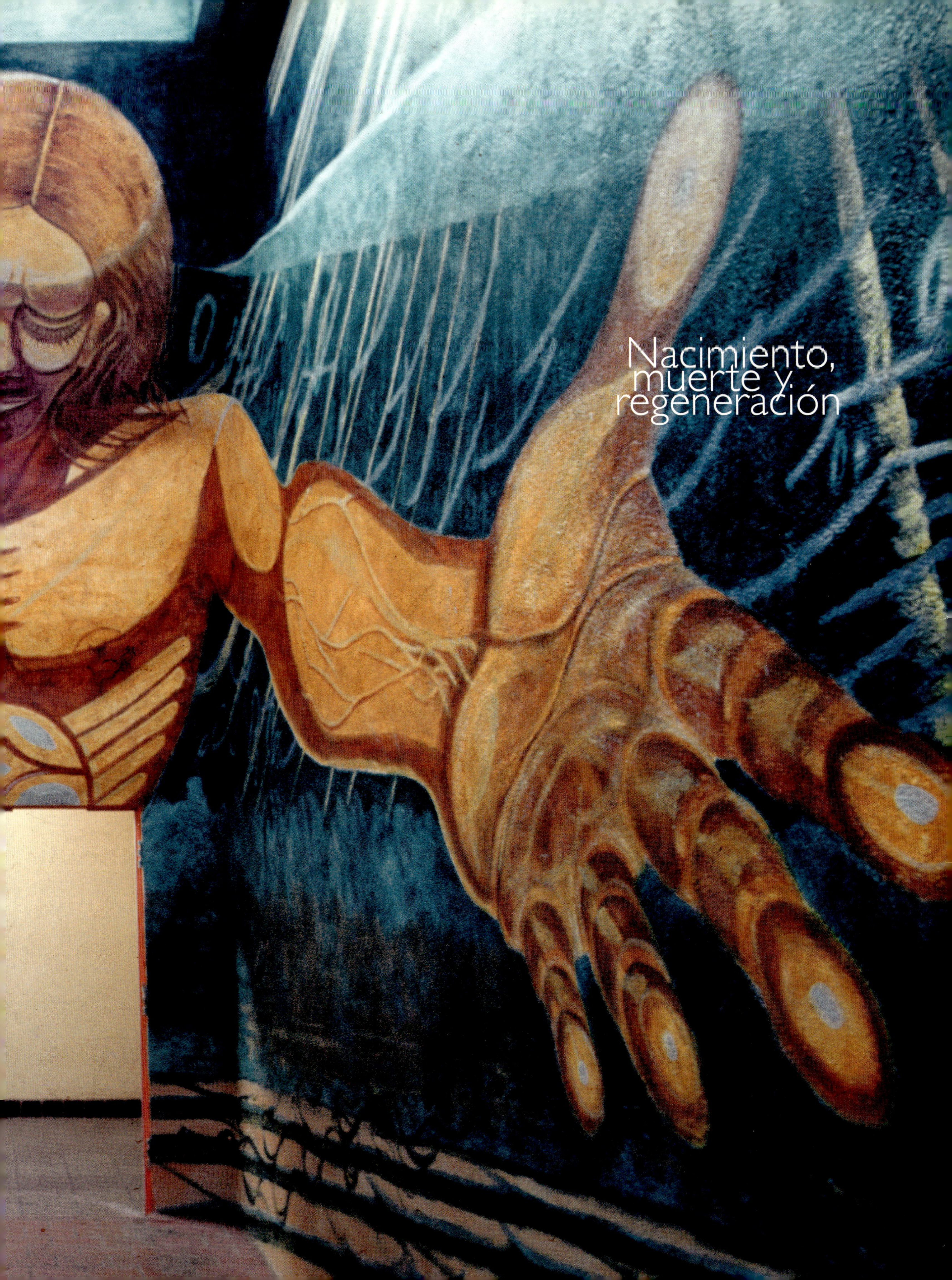

Nacimiento, muerte y regeneración

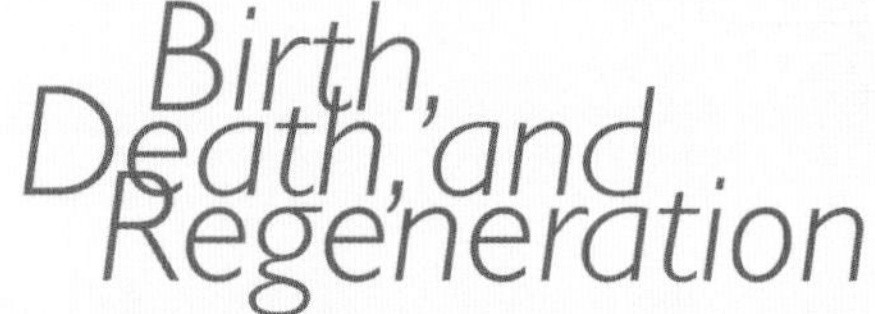

Birth, Death, and Regeneration

MAUREEN DAVIDSON

A narrow, virtually unused passageway led from the back steps of the Santa Cruz County Jailhouse to a sleepy shopping arcade. This route going nowhere in particular led, at least, away from that jail. Artist, activist, and university professor Eduardo Carrillo felt it should not be ignored that inmates of color were incarcerated in that building in vastly disproportionate numbers to the general population, while, in similar disproportion, young Chicano men had lost their lives in the Vietnam War that had just ended in 1975. It was now 1976.

The 1970s had begun with the Chicano Moratorium against the war, building on the civil rights movement of Martin Luther King Jr. and Cesar Chavez. Chicano Studies appeared in colleges and universities. Chicano "identity," forged through education and political action, became a movement that inspired and mobilized subsequent generations through music, street theater, posters, and murals. In 1974, the Los Angeles County Museum of Art (LACMA) mounted the first exhibition of Chicano art in an art museum, featuring *Los Four*—the same artists who, only two years before that, had tagged LACMA's entrance walls with their signatures, to protest their own exclusion and that of other Chicano artists.

It was now the downward arc of that decade—the first when Chicano artists felt the urgent spotlight glare of history shining upon them. Eduardo Carrillo was thirty-nine. History called. He chose the obscure Santa Cruz passageway to leave his mark.

Unphotographably narrow, forty feet deep, towering, resonant, dramatically corbelled, cross-beamed, and sky-lit, the passage recalled to Carrillo the prehistoric caves of his family's home in Baja, as well as old Mexican churches and vaulted Mayan tombs. With permission, and with friends and students from his university classes, the artist spent eight months painting every surface "out of pure love to serve humanity."[1] He envisioned it as a sacred place.

The resulting mural, *Birth, Death, and Regeneration,* drew on Christian, Mayan, Aztec, Zapotec, and Toltec symbolism, along with Carlos Castaneda–inspired Yaqui mysticism, in an authentic mestizo expression of a shared sacred story. In interviews, Carrillo variously described his imagery as inspired by the "Flayed Corn God," the "Birth of Quetzalcoatl," the "Crucifixion of the Corn God," and "Christ on the Cross"—gods who willingly self-sacrificed so that the world could continue.

PREVIOUS SPREAD

View of Risen Christ, *detail of* BIRTH, DEATH, AND REGENERATION, 1976. *Photo by Cruz Ortiz Zamarrón.*

PÁGINA DOBLE ANTERIOR

Vista de Cristo resucitado [Risen Christ], *detalle de* NACIMIENTO, MUERTE Y REGENERACIÓN, 1976. *Fotografía de Cruz Ortiz Zamarrón.*

Nacimiento, muerte y regeneración

MAUREEN DAVIDSON

Un pasillo estrecho y prácticamente inutilizado conducía desde la escalinata posterior de la Cárcel del Condado de Santa Cruz a una galería comercial soñolienta. Este camino, que no tenía ningún destino en particular, por lo menos se dirigía en dirección opuesta a esa cárcel. El artista, activista y profesor universitario Eduardo Carrillo sentía que no se debía ignorar que el número de presos de color detenidos en ese edificio era sumamente desproporcionado con respecto a la población general; y, en una desproporción similar, jóvenes chicanos habían perdido la vida en la guerra de Vietnam, que recién había terminado en 1975. Era entonces 1976.

Los años setenta habían empezado con la Moratoria Chicana contra la Guerra en Vietnam, basada en el movimiento de derechos civiles de Martin Luther King Jr. y César Chávez. Los Estudios Chicanos surgieron en algunas escuelas superiores y universidades. La "identidad" chicana, forjada a través de la educación y acción política, se convirtió en un movimiento que inspiró y movilizó generaciones posteriores a través de la música, el teatro callejero, los afiches y los murales. En 1974, el Museo de Arte del Condado de Los Ángeles (Los Angeles County Museum of Art, LACMA) montó la primera muestra de arte chicano en un museo, titulada *Los cuatro* [*Los Four*] — incluyendo los mismos artistas que, tan sólo dos años antes, habían pintado sus firmas en los muros de la entrada del LACMA para protestar su exclusión y la de otros artistas chicanos.

Era entonces el ocaso de esa década—la primera en que los artistas chicanos sintieron el urgente resplandor de la historia brillando sobre ellos. Eduardo Carrillo tenía treinta y nueve años. La historia lo llamó. Escogió este oscuro pasadizo desconocido en Santa Cruz para dejar su huella.

El infotografiable estrecho pasadizo, de unos doce metros de profundidad, imponente, resonante, con dramáticas ménsulas, vigas transversales y un tragaluz, recordaba a Carrillo las cuevas prehistóricas del hogar de su familia en Baja California, al igual que las viejas iglesias mexicanas y las tumbas abovedadas mayas. Con autorización, y con la ayuda de amigos y de estudiantes de sus cursos de la universidad, el artista pasó ocho meses pintando toda la superficie "de puro amor para servir a la humanidad".[1] Lo imaginó como un lugar sagrado.

El mural que resultó de este proceso, *Nacimiento, muerte y regeneración*, se inspiraba en el simbolismo cristiano, maya, azteca, zapoteca y tolteca, así como también en un misticismo yaqui inspirado por Carlos Castaneda, en una expresión mestiza auténtica de una historia sagrada compartida. En varias entrevistas, Carrillo describía sus imágenes como inspiradas por el "dios Xipe Tótec", el "nacimiento de Quetzalcóatl", la "crucifixión de

Using the extreme architecture to its maximum effect, Carrillo embraced the lineage of the Mexican mural masters, especially David Alfaro Siqueiros, whom he most admired. Adapting Siqueiros's opaque projection techniques during the design phase, he obliterated corners, activated the corbels and crossbeams, forced all perspective. The result was an immersive surreality. Many considered it psychedelic.

Eduardo Carrillo and assistant Betsy Andersen working on Birth, Death, and Regeneration. *Photo by Edward Ramos.*

Eduardo Carrillo y su asistente Betsy Andersen trabajando en Nacimiento, muerte y regeneración. *Fotografía de Edward Ramos.*

Birth, Death, and Regeneration certainly attracted people headed for the jailhouse. Soon it also drew musicians, artists, teachers, tourists, seekers, hippies, and homeless. In short, it became a local destination and a beloved hangout—so much so that, solving a maintenance problem and without warning, the building's manager ordered the work destroyed. It was painted out overnight in 1979.

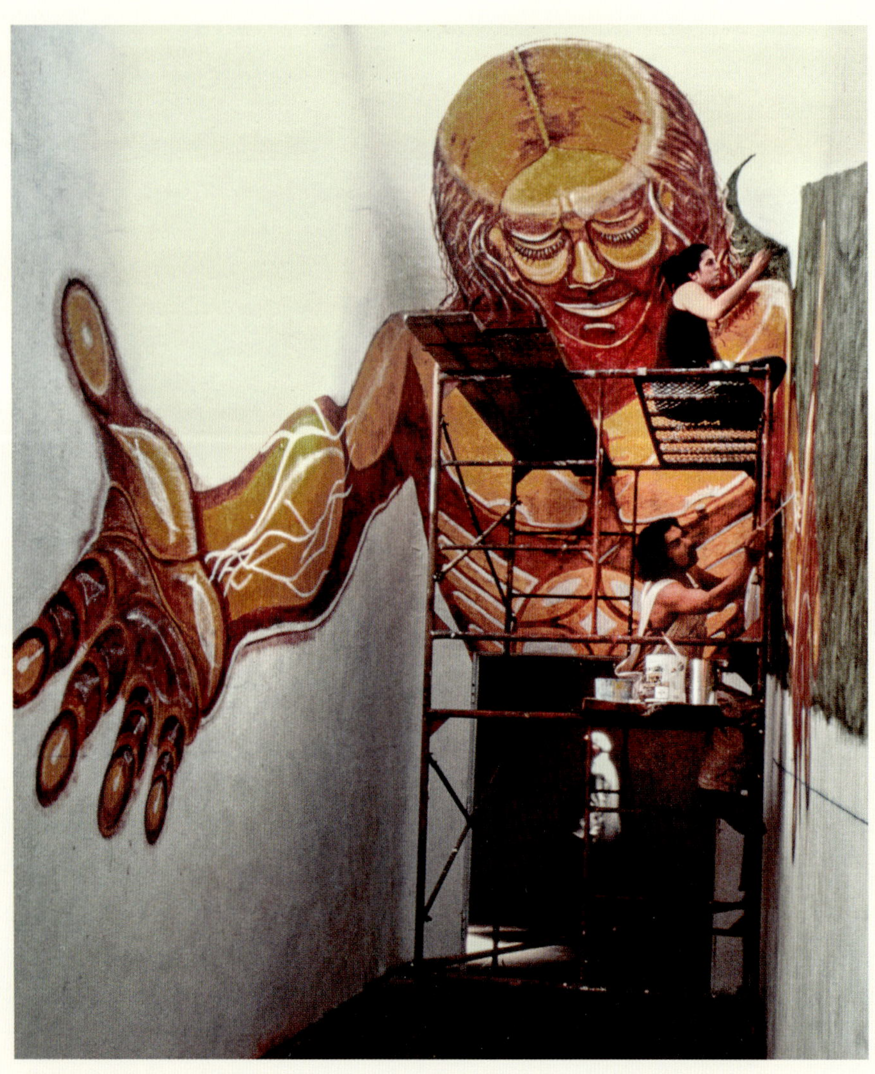

Distraught, Carrillo fought to have the mural resurrected. From all over the country, letters demanded restoration—without success. Finally, the local Saint Cecilia Society sang a requiem outside the blockaded passage doors.[2] A journalist not known for religious references wrote that "it was a holy work of art."[3] The loss became a cautionary tale documented in the history of mural paintings.[4]

What remains are detail photographs and a few black-and-white reproductions moldering in newspaper archives. There had been no urgency for documentation. The whole exists now only in memory and patchwork. The drama is evident even in darkening newsprint.

Monumental figures magnetize the viewer from forty feet away. From the jailhouse entrance, a benevolent giant looms upward over the opposite doorway and inward on corbels and ceiling, arms reaching toward the viewer from each side wall, palms open in a gesture of welcome and forgiveness. Rendered in flat relief in tawny outline, the stylized sinewy

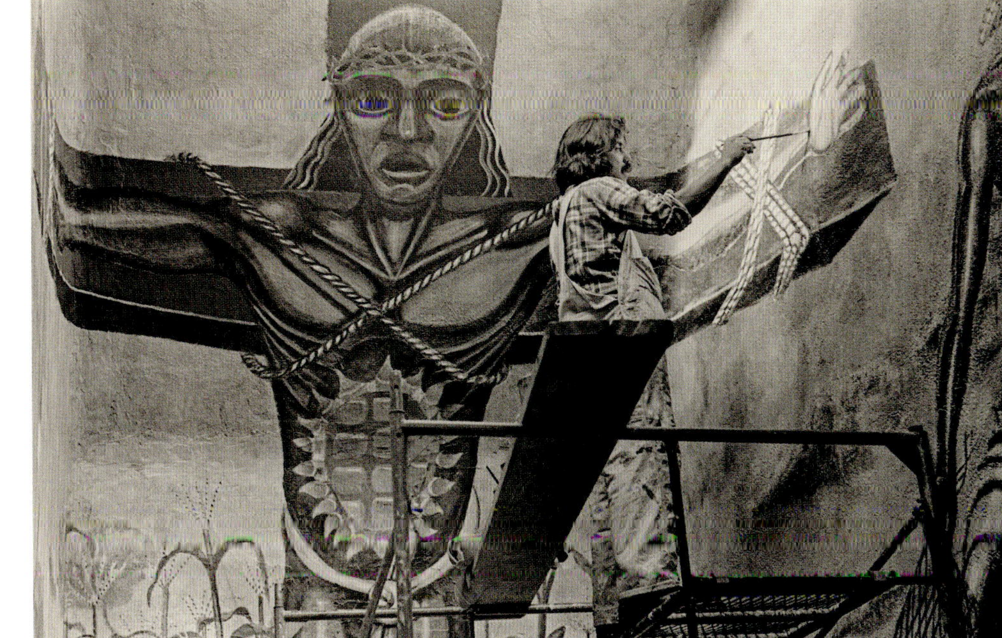

Eduardo Carrillo trabajando en Cristo crucificado [Crucified Christ] *para* Nacimiento, muerte y regeneración. *Fotografía de Edward Ramos.*

Eduardo Carrillo working on Crucified Christ *for* Birth, Death, and Regeneration. *Photo by Edward Ramos.*

Centéotl" y "Cristo en la cruz"—dioses que se sacrificaron voluntariamente para que el mundo continuara.

Utilizando la arquitectura extrema para maximizar el efecto, Carrillo abrazó el linaje de los maestros muralistas mexicanos, especialmente David Alfaro Siqueiros, al que admiraba más que a todos. Adaptando sus técnicas de proyección opacas durante la fase de diseño, Carrillo eliminó las esquinas, activó las repisas y vigas transversales, forzó la perspectiva enteramente. El resultado fue una especie de inmersión surrealista. Muchos lo consideraban psicodélico.

El mural *Nacimiento, muerte y regeneración* era ciertamente atractivo para la gente que iba de camino a la cárcel. En poco tiempo, también atrajo a músicos, artistas, maestros, turistas, espiritistas, *hippies*, e indigentes. En pocas palabras, se convirtió en una destinación y querido lugar de encuentro local, a tal punto que, sin previo aviso, para resolver el problema de mantenimiento, el administrador del edificio ordenó la destrucción de la obra. En 1979, de la noche a la mañana, el mural desapareció bajo una capa de pintura.

Consternado, Carrillo luchó para resucitarlo. De todas partes del país, la gente envió cartas pidiendo su restauración, pero sin éxito alguno. Al final, el capítulo local de la Sociedad de Santa Cecilia le cantó un réquiem, frente a las puertas bloqueadas del pasadizo.[2] Un periodista que hasta entonces no había hecho referencias religiosas escribió que el mural "era una obra de arte sagrado."[3] Esa pérdida se convirtió en un relato aleccionador en la historia del muralismo.[4]

Solo quedan algunas fotografías de los detalles y unas pocas reproducciones en blanco y negro, que se están enmoheciendo en los archivos de algunos periódicos. No había habido urgencia para documentarlo. Ahora, la totalidad del mural sólo existe en la memoria y en algunos retazos. El drama es evidente, aún en el papel de prensa que poco a poco se oscurece.

Figuras monumentales atraen al observador a unos doce metros de distancia. Desde la entrada a la cárcel, un gigante benévolo se levanta sobre la puerta opuesta, y adentro, sobre las ménsulas y el cielo raso, extiende sus brazos hacia el espectador desde las paredes laterales con las manos abiertas en un gesto de bienvenida y perdón. Realizada en relieve plano con

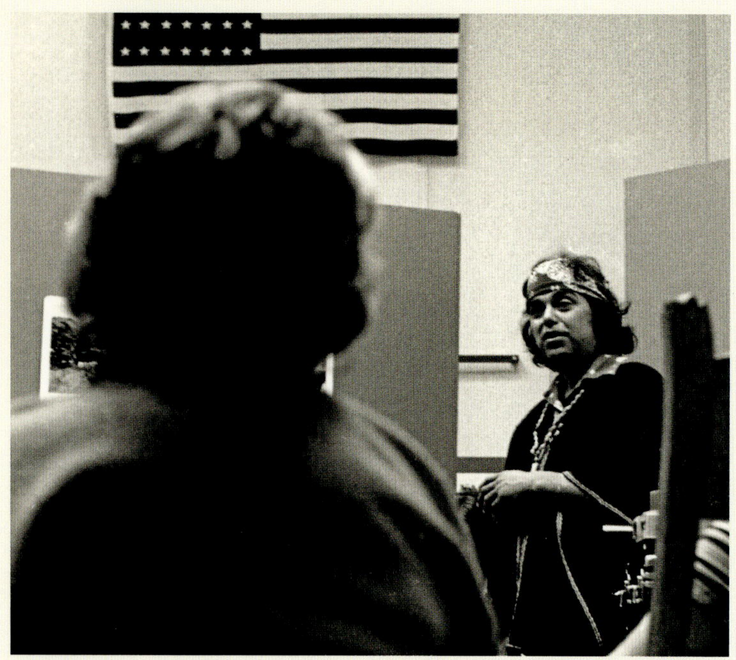

Eduardo Carrillo protesting the destruction of the mural Birth, Death, and Regeneration, *ca. 1979, Octagon Building, Santa Cruz, California. Photo by Cruz Ortiz Zamarrón. Photo courtesy of Museo Eduardo Carrillo. According to Cruz Ortiz Zamarrón, this photograph was taken "shortly after the destruction of the Palomar mural. We, as a UCSC Chicano Arts Group, El Teatro de la Tierra Morena, marched with Eduardo from the arcade, down Pacific Avenue, around the Cooper House, and to the Octagon to meet with the Santa Cruz Arts Council; Eduardo led, keeping beat with an old handmade Tarahumara drum to express our dismay and ask for their support. I think they just filed it away. . . .They were not expecting us; we broke into a board meeting."*[6]

Eduardo Carrillo protestando por la destrucción del mural Nacimiento, muerte y regeneración, *hacia 1979, Edificio Octágono, Santa Cruz, California. Foto de Cruz Ortiz Zamarrón. Foto cortesía del Museo Eduardo Carrillo. Según Cruz Ortiz Zamarrón, esta fotografía fue tomada "poco después de la destrucción del mural de Palomar. Nosotros, como Grupo de Arte Chicano de la Universidad de California de Santa Cruz, El Teatro de la Tierra Morena, marchamos con Eduardo desde la arcada, por la Avenida de Pacífico, alrededor del Cooper House, y al Octágono para reunirnos con el Consejo de Artes de Santa Cruz; Eduardo dirigió, manteniendo el ritmo con un viejo tambor Tarahumara hecho a mano para expresar nuestro desaliento y pedir su apoyo. Creo que simplemente lo archivaron. . . . No nos esperaban; nos metimos dentro de una reunión de consejo".*[6]

musculature is reduced to graphic pattern that refers to archetypal flayed gods, pre-Columbian shields and glyphs, and Carlos Castaneda's 'center of will, from which all things radiate.'[5]

Entering from the arcade, the viewer is confronted by a crucified Indio identified by a symbol on his solar plexus as the Maize God, common to virtually every Mesoamerican civilization as the giver of life, who dies each winter. Wearing a Christ-like crown of thorns, he is tied to the cross by bristling, realistically rendered ropes, bound as Aztec prisoners were bound before sacrifice, and as the Indio in Siqueiros's destroyed mural, *América Tropical*, was bound. The fruits of sacrifice can be seen in the blooming maize field behind the cross. Into that scene, a luminous, fedora'd fisherman casts nets full of lively sharks, mantas—the fish of Baja—swimming in the vanishing perspective of field . . . nets . . . rays of sun.

Looking up, one sees a dark cloud that frames a grimacing figure on a lurid diagonal cross: Quetzalcoatl, who sacrificed himself to give birth to the Maize God, and thus to feed the people. Sacrifice, death, and rebirth speak from every form on every wall.

With *Birth, Death, and Regeneration*, Eduardo Carrillo gave a solemn gift and stepped into the stream of the Chicano mural movement with a work of formal power and meaningful social content. Indeed, with this gift, he made manifest an act of redemption, which the community, the country, and the earth sorely required.

Notes

1. *Califas* video interview, 1981.
2. Frank Foreman, secretary of the Saint Cecilia Society for the Preservation and Restoration of Gregorian Chant, Peking Opera, and Other Endangered Things of Beauty, Santa Cruz, California.
3. Bruce Bratton, *Good Times* (March 8, 1979), 5.
4. Shifra M. Goldman, "How, Where, and When It All Happened: Chicano Murals of California," in Eva Sperling Cockcroft and Holly Barnet-Sánchez, *Signs from the Heart: California Chicano Murals* (Albuquerque: University of New Mexico Press, 1993), 22–53.
5. Preparatory drawings show Carrillo's intention to emphasize the "unseen" power of this figure. Carlos Castaneda wrote about this power in many books, including *A Separate Reality*. Carlos Castaneda, *A Separate Reality: Further Conversations with Don Juan* (New York: Washington Square Press, 1991).
6. Cruz Ortiz Zamarrón, email correspondence with editor Kristina Perea Gilmore, September 26, 2017.

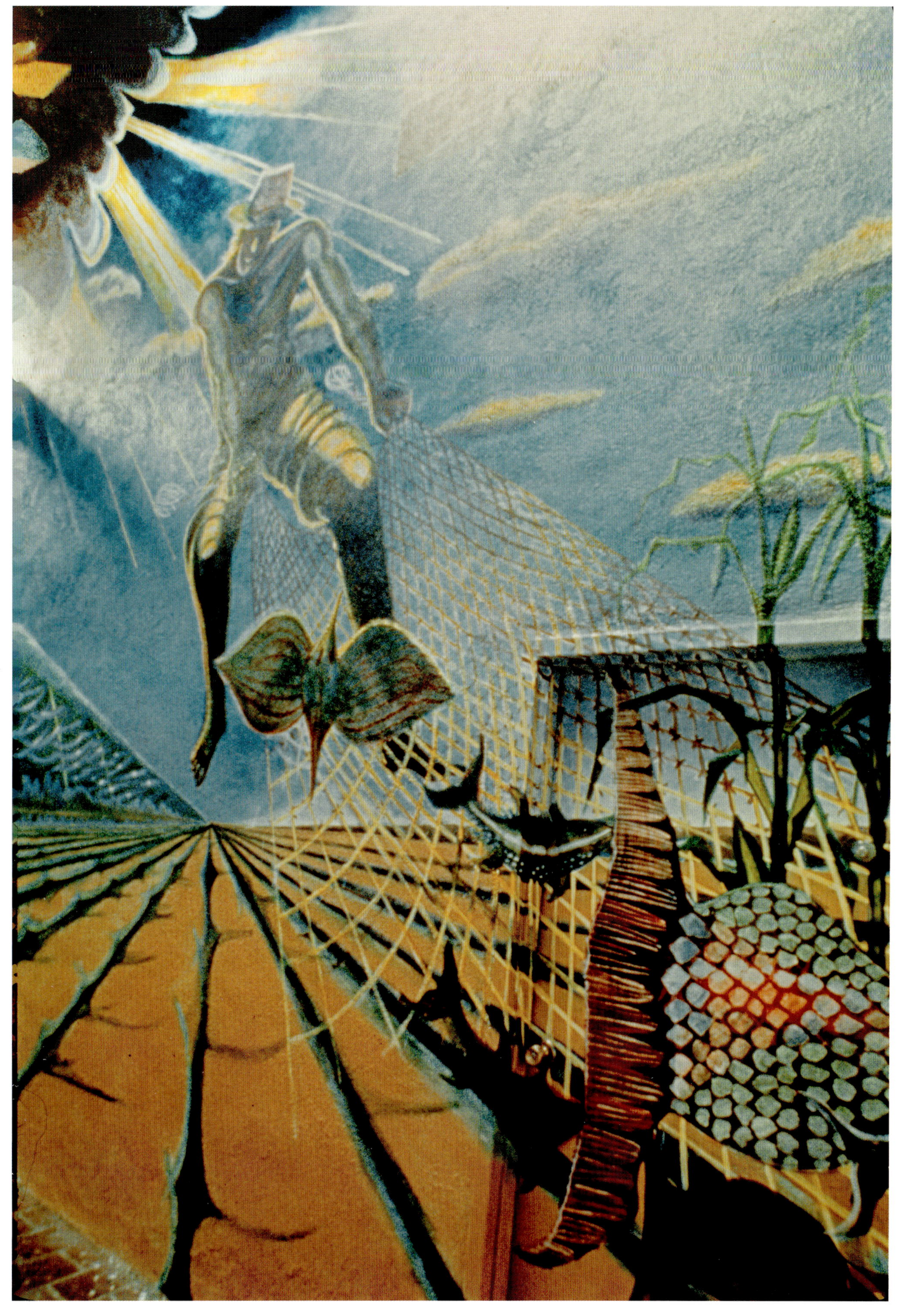

BIRTH, DEATH, AND REGENERATION (detail). *Photo by Cruz Ortiz Zamarrón.*

NACIMIENTO, MUERTE Y REGENERACIÓN (detalle). *Fotografía de Cruz Ortiz Zamarrón.*

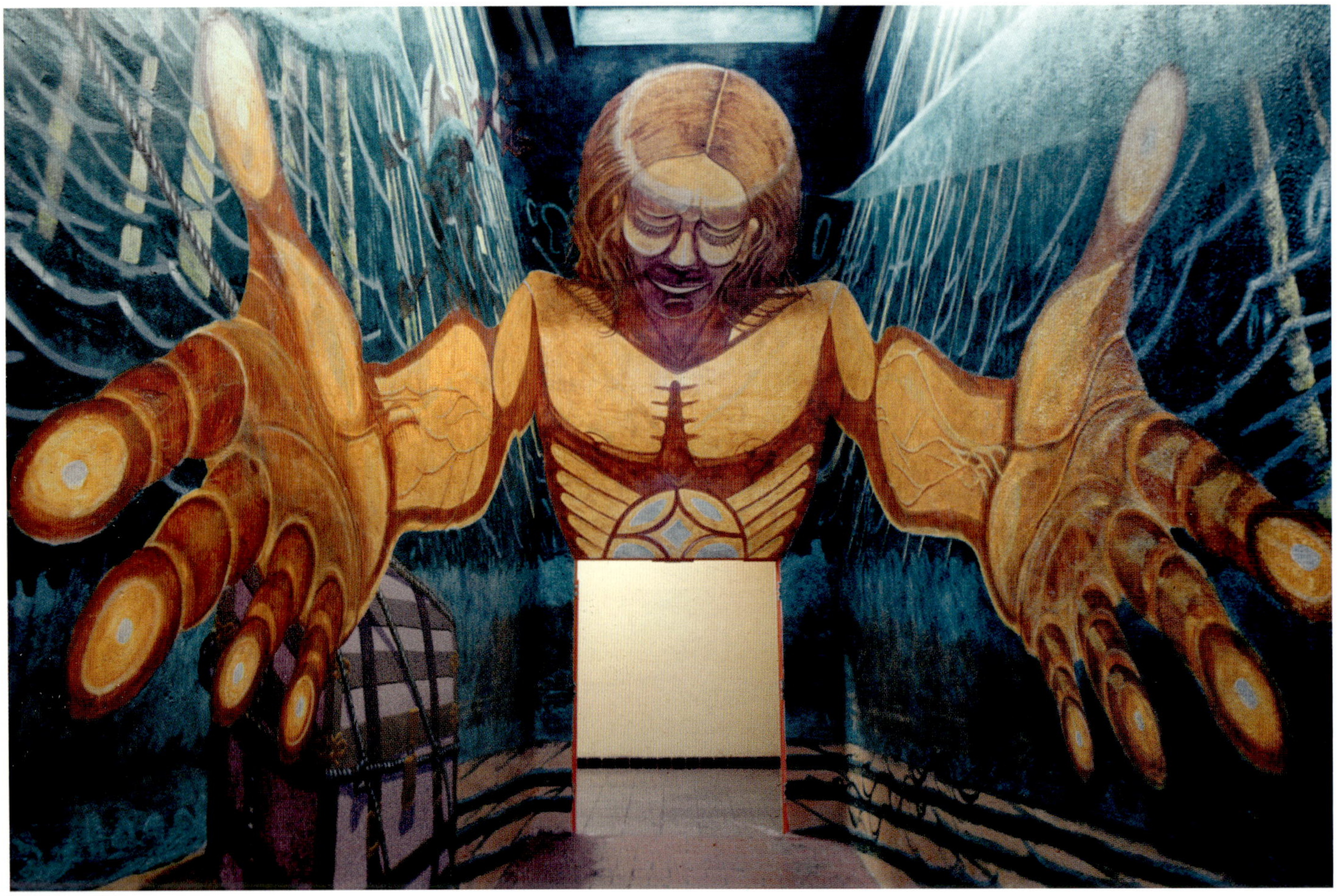

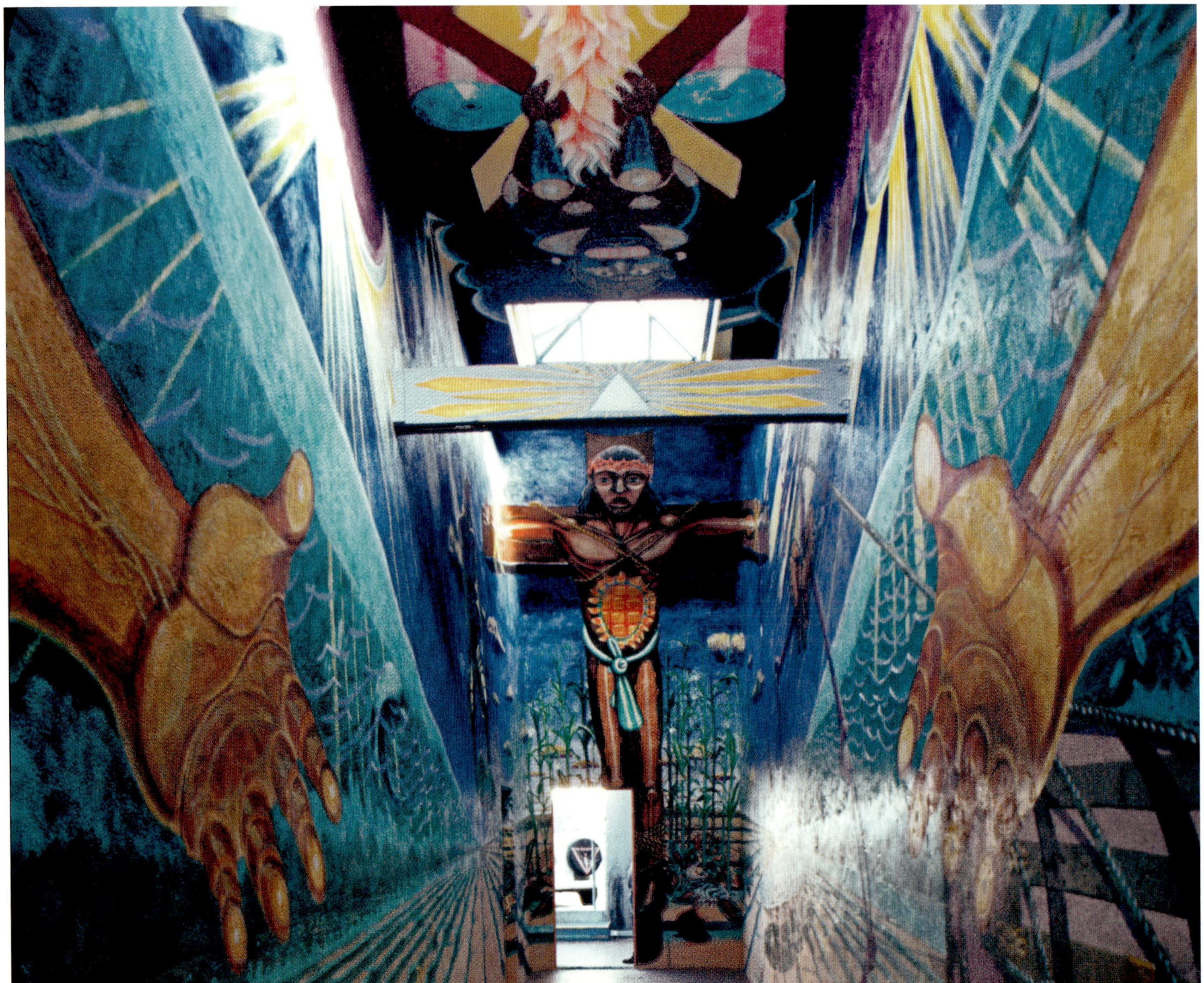

un contorno ámbar oscuro, la musculatura fibrosa estilizada se reduce a un patrón gráfico que nos recuerda arquetípicos dioses desollados, escudos y glifos precolombinos, y el 'centro de la voluntad, de donde emanan todas las cosas' de Carlos Castaneda.[5]

Al entrar desde la galería, el espectador se enfrenta a un indio crucificado, identificado como el Dios del Maíz por un símbolo en el plexo solar, una figura común en prácticamente toda la civilización mesoamericana, conocida como el que da la vida y se muere cada invierno. Luciendo una corona de espinas como la de Cristo, está atado a la cruz con unas cuerdas erizadas y pintadas realísticamente, amarrado como lo fueron los presos aztecas antes del sacrificio y como el indio en el mural destruido de Siqueiros, *América tropical*. Los frutos del sacrificio se pueden ver en el campo de maíz florecido detrás de la cruz. En esta escena, un pescador luminoso con sombrero de fieltro lanza redes de pesca llenas de tiburones y mantarrayas—los pescados de Baja California—nadando en la desvaneciente perspectiva del campo . . . redes . . .rayos del sol.

Al mirar hacia arriba, se ve una nube oscura que enmarca una figura contorsionada en una cruz diagonal: es Quetzalcóatl, quien se sacrificó para dar luz al Dios del Maíz, y así alimentar al pueblo. Cada forma en todas las paredes nos habla de sacrificio, muerte y renacimiento.

Con *Nacimiento, muerte y regeneración*, Eduardo Carrillo ofreció un solemne regalo y entró en la corriente del movimiento muralista chicano con una obra que tiene un poder formal y un contenido social significativo. De hecho, con este regalo, manifestó un acto de redención que la comunidad, el país y la tierra necesitaban profundamente.

Notas

1. *Califas*, vídeo entrevista, 1981.
2. Frank Foreman, Secretario de la Sociedad de Santa Cecilia para la Conservación y Restauración del Canto Gregoriano, la Ópera de Pequín y Otras Cosas Bellas en Peligro de Extinción, Santa Cruz, California.
3. Bruce Bratton, *Good Times*, 8 de marzo de 1979, 5.
4. Shifra M. Goldman, "How, Where and When It All Happened: Chicano Murals of California", en Eva Sperling Cockcroft y Holly Barnet-Sanchez, *Signs from the Heart: California Chicano Murals* (Albuquerque: University of New Mexico Press, 1993), 22–53.
5. Los dibujos preparativos muestran la intención de Carrillo de enfatizar el poder "oculto" de esta figura. Carlos Castaneda escribió sobre este poder en muchos libros, entre ellos su libro *A Separate Reality: Conversations with Don Juan* (New York: Simon & Schuster, 1971), traducido al español en 1974 con el título *Una realidad aparte. Nuevas conversaciones con don Juan*.
6. Cruz Ortiz Zamarrón, en correspondencia por correo electrónico con la editora Kristina Perea Gilmore, 26 de septiembre de 2017.

PÁGINA OPUESTA

NACIMIENTO, MUERTE Y REGENERACIÓN, 1976.
Palomar Arcade (destruído), Santa Cruz, California.
Acrílico politec en mampostería, más de 2.500 pies cuadrados.
Fotografía de Cruz Ortiz Zamarrón.

FACING PAGE

BIRTH, DEATH, AND REGENERATION, 1976.
Palomar Arcade (destroyed), Santa Cruz, California.
Politec on masonry, over 2,500 square feet.
Photo by Cruz Ortiz Zamarrón.

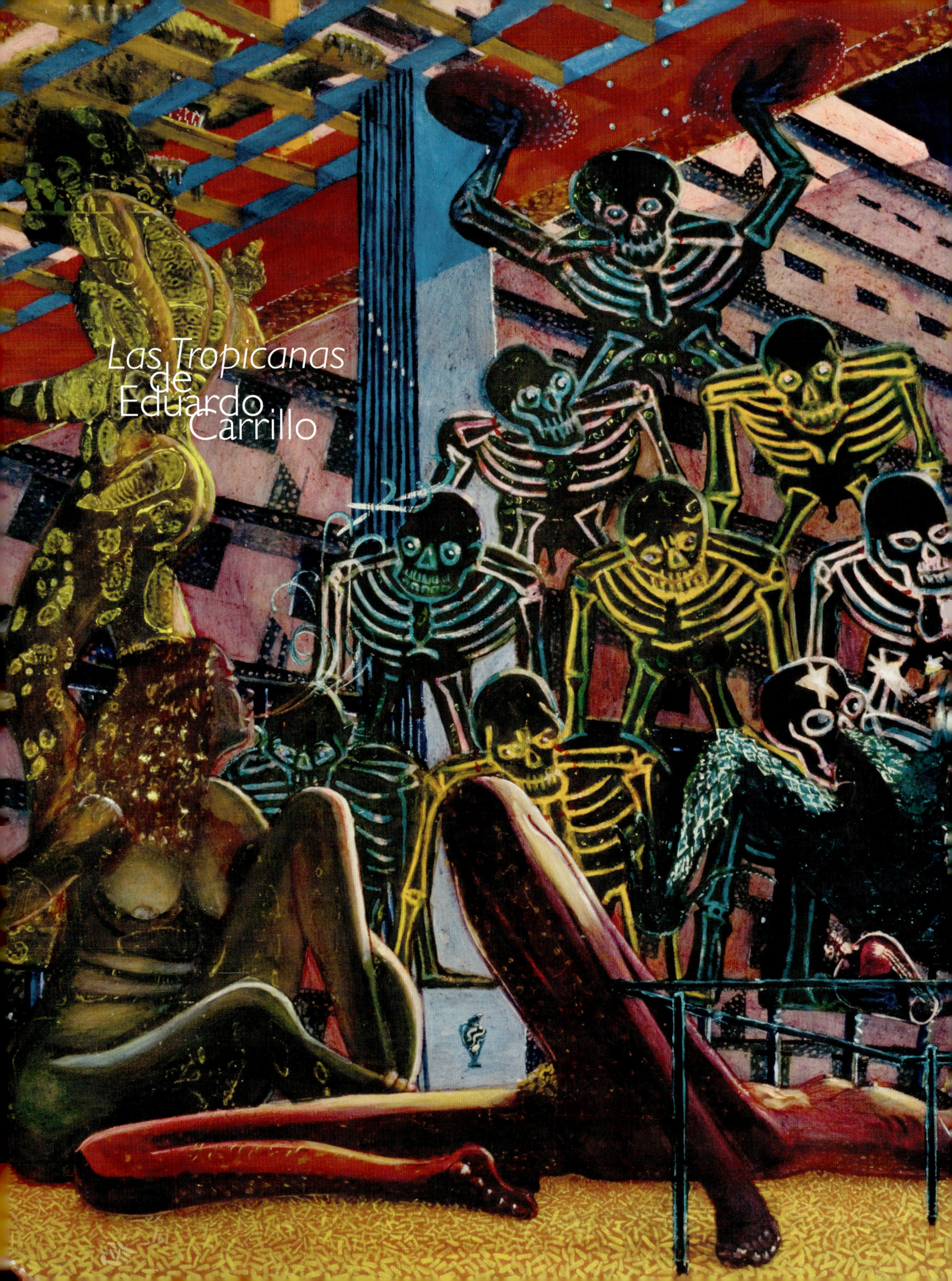
Las Tropicanas
de
Eduardo Carrillo

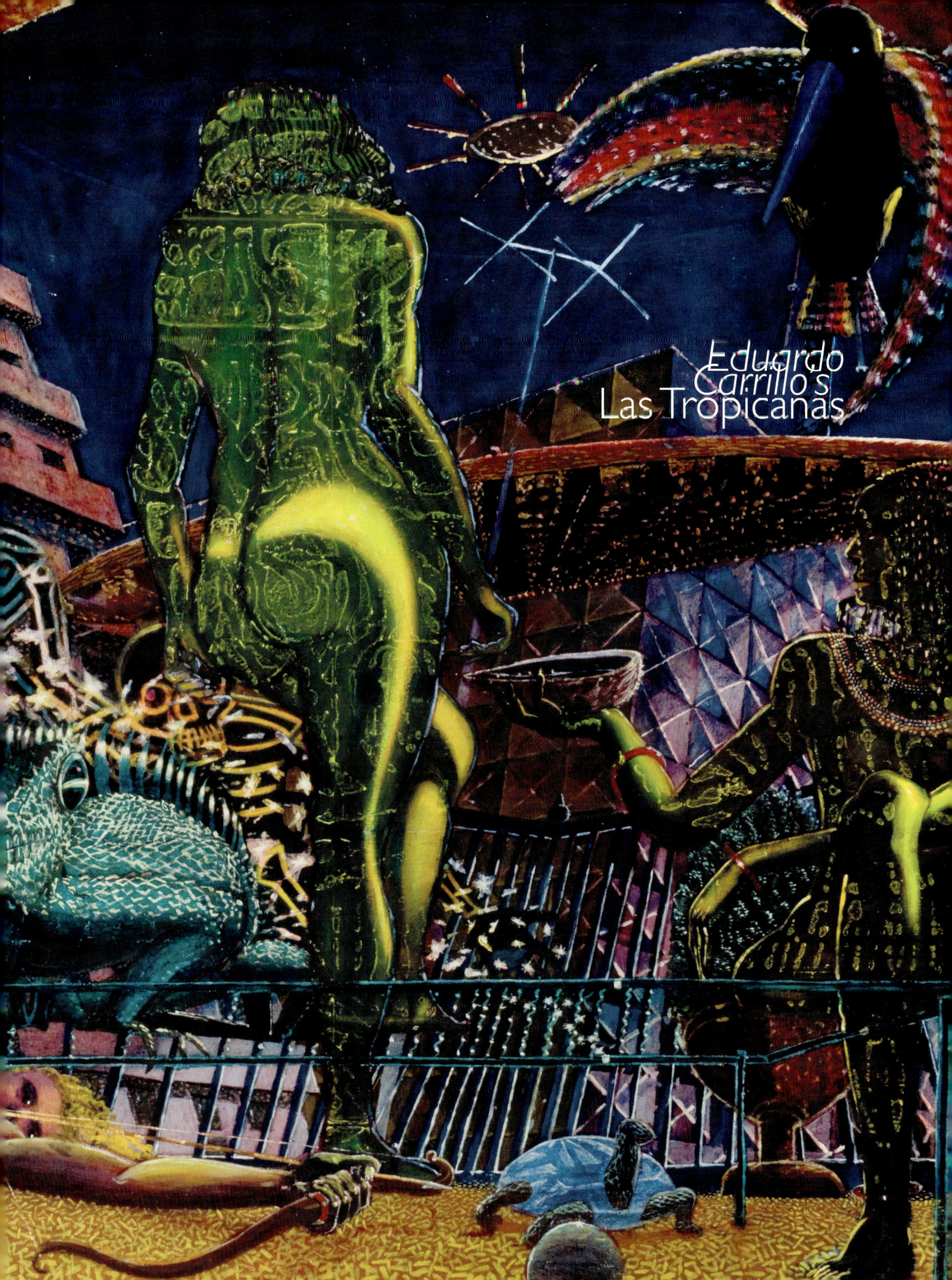
Eduardo
Carrillo's
Las Tropicanas

Siempre estoy tratando de pintar un cuadro que incorpore plenamente todo lo que puedo hacer.

—EDUARDO CARRILLO[1]

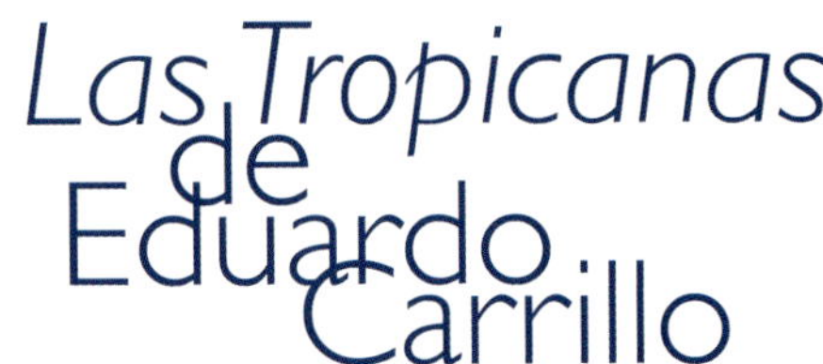

Las Tropicanas de Eduardo Carrillo

TEREZITA ROMO

Eduardo Carrillo pintó su cuadro más icónico, *Las Tropicanas*, entre 1972 y 1973. Para entonces, sus distinciones artísticas incluían una Maestría en Bellas Artes de la Universidad de California, Los Ángeles, así como varias exposiciones individuales y de grupo en la seminal Galería Ceeje de Los Ángeles entre 1961 y 1966. Su trabajo también había sido incluido en importantes exposiciones de museos, incluyendo una en el Palacio de Bellas Artes en la Ciudad de México (1968). No es casual que *Las tropicanas* fue creada después de que Carrillo aceptara una posición como profesor asistente en la Universidad de California, Santa Cruz (UCSC).[2] "Creo que ahí fue donde di el gran salto, contando cada vez menos en el realismo", recordaba. "Estaba más interesado en la invención pictórica y realmente en adquirir una cierta libertad para trabajar sin estar diciendo 'bueno, tengo que mirar esto acá o hacer unos estudios allá', sino seguir adelante y pintar".[3]

Aunque el traslado a Santa Cruz puede haber constituido el impulso para una nueva trayectoria en su producción artística, *Las Tropicanas* refleja la amalgama de sus estudios académicos y de exploración artística a lo largo de muchas décadas, como también su herencia bicultural y su investigación sobre la historia del arte mexicano. Activo antes del desarrollo del arte chicano, Carrillo era uno de los artistas de la "generación méxico-estadounidense" que recibió formación académica y reconocimiento crítico durante los años cincuenta y sesenta. Dentro de un entorno artístico convencional y limitante, artistas méxico-estadounidenses como Carrillo fundían influencias estéticas y culturales en una síntesis artística destinada no solamente a definir su generación, sino también a facilitar el florecimiento del movimiento de arte chicano de finales de los años sesenta y setenta.[4] Estos artistas no limitaban el origen de sus influencias a aquellas de Europa o Nueva York, sino que también buscaban fuentes estéticas e inspiración artística en Latinoamérica. Lo que era especialmente liberador para Carrillo era aprender sobre la historia de México y "saber que hay una historia detrás de mí y a la cual puedo recurrir".[5] Estas son las fuentes culturales, estéticas y de historia del arte a las que Carrillo accedió para *Las Tropicanas*.

"Los aztecas encuentran Las Vegas en Los Ángeles"[6]

Con sus imágenes figurativas complejas y cargadas de símbolos, *Las Tropicanas* es una monumental pintura al óleo sobre tabla que mide 2.13 por 3.35 metros (84 por 132 pulgadas). La riqueza de colores, patrones y texturas crea una experiencia visual que requiere de múltiples visitas.

PÁGINA DOBLE ANTERIOR

LAS TROPICANAS, 1972–73.
Detalle. Véase las páginas 98–99.

PREVIOUS SPREAD

LAS TROPICANAS, 1972–73.
Detail. See pages 98–99.

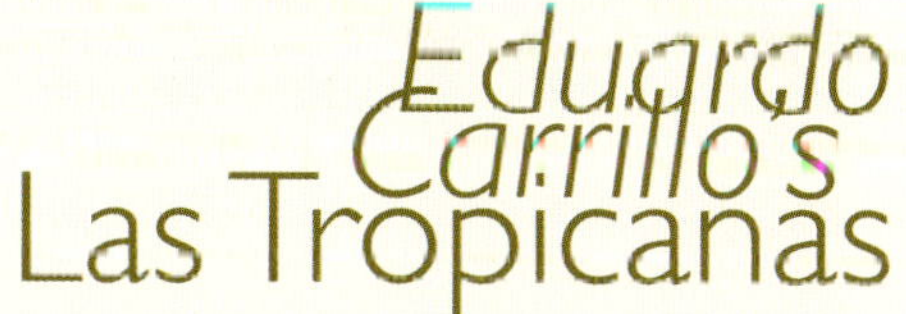

TEREZITA ROMO

> *I'm always trying to paint a painting that totally embodies everything I can do.*
> —EDUARDO CARRILLO[1]

Eduardo Carrillo painted his most iconic painting, *Las Tropicanas*, in 1972–73. At the time, his artistic distinctions included a master's in art from UCLA as well as several individual and group exhibitions at the seminal Ceeje Gallery in Los Angeles from 1961 to 1966. His work also had appeared in major museum exhibitions, including one at the Palacio de Bellas Artes in Mexico City (1968). Not coincidentally, *Las Tropicanas* was created after Carrillo accepted the position of assistant professor at the University of California, Santa Cruz.[2] "I think that's where I made the big jump, relying less and less on realism," he recalled. "I was more interested in pictorial invention and really getting a certain freedom to work without saying, 'well I should look at this or make studies here,' but just go ahead and paint."[3]

While the move to Santa Cruz may have been the impetus for a new trajectory in his art making, *Las Tropicanas* reflects the amalgamation of his academic study and artistic exploration over many decades as well as his bicultural heritage and Mexican art history research. Active before the development of Chicano art, Carrillo was one of the "Mexican American generation" artists who were academically trained and received critical recognition during the 1950s and 1960s. Within a limiting mainstream artistic environment, Mexican American artists, such as Carrillo, melded aesthetic and cultural influences into an artistic synthesis that would not only define their generation but also facilitate the flowering of the Chicano art movement of the late 1960s and 1970s.[4] These artists did not restrict their influences to those from Europe or New York but looked to Latin America as well for aesthetic sources and artistic inspiration. For Carrillo, what was especially liberating was learning about the history of Mexico and "knowing that there is this history behind me that I can draw on."[5] These are the cultural, aesthetic, and art historical sources that Carrillo tapped for *Las Tropicanas*.

"The Aztecs meeting Las Vegas in Los Angeles"[6]

With its complex figural and symbol-laden imagery, *Las Tropicanas* (1972–73) is a monumental oil on panel painting measuring 84 by 132 inches. The rich colors, patterns, and textures create a visual experience that demands multiple viewings. There is no easy entry into its imagery, which seems to begin in the foreground with nude women in various positions on a balcony overlooking a pyramid-like structure

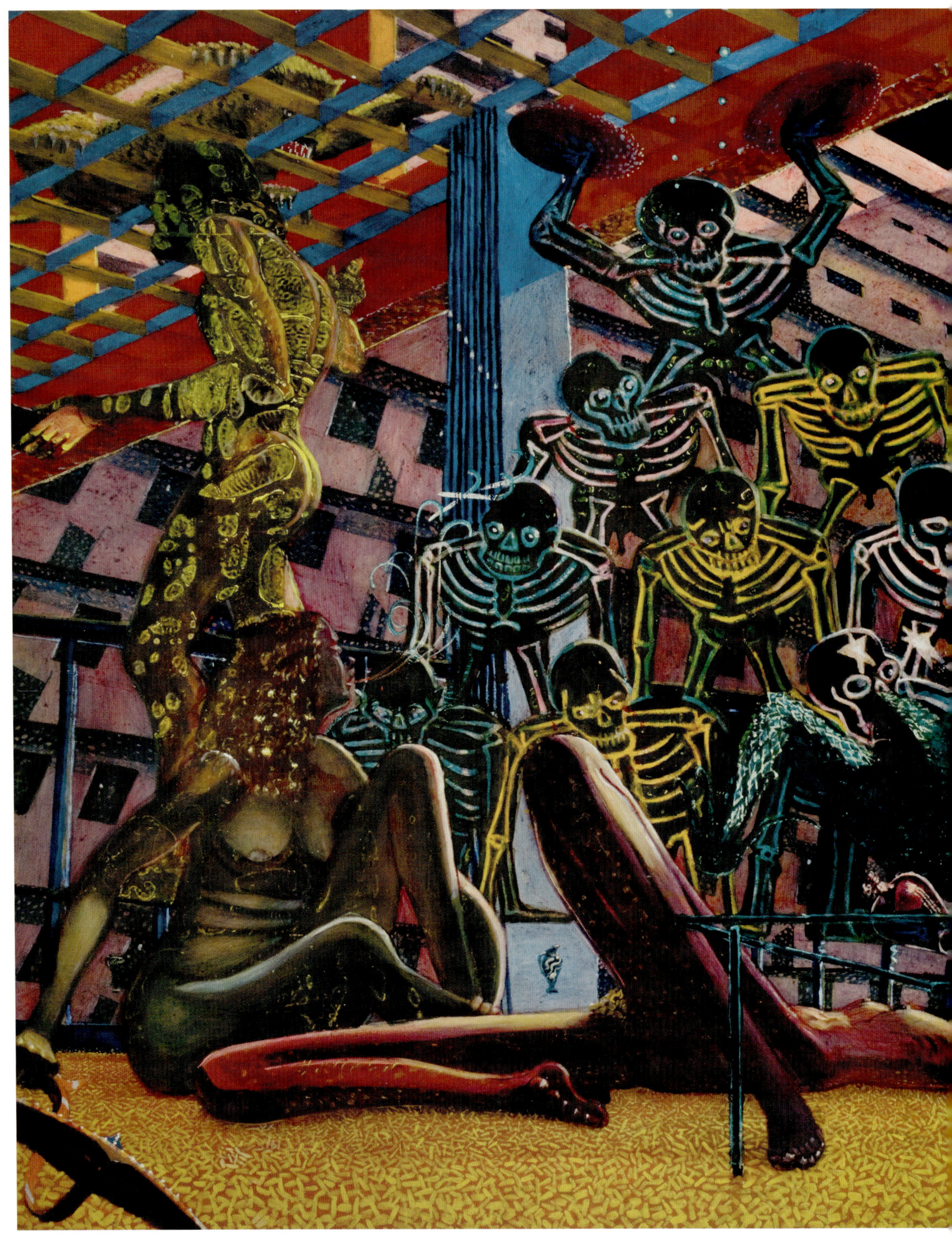

LAS TROPICANAS, 1972–73.
Oil on panel, 84 × 132 inches. Crocker Art Museum, Promised Gift of Juliette Carrillo and Ruben Carrillo.

LAS TROPICANAS, 1972–73.
Óleo sobre tabla, 84 × 132 pulgadas. Crocker Art Museum, Donación prometida de Juliette Carrillo y Ruben Carrillo.

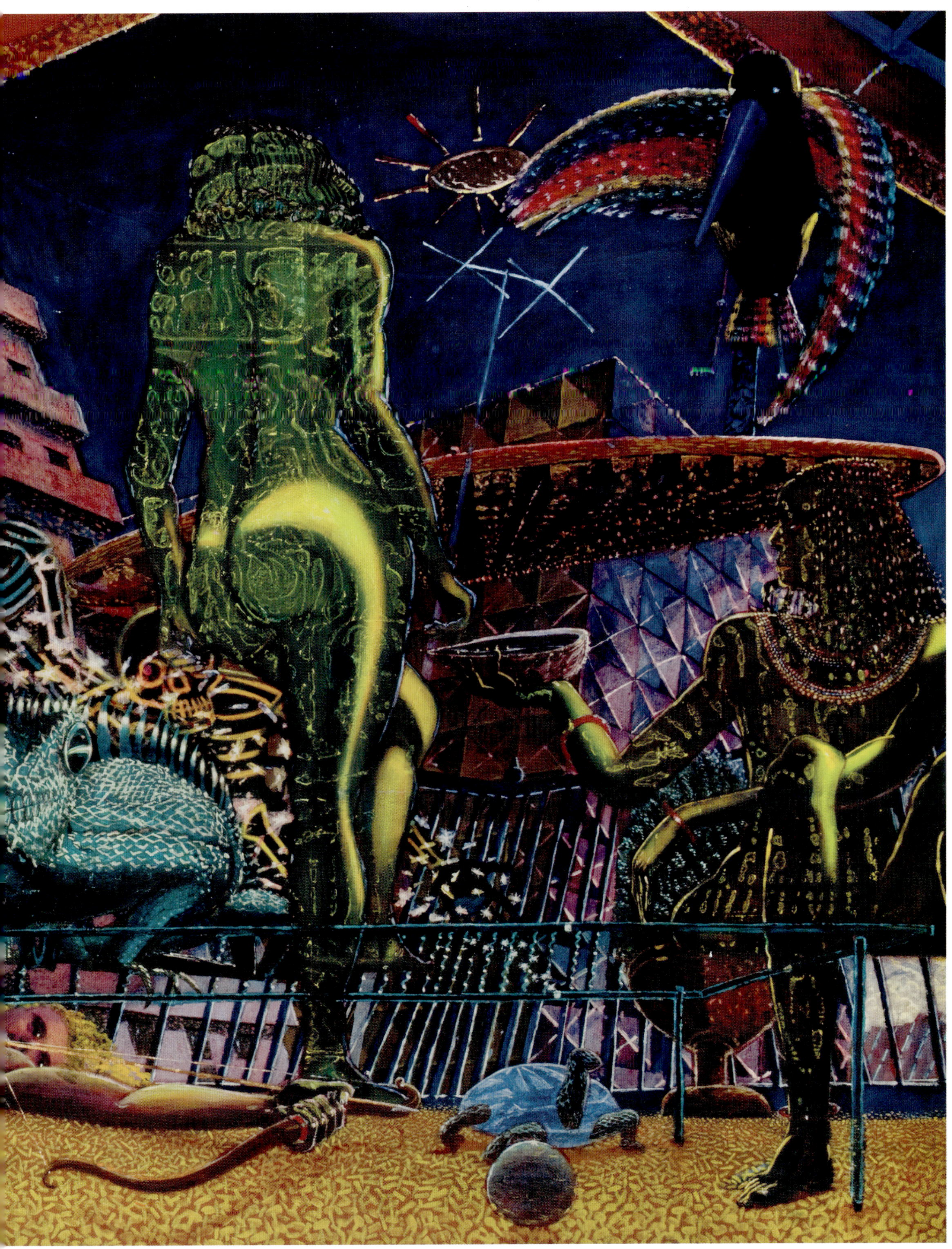

No hay manera fácil de entrar en esta imaginería, que parece comenzar en un primer plano con unas mujeres desnudas en posiciones diferentes en un balcón con vista sobre una estructura piramidal a la izquierda y un cielo nocturno con un ovni y un enorme colibrí a la derecha. En el centro, elevándose sobre las mujeres, unos esqueletos se ciernen sobre una gigantesca iguana verde. Carrillo representa cada objeto y figura incongruente minuciosamente. Los patrones intricados del piso del balcón, la barandilla de hierro, y los tatuajes de las dos mujeres reciben igual atención. Como ha observado Marcia Tucker, la curadora del Museo Nuevo (The New Museum, en Nueva York), la pintura "combina una intensidad extraordinaria de color y una abundancia de superficie ricamente texturizada con una calidad de luz sorprendentemente radiante, majestuosa y sobrenatural".[7]

Más allá de sus cualidades técnicas, *Las Tropicanas* es una síntesis exitosa de las múltiples experiencias artísticas de Carrillo, de su amor por los maestros europeos, y de su estudio de la historia del arte mexicano precolombino. Nacido en Santa Mónica, California, Carrillo fue influido muy tempranamente en su vida por su padre, un artista comercial, y por su hermano mayor, Alex, artista y maestro. Después de la muerte de su padre cuando Carrillo tenía cinco años, su abuela materna se mudó a su casa, dando comienzo a las visitas anuales y a estrechos lazos con su familia en Baja California. Así mismo, sus estudios en escuelas

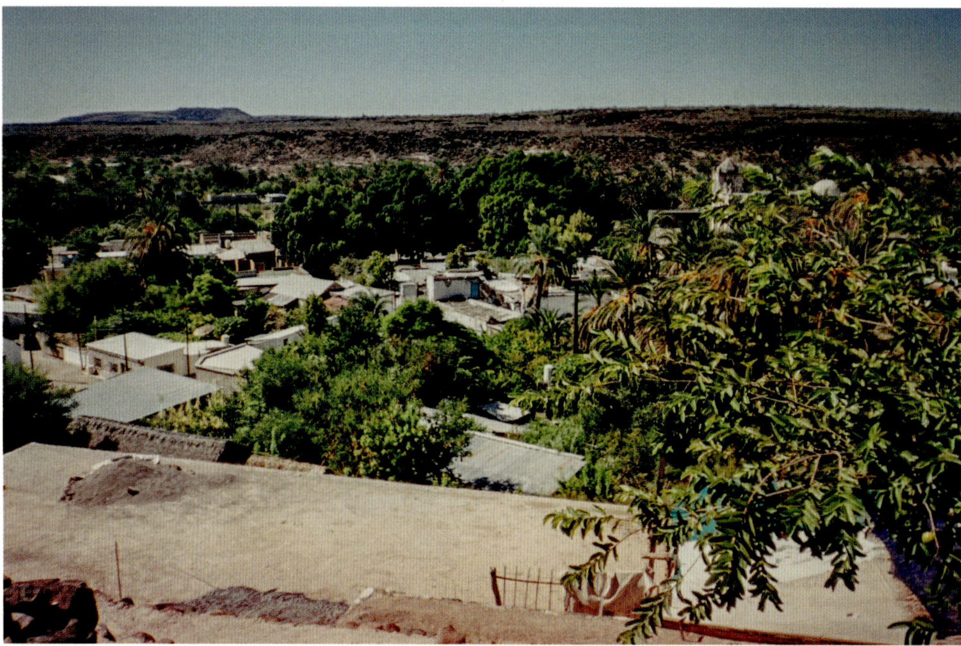

Pueblo en Baja California, México, 1990. Fotografía de Alison Carrillo.

Village in Baja California, Mexico, 1990. Photo by Alison Carrillo.

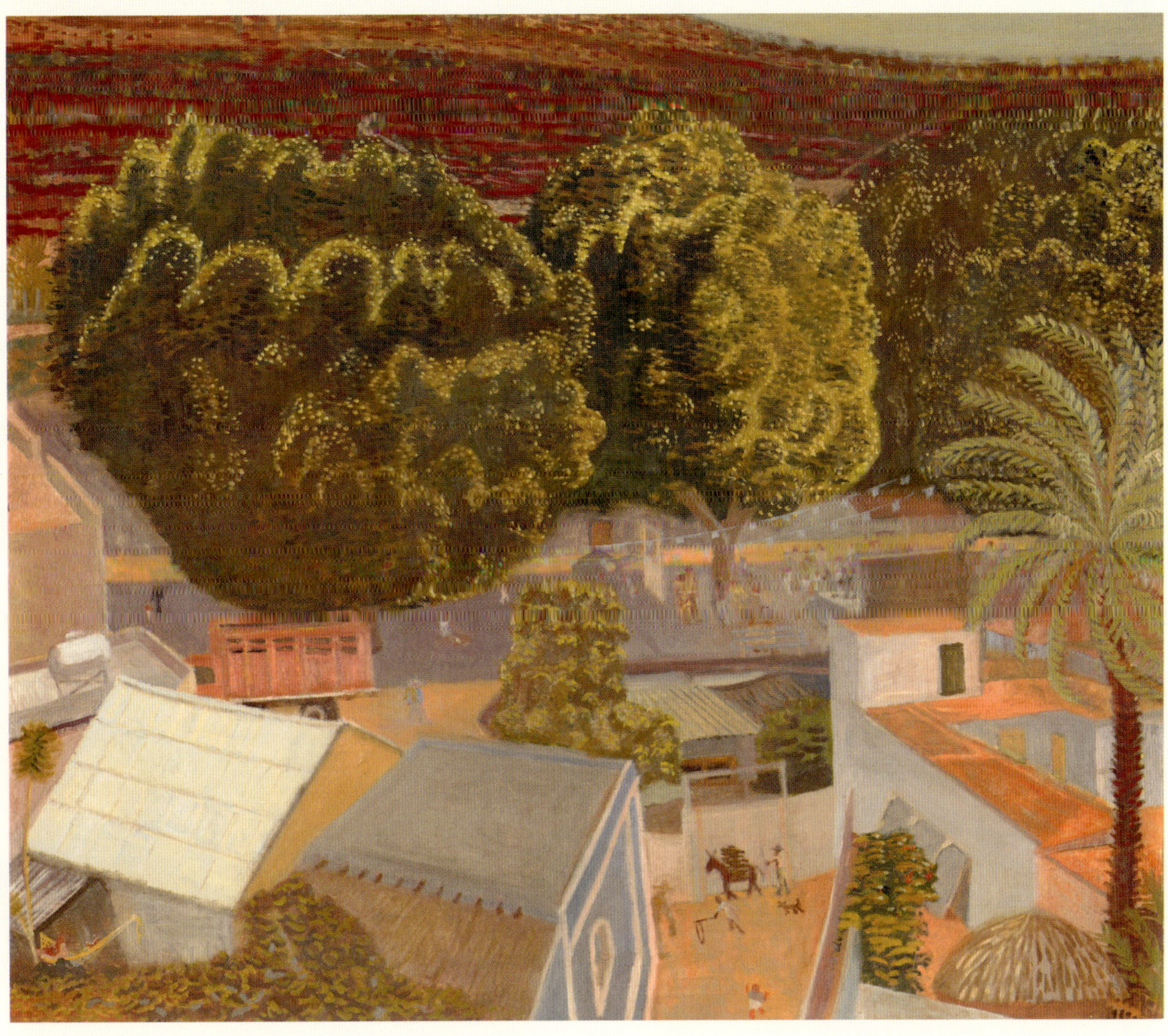

THE ARTIST DREAMING OF IMMORTALITY IN THE HOUSE OF HIS GRANDMOTHER, 1990.
Oil on canvas, 42 × 48 inches. Collection of the Oakland Museum of California, Gift of Robert Keeler and the Joseph Chowning Gallery, A96.42.

EL ARTISTA SOÑANDO CON LA INMORTALIDAD EN CASA DE SU ABUELA, 1990.
Óleo sobre lienzo, 42 × 48 pulgadas. Colección del Oakland Museum of California, Donación de Robert Keeler y de la Joseph Chowning Gallery, A96.42.

on the left and a nighttime sky with a UFO and a large hummingbird to the right. In the center, rising above the women, are several skeletons looming over a giant green iguana. Carrillo is meticulous in his rendering of each incongruous object and figure. Even the intricate patterns on the balcony floor, the iron railing, and the tattoos on two of the females receive equal attention. As The New Museum curator Marcia Tucker observed, the painting "combines an extraordinary intensity of color, and a wealth of rich surface texture with a startlingly luminous, majestic, otherworldly quality of light."[7]

Aside from its technical attributes, *Las Tropicanas* is a successful synthesis of Carrillo's myriad artistic experiences, love of European masters, and study of Mexican pre-Columbian art history. Born in Santa Monica, California, Carrillo was influenced early in his life by his father, a commercial artist, and his older brother, Alex, who was an artist and teacher. After his father died when he was five, Carrillo's maternal grandmother moved in, initiating annual visits and close ties to his family in Baja California. His attendance at Catholic elementary and high schools also proved to be defining experiences for his development as an artist. In fact, Carrillo's first

católicas de primaria y secundaria resultaron ser una experiencia clave para su desarrollo artístico. De hecho, Carrillo recordaba que la primera vez que vio pinturas, vitrales y esculturas fue en la iglesia durante su infancia en Los Ángeles.[8]

Es posible que la influencia de Europa occidental sobre Carrillo haya empezado gracias a su formación religiosa, pero ésta se expandió en la UCLA, donde estudió con Stanton Macdonald-Wright y William Brice. Además de tomar clases regulares, Carrillo traía sus pinturas todas las semanas y Macdonald-Wright pasaba "tardes enteras con Eddie, cómo entonces lo llamaban, hablándole sobre las pinturas".[9] Aunque la pedagogía en la UCLA durante los años sesenta era bastante tradicional, los profesores de la facultad de arte también enseñaban sobre el expresionismo alemán, que según Carrillo fue una de las principales influencias sobre su manera de manejar los colores brillantes.[10]

Una de las experiencias artísticas más significativas fue el año que pasó en España estudiando en el Círculo de Bellas Artes de Madrid en 1960. Al mismo tiempo que tomaba las clases estándar de dibujo, creó esculturas policromadas en madera y ayudó en la restauración del altar de una iglesia. También pasaba varios días a la semana en el Museo del Prado estudiando las pinturas de Hieronymous Bosch, "El Bosco" (hacia 1450–1516), Diego Velázquez (1599–1660) y El Greco (1541–1614), así como también las obras de los manieristas europeos.[11] Al poder acceder a la colección más grande de pinturas sobre tabla de El Bosco reunidas en una sola institución, Carrillo copió *Las tentaciones de San Antonio Abad*, utilizando la técnica tradicional de veladuras en óleo sobre tabla (véase la página 33). Además de estudiar la composición, los colores y los temas de los maestros europeos, Carrillo aprendió las técnicas de veladura que éstos utilizaban en su esfuerzo por replicar el brillo de sus obras. "Yo creo que la luz era siempre lo más importante. Me interesaba la manera en que la luz era modelada y atravesé muchos períodos diferentes . . . viajando a través de la historia del arte, aprendiendo sobre pinturas de distintas épocas".[12] Este énfasis en el color y la luz permitirían que Carrillo no solamente perfeccionara el oficio de pintar sino también creara un estilo distintivo.

La influencia de los artistas que Carrillo estudió en el Prado es evidente en *Las Tropicanas*. Uno puede ver a El Bosco en la pintura por su cualidad onírica, el predominio de figuras desnudas y la inclusión de un pájaro gigante. El trabajo también contiene elementos de El Greco en sus cuerpos alargados, el sentido del movimiento y el énfasis en la elegancia

memory of seeing paintings, stained glass, and sculptures was in church while growing up in Los Angeles.[8]

Carrillo's Western European influences may have begun with his religious upbringing, but they expanded at UCLA, where he studied with Stanton Macdonald-Wright and William Brice. In addition to taking formal classes, Carrillo brought in his paintings every week, and Macdonald-Wright would "spend whole afternoons with Eddie, as he was called, talking to him about the paintings."[9] Even though the pedagogy at UCLA during the 1960s was fairly traditional, the art department professors also taught about German expressionism, which Carrillo credited with being one of the main influences on his handling of vibrant colors.[10]

One of Carrillo's most significant artistic experiences was the year he spent in Spain studying at Madrid's Círculo de Bellas Artes in 1960. Along with taking standard drawing classes, he created polychrome wood sculptures and assisted with the restoration of a church altar. He also spent several days a week at the Museo del Prado studying the paintings of Hieronymus Bosch (ca. 1450–1516), Diego Velázquez (1599–1660), and El Greco (1541–1614), as well as the work of the European mannerists.[11] Able to access the largest collection of Bosch's panel paintings housed in one institution, Carrillo copied his *Temptation of Saint Anthony* using the traditional technique of oil glazes on wood panel (see page 33). Along with studying the European masters' composition, colors, and subject matter, Carrillo learned the glazing techniques they used in an effort to replicate their works' glow. "I think light was always the main thing. I was interested in how that light was shaped and I went through a lot of different periods . . . journeying through art history, learning about paintings from different eras."[12] This emphasis on color and light would allow Carrillo not only to perfect the craft of painting but also to create a distinctive style.

The influence of the artists Carrillo studied at the Prado is evident in *Las Tropicanas*. One can see Bosch in the painting's dreamlike quality, predominance of nude figures, and inclusion of a giant bird. The work also contains elements of El Greco's elongated bodies, sense of movement, and emphasis on hyper-elegance. Carrillo shared the mannerists' respect for art that did not merely reproduce reality but served as a means to tap into the artist's mind and spirit. They believed that only through the merging of mind

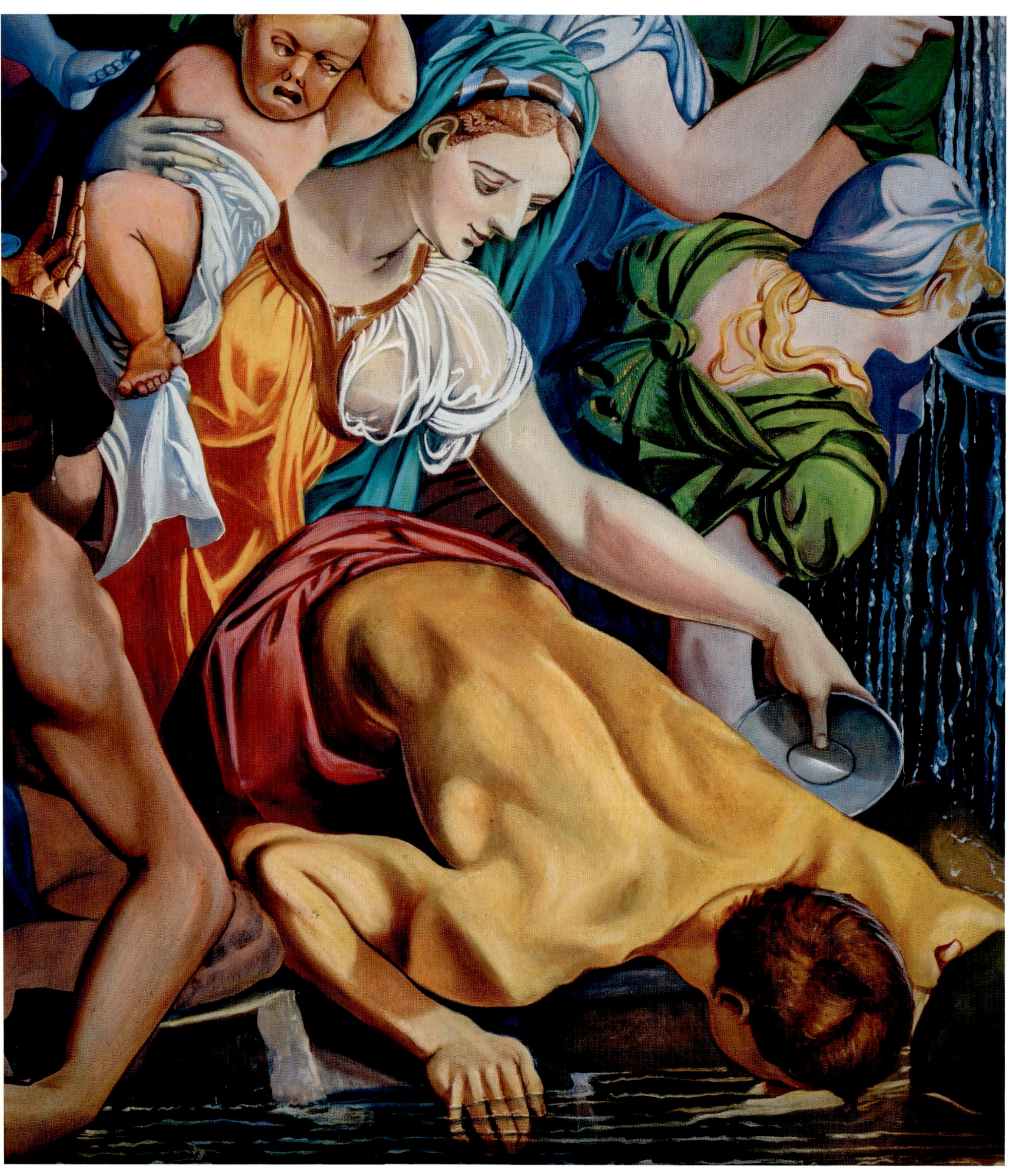

ISRAELITES DRINKING FROM THE DESERT, AFTER BRONZINO, 1960s.
Oil on panel, 53½ × 47½ inches.
Collection of Ruben Carrillo.

LOS ISRAELITAS BEBIENDO DEL DESIERTO, COPIA DE BRONZINO, los sesenta del siglo XX.
Óleo sobre tabla, 53½ × 47½ pulgadas.
Colección de Ruben Carrillo.

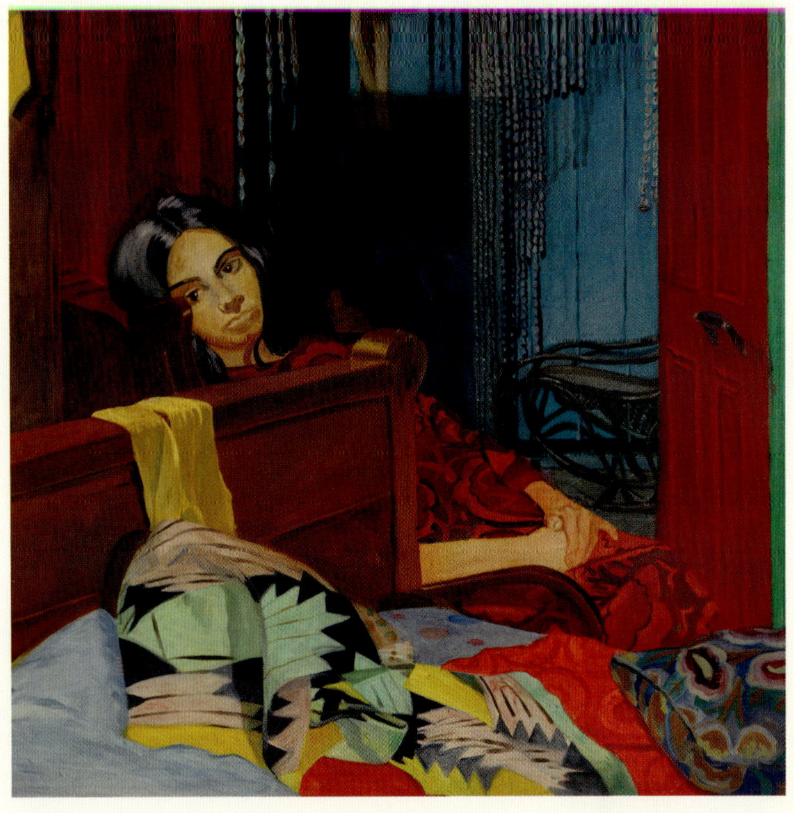

SHEILA, 1968–69.
Oil on board, framed,
48⅝ × 48⅝ inches.
Yale University Art Gallery,
Gift of Joanne and William Rees,
B.A. 1956, 2016.95.19.

SHEILA, 1968–69.
Óleo sobre tabla, enmarcado,
48⅝ × 48⅝ pulgadas.
Yale University Art Gallery,
Donación de Joanne y William Rees,
B.A. 1956, 2016.95.19.

and spirit could an artist produce an artwork that was deemed a perfect, balanced whole. Carrillo's admiration led him to paint a copy of a section of Bronzino's fresco *Crossing of the Red Sea* in the Palazzo Vecchio, Florence, Italy. Carrillo's version, *Israelites Drinking from the Desert*, was produced in the 1960s. He acknowledged that *Las Tropicanas* also owed much to the Italian Renaissance painter Andrea Mantegna (ca. 1431–1506), whose work he would have seen at the Prado. He was attracted to Mantegna's sculptural approach to painting and his experimentation with perspective, specifically his lowering of the horizon to create a sense of greater monumentality.[13]

In the midst of many formidable elements vying for our attention in *Las Tropicanas*, Carrillo included a small image that both accentuates his attention to detail and provides additional, albeit subtle, reference to his multiple aesthetic influences. Located at the bottom of the column holding up the balcony is a small Grecian vase. Given its size and placement, the vase seems to mimic random graffiti. However, its location on an important structural post signifies that it represents Carrillo's recognition of Western European art as an important "pillar" of his aesthetic foundation.

Also reflected in *Las Tropicanas* are equally strong Mexican art historical sources. In 1966, Carrillo and his first wife, Sheila, moved to La Paz, Baja California, and established El Centro de Arte Regional, which offered classes in indigenous weaving, ceramics, and leatherwork and served as an outlet for saleable crafts. The period that Carrillo spent there was seminal to his artistic development. He stopped painting and learned ceramics from Daniel Zenteño, a Zapotec potter, who also taught him about the indigenous cultures of Oaxaca.[14] "Through my work with these little clay vessels, I was introduced to Mexican Art!" Carrillo recalled. "The art history classes I had taken at UCLA had not had time to devote to the work of Rivera, Orozco, or Siqueiros, much less to the pre-Columbian period."[15] He took trips to the interior of Mexico and increased his knowledge of Mexican art, especially its pre-conquest iconography and *arte popular* manifestations along with the modern

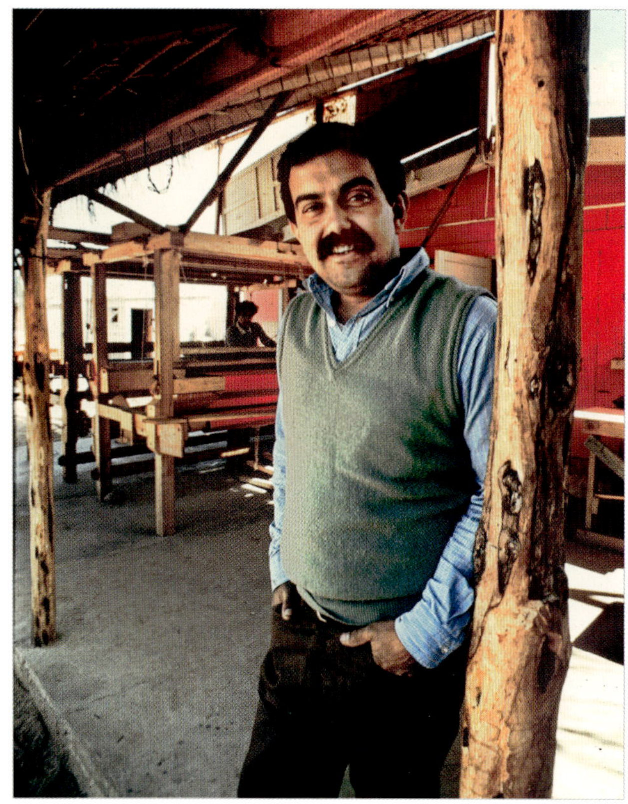

Eduardo Carrillo en El Centro de Arte Regional, La Paz, Baja California, México, 1968. Fotógrafo desconocido.

Eduardo Carrillo at El Centro de Arte Regional, La Paz, Baja California, Mexico, 1968. Photographer unknown.

extrema. Carrillo compartía el respeto de los manieristas por un arte que no solamente reproducía la realidad, sino que servía para acceder a la mente y al espíritu del artista. Ellos creían que sólo a través de la fusión de la mente y el espíritu el artista podía crear una obra considerada como un todo perfecto y equilibrado. Esta admiración de Carrillo lo llevó a pintar una copia de una parte del fresco *El paso del Mar Rojo*, de Agnolo Bronzino en el Palazzo Vecchio de Florencia en Italia. La versión de Carrillo, *Los israelitas bebiendo del desierto* (véase la página 104), fue producida en los años sesenta. El reconoció que *Las Tropicanas* también debía mucho al pintor del renacimiento italiano Andrea Mantegna (hacia 1431–1506), cuyas obras Carrillo también había visto en el Prado. También le atrajo el método escultural de pintar de Mantegna y su experimentación con la perspectiva, específicamente el hecho de bajar el horizonte para crear un sentido de mayor monumentalidad.[13]

Entre los muchos elementos formidables que compiten por nuestra atención en *Las Tropicanas*, Carrillo incluyó una pequeña imagen que a la vez enfatiza su atención al detalle y nos refiere, así sea de manera sutil, a sus múltiples influencias estéticas. Localizado en el fondo de la columna que sostiene el balcón hay un pequeño jarrón griego. Dado su tamaño y ubicación, el jarrón parece imitar un graffiti común y corriente. Sin embargo, su ubicación en un importante poste estructural significa que representa el reconocimiento que hace Carrillo del arte de Europa Occidental como importante "pilar" de su visión estética.

En *Las tropicanas*, también se reflejan igualmente sólidas fuentes históricas del arte mexicano. En 1966, Carrillo y su primera esposa, Sheila, se mudaron a La Paz, Baja California, en donde establecieron El Centro de Arte Regional, el cual ofrecía clases de tejido, cerámica y marroquinería indígena y servía como punto de venta para artesanías comerciales. El período que Carrillo pasó allí fue seminal para su desarrollo artístico. Dejó de pintar y aprendió cómo hacer cerámica de Daniel Zenteño, un ceramista zapoteco, quien también le enseñó sobre las culturas indígenas de Oaxaca.[14] "A través de mi trabajo con estas pequeñas vasijas de barro, ¡conocí el arte mexicano!", recordó Carrillo. "Los cursos de historia del arte que había tomado en la UCLA no habían tenido tiempo suficiente para dedicarse al trabajo de Rivera, Orozco, o Siqueiros, mucho menos al período precolombino".[15] Hizo varios

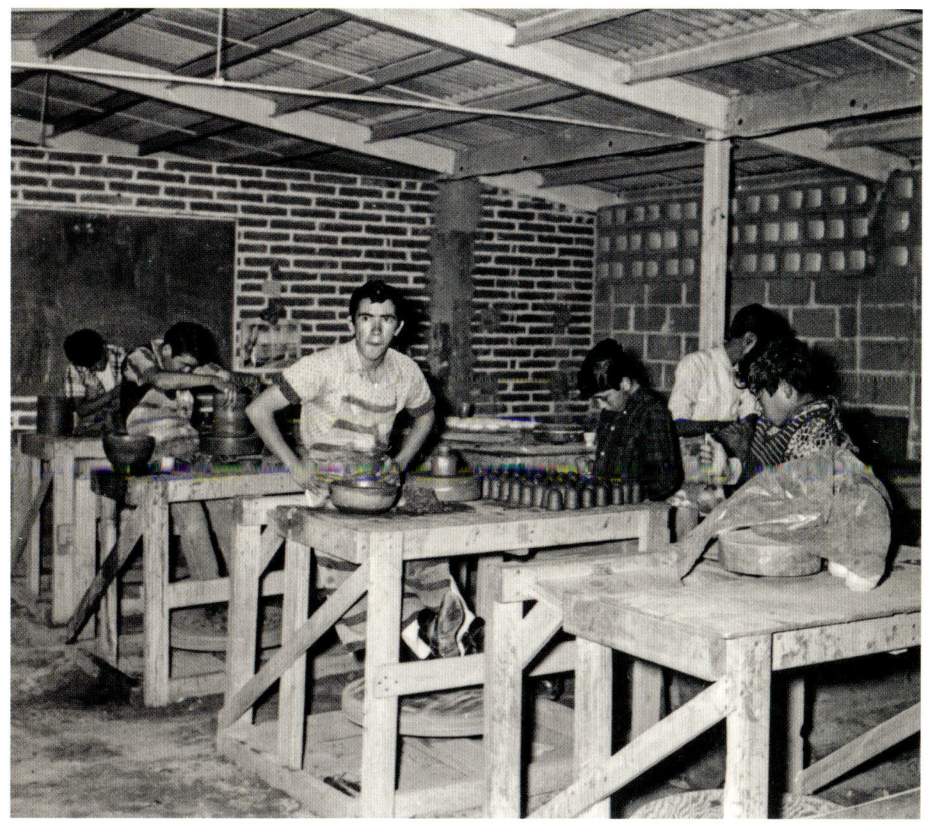

Classroom, El Centro de Arte Regional, La Paz, Baja California, Mexico, 1968. Photographer unknown.

Aula, El Centro de Arte Regional, La Paz, Baja California, México, 1968. Fotógrafo desconocido.

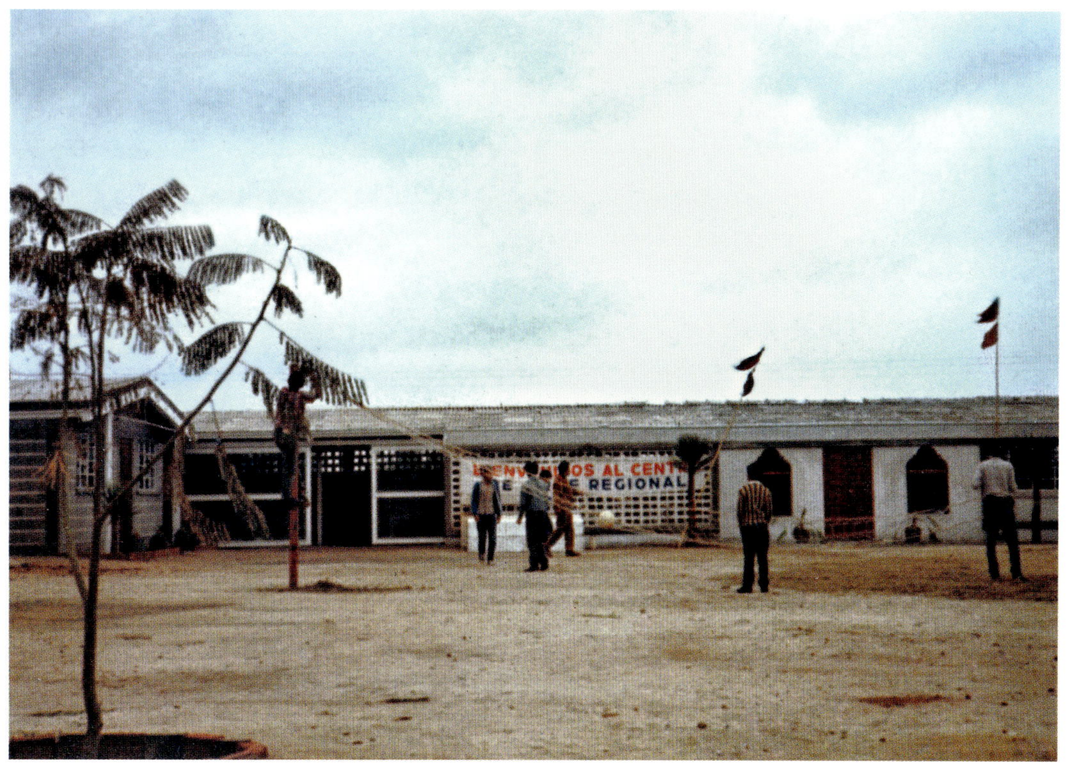

El Centro de Arte Regional, La Paz, Baja California, Mexico, 1969. Photographer unknown.

El Centro de Arte Regional, La Paz, Baja California, México, 1969. Fotógrafo desconocido.

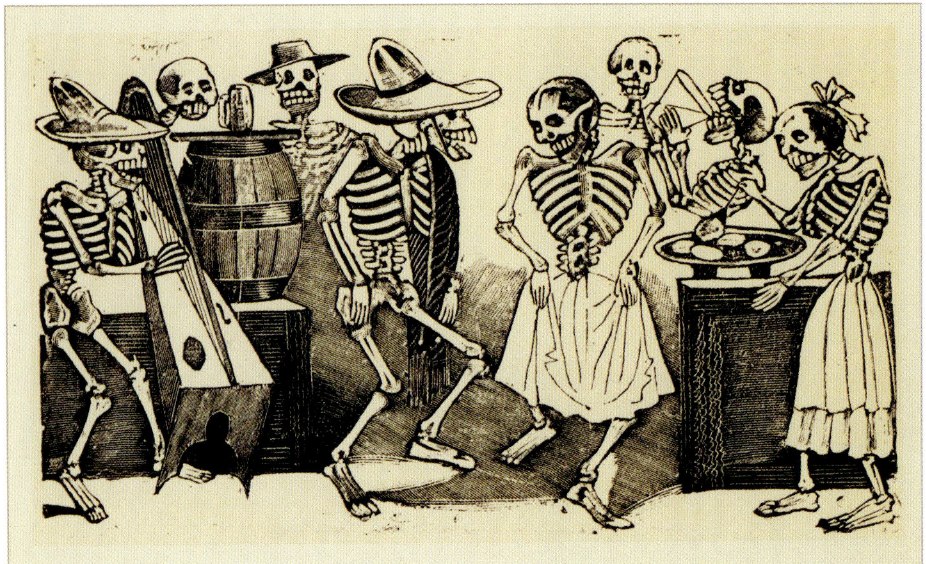

José Guadalupe Posada (1852–1913), El jarabe en ultratumba, *después de 1888. Grabado en relieve, composición (irregular): 4 15/16 × 8 5/16 pulgadas (12.5 × 21.1 cm). Editor: Arsacio Vanegas Arroyo, México, D.F. Impresor: el artista, México, D.F. Fondo Larry Aldrich. The Museum of Modern Art, Nueva York, NY, EE UU. Imagen digital © The Museum of Modern Art / Licencia de SCALA / Art Resource, NY.*

José Guadalupe Posada (1852–1913), El jarabe en ultratumba (A Jig Beyond the Grave), *after 1888. Relief engraving, composition (irreg.): 4 15/16 × 8 5/16 inches (12.5 × 21.1 cm). Publisher: Arsacio Vanegas Arroyo, Mexico City. Printer: the artist, Mexico City. Larry Aldrich Fund. The Museum of Modern Art, New York, NY, U.S.A. Digital image © The Museum of Modern Art / Licensed by SCALA / Art Resource, NY.*

viajes a través de México y aumentó su conocimiento del arte mexicano, especialmente la iconografía de la época de la pre-conquista y las manifestaciones del arte popular, así como las obras maestras de los grandes muralistas. De hecho, Carrillo citó el concepto de la "profundidad del espacio" del modernista mexicano David Alfaro Siqueiros como otra importante influencia sobre *Las Tropicanas*.[16]

Al incluir esqueletos, una pirámide, un colibrí y una iguana, Carrillo incorporó imágenes reconocibles derivadas del arte mexicano antes de la conquista que aún tienen un poder estético para los mexicanos y para sus descendientes en los Estados Unidos. Según Carrillo,

> Traté de presentar temas que parecían ser más que nada mexicanos. Puse esqueletos en esta pintura. Anteriormente, incluso en los años sesenta, ya pintaba calaveras y demás, pero creo que entonces eso me salía de la tradición española o del uso flamenco de las calaveras. Fue el esfuerzo de juntar lo que había aprendido en España y lo que aprendí en México. Fue un paso grande para mí.[17]

Un símbolo universal, el esqueleto posee una rica tradición cultural y artística en México. En la cultura mexicana antes de la conquista, el dios de la muerte, Mictlantecuhtli, fue personificado como un esqueleto. Él y su hermano gemelo, Quetzalcóatl, quien era el dios de la vida, formaban el interminable ciclo de la vida y la muerte. A comienzos del siglo XX, el grabador mexicano José Guadalupe Posada popularizó el esqueleto a través de sus hojas volantes cómicas y políticas. En el mundo de Posada, las calaveras interpretaban las tribulaciones y los éxitos cotidianos de la gente común del pueblo mexicano, muchas veces como teatro del absurdo. Las calaveras de Posada también servían para recordarles a los espectadores sobre su condición transitoria en la tierra y la muerte como la gran niveladora entre ricos y pobres, bellos y feos, y jóvenes y viejos. Los esqueletos de Carrillo, al ser representados en un acto de equilibrismo acrobático, entremezclan este recordatorio primordial de nuestra mortalidad con el jugueteo de Posada y la tradición mexicana de "reírse de la muerte."

art masterpieces of its great muralists. In fact, Carrillo cited Mexican modernist David Alfaro Siqueiros's "depth of space" as another major influence on *Las Tropicanas*.[16]

With the inclusion of skeletons, a pyramid, a hummingbird, and an iguana, Carrillo incorporated recognizable images derived from Mexico's pre-conquest art that still hold aesthetic power for Mexicans and their descendants in the United States. According to Carrillo,

> I tried to introduce themes that seemed to be more Mexican than anything else. I had skeletons in this painting. Prior to this time, even way back in the 1960s, I was already painting skulls and so forth, but this was coming out of, I believe, the Spanish tradition or the Flemish use of skulls. It was trying to bring together what I had learned in Spain and what I learned in Mexico. It was a major step for me.[17]

STILL LIFE WITH SKULL AND CLOCK, 1980.
Watercolor on paper, 24 × 18 inches. Collection of Ruben Carrillo.

NATURALEZA MUERTA CON CALAVERA Y RELOJ, 1980.
Acuarela sobre papel, 24 × 18 pulgadas. Colección de Ruben Carrillo.

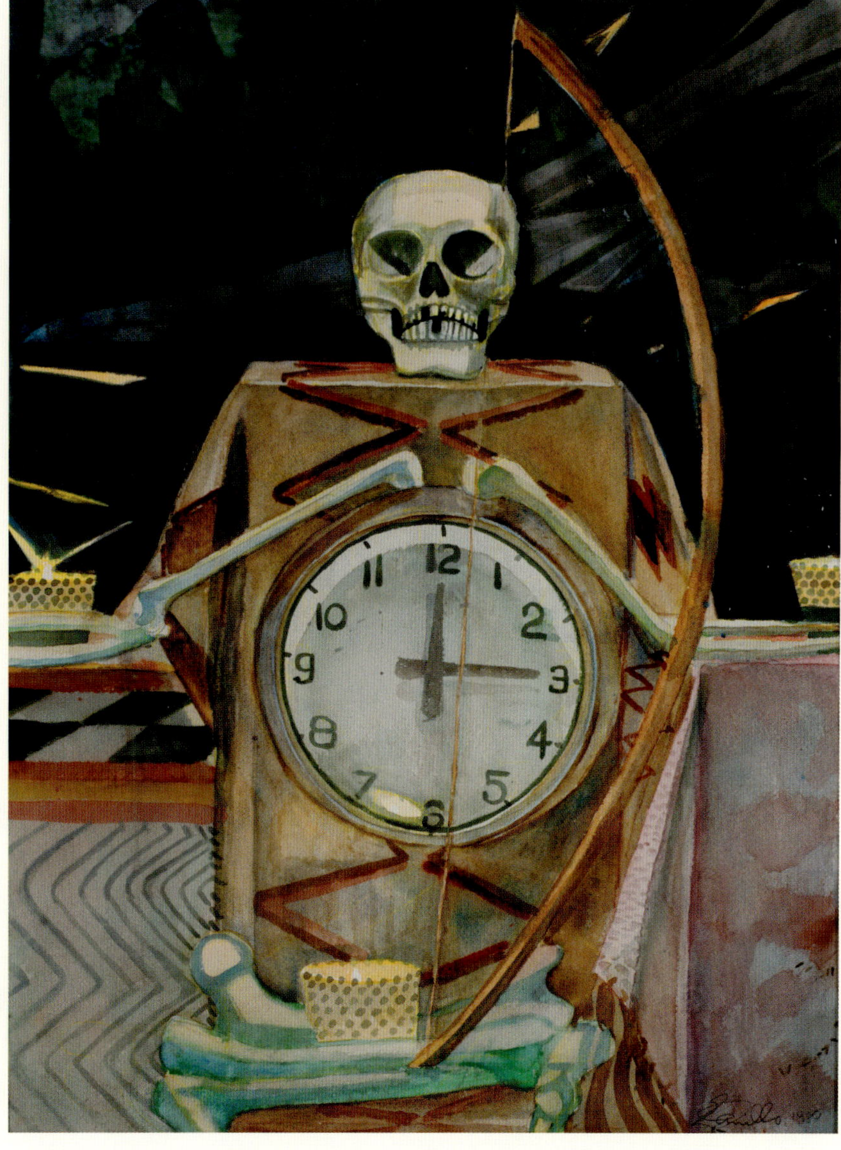

A universal symbol, the skeleton has a rich cultural and artistic tradition in Mexico. The god of death, Mictlantecuhtli, was personified as a skeleton in Mexican pre-conquest culture. He and his twin, Quetzalcoatl, who was the god of life, formed the never-ending cycle of life and death. During the early twentieth century, Mexican printmaker José Guadalupe Posada popularized the skeleton through his humorous and political broadsides. In Posada's world, *calaveras* (skeletons) acted out the daily trials and successes of the everyday people of Mexico, many times as a theater of the absurd. Posada's *calaveras* also served to remind viewers of their transitory

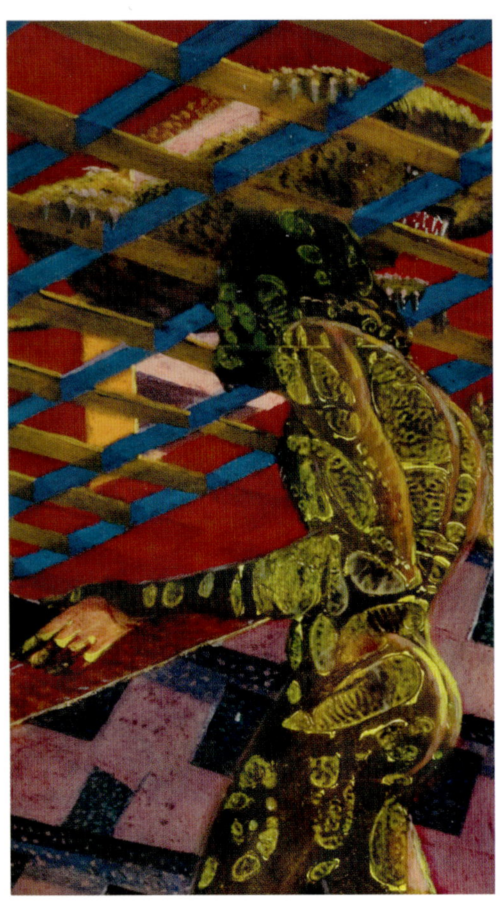

LAS TROPICANAS, 1972–73.
Detalle. Véase las páginas 98–99.

LAS TROPICANAS, 1972–73.
Detail. See pages 98–99.

Durante el tiempo que pasó con Zenteño y a través de sus largos viajes por México, Carrillo llegó a interesarse por el mundo espiritual indígena de México y empezó a leer las obras de Carlos Castaneda, Mircea Eliade y Miguel Covarrubias, entre otros.[18] Aprendió que según esta visión indígena del mundo, el viento, la vegetación y los animales pueden manifestar poderes y atributos divinos. El hecho de que Carrillo incorporara un pájaro puede haber sido una referencia a El Bosco, pero esta decisión estaba directamente vinculada a las creencias indígenas de Mesoamérica. Los aztecas veneraban al colibrí gracias a su asociación con Huitzilopochtli, dios del sol y de la guerra, y con los guerreros muertos en batalla. Cuando el espíritu del guerrero muerto volvía a visitar el mundo de los vivos, volvía en forma de colibrí.[19] En *Las Tropicanas*, el pájaro está hermosamente pintado con alas y cola como un arco iris; sin embargo, su gran tamaño sobrenatural antepuesto sobre el cielo nocturno provoca miedo y asombro—acertada alusión a su referente guerrero.

Aunque apenas detectables, las garras y los colmillos de la formidable criatura que merodea en el techo del balcón podrían ser los de un felino relacionado con el jaguar. El jaguar ha jugado un papel importante a lo largo de la historia de México. Todas las culturas mesoamericanas importantes, desde los olmecas hasta llegar a los aztecas, respetaban al jaguar por su ferocidad, poder y asociación con los dioses. Según las investigaciones del artista y arqueólogo aficionado mexicano Miguel Covarrubias, otro atributo importante del jaguar olmeca fue su evolución en un número de dioses venerados por los mayas, los toltecas y los aztecas.[20] Aun hoy día, siendo uno de los felinos más grandes del mundo, este animal tiene una reputación aterradora y es todavía venerado por su fuerza en México. En el cuadro de Carrillo, la postura casi invisible pero amenazante de esta criatura aumenta la tensión psíquica y acentúa la impresión de un ataque inminente.

Claramente visible y ocupando un lugar central en la pintura está una iguana gigante de cola espinosa e anillada que proporciona una referencia personal al hogar ancestral de Carrillo en Baja California, en donde la especie es endémica. El reptil está pintado en un verde esmeralda brillante y por encima de él, patrones luminosos de luz blanca crean un efecto centelleante que baja a lo largo de su cola. Con sus colores fluorescentes y su ubicación en la composición general, la iguana tiene una calidad escultural. Sin embargo, gracias a su imponente tamaño y mirada frontal, la iguana acentúa el sentido general de ataque de la pintura y parece lista para romper el marco de la pintura y arremeter contra el observador.

Carrillo extiende el imaginario cultural de *Las Tropicanas* al ámbito

nature on earth and of death as the great equalizer among the rich and poor, beautiful and ugly, young and old. Carrillo's skeletons, depicted in an acrobatic balancing act, merge this primordial reminder of our mortality with Posada's playfulness and Mexico's tradition of "laughing at death."

During his time with Zenteño and extended trips into Mexico, Carrillo became interested in the Mexican indigenous spirit world and began to read the works of Carlos Castaneda, Mircea Eliade, and Miguel Covarrubias, among others.[18] He learned that, according to this indigenous worldview, the wind, vegetation, and animals can manifest godly powers and attributes. Carrillo's inclusion of a bird may have referenced Bosch, but his choice was directly tied to Mesoamerican indigenous beliefs. The Aztecs revered the hummingbird because of its association with Huitzilopochtli, the god of the sun and war, and with warriors that died in battle. When a dead warrior's spirit returned to visit the living world, it returned as a hummingbird.[19] In *Las Tropicanas*, the bird is beautifully painted with rainbow wings and tail, yet its unnaturally large size against the night sky evokes fear and awe—apt reminders of its warrior reference.

Though barely discernible, the claws and fangs of the formidable creature lurking on the balcony roof could be those of a feline creature related to the jaguar. The jaguar has played an important role throughout Mexico's history. All the main Mesoamerican cultures, beginning with the Olmecs and persisting through the Aztecs, respected the jaguar for its ferociousness, power, and association with the gods. As researched by Mexican artist and amateur archaeologist Miguel Covarrubias, another important attribute of the Olmec jaguar was its evolution into a number of gods worshipped by the Mayans, Toltecs, and Aztecs.[20] Even today, as one of the largest cats in the world, this animal has a frightening reputation and is still revered in Mexico for its strength. In Carrillo's painting, the hardly visible yet menacing stance of the creature adds to the psychic tension and heightens the impression of an impending attack.

Clearly visible and occupying a central place in the painting is a gigantic ringed spinytail iguana, providing a personal reference to Carrillo's ancestral home in Baja California, where the species is endemic. The reptile is rendered in a bright emerald green, and

LAS TROPICANAS, 1972–73.
Detail. *See pages 98–99.*

LAS TROPICANAS, 1972–73.
Detalle. *Véase las páginas 98–99.*

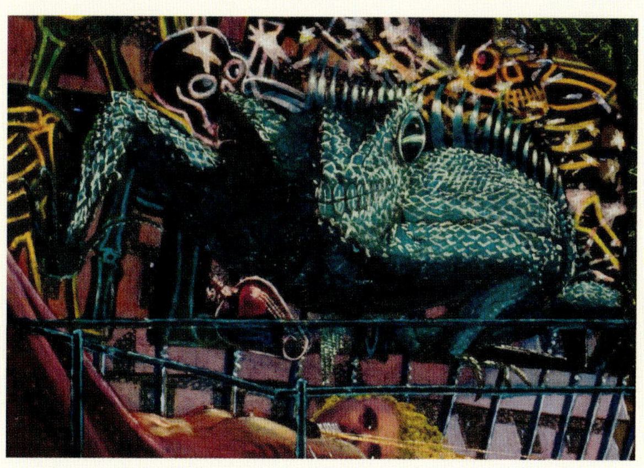

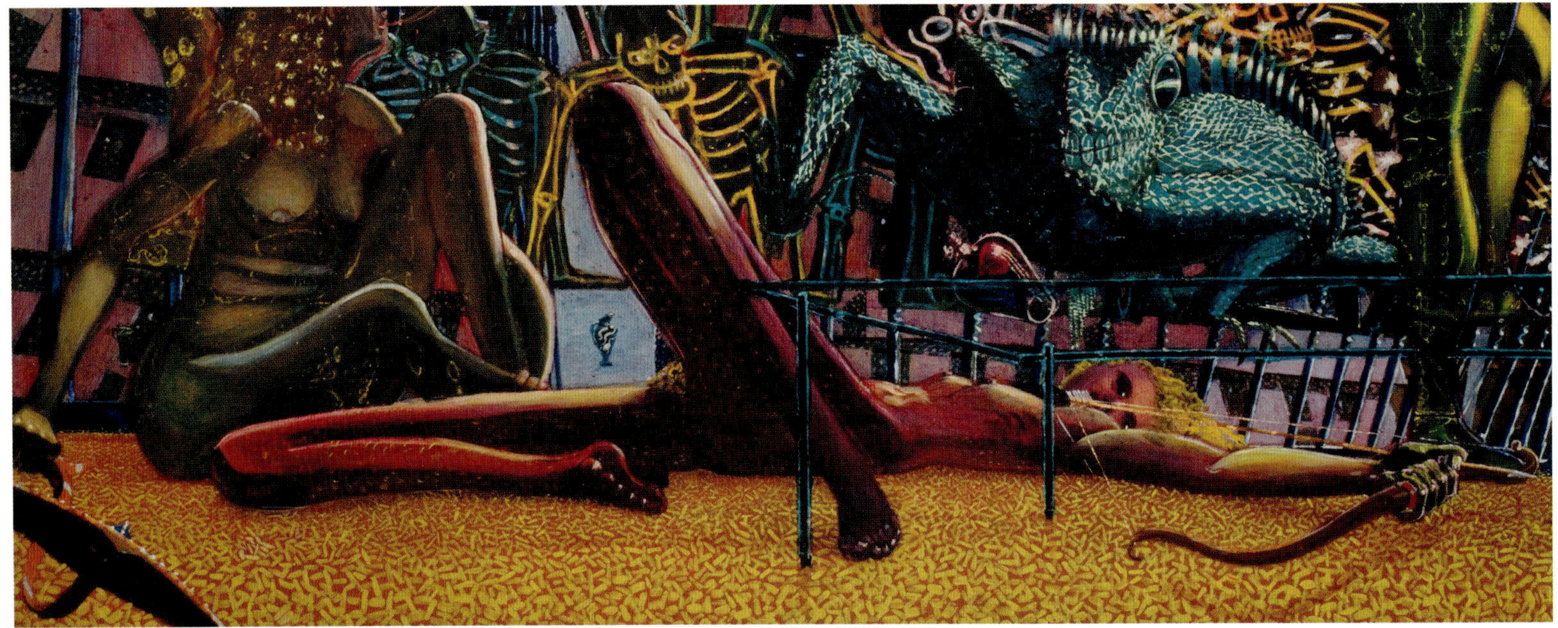

LAS TROPICANAS, 1972–73.
Detalle. Véase las páginas 98–99.

LAS TROPICANAS, 1972–73.
Detail. See pages 98–99.

psíquico de las pesadillas por medio de alusiones al asalto, la violencia y posiblemente la destrucción en masa. En el cielo nocturno, naves voladoras se ciernen amenazantes. Esparcidas en el balcón hay cinco figuras desnudas en varias posturas. Una de ellas parece estar alejándose y otra se mueve hacia los esqueletos, animales y objetos voladores. Todas las figuras están representadas en un estilo manierista, con cuerpos atléticos y extremidades alargadas. Junto a las poses sexualizadas y provocativas y los detallados tatuajes en algunas de las figuras, la ambigua escena es reforzada por la inclusión por parte de Carrillo de una arquera (¿quizá una guerrera caída?) y una mujer que ofrece un recipiente que parece ser una ofrenda indígena. Ya que ninguna de las figuras manifiesta temor, no queda claro si se trata de víctimas que se están rindiendo o de ardientes participantes en un evento ominoso.[21]

Las Tropicanas logró proyección nacional en la muestra de Marcia Tucker llamada *"Mala" pintura*, que fue inaugurada en The New Museum en 1978. Según la descripción de Tucker en su comunicado de prensa, la " 'Mala pintura' es un título irónico para una 'buena pintura' caracterizada por la deformación de la figura, una mezcla de recursos históricos tanto artísticos como no artísticos y de contenido fantástico e irreverente".[22] A pesar de su oscura trama, *Las Tropicanas* subraya claramente los diversos estilos estéticos de Carrillo y su magistral manejo de las propiedades físicas de la pintura. Al mismo tiempo, afirma su formación bicultural como también su profunda apreciación por una amplia iconografía histórico-artística. Por ello continúa siendo una de sus obras más expuestas.[23]

Además de ser una composición con múltiples influencias, *Las Tropicanas* representa una transición significativa en el desarrollo artístico de Carrillo. Sus pinturas anteriores estaban principalmente arraigadas en el surrealismo. Usualmente despojadas de toda figura, estos paisajes fantásticos aludían a una presencia humana sólo gracias a su inclusión de objetos incongruentes y referencias arquitectónicas. Durante esta época

luminous patterns of white light above it create a sparkling effect that continues down through its tail. With its neon-like colors and placement within the overall composition, the iguana has a sculptural quality. Yet, due to its imposing size and frontal gaze, it accentuates the painting's overall sense of attack, appearing ready to break the picture frame and lunge at the viewer.

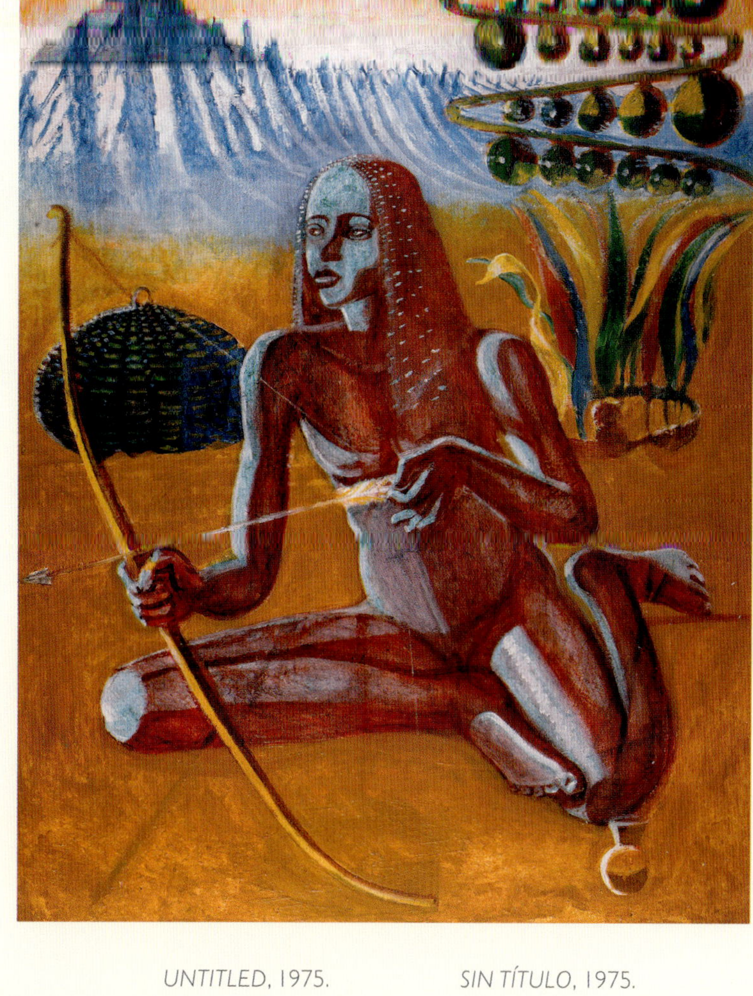

UNTITLED, 1975.
Acrylic on Masonite, 48 × 36 inches. Collection of Museo Eduardo Carrillo.

SIN TÍTULO, 1975.
Acrílico sobre masonite, 48 × 36 pulgadas. Colección del Museo Eduardo Carrillo.

With allusions to assault, violence, and possibly mass destruction, Carrillo extends the cultural imagery of *Las Tropicanas* into the psychic realm of nightmares. In the night sky, flying vessels hover menacingly. Interspersed on the balcony are five nude figures in various poses. One figure seems to be walking away, and another moves toward the skeletons, animals, and flying objects. All the figures are rendered in a mannerist style, with athletic physiques and elongated limbs. Along with the sexualized, provocative poses and detailed tattoos on some of the figures, the ambiguous scene is enhanced by Carrillo's inclusion of a female archer (perhaps a fallen warrior?) and a woman who extends a receptacle that resembles an indigenous offering. Since none of the figures expresses fright, it is unclear if they are surrendering victims or ardent participants in an ominous event.[21]

Las Tropicanas received national exposure in Marcia Tucker's exhibition titled *"Bad" Painting*, which opened at The New Museum in New York in 1978. As described by Tucker in the press release, "'Bad Painting' is an ironic title for 'good painting,' which is characterized by deformation of the figure, a mixture

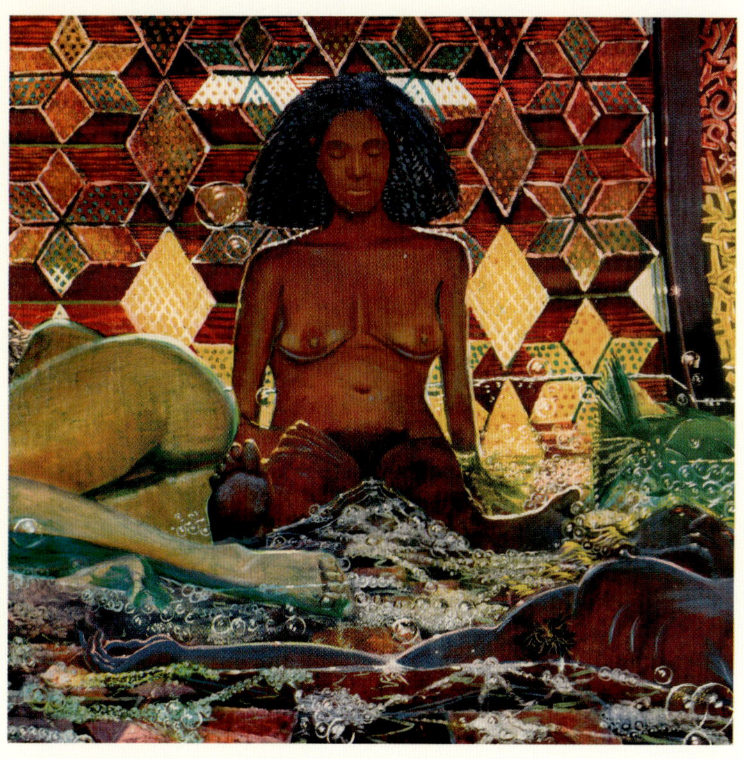

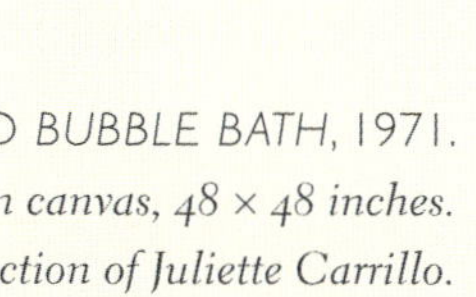

SAD BUBBLE BATH, 1971.
Oil on canvas, 48 × 48 inches. Collection of Juliette Carrillo.

TRISTE BAÑO DE BURBUJAS, 1971.
Óleo sobre lienzo, 48 × 48 pulgadas. Colección de Juliette Carrillo.

temprana de los años sesenta, Carrillo desarrolló lo que el historiador del arte Jacinto Quirarte percibió como su "agudo sentido del espacio".[24] A medida que elaboraba su estilo, la figura se convirtió en elemento central de la composición. Él también creó arte con un fuerte sentido narrativo y una calidad casi cinemática.[25] *Las Tropicanas* puede ser interpretada como un drama más grande que la vida misma sobre la llegada de unos seres espirituales desde un pasado antes de la conquista simbolizado por los animales y la pirámide. Empero, no queda claro si tiene lugar en el pasado, el presente o el futuro. O sea, se podría interpretar como si todos los períodos existieran a la vez, como lo ejemplifica la antigua pirámide al lado de un edificio futurista. Por lo tanto, con el uso magistral del color, de la textura escultural y la composición enigmática, en *Las Tropicanas* Carrillo logró el objetivo de su Maestría de Bellas Artes, de hacer una pintura que fuera "atemporal, que pertenezca tanto al pasado como al futuro".[26]

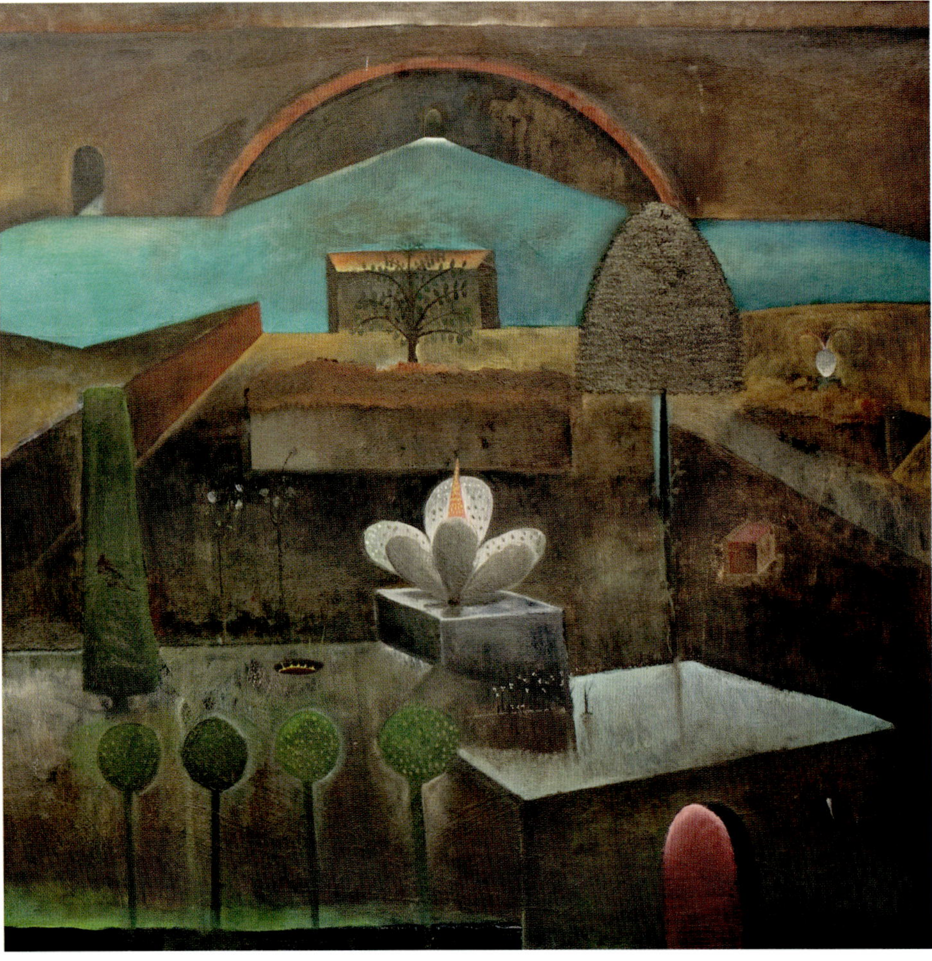

EL JARDÍN, 1961.
Óleo sobre lienzo,
40½ × 40½ pulgadas.
Colección de la Familia Gordon.

THE GARDEN, 1961.
Oil on canvas,
40½ × 40½ inches.
Gordon Family collection.

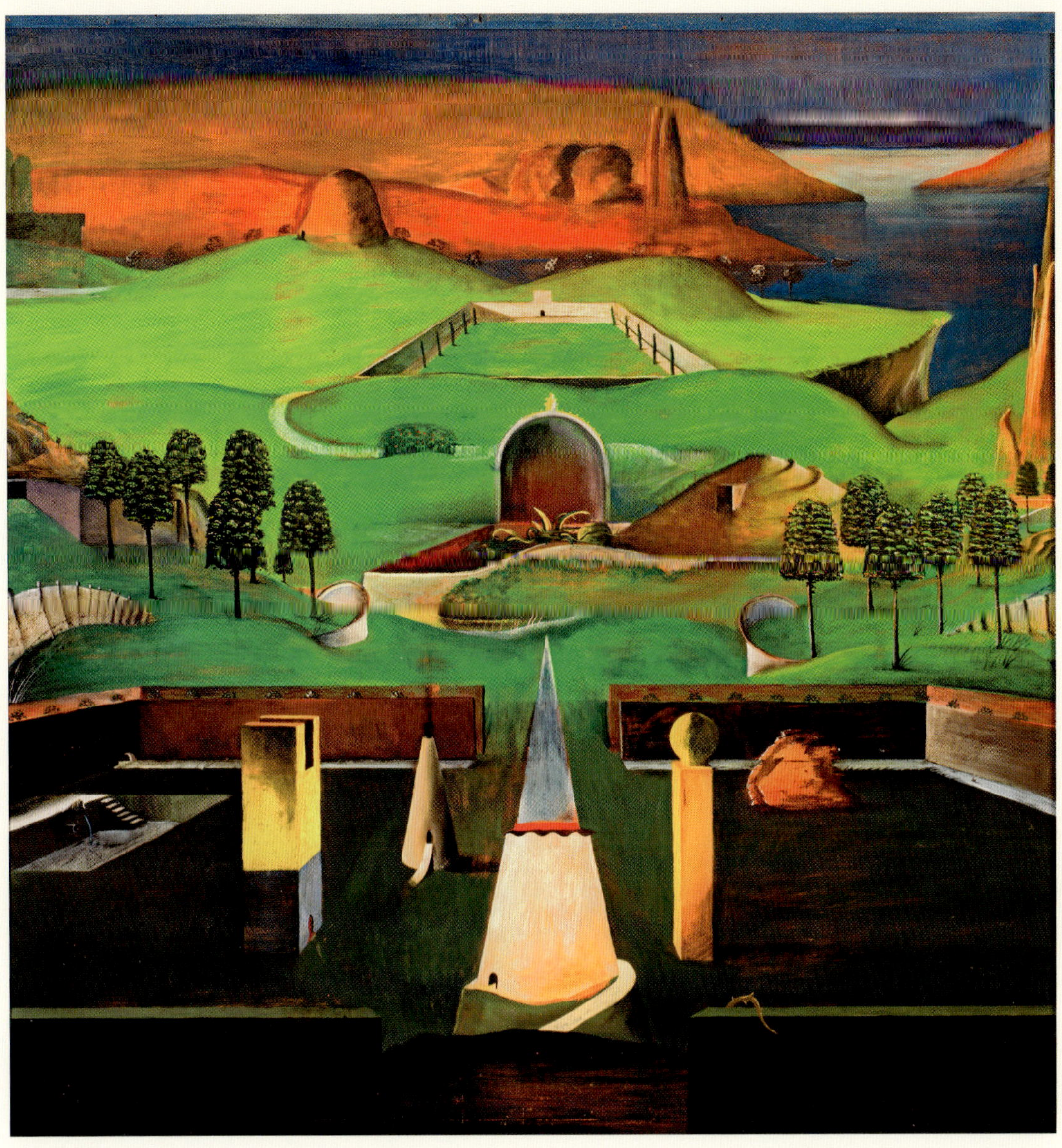

SUBTERRANEAN GARDEN, ca. 1960s.
Oil on board,
47½ × 44 inches.
Private collection.

JARDÍN SUBTERRÁNEO,
hacia los años sesenta
del siglo XX.
Óleo sobre tabla,
47½ × 44 pulgadas.
Colección privada.

of art-historical and non-art resources, and fantastic and irreverent content."[22] Even with its obscure storyline, *Las Tropicanas* clearly highlights Carrillo's various aesthetic styles and his mastery of the physical properties of paint. At the same time, it asserts his bicultural background as well as his deep appreciation for an expansive art historical iconography. As a result, it continues to be one of his most exhibited works.[23]

Along with being a composite of myriad influences, *Las Tropicanas* represents a significant transition in Carrillo's artistic development. His previous paintings drew primarily from surrealism. Usually devoid of figures, these fantastical landscapes alluded to a human presence only in their inclusion of incongruent objects and architectural references. During this early period of the 1960s, Carrillo developed what art historian Jacinto Quirarte observed as his "keen sense of space."[24] As he devised his own style, the figure became central to the composition. He also created artwork with a strong narrative and almost cinematic quality.[25] *Las Tropicanas* can be interpreted as a larger-than-life drama about the arrival of spiritual beings from a pre-conquest past as symbolized by

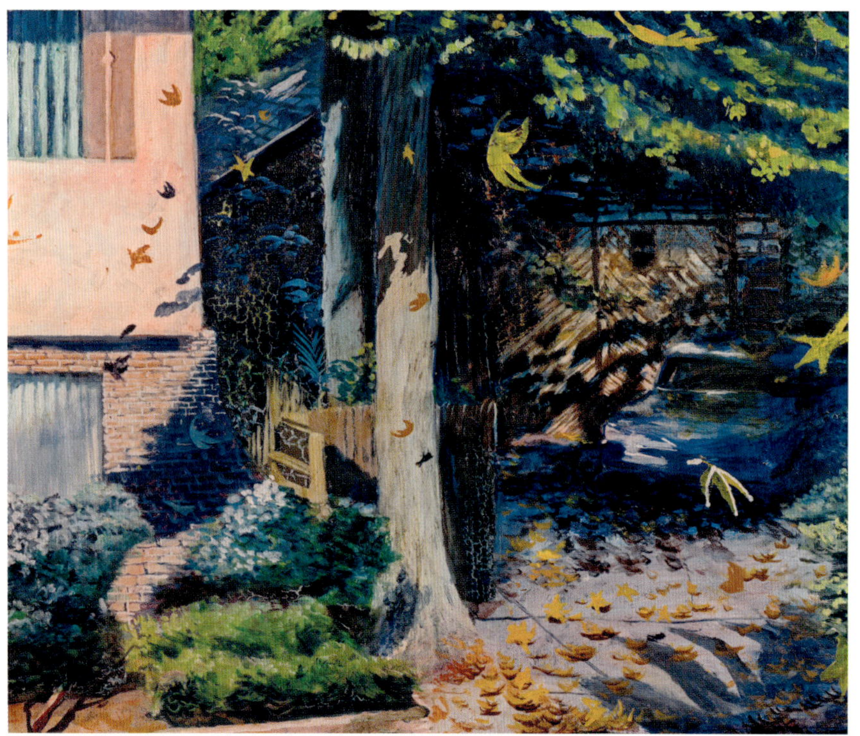

LA CALLE H, SACRAMENTO, CALIFORNIA, 1971.
Óleo sobre tabla, 15 × 18 pulgadas. Colección privada.

H STREET, SACRAMENTO, CALIFORNIA, 1971.
Oil on board, 15 × 18 inches. Private collection.

Fusionando un arte Americano más expansivo

Las Tropicanas también apunta a la creación de un estilo único de Carrillo en el ámbito del arte chicano. Según Carrillo, la pintura representó su intento de enfrentarse a su herencia chicana, la cual describió como una combinación de influencias pre-hispánicas, hispánicas y anglo-europeas que eran "innegables para describir toda [su] experiencia".[27] Irónicamente, esa herencia había estado ausente durante los años de formación en su infancia en Los Ángeles, la ciudad con la población mexicana más grande de los Estados Unidos. Además de sus experiencias artísticas personales, su formación académica y el arte antes de la conquista, Carrillo citaba las influencias del modernismo mexicano en *Las Tropicanas*. Como nos recuerda el historiador Victor Zamudio-Taylor, "Esta contextualización del arte chicano dentro de la tradición del arte moderno le crea un lugar y una genealogía en términos cualitativamente distintos, abriendo el camino a la creación de nuevas historias del arte".[28]

De hecho, Carrillo es uno de los primeros artistas chicanos interesados conscientemente en la historia del arte como una fuente estética. Él manifestó su interés por la historia del arte en el enunciado artístico de su tesis de Maestría en Bellas Artes, donde declaró, "El estilo me impresiona mucho, y por eso, mi trabajo ha sido influido más por el estudio de la obra de diferentes artistas que por el estudio de la naturaleza. Mientras que la naturaleza me sugiere muchas grandes ideas, yo he recurrido continuamente a los artistas del pasado para ayudarme a darle forma a esas ideas".[29] Sin embargo, no fue sino hasta 1970 cuando era profesor de arte en el Sacramento State College (hoy denominada California State University, Sacramento) que Carrillo encontró por primera vez el arte chicano, una estética nueva con la agenda de un movimiento sociopolítico. Gracias a su asociación con sus colegas los profesores José Montoya y Esteban Villa, se dio cuenta del arte y las proezas del colectivo conocido como la Real Fuerza Aérea Chicana (Royal Chicano Air Force, o RCAF, por sus siglas en inglés), cuyos miembros practicaban un tipo de arte comunitario de base como parte de su activismo político. El interés y compromiso de Carrillo con una historia del arte más

the animals and pyramid. Yet, whether it is set in the past, present, or future is not clear. Rather, it could be read as all time periods existing at once, as exemplified by the ancient pyramid next to a futuristic building. Thus, with the masterful use of color, sculptural texture, and enigmatic composition in *Las Tropicanas*, Carrillo achieved his master of arts goal to make a painting that is "timeless, belonging to both the future and the past."[26]

Melding a more expansive American art

Las Tropicanas also signals the creation of Carrillo's unique style within Chicano art. According to Carrillo, the painting was his attempt to come to grips with his Chicano heritage, which he described as a combination of pre-Hispanic, Hispanic, and Anglo-European influences that were "undeniable in wholly describing [his] experience."[27] Ironically, that heritage had been absent from his educational experience growing up in Los Angeles, the city with the largest population of Mexicans in the United States. Along with personal artistic experiences, academic training, and pre-conquest art, Carrillo cited Mexican modernist influences on *Las Tropicanas*. As art historian Victor Zamudio-Taylor reminds us, "This contextualization of Chicano/a art within the tradition of modern art creates a place and genealogy for it in qualitatively different terms, opening the way for the fashioning of new art histories."[28]

In fact, Carrillo is one of the earliest Chicano artists consciously interested in art history as an aesthetic source. His art historical interest was apparent in his master of arts thesis artist statement in which he declared, "I am greatly impressed with style and, as a result, my work has been influenced more by the study of different artists' work than the study of nature. While nature suggests many grand ideas to me, I have continually looked to the artists of the past to help give these ideas form."[29] However, it was not until he was an art professor at Sacramento State College (now California State University, Sacramento) in 1970 that he was introduced to Chicano art, a new aesthetic with a sociopolitical movement agenda. Through his association with fellow professors José Montoya and Esteban Villa, he became aware of the art and exploits of their collective known as the Royal Chicano Air Force/RCAF, whose members practiced community-based art making as part of their political activism. Carrillo's interest and commitment to a more comprehensive art history as exemplified in the multiple aesthetic references contained in *Las Tropicanas* deepened during the 1970s as the Chicano art movement

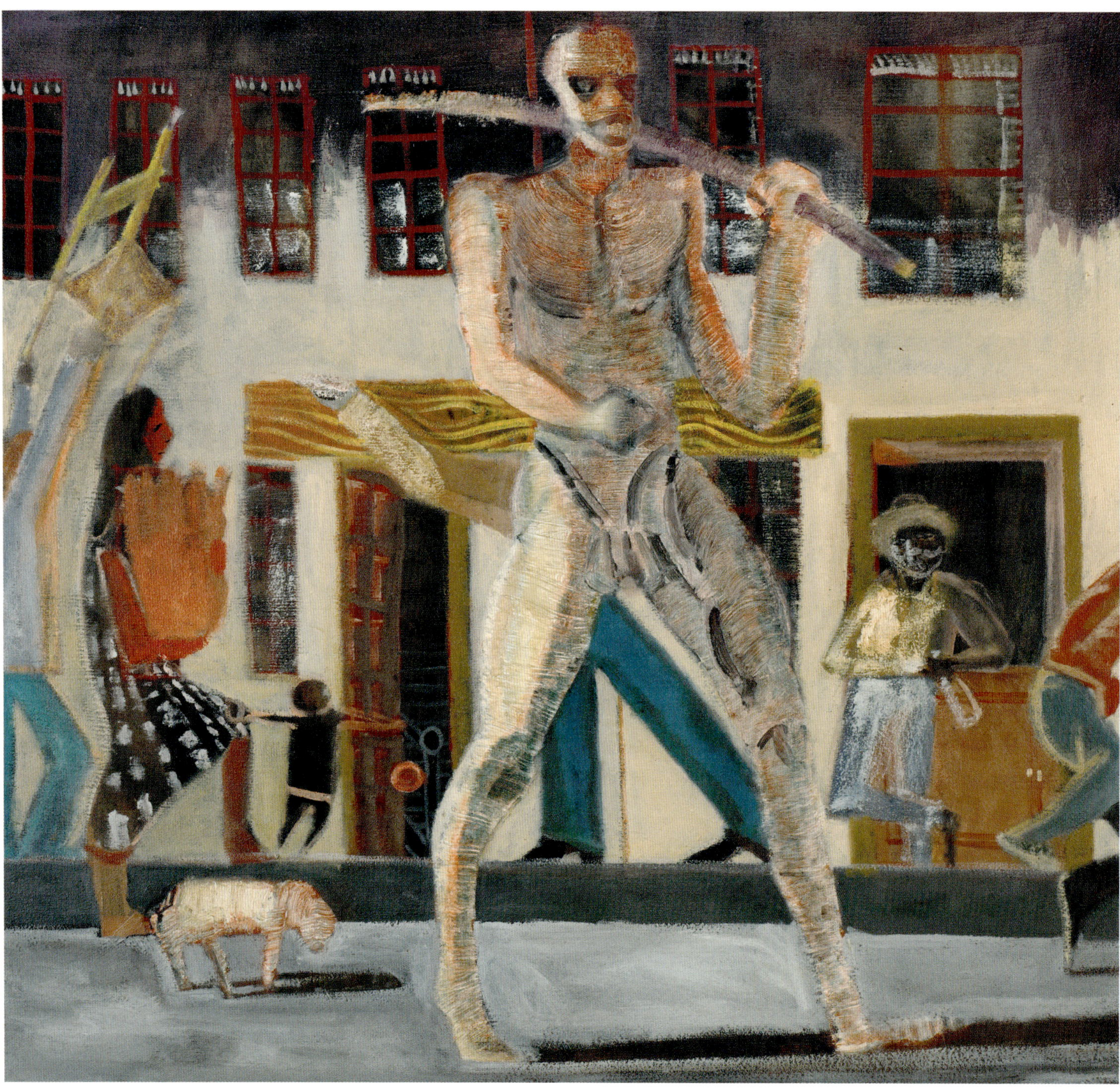

CALLE DE LOCOS, 1984.
Óleo sobre lienzo, 30 × 33½ pulgadas. Colección privada.

CALLE DE LOCOS [STREET OF THE MADMEN], 1984.
Oil on canvas, 30 × 33½ inches. Private collection.

exhaustiva, tal como lo demuestran las múltiples referencias estéticas de *Las Tropicanas*, se profundizaron en los años setenta a medida que el movimiento de arte chicano florecía nacionalmente. Más tarde, durante sus años como profesor en la UCSC, Carrillo buscó integrar el arte y la cultura chicanos en la oferta académica y además ofrecer festivales de artes chicanos en todo el campus que fueron abiertos a la comunidad.[30]

De manera concertada con el desarrollo de la agenda del arte chicano, Carrillo difuminó las líneas entre artista, profesor e historiador del arte. En 1980, emprendió una investigación de dos años sobre el arte mexicano antes de la conquista, comenzando con las pinturas

blossomed nationally. Later, during his tenure at the University of California, Santa Cruz, Carrillo sought to integrate Chicano art and culture into the academic offerings, as well as offer campus-wide Chicano Arts Festivals that were open to the community.[30]

In concert with the developing Chicano art agenda, Carrillo blurred the lines between artist, professor, and art historian. In 1980, he undertook a two-year research study of Mexican pre-conquest art, beginning with the cave drawings and ceramics of his ancient Baja California ancestors. His original research led to his development of an extensive course in Mexican art history, from pre-conquest to contemporary art. Carrillo also launched *Califas: Chicano Art and Culture in California*, a lengthy discourse on Chicano art that was grounded in an understanding of his influential roles as an artist and university professor. "It is very satisfying to me to be able to make available to my students," Carrillo would acknowledge, "this rich abundance of Mexican art that I didn't have access to as a student."[31] Under the umbrella of this multiyear initiative supported by UC Santa Cruz and the National Endowment for the Humanities, Carrillo organized a curatorial committee for two statewide conferences and exhibitions, collected audio and video artist interviews, and initiated a one-hour video project. The archival materials generated from the *Califas* conferences and exhibitions as well as artist interviews are still available at California Ethnic and Multicultural Archives (CEMA), University of California, Santa Barbara, and continue to be valuable resources for the study of Chicano art in California.

Equally important, in the same way that Carrillo's scholarship pushed art history to be more inclusive and accurate, *Las Tropicanas* —with its seamless merger of Mexican, Chicano, and Western European art histories and aesthetic influences—expanded the definition of American art. San Francisco art critic Kenneth Baker lauded it as one of "the most remarkable paintings made in the Bay Area in the 1970s."[32] According to Los Angeles art critic Virginia Allen, "His imagery encourages comparison with other artist-fantasists—Hieronymus Bosch, for one. They seemed to have tapped the same inner sources for their imagistic subject-matter, though Carrillo's symbols are undeniably contemporary."[33] With its extensive iconography, exquisite sense of space, vibrant palette, and sculptural approach to painting, *Las Tropicanas* serves as both a testament to Carrillo's artistic mastery and a bridge to multiple art histories. Most importantly, it reflects his achievement of a new aesthetic framework no longer bound to a singular art history.

rupestres y las cerámicas de sus ancestros de Baja California. Su investigación original lo llevó al desarrollo de un curso extensivo sobre la historia del arte mexicano, desde el arte antes de la conquista al arte contemporáneo. Carrillo también lanzó *Califas: arte y cultura chicanos en California*, un largo discurso sobre el arte chicano enraizado en un entendimiento de su influyente papel como artista y profesor universitario. "Me da mucha satisfacción poder proporcionar a los estudiantes esta rica abundancia de arte mexicano a la cual yo no tuve acceso cuando era estudiante".[31] En el marco de esta iniciativa multianual financiada por la UCSC y el Fondo Nacional para las Humanidades de los Estados Unidos (National Endowment for the Humanities), Carrillo organizó un comité curatorial para dos conferencias y exposiciones a nivel estatal, recopiló documentos audiovisuales de entrevistas con artistas e inició un proyecto de vídeo de una hora de duración. Los materiales de archivo generados por las conferencias y exposiciones *Califas*, así como las entrevistas con los artistas, están aún disponibles en los Archivos Multiculturales y Étnicos de California (California Ethnic and Multicultural Archives [CEMA]), Universidad de California, Santa Barbara, y siguen siendo recursos de gran valor para el estudio del arte chicano en California.

De igual importancia, así como sus estudios insistieron en hacer la historia del arte más incluyente, *Las Tropicanas*—con su fusión impecable de las historias del arte e influencias estéticas mexicanas, chicanas y de Europa occidental—expandió la definición del arte estadounidense. El crítico de arte de San Francisco Kenneth Baker la elogió como "una de las pinturas más destacadas hechas en el Área de la Bahía en los años setenta".[32] Según Virginia Allen, crítica de arte de Los Ángeles, "Sus imágenes animan a compararlo con otros artistas fantasiosos—como por ejemplo, Hieronymous Bosch. Todos ellos parecen haber recurrido a las mismas fuentes interiores para sus imaginarios sujeto-materia, aunque los símbolos de Carrillo son indudablemente contemporáneos".[33] Con su amplia iconografía, su sentido exquisito del espacio, su paleta vibrante y su abordaje escultural de la pintura, *Las Tropicanas* sirve como testimonio de la maestría artística de Carrillo y como puente para múltiples historias del arte. Más importante aún, refleja su éxito en crear un nuevo marco estético ya no atado a una sola y única historia del arte.

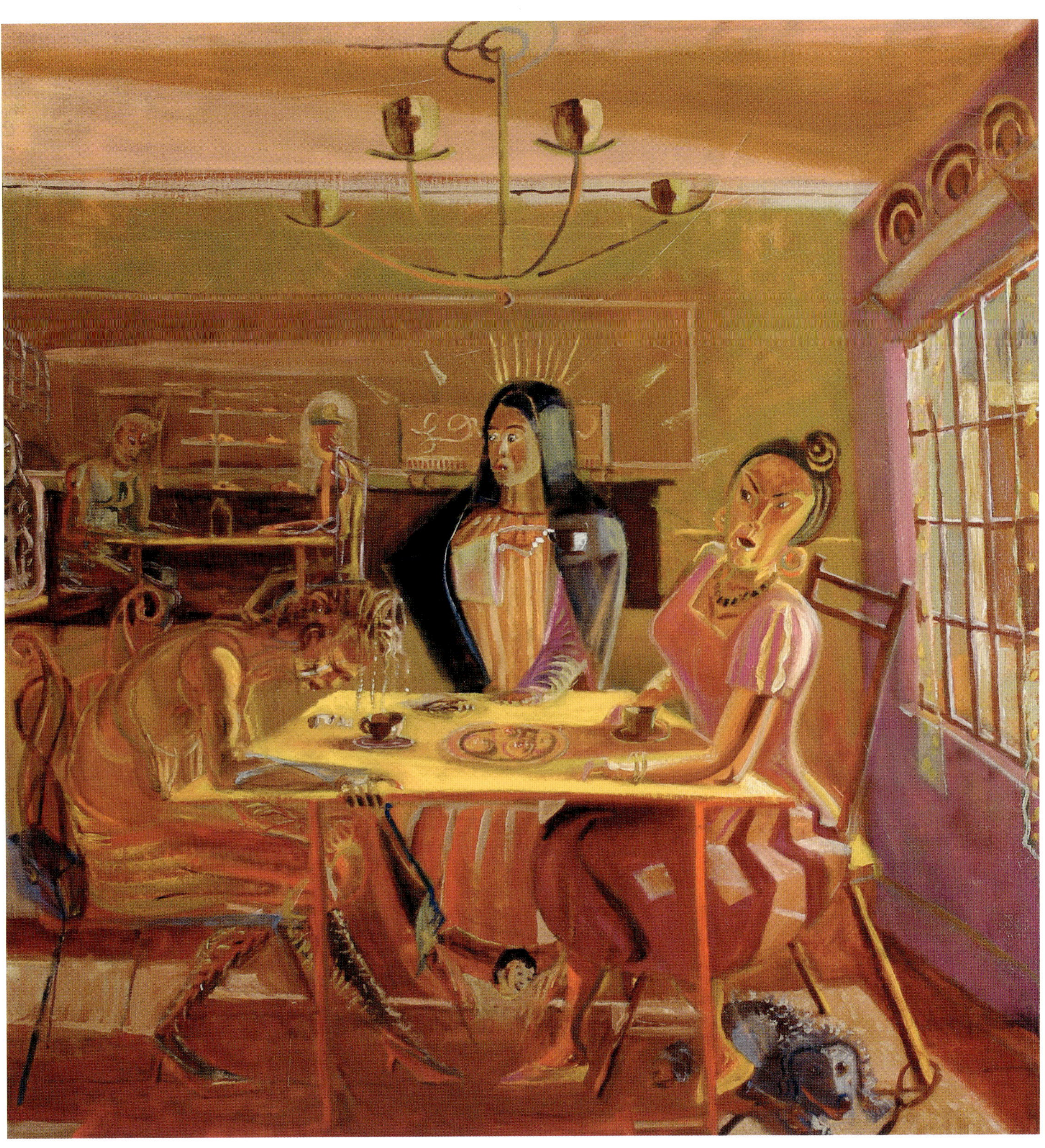

LAS TRES MUJERES DE TEPEYAC
[*THE THREE WOMEN OF TEPEYAC*], 1994.
Oil on linen, 48 × 54 inches.
Collection of Art Museum of South Texas.

LAS TRES MUJERES DE TEPEYAC, 1994.
Óleo sobre lino, 48 × 54 pulgadas.
Colección del Art Museum of South Texas.

Notas

1. Betsy Andersen, "Eduardo Carrillo: The Enchantment of Light", entrevista no publicada, documento de archivo, hacia 1990–91, sin página, Museo Eduardo Carrillo.
2. Carrillo trabajó como profesor asistente de bellas artes en el Sacramento State College de 1970 a 1972. Era profesor titular en la Universidad de California, Santa Cruz, al momento de su muerte en 1997.
3. Eduardo Carrillo, "Narrative Account", documento de archivo, sin fecha, sin página, Museo Eduardo Carrillo.
4. Terezita Romo, "Mexican Heritage, American Art: Six Angeleno Artists", en Chon Noriega, Terezita Romo y Pilar Tompkins Rivas, *L.A. Xicano* (Los Ángeles: UCLA Chicano Studies Research Center Press, 2011), 3.
5. Eduardo Carrillo, entrevista de Philip Brookman, 9 de octubre de 1983, Ben Lomond, California, en *Califas: Chicano Art and Culture in California*, transcripciones (University of California, Santa Barbara Library, Department of Special Collections, 1986), 16.
6. Roberta Ruiz, "Painting Life", en Museo Eduardo Carrillo, *Eduardo Carrillo* (Santa Cruz, CA: Museo Eduardo Carrillo, 2009), 16.
7. Marcia Tucker, *"Bad" Painting* (New York: The New Museum, 1978), sin página.
8. Eduardo Carrillo, "Edward Carrillo—In His Own Words", Declaración del artista *Four × Four*, Santa Cruz Art League, el 3 de agosto de 1993, Museo Eduardo Carrillo, http://museoeduardocarrillo.org/in-his-own-words-artist-statement/. Véase también "Mexican Heritage, American Art: Six Angeleno Artists," en Noriega, Romo y Rivas, *L.A. Xicano*, 3–27. Véase también Terezita Romo, "Art Along the Hyphen: The Mexican-American Generation", http://www.tfaoi.com/aa/9aa/9aa644.htm.
9. John Fitz Gibbon, *California Connections: Sacramento State College, the Early 1970s* (San Francisco: Joseph Chowning Gallery, 1982). Stanton Macdonald-Wright fue un pionero del expresionismo abstracto al inicio de su carrera. Sin embargo, cuando llegó a ser profesor de historia del arte de la Universidad de California, Los Ángeles, en 1942, había regresado al sincromismo, una teoría de la pintura que él desarrolló con Morgan Russell. El sincromismo arguye que los colores pueden incitar profundas y específicas reacciones emocionales y psicológicas cuando se ponen unos junto a otros. Aunque el uso del color iba a ser la fuerza que guió la larga carrera artística de Macdonald-Wright, él prefería basar sus abstracciones de colores en la figura. Terezita Romo, http://collections.lacma.org/node/233233.
10. Eduardo Carrillo, Declaración sin título, cuaderno de bosquejos del artista, sin fecha, sin página, Museo Eduardo Carrillo.
11. John Fox, "Ed in Spain, 1960–61", Museo Eduardo Carrillo, http://www.museoeduardocarrillo.org/ed-in-spain-1960-61/.
12. Andersen, "Eduardo Carrillo: The Enchantment of Light".
13. Maria Tsaneva, *Andrea Mantegna: 113 Paintings and Drawings* (2014), https://books.google.com.
14. Carrillo, "Edward Carrillo—In His Own Words".
15. Carrillo, "Narrative Account".
16. Philip Brookman, Eduardo Carrillo, Juventino Esparza y Tomás Ybarra-Frausto, "Final Report to the National Endowment for the Humanities: 'Califas, Chicano Art and Culture in California'" (Santa Cruz: Oakes College, University of California, Santa Cruz, 18 de abril de 1982), 193.

Notes

1. Betsy Andersen, "Eduardo Carrillo: The Enchantment of Light," unpublished interview, archival document, ca. 1990–91, n.p., Museo Eduardo Carrillo.
2. Carrillo served as assistant professor of art at Sacramento State College from 1970 to 1972. He was a tenured professor at the University of California, Santa Cruz at the time of his death in 1997.
3. Eduardo Carrillo, "Narrative Account," archival document, n.d., n.p., Museo Eduardo Carrillo.
4. Terezita Romo, "Mexican Heritage, American Art: Six Angeleno Artists," in Chon Noriega, Terezita Romo, and Pilar Tompkins Rivas, *L.A. Xicano* (Los Angeles: UCLA Chicano Studies Research Center Press, 2011), 3.
5. Eduardo Carrillo, interview by Philip Brookman, October 9, 1983, Ben Lomond, California, in *Califas: Chicano Art and Culture in California*, transcripts (University of California, Santa Barbara Library, Department of Special Collections, 1986), 16.
6. Roberta Ruiz, "Painting Life," in Museo Eduardo Carrillo, *Eduardo Carrillo* (Santa Cruz, CA: Museo Eduardo Carrillo, 2009), 16.
7. Marcia Tucker, *"Bad" Painting* (New York: The New Museum, 1978), n.p.
8. Eduardo Carrillo, "Edward Carrillo—In His Own Words," *Four × Four* artist statement, Santa Cruz Art League, August 3, 1993, Museo Eduardo Carrillo, http://museoeduardocarrillo.org/in-his-own-words-artist-statement/. See also "Mexican Heritage, American Art: Six Angeleno Artists," in Noriega, Romo, and Rivas, *L.A. Xicano*, 3–27. See also Terezita Romo, "Art Along the Hyphen: The Mexican-American Generation," http://www.tfaoi.com/aa/9aa/9aa644.htm.
9. John Fitz Gibbon, *California Connections: Sacramento State College, the Early 1970s* (San Francisco: Joseph Chowning Gallery, 1982). Stanton Macdonald-Wright had been a pioneer of abstract expressionism in his early career. However, by the time he became professor of art history at UCLA in 1942, he had returned to synchromism, a theory of painting that he had developed with Morgan Russell. Synchromism posited that colors could incite profound, specific emotional and psychological reactions when put next to one another. Though the use of color would be the guiding force of Macdonald-Wright's long artistic career, he preferred to base his color abstractions on the figure. Terezita Romo, http://collections.lacma.org/node/233233.
10. Eduardo Carrillo, Untitled statement, artist sketchbook, n.d., n.p., Museo Eduardo Carrillo.
11. John Fox, "Ed in Spain, 1960–61," Museo Eduardo Carrillo, http://www.museoeduardocarrillo.org/ed-in-spain-1960-61/.
12. Andersen, "Eduardo Carrillo: The Enchantment of Light."
13. Maria Tsaneva, *Andrea Mantegna: 113 Paintings and Drawings* (2014), https://books.google.com.
14. Carrillo, "Edward Carrillo—In His Own Words."
15. Carrillo, "Narrative Account."
16. Philip Brookman, Eduardo Carrillo, Juventino Esparza, and Tomás Ybarra-Frausto, "Final Report to the National Endowment for the Humanities: 'Califas, Chicano Art and Culture in California'" (Santa Cruz: Oakes College, University of California, Santa Cruz, April 18, 1982), 193.

17. Eduardo Carrillo, entrevista de Philip Brookman, conferencia de Califas, Ben Lomond, Santa Cruz, California, transcripción de vídeo, el 9 de octubre de 1983, 8–9, Museo Eduardo Carrillo.
18. Carrillo, Declaración sin título.
19. Alfonso Caso, *The Aztecs: People of the Sun* (Norman: University of Oklahoma, 1970), 58.
20. Miguel Covarrubias, *Indian Art of Mexico and Central America* (New York: Alfred A. Knopf, Inc., 1957), 62.
21. Peter Selz, *Art of Engagement: Visual Politics in California and Beyond* (Berkeley y Los Ángeles: University of California Press, 2006), 174. Era durante este período en La Paz que Carrillo aprendió lo que eran "las tropicanas", o sea un patrón de "malos vientos" del sur. La traducción literal al inglés sería "the women from the tropics", lo cual podría explicar porque todas las figuras parecen ser femeninas. Carrillo, Declaración sin título.
22. Marcia Tucker, *"Bad" Painting* press release, The New Museum, New York, 1978, http://archive.newmuseum.org/index.php/Detail/Occurrence/Show/occurrence_id/5.
23. *Las Tropicanas* fue expuesto por la primera vez en 1975 en la Galería de Bellas Artes (Fine Arts Gallery) en la California State University en Los Ángeles. También fue incluido en la muestra *Raíces antiguas / Visiones nuevas, Ancient Roots / New Visions*, una exposición que viajó a varios museos en los Estados Unidos y México. Se expone frecuentemente en el Museo de Arte Crocker de Sacramento, California.
24. Jacinto Quirarte, *Mexican American Artists* (Austin: University of Texas Press, 1973), 108.
25. Este toque cinemático podría haber sido el resultado del hecho de que una de las casas de la familia estaba ubicada arriba de una sala de cine. Andersen, "Eduardo Carrillo: The Enchantment of Light".
26. Eduardo Carrillo, Declaración del artista, "Record of Creative Work in the Field of Painting", Tesis de Maestría en Bellas Artes, Universidad de California, Los Ángeles, 1964, sin página.
27. Carrillo, Declaración sin título.
28. Victor Zamudio-Taylor, "Inventing Tradition, Negotiating Modernism: Chicano/a Art and the Pre-Columbian Past", en Virginia M. Fields y Victor Zamudio-Taylor, *The Road to Aztlán: Art from a Mythic* Homeland (Los Ángeles: LACMA, 2001), 343–344.
29. Carrillo, Declaración del artista, "Record of Creative Work in the Field of Painting".
30. Eduardo Carrillo, carta al rector Robert L. Sinsheimer, Universidad de California, Santa Cruz, documento de archivo, el 30 de enero de 1980, Museo Eduardo Carrillo.
31. Eduardo Carrillo, "Narrative Account", documento de archivo, 1984, sin página, Museo Eduardo Carrillo.
32. Kenneth Baker, "Making the Modern Up to Date", Datebook, *San Francisco Chronicle*, 17 de marzo de 1991, 23.
33. Virginia Allen, "Review of *Ed Carrillo: Polychrome Sculpture and Paintings at Ceeje Gallery*", *Artforum* 2, no. 7 (enero de 1964): 48.

17. Eduardo Carrillo, interview by Philip Brookman, Califas conference, Ben Lomond, Santa Cruz, California, videotape transcript, October 9, 1983, 8–9, Museo Eduardo Carrillo.
18. Carrillo, Untitled statement.
19. Alfonso Caso, *The Aztecs: People of the Sun* (Norman: University of Oklahoma, 1970), 58.
20. Miguel Covarrubias, *Indian Art of Mexico & Central America* (New York. Alfred A. Knopf, Inc., 1957), 62.
21. Peter Selz, *Art of Engagement: Visual Politics in California and Beyond* (Berkeley and Los Angeles: University of California Press, 2006), 174. It was during this period in La Paz that Carrillo learned about *Las Tropicanas*, the Spanish name for an "ill wind" pattern from the south. The literal translation is "the women from the tropics," which may explain why all the figures seem to be female. Carrillo, Untitled statement.
22. Marcia Tucker, *"Bad" Painting* press release, The New Museum, New York, 1978, http://archive.newmuseum.org/index.php/Detail/Occurrence/Show/occurrence_id/5.
23. *Las Tropicanas* was first exhibited in 1975 at the Fine Arts Gallery, California State University, Los Angeles. It was also included in *Raíces Antiguas/Visiones Nuevas, Ancient Roots / New Visions*, an exhibition that traveled to several museums in the United States as well as Mexico. It is frequently on display at the Crocker Art Museum, Sacramento, California.
24. Jacinto Quirarte, *Mexican American Artists* (Austin: University of Texas Press, 1973), 108.
25. This cinematic touch may have been the result of one of the family homes having been located above a movie theater. Andersen, "Eduardo Carrillo: The Enchantment of Light."
26. Eduardo Carrillo, Artist Statement, "Record of Creative Work in the Field of Painting," Master of Arts thesis, University of California, Los Angeles, 1964, n.p.
27. Carrillo, Untitled statement.
28. Victor Zamudio-Taylor, "Inventing Tradition, Negotiating Modernism: Chicano/a Art and the Pre-Columbian Past," in Virginia M. Fields and Victor Zamudio-Taylor, *The Road to Aztlán: Art from a Mythic Homeland* (Los Angeles: LACMA, 2001), 343–344.
29. Carrillo, Artist Statement, "Record of Creative Work in the Field of Painting."
30. Eduardo Carrillo, letter to Chancellor Robert L. Sinsheimer, University of California, Santa Cruz, archival document, January 30, 1980, Museo Eduardo Carrillo.
31. Eduardo Carrillo, "Narrative Account," archival document, 1984, n.p., Museo Eduardo Carrillo.
32. Kenneth Baker, "Making the Modern Up to Date," Datebook, *San Francisco Chronicle*, March 17, 1991, 23.
33. Virginia Allen, "Review of *Ed Carrillo: Polychrome Sculpture and Paintings* at Ceeje Gallery," *Artforum* 2, no. 7 (January 1964): 48.

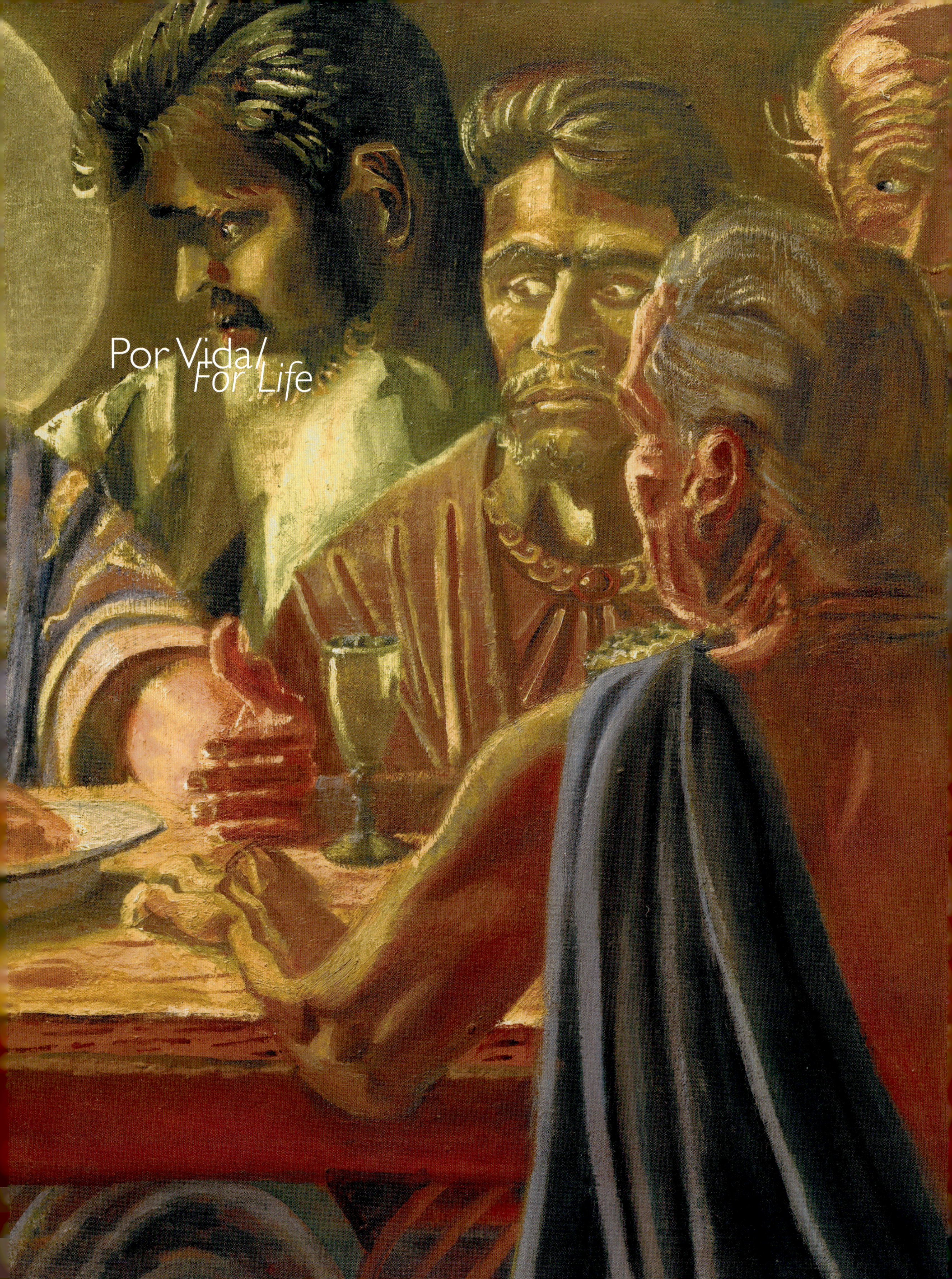

Por Vida/
For Life

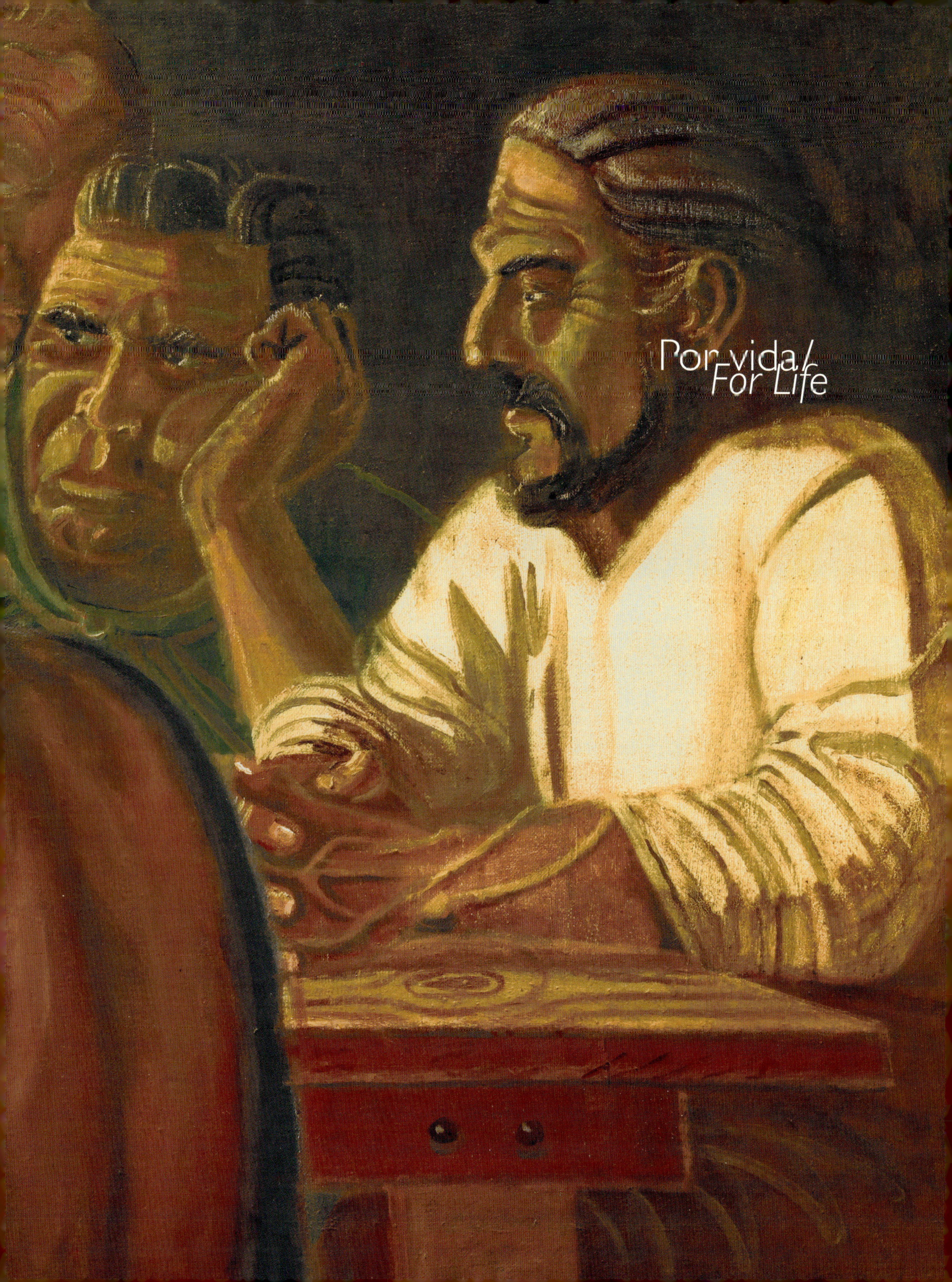

Por vida/ *For Life*

Por Vida/ For Life[1]

GILBERTO CÁRDENAS

Eduardo Carrillo lived for art and his art lives on.

Carrillo bestowed great vision and creativity throughout his career and continues to be an inspiration for other artists and admirers of his body of work. I am proud, and I am certain that many others are as well, that an important space is named in his honor under the auspices of the Art Department at the University of California, Santa Cruz—the Eduardo Carrillo Gallery.

Carrillo's legacy will live on, despite his passing in 1997, thanks to the dedication and good work of the leaders of the online Museo Eduardo Carrillo and the Crocker Art Museum. This exhibition, organized by guest curator Susan Leask, will further secure Carrillo's legacy. *Testament of the Spirit: Paintings by Eduardo Carrillo* serves as evidence of his indelible mark and the value of his work as a significant contribution to the Latino legacy in American art and culture.

Carrillo began his work in Los Angeles in the 1960s. He and such artists as Alberto Valdés, Domingo Ulloa, Dora De Larios, and Roberto Chavez can be considered forerunners of the Chicano art movement.[2] Carrillo was initially involved as an activist artist, creating murals and working with others to create "art for the people," to cite a phrase that Jean Charlot coined at an earlier time.[3] Laboring first in Los Angeles, then in Baja California, and eventually in Sacramento, Carrillo sought to secure a better position for Latinos in American society at a critical time in our nation's history—the late 1960s through the early 1970s. His focus remained the same even after he broke away from the Royal Chicano Air Force (RCAF), a collective of artists in Sacramento.[4] This break was likely aided by Carrillo's entry into the University of California, Santa Cruz, which provided him with opportunities to continue his development as an artist and educator.

Carrillo's work as a professor of art holds special meaning for me, because we both made our careers in higher education. As a mentor, he had a tremendous impact on his students. He can be viewed as a pioneer in the academy of Chicano artists, since so few Chicanos were then teaching in institutions of higher education, especially in the arts.

Carrillo's artwork particularly inspired artists in the Northern California funk scene, including non-Latino groups, according to Tomás Ybarra-Frausto, who describes much of this work as pre-psychedelic.[5] Carrillo also was a key player in mounting *Califas*, an exhibition that Ybarra-Frausto considers to be a precursor to the Chicano art exhibit

PREVIOUS SPREAD

LA ÚLTIMA CENA, 1994.
Detail. *See pages 132–133.*

PÁGINA DOBLE ANTERIOR

LA ÚLTIMA CENA, 1994.
Detalle. *Véase las páginas 132–133.*

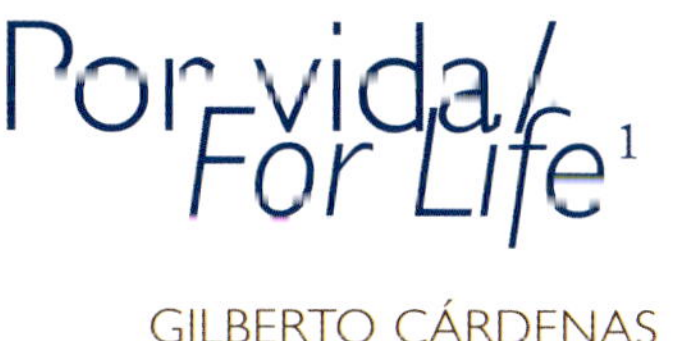

Por vida / For Life[1]

GILBERTO CÁRDENAS

Eduardo Carrillo vivió por el arte y su arte se mantiene vivo.

Carrillo desplegó una visión y una gran creatividad a lo largo de toda su carrera y continúa siendo una inspiración para otros artistas y para los admiradores de su obra. Me enorgullece, y estoy seguro de que a muchos otros también, el hecho de que, bajo los auspicios de la Facultad de Arte en la Universidad de California, Santa Cruz, un espacio tan importante haya sido denominado en su honor: la Galería Eduardo Carrillo.

El legado artístico de Carrillo seguirá perdurando a pesar de su muerte en 1997, gracias a la dedicación y valiosa labor de los líderes del museo en línea de Eduardo Carrillo y el Museo de Arte Crocker. Esta exposición, organizada por la curadora invitada, Susan Leask, apuntalará aún más el legado de Carrillo. *El testamento del espíritu: Pinturas de Eduardo Carrillo* es evidencia de su marca indeleble como también el valor de su obra en cuanto aporte significativo a la herencia latina en el arte y la cultura estadounidenses.

Carrillo inició su trabajo en Los Ángeles en los años sesenta. Él y otros artistas como Alberto Valdés, Domingo Ulloa, Dora De Larios y Roberto Chavez pueden ser considerados precursores del movimiento de arte chicano.[2] Carrillo se involucró inicialmente como un artista activista, creando murales y trabajando con otros para crear un "arte para el pueblo", citando una frase acuñada por Jean Charlot.[3] Desde su trabajo inicial en Los Ángeles, y luego en Baja California y eventualmente en Sacramento, Carrillo siempre procuró conseguir una mejor posición para los latinos en la sociedad estadounidense en ese momento crítico de la historia de nuestra nación—desde finales de la década de los sesenta hasta los primeros años de los setenta. Aún después de su rompimiento con La Real Fuerza Aérea Chicana (Royal Chicano Air Force, conocida como RCAF, por su sigla en inglés), un colectivo de artistas de Sacramento, Carrillo mantuvo el mismo enfoque artístico.[4] Esa ruptura fue probablemente ocasionada por la entrada de Carrillo a la Universidad de California, Santa Cruz, la cual le proporcionó oportunidades no sólo para desarrollarse artísticamente, sino también para educar a otros.

El trabajo de Carrillo como profesor de arte tiene un sentido especial para mí, porque ambos hemos tenido trayectorias profesionales en la educación superior. Como ejemplo a seguir, él tuvo un impacto enorme en sus estudiantes. Carrillo puede ser considerado como un pionero en la academia de los artistas chicanos, ya que en su época había muy pocos chicanos enseñando en instituciones de educación superior, especialmente en las artes.

La obra de Carrillo sirvió de inspiración particularmente a artistas del movimiento "funk" del norte de California, incluyendo grupos de artistas no latinos, según Tomás Ybarra-Frausto, quien además describe mucho de este trabajo como pre-psicodélico.[5] Carrillo también fue un protagonista clave en el montaje de *Califas*, una exposición que Ybarra-Frausto considera como precursora de la exposición

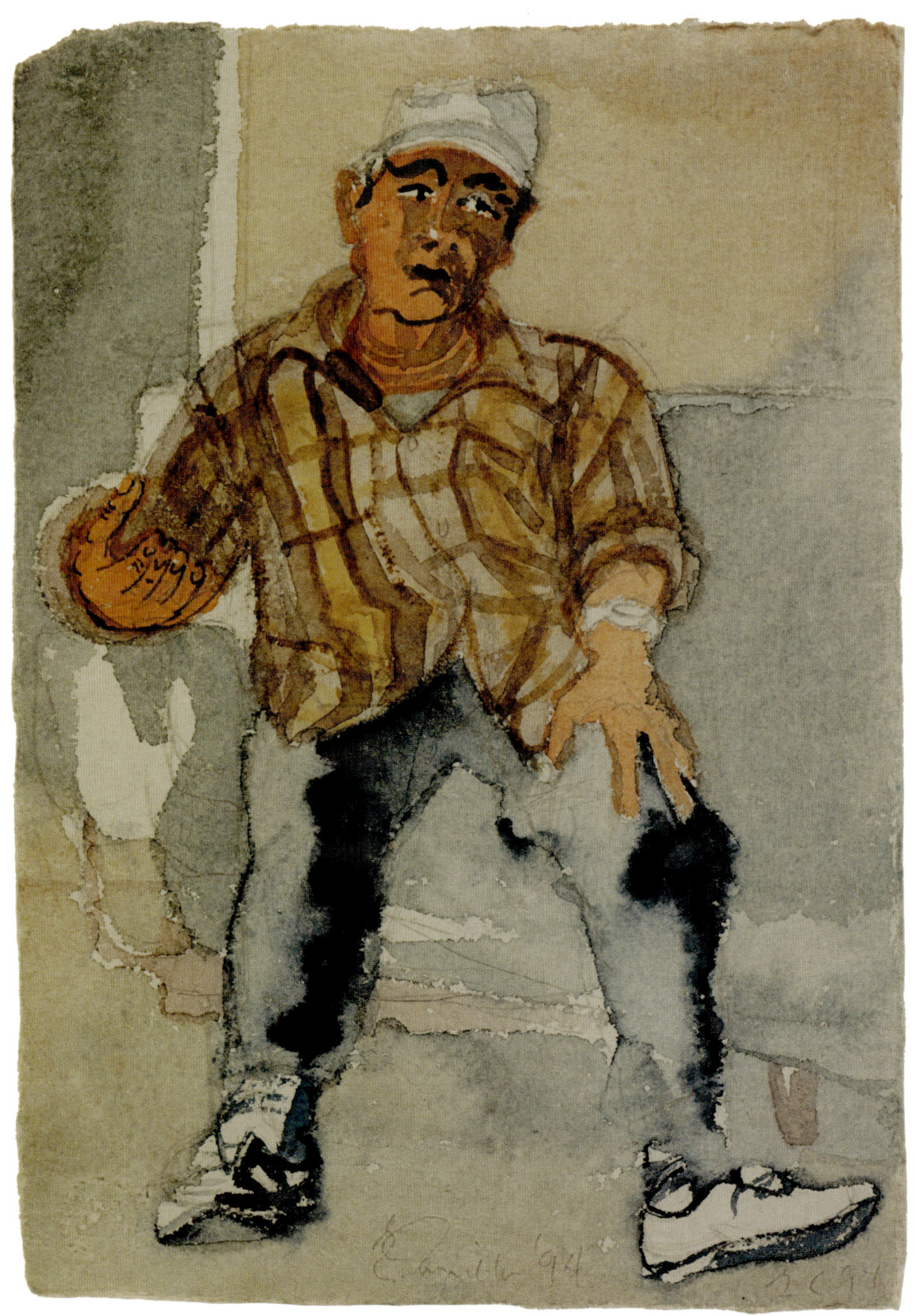

BETO EXPRESSING THE WORKERS' POSITION, 1994.
Watercolor on paper, 11 × 7½ inches.
Private collection.

BETO EXPRESANDO LA POSICIÓN DE LOS OBREROS, 1994.
Acuarela sobre papel, 11 × 7½ pulgadas.
Colección privada.

FACING PAGE

JACOBO SEATED, 1990.
Watercolor on paper, 19¾ × 14½ inches.
Private collection.

PÁGINA OPUESTA

JACOBO SENTADO, 1990.
Acuarela sobre papel, 19¾ × 14½ pulgadas.
Colección privada.

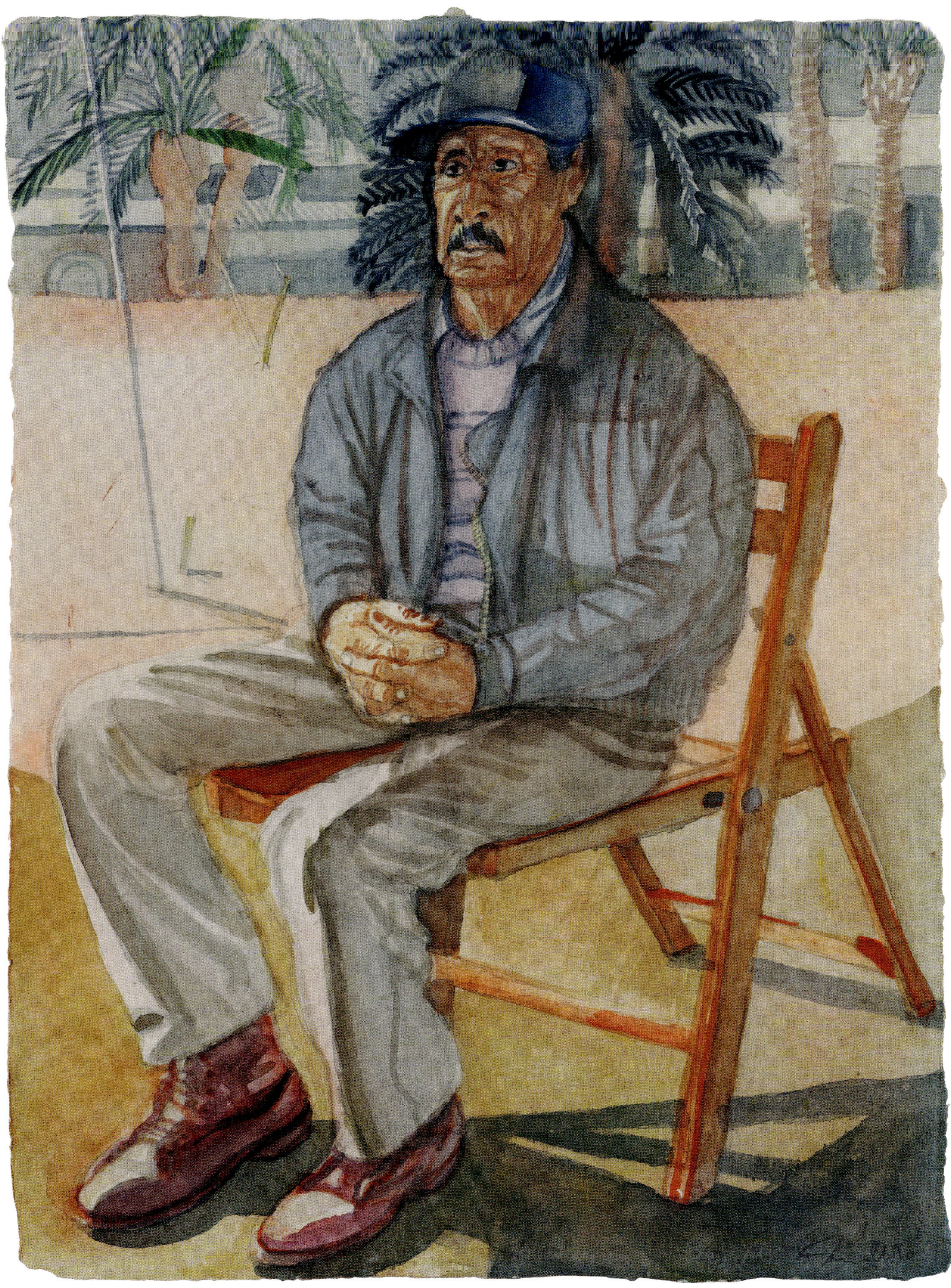

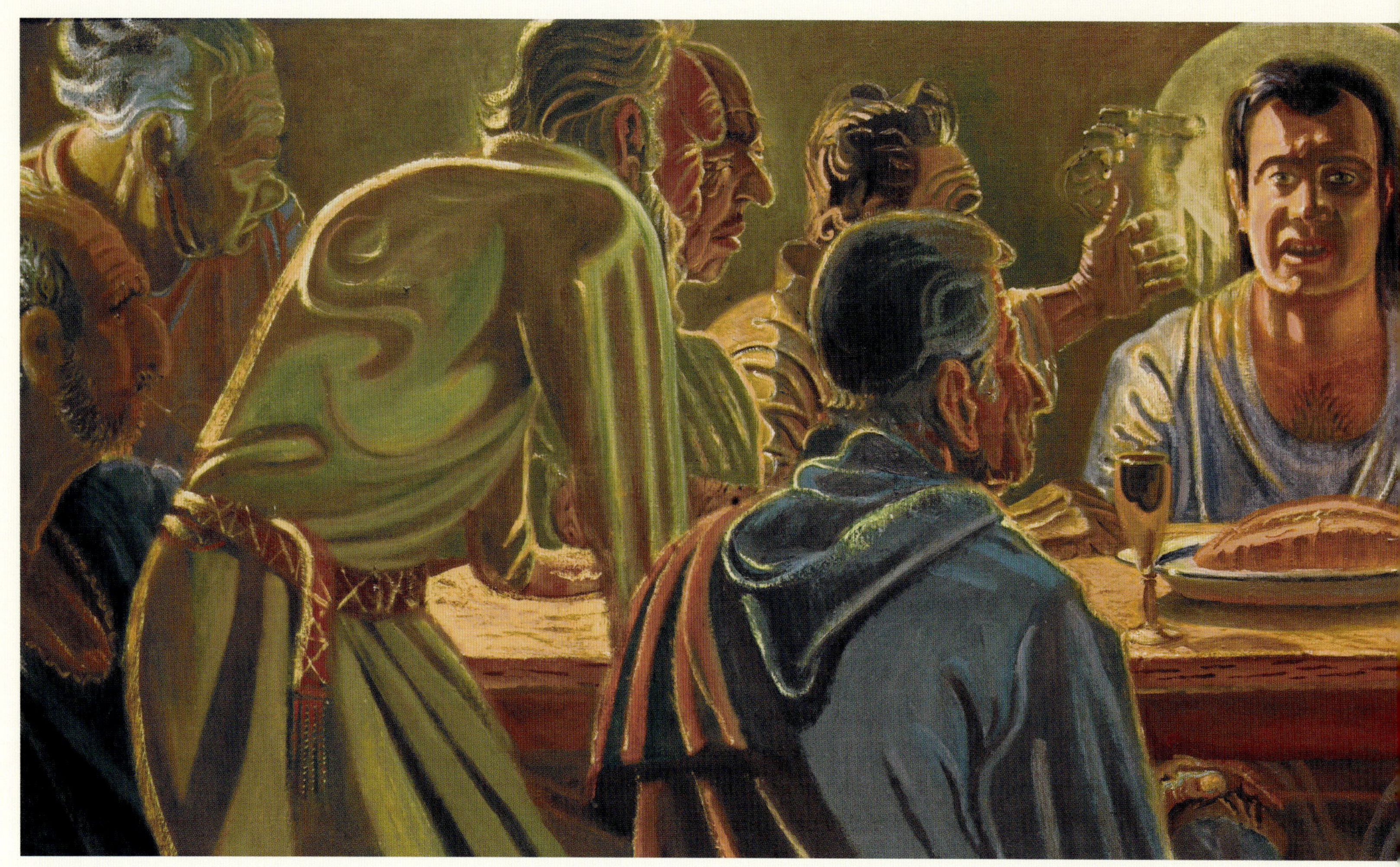

CARA (*Chicano Art: Resistance and Affirmation, 1965–1985*) at the University of California, Los Angeles, in 1990.

Las Tropicanas (1972–73; see pages 98–99) is, in my opinion, one of Carrillo's most important paintings. A near-psychedelic sweep of the streets of Los Angeles, *Las Tropicanas* is a depiction of life as almost a space trip—tripping out into space, if you will.[6] This work's composition depicts human and human-like figures, suggesting a chaotic relationship between them and the other elements present in the painting, pointing to nature and culture, time and place, life and death, regeneration and rebirth, indigenous origins, the situation in Los Angeles at that time, and a timeless future.

In reviewing the catalogue *Eduardo Carrillo*, published by Museo Eduardo Carrillo in 2009, I became intrigued with Carrillo's figurative paintings, which I saw through a lens different from the one I used in my previous studies of his works. His painting *La Última Cena* (1994) offers a feeling of interaction between the Christ-like central figure and the group of men who seem to be passive listeners. This more realistic representation characterizes much of Carrillo's oeuvre as well as that of many

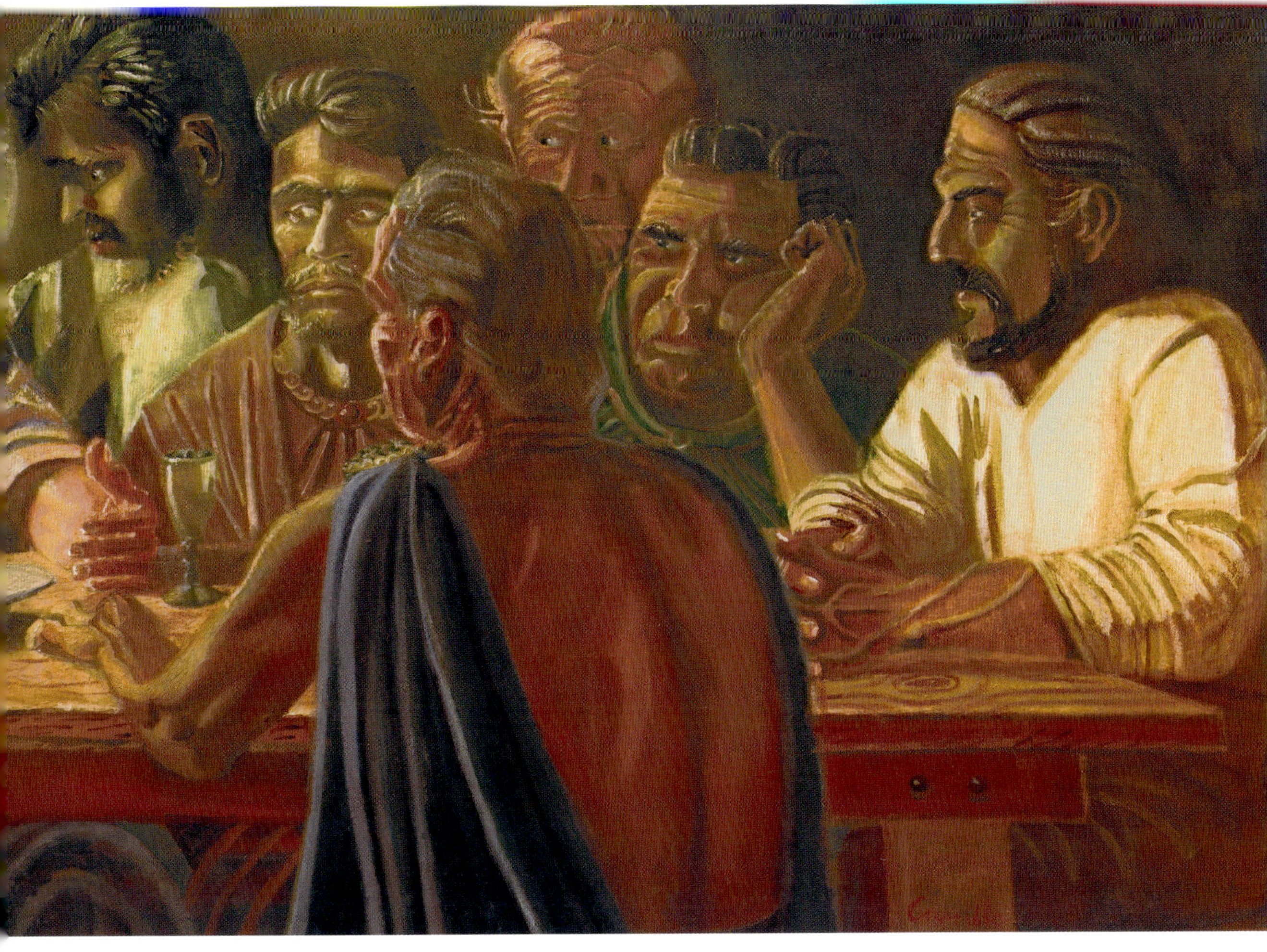

LA ÚLTIMA CENA, 1994.
Óleo sobre tabla,
26¾ × 80¾ pulgadas.
Colección privada.

LA ÚLTIMA CENA [THE LAST SUPPER], 1994.
Oil on panel,
26¾ × 80¾ inches.
Private collection.

Arte Chicano: Resistencia y Afirmación (1965–1985) en la Universidad de California, Los Ángeles, en 1990 (conocida como *CARA*, por su sigla en inglés).

En mi opinión, *Las Tropicanas* (1972–73; véase las páginas 98–99) es una de las obras más importantes de Carrillo. Un escaneo casi psicodélico de las calles de Los Ángeles, *Las Tropicanas* es un retrato de la vida casi como si fuera un viaje sideral—un viaje sideral psicotrópico, por así decirlo.[6] La composición de esta obra representa figuras humanas, así como figuras que semejan seres humanos, sugiriendo una relación caótica entre ellas y los demás elementos de la pintura, señalando la naturaleza y la cultura, el tiempo y el lugar, la vida y la muerte, la regeneración y el renacer, las orígenes indígenas, la situación en Los Ángeles en aquel entonces y un futuro intemporal.

Al revisar el catálogo *Eduardo Carrillo* publicado por el Museo Eduardo Carrillo en 2009, quedé intrigado por las pinturas figurativas de Carrillo, pero desde una mirada diferente a la que utilicé en mis estudios anteriores de sus obras. Su pintura *La Última Cena* (1994) plantea un sentimiento de interacción entre la figura central, parecida a Cristo, y un grupo de hombres que parecen ser oyentes pasivos. Esta representación más realista caracteriza mucha de la obra de Carrillo, como también la de muchos otros artistas chicanos. En cambio, *Hombre vegetal* [*Vegetable*

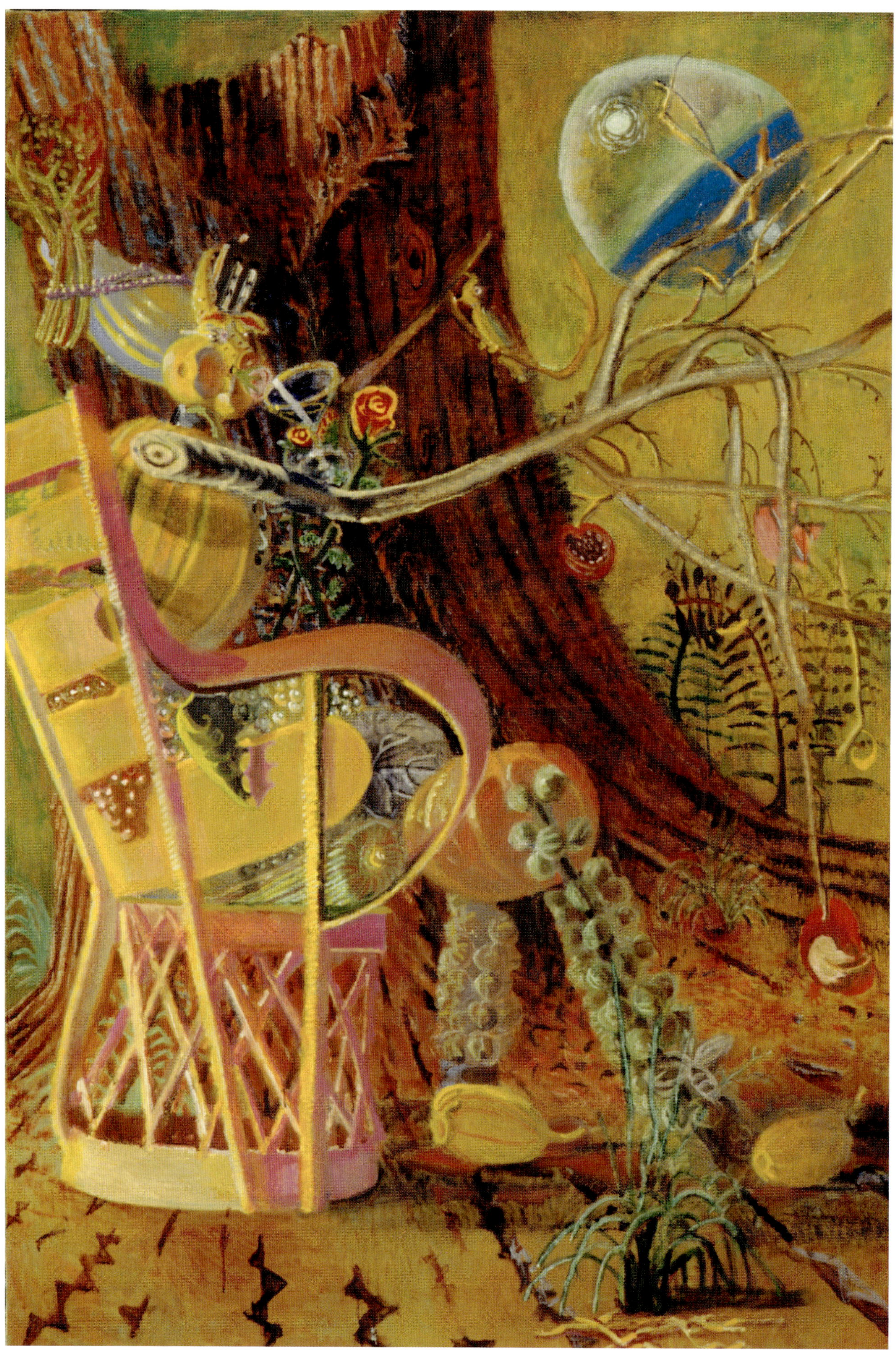

VEGETABLE MAN, 1997.
Oil on canvas, 60 × 48 inches.
Collection of Kate Fitz Gibbon.

HOMBRE VEGETAL, 1997.
Óleo sobre lienzo, 60 × 48 pulgadas.
Colección de Kate Fitz Gibbon.

Man] (1997) y su pintura más temprana, *Las Tropicanas*, representan una notable ruptura que vincula a Carrillo más estrechamente con otros artistas de distintas partes del mundo que han surgido en tiempos de crisis sociales y políticas.

Hombre vegetal, una de las últimas pinturas de Carrillo, transmite un sentido de atemporalidad, una expresión casi cómica de la vida, aunque la figura sentada esté anclada al suelo, tomando "algo" por siempre jamás. Aunque el género de pintura de la naturaleza muerta tiene una larga historia—se piensa en los cuadros del artista del siglo XVI Giuseppe Arcimboldo—la imagen de Carrillo fue ciertamente una desviación de lo que reflejaba el trabajo de los artistas chicanos de entonces. Esta expresión de identidad y cultura trasciende fronteras y coloca a Carrillo al mismo nivel de artistas que surgieron en medio de las protestas en otras partes del mundo. Al igual que *Las Tropicanas*, *Hombre vegetal* juega con el tiempo y el espacio, el crecimiento, la composición figurativa, la naturaleza y la cultura. En ambas pinturas, se transponen múltiples imágenes, brindando una visión compleja de los elementos a través del tiempo y el espacio. En *Hombre vegetal*, Carrillo antepone una visión de la vida actual y de movimiento hacia el futuro.

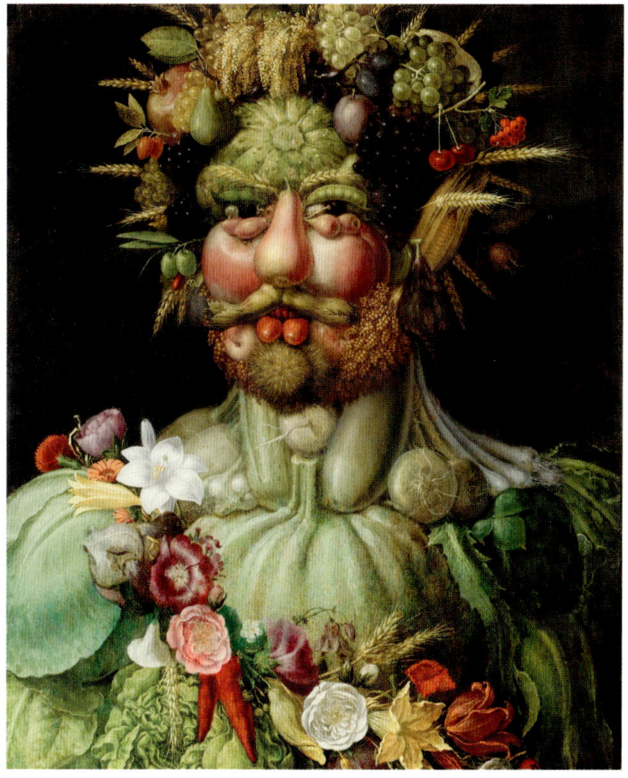

Giuseppe Arcimboldo (hacia 1527–1593), Rodolfo II, Imperador del Sacro Imperio Romano Germánico, representado como Vertumno*, el dios romano de las estaciones, hacia 1590–91. Óleo sobre madera, 27¾ × 22⅞ pulgadas. Castillo de Skokloster, Suecia.*

Giuseppe Arcimboldo (ca. 1527–1593), Rudolf II, Holy Roman Emperor painted as Vertumnus*, the Roman God of the Seasons, ca. 1590–91. Oil on wood, 27¾ × 22⅞ inches. Skokloster Castle, Sweden.*

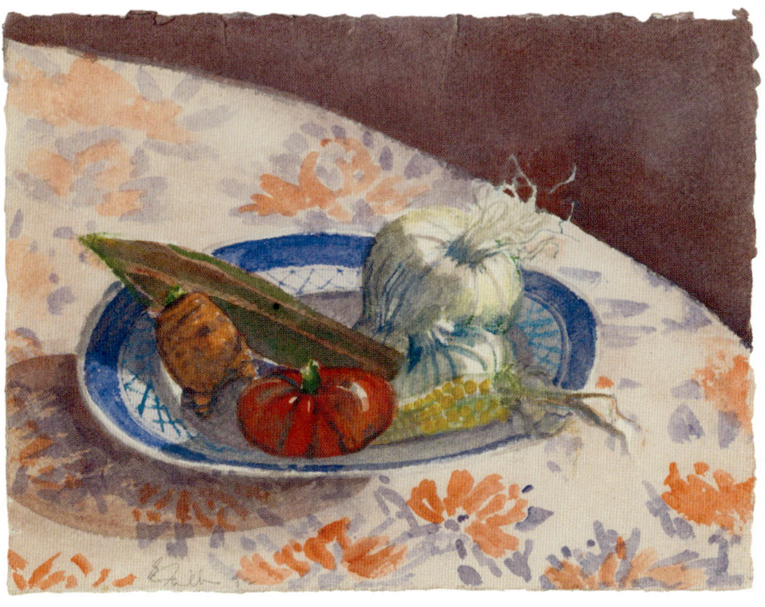

VERDURAS DEL HUERTO, 1992.
Acuarela sobre papel, 11½ × 15 pulgadas. Colección privada.

GARDEN VEGETABLES, 1992.
Watercolor on paper, 11½ × 15 inches. Private collection.

other Chicano artists. In contrast, *Vegetable Man* (1997; see page 134) and the earlier *Las Tropicanas* are marked departures that align Carrillo more with other artists from different parts of the world who have emerged during times of social and political crises.

Vegetable Man, one of Carrillo's last paintings, conveys a sense of timelessness, an almost comical expression of life, yet its seated figure is fixed on earth, drinking "something" for the ages. While still-life painting dates back in time—one thinks of the paintings by sixteenth-century Italian mannerist Giuseppe Arcimboldo—Carrillo's image was certainly a departure from what Chicano artists' work reflected at the time. This expression of identity and culture transcends borders and puts Carrillo in step with artists who emerged in protest in other parts of the world. Like *Las Tropicanas*, *Vegetable Man* plays with time and space, growth, figurative composition, and nature and culture. In both paintings, numerous images are transposed, providing a complex vision of elements over time and place. In *Vegetable Man*, Carrillo brings forth a vision of life now and movement into the future.

In this light, *Vegetable Man* reminds me of the exhibition *Atomic-Circus* that I saw in 2014 at El Museo Nacional Centro de Arte Reina Sofia in Madrid that featured the work of Patricia Gadea, a prolific Spanish activist artist who passed away too early.[7] Gadea, along with

Patricia Gadea (1960–2006),
El Ritmo del Mundo, *1994.*
Acrylic on linen,
78¾ × 98½ inches.
Collection of Dionisio Ugalde.

Patricia Gadea (1960–2006),
El ritmo del mundo, *1994.*
Acrílico sobre lino,
78¾ × 98½ pulgadas.
Colección de Dionisio Ugalde.

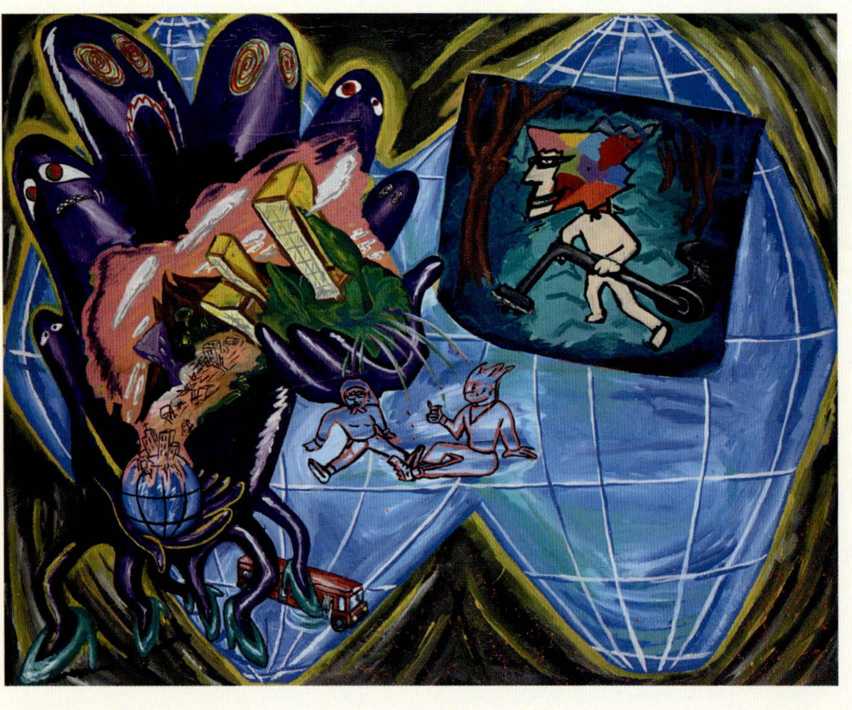

FACING PAGE

SACRIFICE OF THE HEAD AND HEART, 1977.
Oil on canvas,
168 × 132 inches.
Private collection.

PÁGINA OPUESTA

SACRIFICIO DE LA CABEZA Y DEL CORAZÓN, 1977.
Óleo sobre lienzo,
168 × 132 pulgadas.
Colección privada.

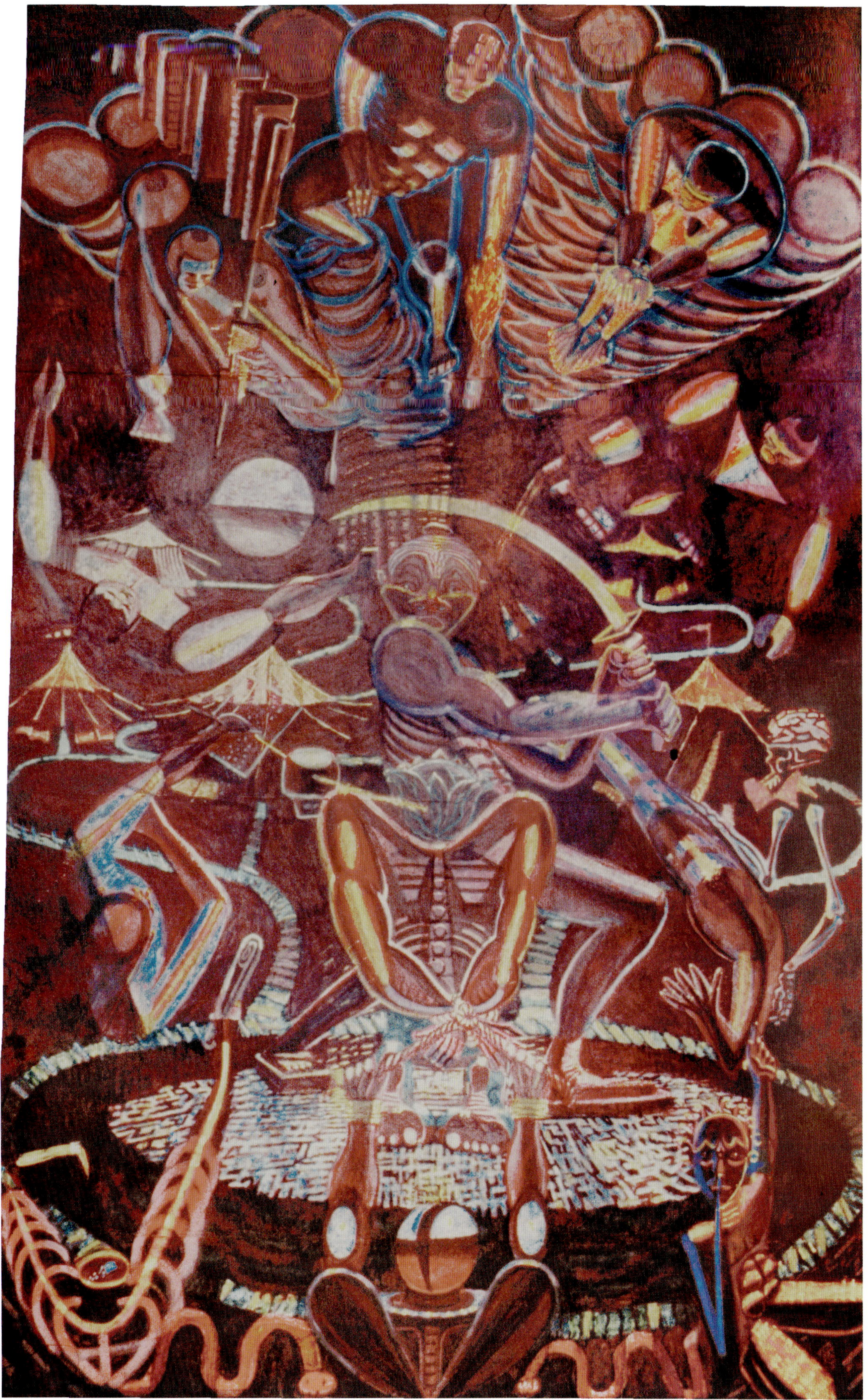

other artists and writers who emerged shortly after Franco's death, began to produce art that was intentionally explosive. Their art, writings, and performances were meant to disentangle the meaning of life in the new post-Franco era by creating works that used a mix of comical, political, and distorted figures to portray their vision of contemporary society and their hope for a vibrant future.

Carrillo's work, as seen in *Las Tropicanas* and *Vegetable Man*, provides us assurance that Eduardo Carrillo's legacy will live on. Generations of artists will continue to be inspired by his paintings. This exhibition will offer diverse audiences an opportunity to view and appreciate Carrillo's pioneering contributions to American art.

Notes

1. The term *por vida* is well-known slang in Mexican American and Fronterizo communities. It means *para toda la vida* (for one's whole life long).
2. Chon Noriega, Terezita Romo, and Pilar Tompkins Rivas, *L.A. Xicano* (Los Angeles: UCLA Chicano Studies Research Center Press, 2011).
3. Peter Morse, *Popular Art: The Example of Jean Charlot* (Santa Barbara, CA: Capra Press, 1978).
4. The RCAF is a collective formed in 1969 by founding members José Montoya, Estevan Villa, Juanishi Orosco, Ricardo Favela, and Rudy Cuéllar. Considered one of the most influential collectives of their time, the group continues to be a necessary reference for artists today. See Richard Griswold del Castillo, Teresa McKenna, and Yvonne Yarbro-Bejarano, eds., *Chicano Art: Resistance and Affirmation* (Los Angeles: UCLA Wight Art Gallery, 1990), 290.
5. Oral history interview by the author with Tomás Ybarra-Frausto, May 1, 2014–May 25, 2015, Archives of American Art, Smithsonian Institution, Washington, D.C.
6. "Using psychedelic pictorial languages as seductive visual stimuli, these artists are merely conduits transmitting optically charged information, enticing viewers into sumptuous wonderlands for inquiry, speculation, and connectivity." In David S. Rubin, ed., *Psychedelic: Optical and Visionary Art since the 1960s* (Cambridge, MA: MIT Press, 2010), 15–37.
7. See Virginia Torrente, "La década de los ochenta: Alta densidad pictórica," in Patricia Gadea, *Atomic-Circus* (Madrid: Museo Nacional Centro de Arte Reina Sofía, 2014).

Desde esta perspectiva, *Hombre vegetal* me recuerda a *Atomic-Circus*, una exposición que vi en 2014 en el Museo Nacional Centro de Arte Reina Sofía en Madrid, donde se exhibía la obra de Patricia Gadea, una prolífica artista activista española que falleció a muy temprana edad.[7] Gadea, junto a otros artistas y escritores que surgieron poco después de la muerte de Franco, empezaron a producir arte intencionalmente explosivo. Su producción artística, sus escritos y su arte escénico buscaban desenredar el significado de la vida en la nueva época postfranquista, creando obras que utilizaban una mezcla de figuras distorsionadas, cómicas y políticas, que retrataban su visión de la sociedad contemporánea y su esperanza de un futuro vibrante.

La obra de Carrillo, tal como se ve en *Las Tropicanas* y *Hombre vegetal*, nos asegura que el legado de Eduardo Carrillo perdurará. Generaciones de artistas seguirán siendo inspirados por sus pinturas. Esta exposición ofrecerá a distintos públicos una oportunidad para ver y apreciar las contribuciones pioneras de Carrillo al arte estadounidense.

Notas

1. "Por vida" es una expresión muy común en la jerga cotidiana de las comunidades méxico-estatounidenses y fronterizas. Significa "para toda la vida".
2. Chon Noriega, Terezita Romo y Pilar Tompkins Rivas, *L.A. Xicano* (Los Ángeles: UCLA Chicano Studies Research Center Press, 2011).
3. Peter Morse, *Popular Art: The Example of Jean Charlot* (Santa Barbara, CA: Capra Press, 1978).
4. La Real Fuerza Aérea Chicana es un colectivo fundado en 1969 por José Montoya, Estevan Villa, Juanishi Orosco, Ricardo Favela y Rudy Cuéllar. Considerado como uno de los colectivos más influyentes de su época, sigue siendo un punto de referencia necesario para los artistas de hoy. Véase Richard Griswold del Castillo, Teresa McKenna y Yvonne Yarbro-Bejarano, eds., *Chicano Art: Resistance and Affirmation, 1965–1985* (Los Ángeles: UCLA Wight Art Gallery, 1991), 290.
5. Entrevista de historia oral del autor con Tomás Ybarra-Frausto, 1 mayo de 2014–25 mayo de 2015, Archives of American Art, Smithsonian Institution, Washington, D.C.
6. "Utilizando idiomas pictóricos psicodélicos como estímulos visuales seductivos, estos artistas son unos meros vehículos que transmiten información ópticamente cargada, atrayendo a los espectadores a unos suntuosos países de maravilla para la investigación, la especulación y la conectividad". En David S. Rubin, ed., *Psychedelic: Optical and Visionary Art since the 1960s* (Cambridge, MA: MIT Press, 2010), 15–37.
7. Véase Virginia Torrente, "La decáda de los ochenta: alta densidad pictórica", en Patricia Gadea, *Atomic-Circus* (Madrid: Museo Nacional Centro de Arte Reina Sofía, 2014).

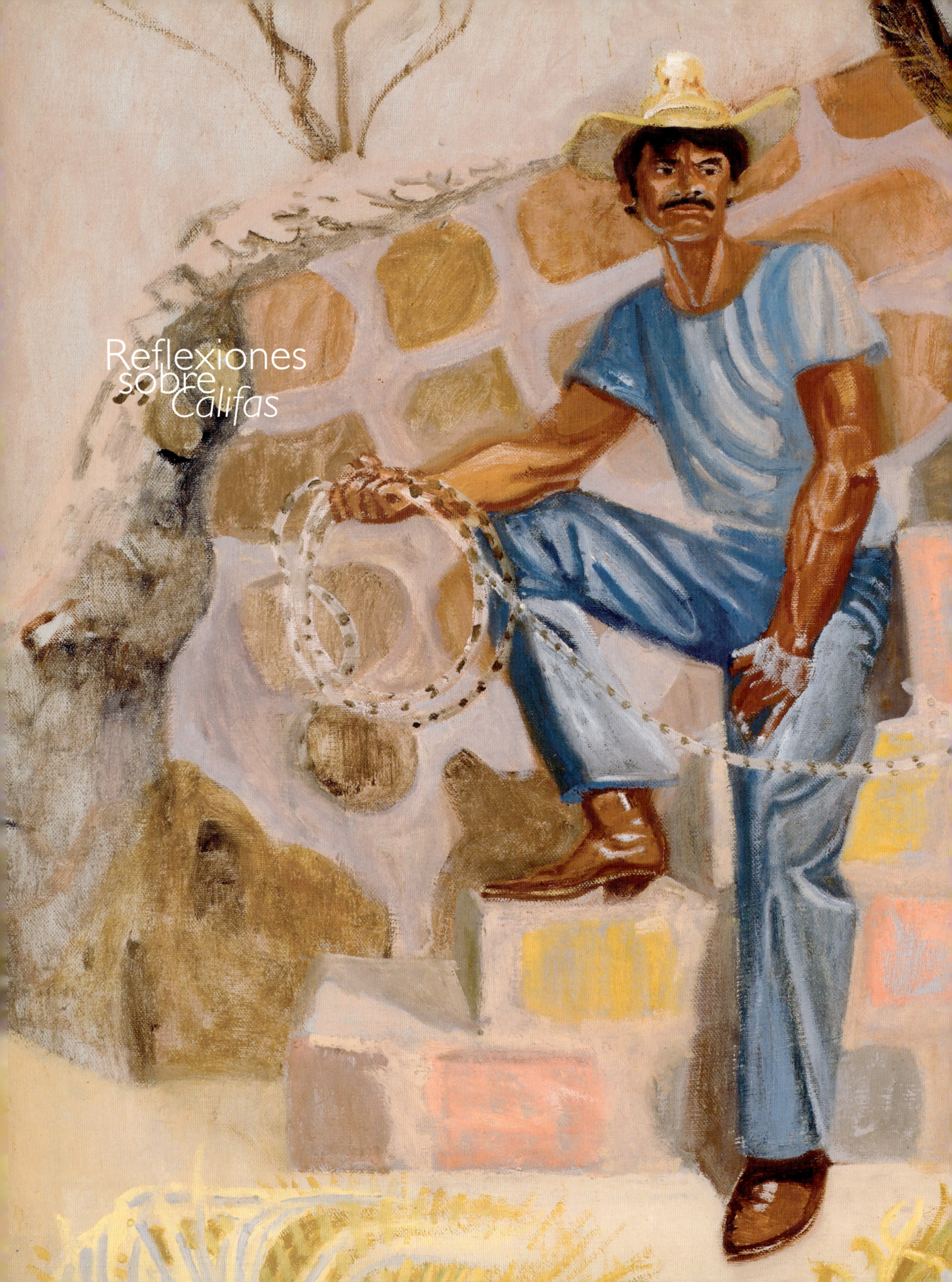

Reflexiones sobre *Califas*

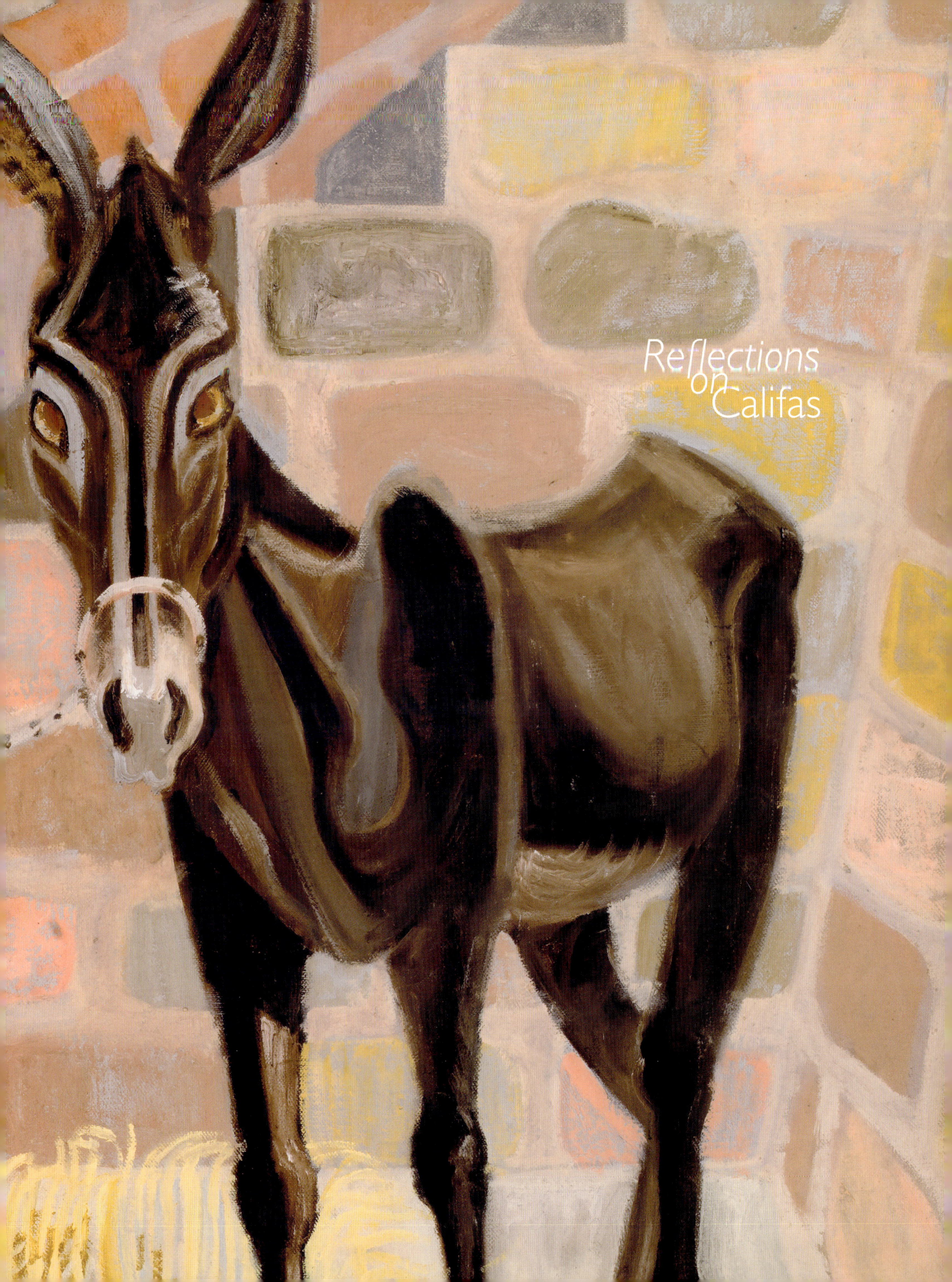
Reflections
on
Califas

Reflexiones sobre *Califas*

AMALIA MESA-BAINS

Dentro del marco de la exposición *Testamento del espíritu*, es crucial entender tanto el significado como la historia de la obra del artista y defensor cultural Eduardo Carrillo. Sus esfuerzos en el movimiento chicano se encarnaron en su visión organizativa de la conferencia pionera, *Califas: Arte y cultura chicana en California*. Eduardo y sus colegas Juventino (Tino) Esparza y Philip Brookman encabezaron el evento, que se celebró en 1981 en la Universidad de California, Santa Cruz. El encuentro reunió por primera vez a artistas, trabajadores culturales, historiadores del arte y docentes para considerar las contribuciones del arte chicano de 1965 a 1981. También exploró la reciente historia de las artes en el movimiento chicano e incluyó discusiones sobre el muralismo, el cartelismo, los altares y la espiritualidad, el teatro, el papel de la mujer y la importancia de los centros culturales chicanos. Esta amplia aproximación permitió a los participantes examinar la diversidad del arte chicano, sus diferentes definiciones estéticas y su ímpetu político. Cómo yo fui una de los artistas participantes en *Califas*, en cierta medida mi ensayo constituye una reflexión personal.

Al explorar la relación de Eduardo con *Califas*, es importante tener en cuenta toda su obra, sus experiencias como pintor y su herencia como un mexicano/chicano. Una de las fuerzas motoras del movimiento chicano temprano era el rescate cultural; en este sentido, el trabajo de Eduardo en México, sus estudios con artistas indígenas allí y hasta sus estudios en España contribuyeron a su ímpetu para documentar y entender el arte chicano. Sólo ahora entiendo el aspecto visionario de los esfuerzos de Eduardo, teniendo en cuenta que para entonces, el arte chicano tenía menos de quince años de existencia.

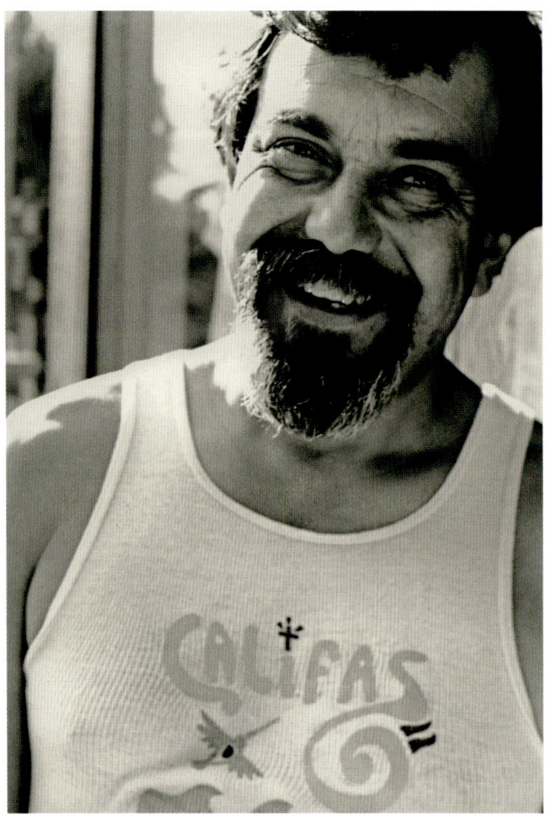

Eduardo Carrillo con una playera de Califas, Santa Cruz, California, 1981. Fotografía de Cruz Ortiz Zamarrón.

Eduardo Carrillo wearing Califas T-shirt, Santa Cruz, California, 1981. Photo by Cruz Ortiz Zamarrón.

Reflections on Califas

AMALIA MESA-BAINS

Within the context of the exhibition *Testament of the Spirit*, it is critical to understand both the meaning and history of the work of artist and cultural advocate Eduardo Carrillo. His efforts within the Chicano movement were embodied in his organizing vision for the groundbreaking *Califas: Chicano Art and Culture in California*. Eduardo and his colleagues Juventino (Tino) Esparza and Philip Brookman led the conference, which took place in 1982 at the University of California, Santa Cruz. The gathering brought together for the first time artists, cultural workers, art historians, and educators to look at the contributions of Chicano art from 1965 to 1981. It also explored the recent history of the arts in the Chicano movement and included discussions of muralism, poster making, altars and spirituality, theater, the role of women, and the importance of Chicano cultural centers. This broad approach enabled participants to examine the diversity of Chicano art, its various aesthetic definitions, and its political impetus. As I was one of the participating artists in *Califas*, my essay is to some degree a personal reflection.

In exploring Eduardo's relationship to *Califas*, it is important to consider his body of work, his experiences as a painter, and his heritage as a *mexicano*/Chicano. One of the driving forces in the early Chicano movement was cultural reclamation and, as such, Eduardo's work in Mexico, his study with indigenous artists there, and even his study in Spain contributed to his drive to document and understand Chicano art. Only now do I understand the visionary aspect of Eduardo's efforts, considering that Chicano art was then less than fifteen years old. His was in many respects a prophetic endeavor, and he, along with Luis Valdez, Judith Baca, Carmen Lomas Garza, and Tomás Ybarra-Frausto, already had a sense of the impact and value of Chicano art. Because Eduardo was one of the first Chicanos to be in an institutional setting as a professor of art, he had the capacity to look at the art-making process, both as an artist and as a scholar, in a way that many of the rest of us did not have at that point.

As I look back now, I realize the conference was a moment of great change, which contributed to a deeper sense of our own history and life as an artistic community. Eduardo's introductory lectures were insightful in establishing a historic and indigenous foundation for our work. His perspective helped develop a more collective understanding of our efforts because each of us now had the view of our own region—Northern, Central, or Southern California and

PREVIOUS SPREAD

EL BURRO QUE SABE [*THE DONKEY WHO KNOWS*], 1992. *Detail.* *See page 151.*

PÁGINA DOBLE ANTERIOR

EL BURRO QUE SABE, 1992. *Detalle.* *Véase la página 151.*

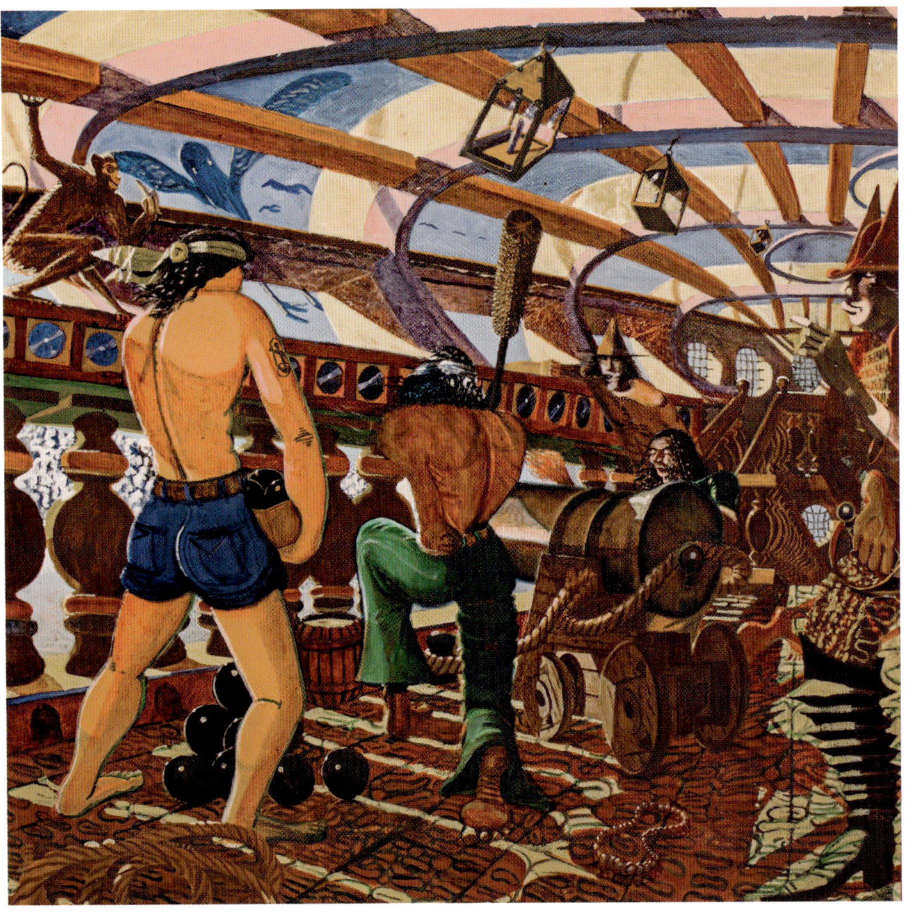

LOS BUCANEROS, 1974.
Óleo sobre madera contrachapada, 59½ × 60½ pulgadas.
Colección de Alison Carrillo.

LOS BUCANEROS [THE BUCCANEERS], 1974.
Oil on plywood, 59½ × 60½ inches.
Collection of Alison Carrillo.

El suyo fue, desde muchos puntos de vista, un esfuerzo profético; junto con Luis Valdez, Judith Baca, Carmen Lomas Garza y Tomás Ybarra-Frausto, él ya tenía un sentido del impacto y el valor del arte chicano. Dado que Eduardo fue uno de los primeros chicanos que tuvo un puesto institucional como profesor de bellas artes, él tenía la capacidad de mirar el quehacer artístico, tanto como artista como estudioso del tema, de una manera que el resto de nosotros no teníamos para entonces.

Ahora, cuando miro hacia atrás, me doy cuenta de que la conferencia representó un momento de gran cambio que contribuyó a proporcionarnos un sentido más profundo de nuestra propia historia y de nuestra vida como comunidad artística. Las ponencias introductoras de Eduardo fueron perspicaces y claves en el establecimiento de una fundación histórica e indígena para nuestro trabajo. Su perspectiva ayudó a desarrollar una comprensión más colectiva de nuestros esfuerzos en el contexto más amplio del estado como un todo, pues hasta entonces cada uno de nosotros tenía una visión de nuestra región respectiva—el norte, el centro o el sur de California y sus principales áreas metropolitanas: Sacramento, San Francisco y Los Ángeles. Por lo tanto, *Califas* nos permitió ampliar nuestras redes y entender también el propósito del quehacer artístico de cada uno de nosotros.

Denominar la conferencia como "Califas," palabra de la jerga chicana usada para referirse a California, puso de relieve una arraigada sensibilidad comunitaria. Todavía es tema de debate si la palabra "Califas" viene del *Caló*, un dialecto carcelario, o si es un juego de palabras derivado de *Calafia*, la reina amazona imaginada por los colonizadores españoles. De todos modos, Califas es el apelativo de California que encaja con el aspecto regional del movimiento chicano. A comienzos de los ochenta, los chicanos en Nuevo México generalmente se autodenominaban "hispanos", mientras que los chicanos en Texas se hacían llamar "tejanos". La gente en California era primordialmente la que utilizaba el término "chicano". Yo bromeaba entonces diciendo que eso era porque

their major metropolitan areas, Sacramento, San Francisco, and Los Angeles—within the larger context of the state as a whole. *Califas* thus allowed us to broaden our networks and also to understand each other's art-making purposes.

Naming the conference "Califas," a slang Chicano term for "California," brought a grounded community sensibility into play. Whether the word "Califas" comes from *Caló*, which is a prison language, or if it's a play on *Calafia*, the Amazon queen imagined by the Spanish colonizers, has been a topic of debate. Either way, Califas is a shortcut term for California and resonates with the regional aspect of the Chicano movement. In the early 1980s, Chicanos in New Mexico generally called themselves "Hispanos," and Chicanos in Texas often called themselves "Tejanos." The people in California were primarily the ones who used the term "Chicanos," and I used to joke that it was because we were at the last place before you fell into the ocean, and we were often the most removed from our Mexican background. As the theorist Juan Gómez-Quiñones says, "Those who are most concerned with their identity are those most in peril of losing it."

Eduardo was different in that respect, as he had always maintained ties with his family in Baja California, Mexico. A lot of Chicanos in California were of the more radical vanguard, and the term "Califas" captured that sentiment. I think Eduardo used it as a sort of political statement born of his experiences of police harassment during the Chicano Moratorium, the anti–Vietnam War demonstration in Los Angeles in 1970. He also had found that his own public education lacked any Chicano or *mexicano* history, and that awareness made him more of a Chicano activist. His treatment in regard to the removal of his mural *Birth, Death, and Regeneration* (see page 92) in Santa Cruz in 1979 contributed to his deep compassion for community artists, which allowed us to bring together perspectives from Northern, Southern, and Central California.

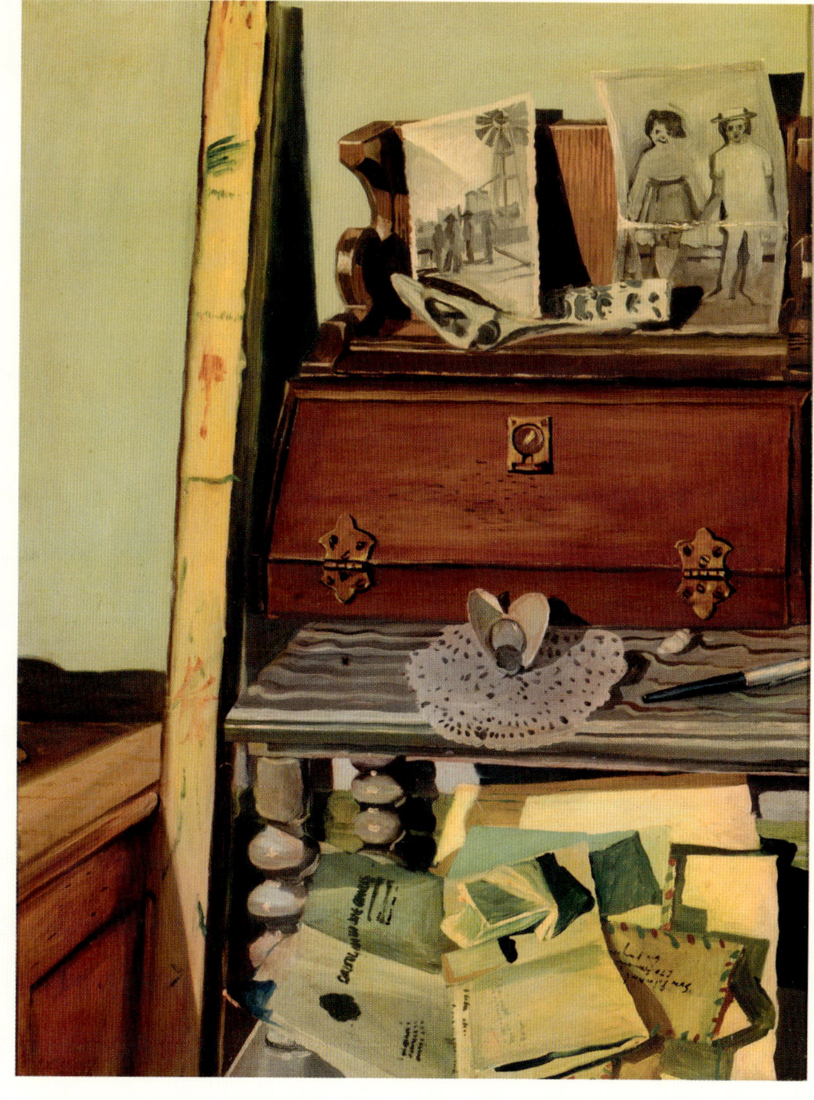

STILL LIFE DESK, LA PAZ, 1968.
Oil on board, 31½ × 23¾ inches.
Private collection.

ESCRITORIO, NATURALEZA MUERTA, LA PAZ, 1968.
Óleo sobre tabla,
31½ × 23¾ pulgadas.
Colección privada.

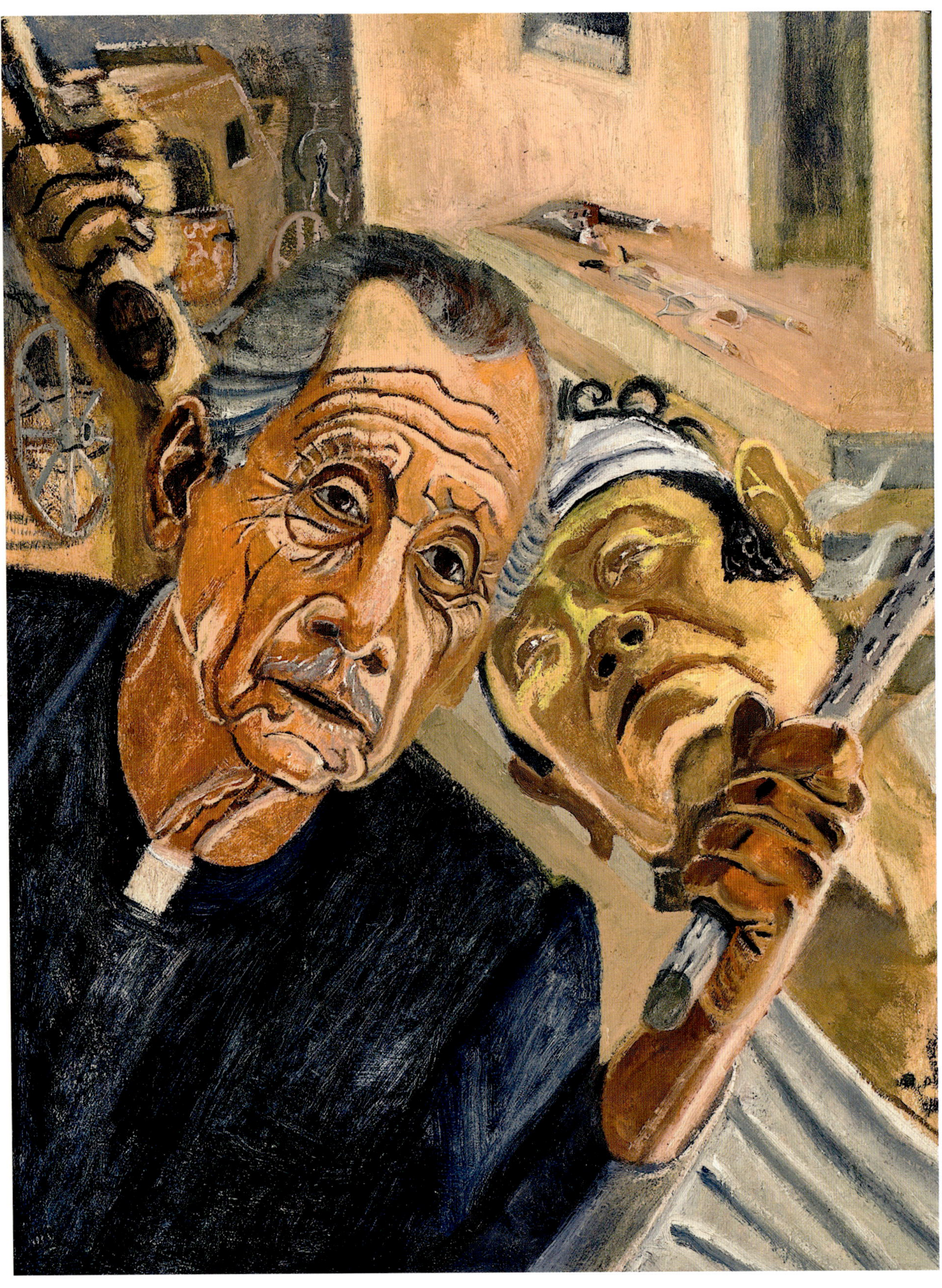

REVOLUTION, 1991.
Oil on canvas, 24 × 18 inches.
Collection of Ruben Carrillo.

LA REVOLUCIÓN, 1991.
Óleo sobre lienzo, 24 × 18 pulgadas.
Colección de Ruben Carrillo.

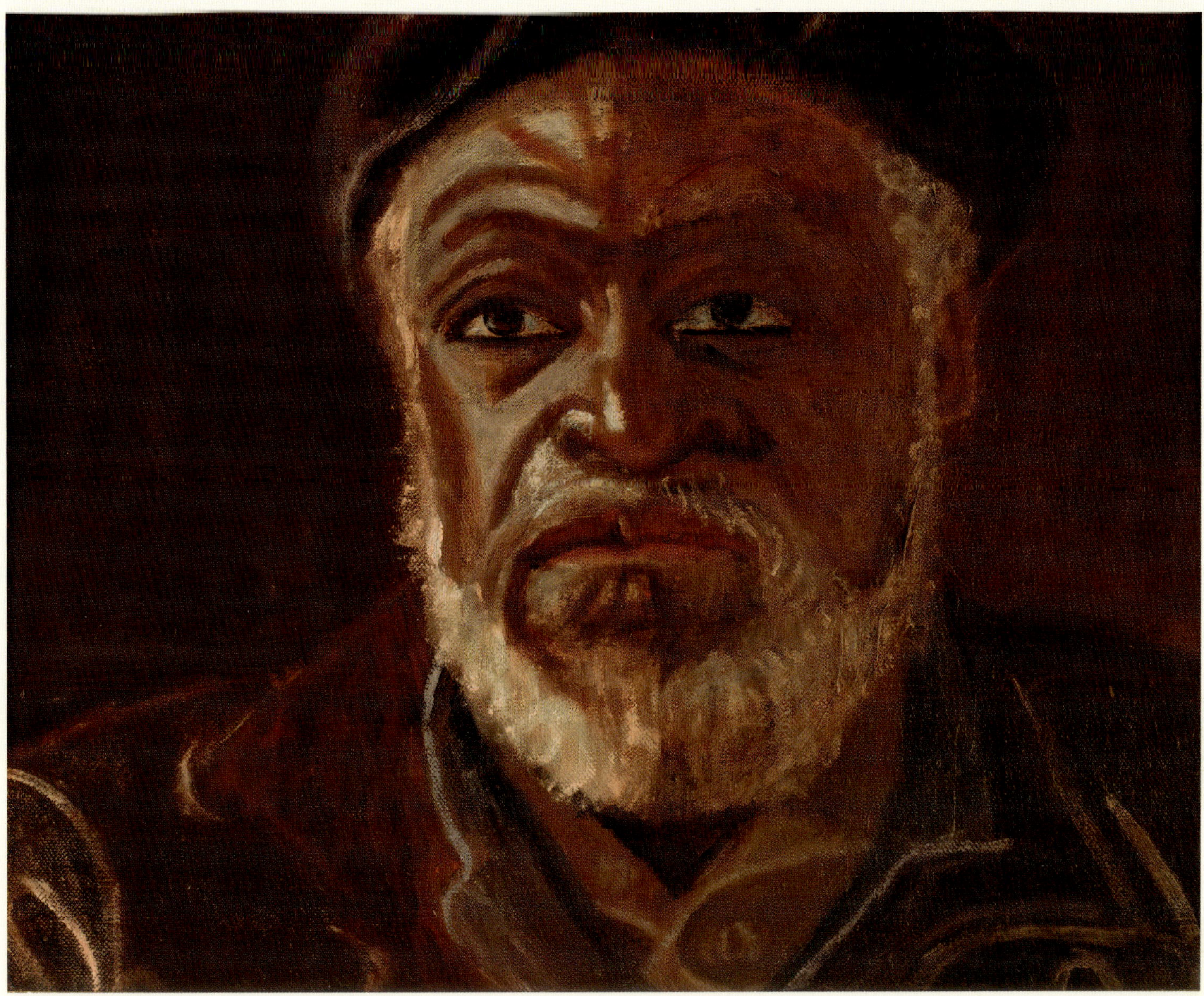

DOYLE, 1992.
Oil on canvas,
15 × 18 inches.
Collection of Doyle and Selma Foreman.

DOYLE, 1992.
Óleo sobre lienzo,
15 × 18 pulgadas.
Colección de Doyle y Selma Foreman.

One of the core values in the Chicano movement was the notion of cultural reclamation—the idea of reclaiming culture and identity as native peoples. Many of the artists had different roots, but they were often border California or Northern Mexico people (with few from the southern part of Mexico). The Chicano movement was a transitional space between California and Baja California, which became a kind of U.S.–Mexico nexus.

Reflecting on Chicano history, beginning with the 1848 annexation and with the movement's birth out of times of turbulence, I think that Eduardo's sustained ties to his roots in San Ignacio and La Paz gave him a special insight. He focused on the indigenous and gave special value to pre-Columbian art and spirituality. One of the hallmarks of the Chicano movement was the premise that we were not European. We saw ourselves as offspring of an indigenous coalition, so our sense of belonging and origin went back symbolically

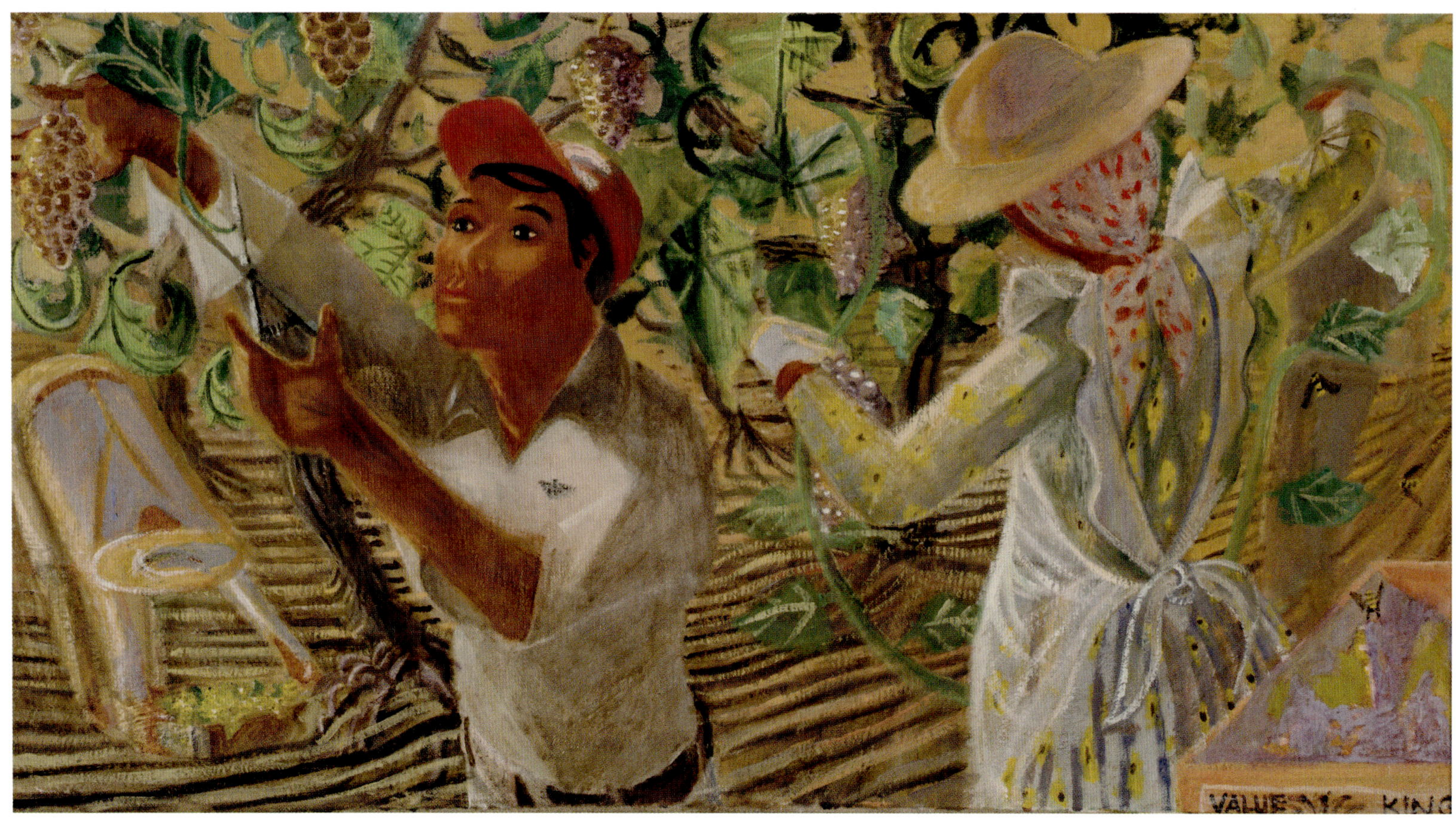

VALUE KING, 1986.
Óleo sobre lienzo, 32¾ × 54 pulgadas.
Colección de Ruben Carrillo.

VALUE KING, 1986.
Oil on canvas, 32¾ × 54 inches.
Collection of Ruben Carrillo.

estábamos en el último lugar antes de caer al océano y a menudo éramos los más distantes de nuestro pasado mexicano. Como lo afirma el teórico Juan Gómez-Quiñones, "Los que están más preocupados por su identidad son los que están en más riesgo de perderla".

Eduardo era diferente en este sentido, pues él siempre mantuvo vínculos con su familia en Baja California, México. Muchos chicanos en California eran de la vanguardia más radical y el término "Califas" capturaba ese sentimiento. Pienso que Eduardo lo usó como una especie de declaración política nacida de su experiencia con el acoso policial durante la Moratoria Chicana, la manifestación contra la guerra de Vietnam en Los Ángeles en 1970. Él también se había dado cuenta de que su educación en las escuelas públicas carecía por completo de toda historia chicana o mexicana, y esa consciencia aumentó su activismo chicano. La manera como fue tratado cuando su mural, *Nacimiento, muerte y regeneración* (véase la página 92) en Santa Cruz fue removido en 1979 contribuyó a su profunda compasión por artistas comunitarios, lo cual nos permitió conjugar perspectivas del norte, sur y centro de California.

Uno de los valores fundamentales del movimiento chicano era la noción del rescate cultural—la idea de recuperar nuestra cultura e identidad como pueblos indígenas. Muchos de los artistas tenían raíces diferentes, pero a menudo eran gente fronteriza de California o del norte de México (con unos pocos oriundos del sur de México). El movimiento chicano fue

to the Aztecs or, in some cases, the Mayans. *Califas*, which was very much guided by Eduardo's vision, was based on the idea that the conference would be a space of interconnectedness, where there would be room for ancient mythology as well as urban imagery.

Eduardo generously supported the participation of the founding generation, people who were his peers. I often thought of them as a lost generation: they came out of the Korean War, they received education on the GI Bill, and most were men who had not gained the recognition they deserved. Some were coming toward the end of their careers, which became apparent during the conference.

THE TWO OF HEARTS, 1983.
Oil on canvas, 48 × 54 inches.
Capital Group,
Los Angeles, California.

EL DOS DE CORAZONES, 1983.
Óleo sobre lienzo, 48 × 54 pulgadas.
Capital Group,
Los Ángeles, California.

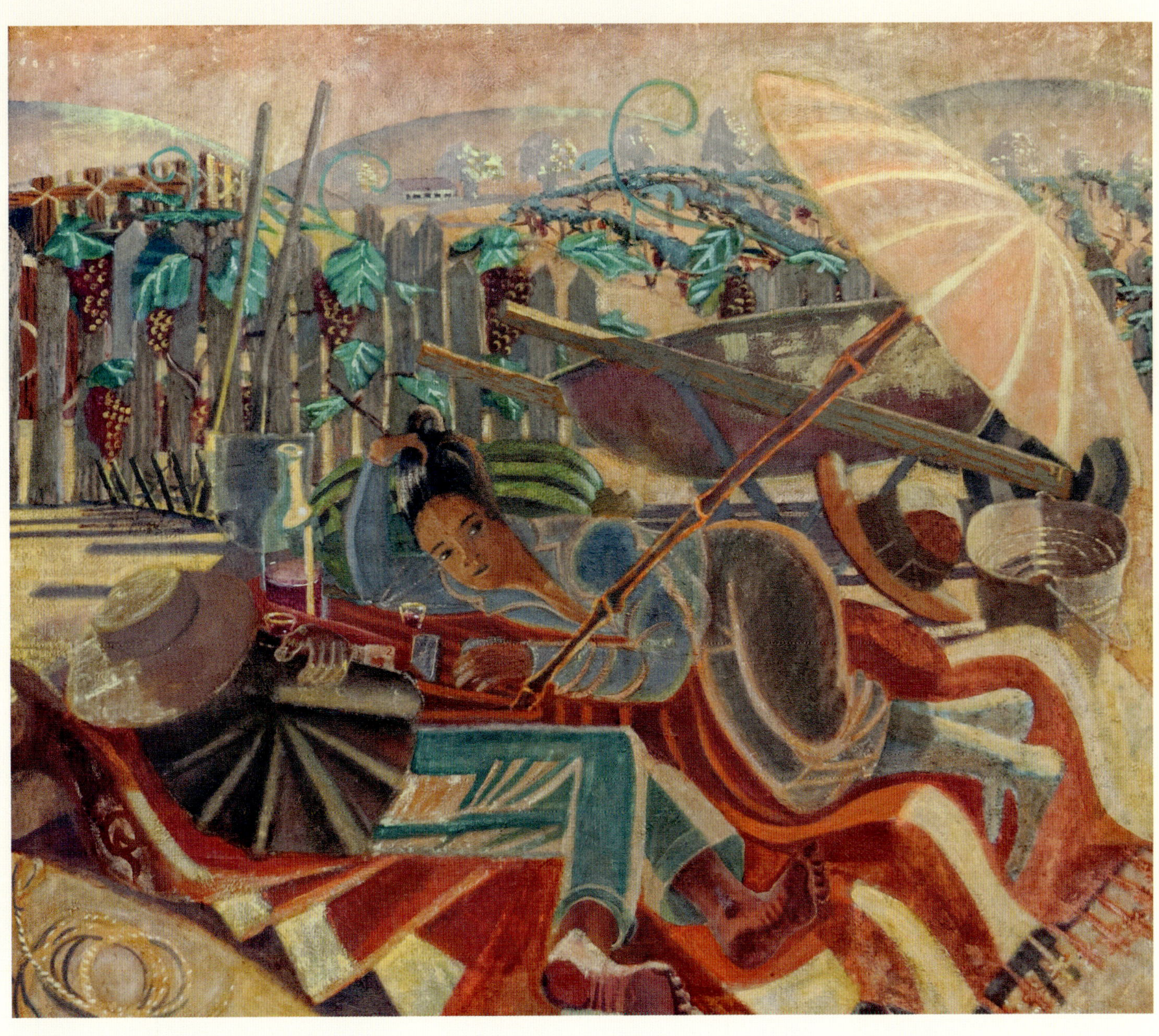

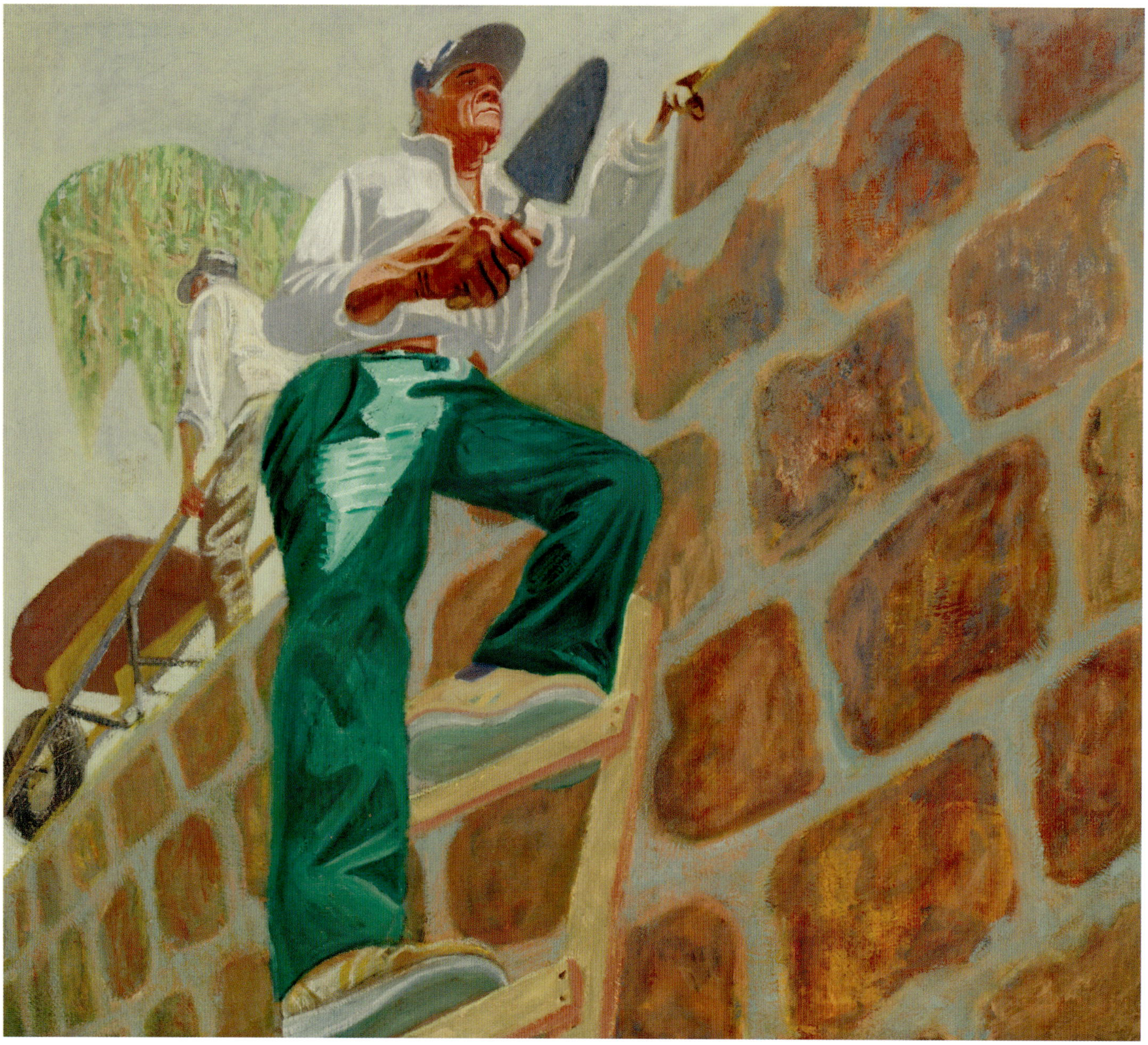

TÍO BETO ON THE WALL, 1987–88.
Oil on canvas, 35⅝ × 37⅝ inches.
Private collection.

TÍO BETO EN EL MURO, 1987–88.
Óleo sobre lienzo, 35⅝ × 37⅝ pulgadas.
Colección privada.

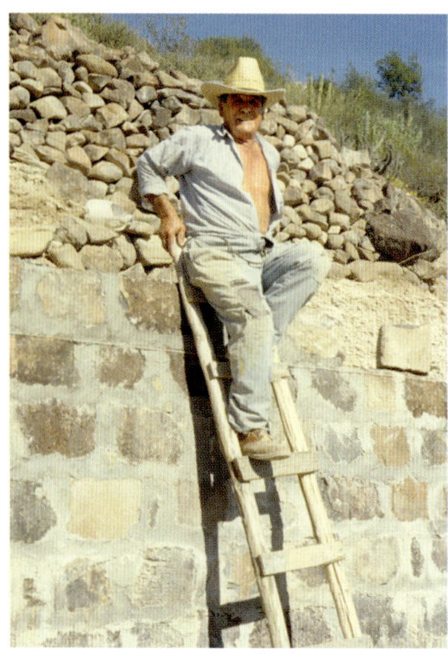

Tío Beto on the wall, San Ignacio, Baja California, Mexico, 1989. Photo by Eduardo Carrillo.

Tío Beto en el muro, San Ignacio, Baja California, México, 1989. Fotografía de Eduardo Carrillo.

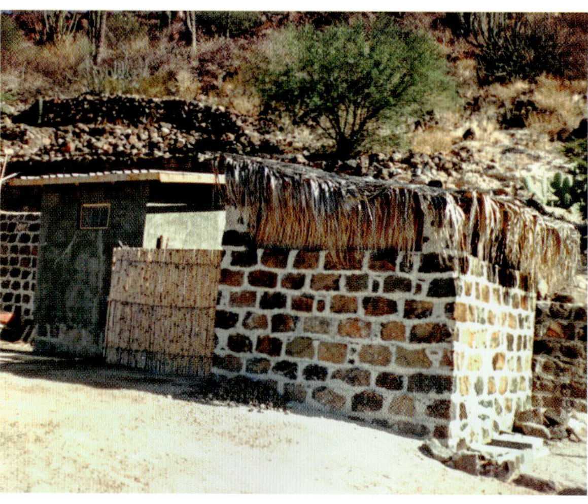

Tío Beto's wall, Baja California, Mexico. Photo by Eduardo Carrillo.

El muro de tío Beto, Baja California, México. Fotografía de Eduardo Carrillo.

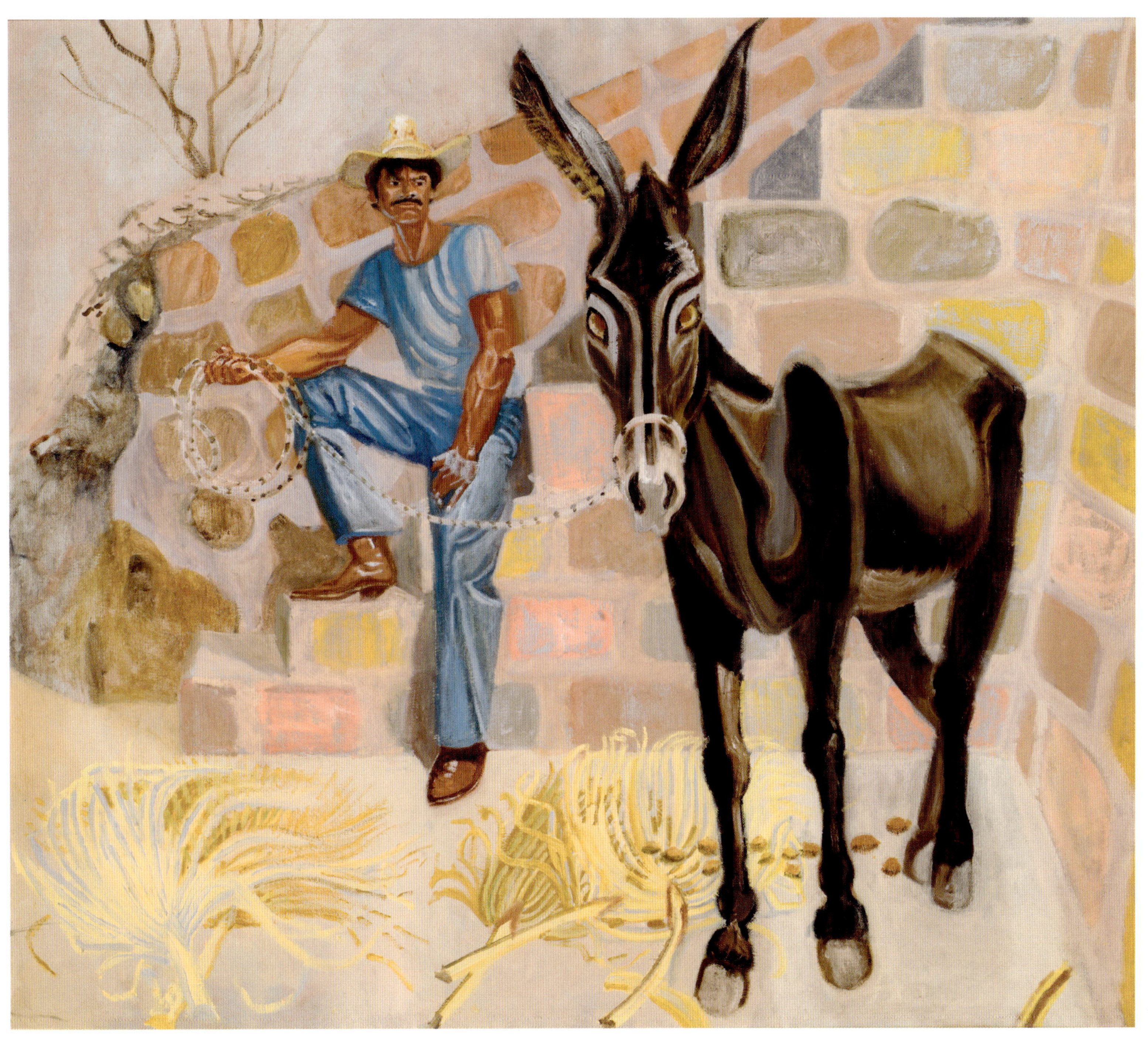

EL BURRO QUE SABE
[*THE DONKEY WHO KNOWS*], 1992.
Oil on canvas, 34 × 38 inches.
Private collection.

EL BURRO QUE SABE, 1992.
Óleo sobre lienzo, 34 × 38 pulgadas.
Colección privada.

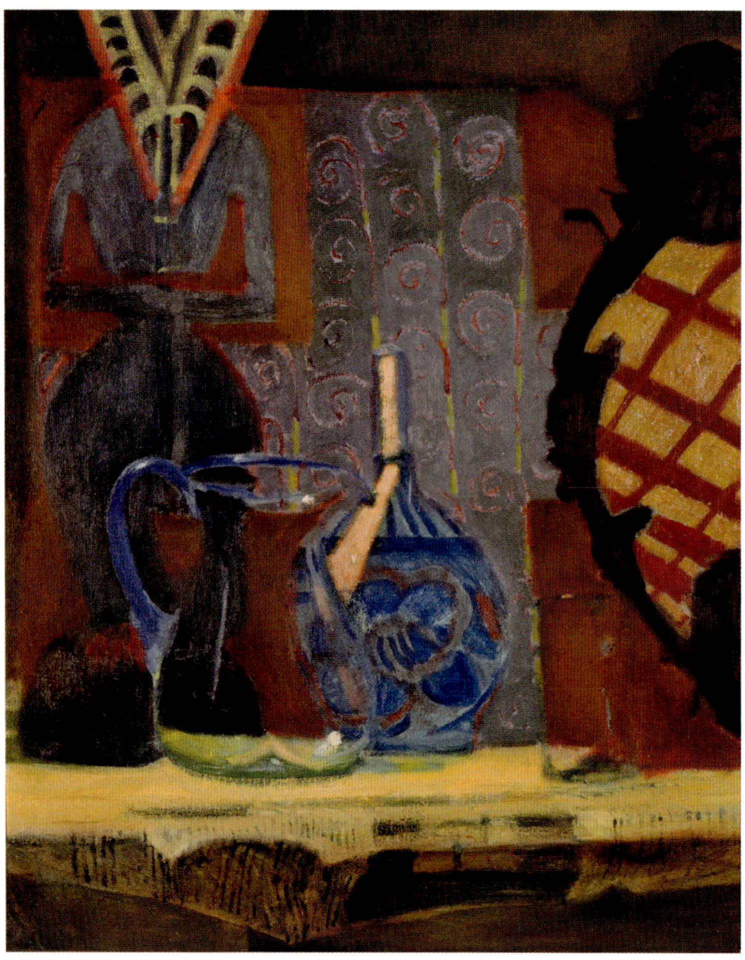

GUARDIANES DEL TEMPLO, 1992.
Óleo sobre lienzo, 28 × 22 pulgadas. Colección privada.

TEMPLE GUARDIANS, 1992.
Oil on canvas, 28 × 22 inches. Private collection.

un espacio transicional entre California y Baja California que llegó a constituirse en una especie de nexo entre los Estados Unidos y México.

Reflexionando sobre la historia chicana, iniciada con la anexión de 1848 y el nacimiento del movimiento en tiempos turbulentos, creo que los vínculos que Eduardo mantuvo con sus raíces en San Ignacio y La Paz le dieron una perspicacia especial. Él se enfocó en lo indígena y valoró especialmente el arte y la espiritualidad precolombinos. Uno de los sellos distintivos del movimiento chicano fue la premisa de que nosotros no éramos europeos. Nos veíamos como los hijos de una coalición indígena, de modo que nuestro sentido de origen y pertenencia se remontaba simbólicamente a los aztecas o, en algunos casos, a los mayas. *Califas*, que fue guiado en mayor parte por la visión de Eduardo, se basó en la idea de que la conferencia iba a ser un espacio de interconectividad, en donde habría espacio para la mitología antigua, así también como para el imaginario urbano.

Eduardo apoyó generosamente la participación de la generación fundadora, cuyos miembros eran sus pares. Yo a menudo pensaba que eran una generación perdida; salidos de la guerra de Corea, estudiaron gracias al Proyecto de Ley GI [la ley estadounidense de 1944 que financiaba la educación de los veteranos de guerra], en su mayoría hombres que no habían recibido el reconocimiento que se merecían. Algunos estaban llegando al final de sus carreras profesionales, lo cual fue evidente durante la conferencia. Un cierto número de personas, entre ellas Roberto Chavez, Ramses Noriega y Luis Valdez, expresaron su convicción de que ellos habían sacrificado todo para ser chicanos, para servir a la comunidad y para estar con la gente, y sin embargo, el resultado de todo ello era una especie de anonimato. Muchos se levantaron y de manera emotiva hablaron de sentirse desechados. Para algunos de los participantes más jóvenes como yo, sus palabras fueron un poco chocantes.

PÁGINA OPUESTA

SIN TÍTULO (FOTOGRAFÍA DE PEQUEÑA NIÑA CON SOMBRERO), 1990.
Acuarela sobre papel, 15 × 10 pulgadas. Colección privada.

FACING PAGE

UNTITLED (PHOTOGRAPH OF LITTLE GIRL WITH HAT), 1990.
Watercolor on paper, 15 × 10 inches. Private collection.

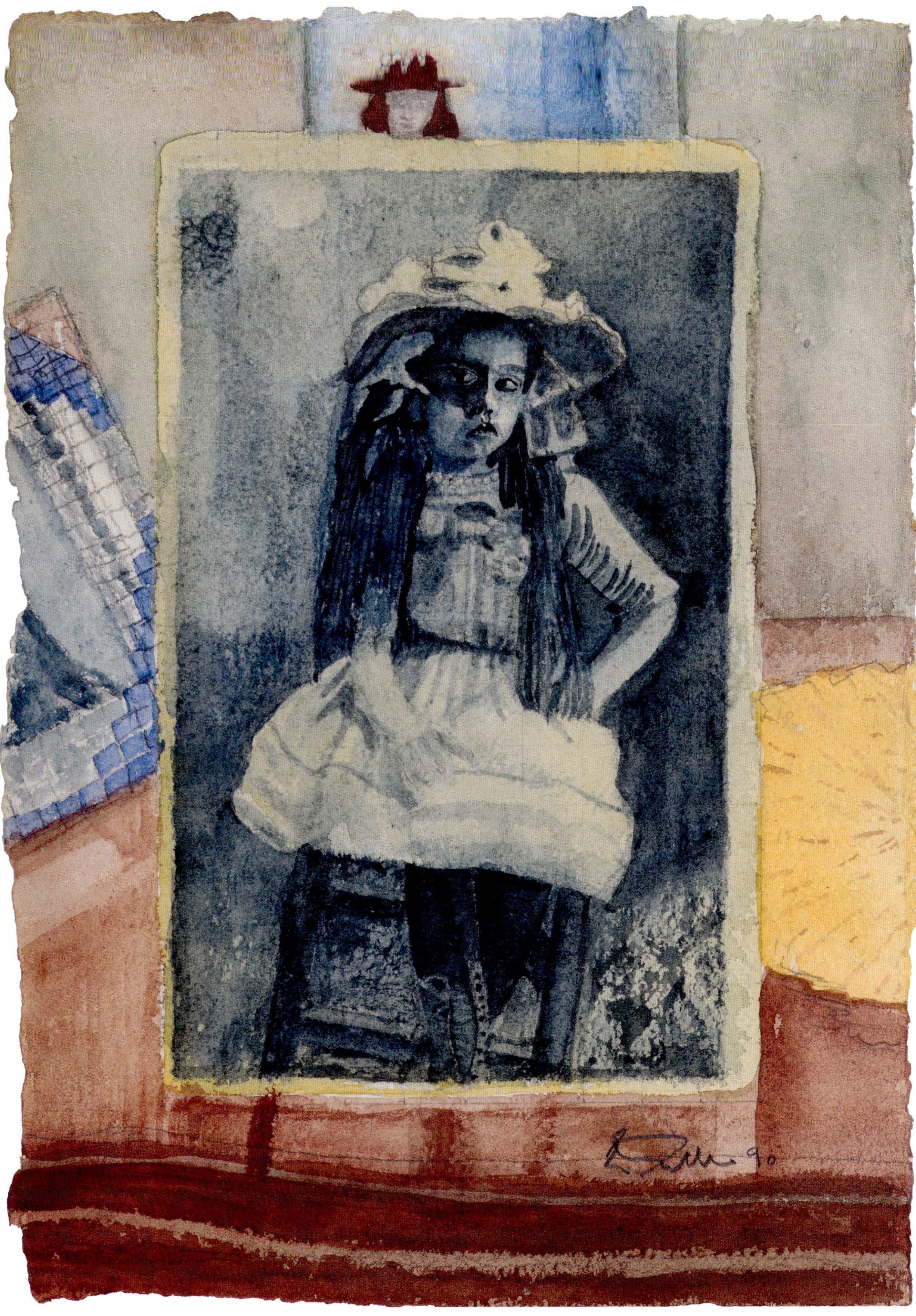

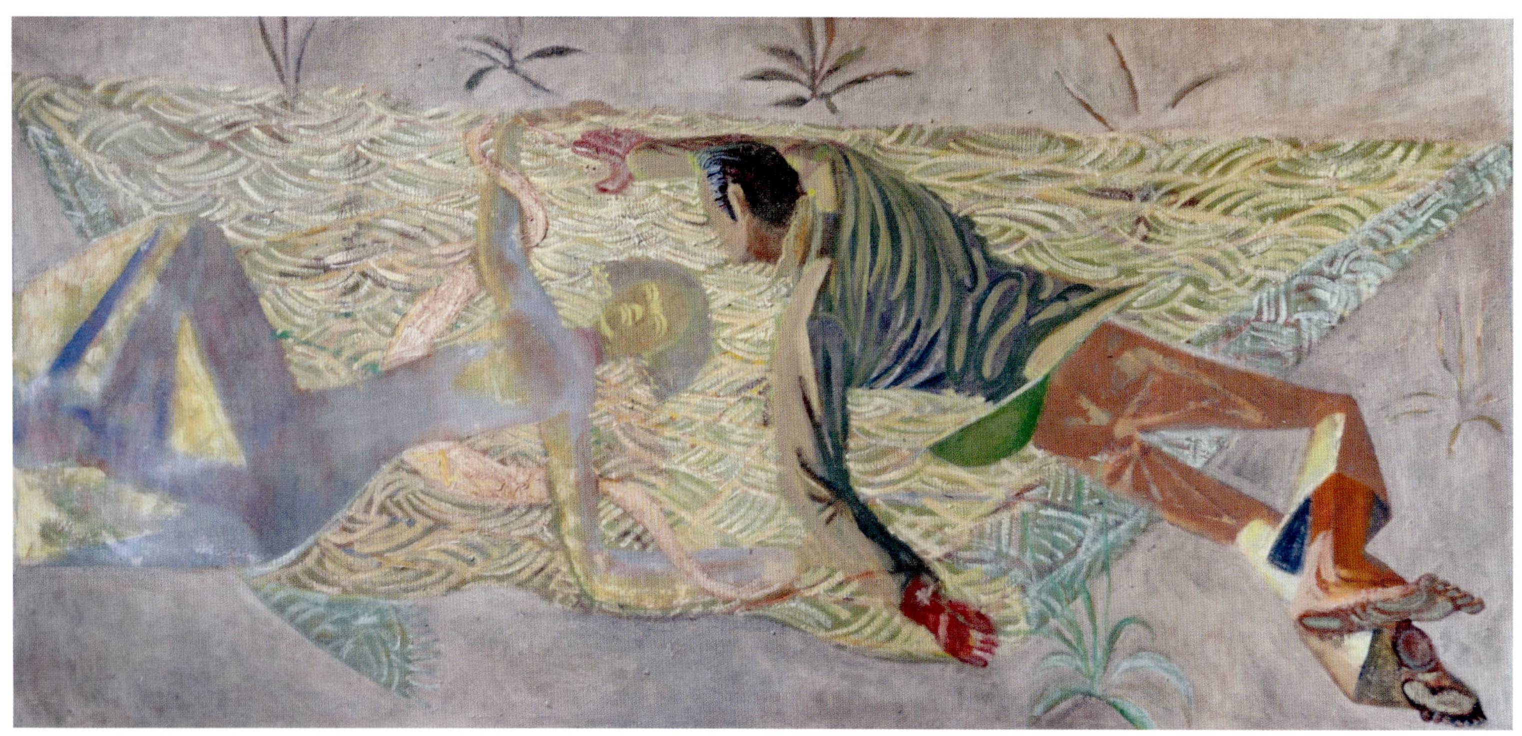

REACHING FOR COATLICUE, 1988.
Oil on canvas,
40½ × 83 inches.
Collection of Juliette Carrillo.
Photo by Emily Hart Roth.

INTENTANDO ALCANZAR A COATLICUE, 1988.
Óleo sobre lienzo,
40½ × 83 pulgadas.
Colección de Juliette Carrillo.
Fotografía de Emily Hart Roth.

FACING PAGE

WOMAN HOLDING SERPENT, 1975.
Oil on panel, 55 × 33 inches.
Crocker Art Museum,
Gift of Jane and John Fitz Gibbon, 2009.71.

PÁGINA OPUESTA

MUJER SOSTENIENDO UNA SERPIENTE, 1975.
Óleo sobre tabla, 55 × 33 pulgadas.
Crocker Art Museum,
donación de Jane y John Fitz Gibbon, 2009.71.

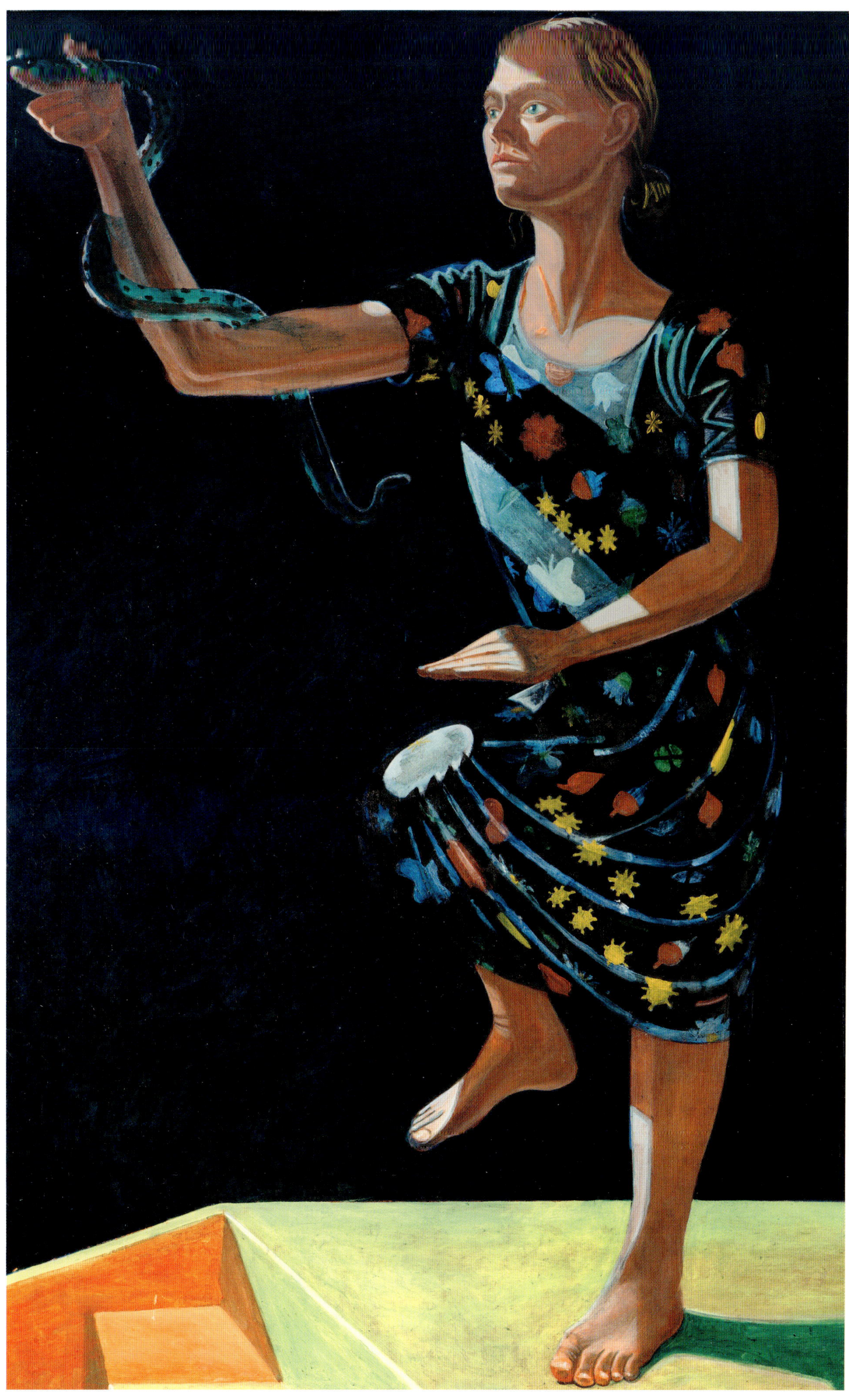

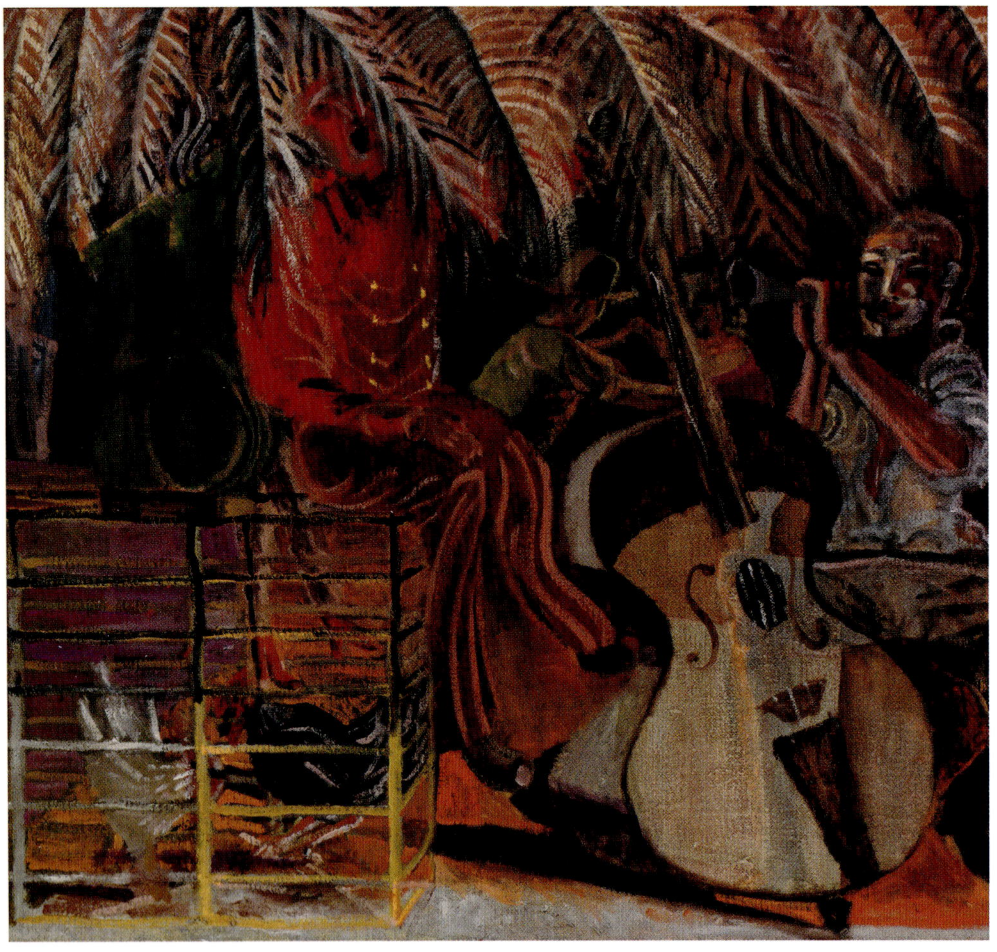

LOS MÚSICOS, 1994.
Óleo sobre lienzo, 31 × 33 pulgadas.
Colección de Juliette Carrillo.

LOS MÚSICOS [THE MUSICIANS], 1994.
Oil on canvas, 31 × 33 inches.
Collection of Juliette Carrillo.

En la conferencia pareció claro que una nueva generación estaba emergiendo. Asco (un grupo de artistas chicanos del este de Los Ángeles cuyos miembros rechazaban las maneras convencionales de hacer, mostrar y apropiar el arte), junto con otros grupos, estaban recibiendo el tipo de atención que la primera generación de hombres había escasamente obtenido. Entretejida con ese sentimiento estaba la discusión sobre la lealtad al movimiento y el éxito pecuniario. Personas como Malaquías Montoya sacaron el debate a la luz; el abierto mercantilismo y la pérdida de los valores comunitarios fueron contrastados con la importancia de hacer circular nuestro trabajo más allá de la comunidad, para ayudar a otros a entender quiénes éramos. La batalla se inició, mientras coexistían momentos de inspiración colectiva y fieros debates sobre el papel de la mujer. Eduardo estaba abierto a muchos puntos de vista porque era no solamente un artista, sino también un profesor, un intelectual. Dentro de *Califas* él construyó un espacio donde las mujeres tenían un papel fuerte, lo que hasta entonces no había existido. Nos trajo a Patricia Rodriguez, Carmen Lomas Garza, Judy Baca, a mí, y a otras. Hasta hoy día, *Califas* persiste como un espacio de encuentro del rescate cultural, el feminismo y la primera generación perdida de artistas chicanos, muchos de los cuales están siendo redescubiertos ahora.

El legado de Eduardo Carrillo como artista no puede separarse de su aporte como estudioso y activista cultural. Su vida fue una jornada de rescate cultural, desde los Estados Unidos hasta España y de vuelta a casa en México. Eduardo era un personaje provocador que entendió que si pudiéramos juntar a los artistas antes de que se olviden, o antes de que se alejen de sus propias historias, podríamos llamar la atención sobre una época crítica. Halló una manera de crear un rescate colectivo y ese es su legado.

A number of people, including Roberto Chavez, Ramses Noriega, and Luis Valdez, expressed the belief that they had sacrificed everything to be Chicano, to serve the community, to be with *la gente*, and yet the result of that was a sort of anonymity. Many got up and spoke emotionally of feeling tossed aside, and for some of us younger participants, their words were a little shocking.

At the conference, it was clear that a younger generation was coming along. Asco (a group of Chicano artists in East Los Angeles whose members rejected conventional ways of making, displaying, and appropriating art) and others were getting the kind of attention the first generation of men had not often received. Woven through that sentiment was discussion of loyalty to the movement and financial success. People like Malaquías Montoya brought the debate to the surface, and overt commercialism and loss of community values were contrasted with the importance of having our work circulate beyond the community to help others understand who we were. The battle was pitched, as moments of collective inspiration and fierce debates on the role of women coexisted. Eduardo was open to many different points of view because he was not only an artist but also a professor—an intellectual. He built into *Califas* a strong role for women, which up until that point had not existed. He brought in Patricia Rodriguez, Carmen Lomas Garza, Judy Baca, myself, and others. To this day, *Califas* endures as a space of encounter between cultural reclamation, feminism, and the lost first generation of Chicano artists, many of whom are now being rediscovered.

LOS PENITENTES [THE PENITENTS], 1984. *Oil on canvas, 20¼ × 12¼ inches. Private collection.*

LOS PENITENTES, 1984. *Óleo sobre lienzo, 20¼ × 12¼ pulgadas. Colección privada.*

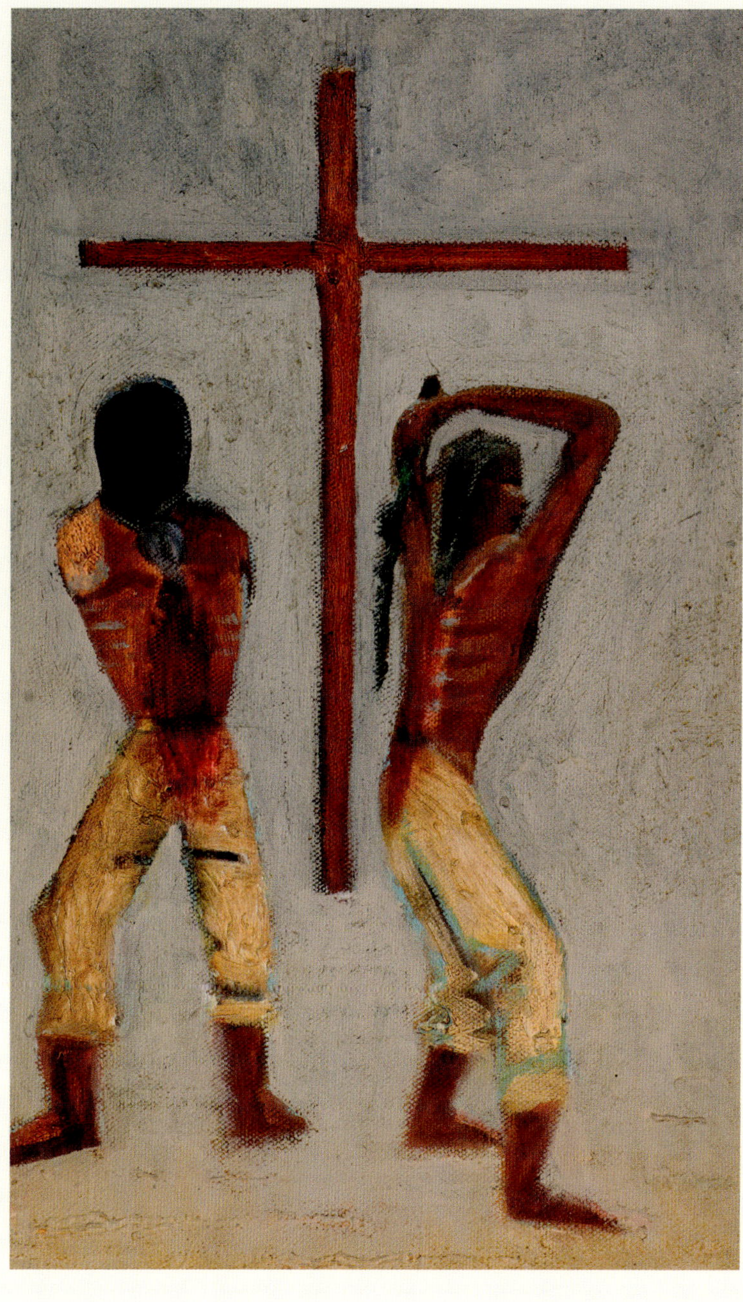

The legacy of Eduardo Carrillo as an artist cannot be separated from his legacy as a scholar and cultural activist. His life was a journey of cultural reclamation, from the United States to Spain and back home to Mexico. Eduardo was a provocative figure who understood that if we could bring artists together before they forgot, before they drifted away from their history, we could capture a critical era. He found a way to create a collective reclamation, which is his legacy.

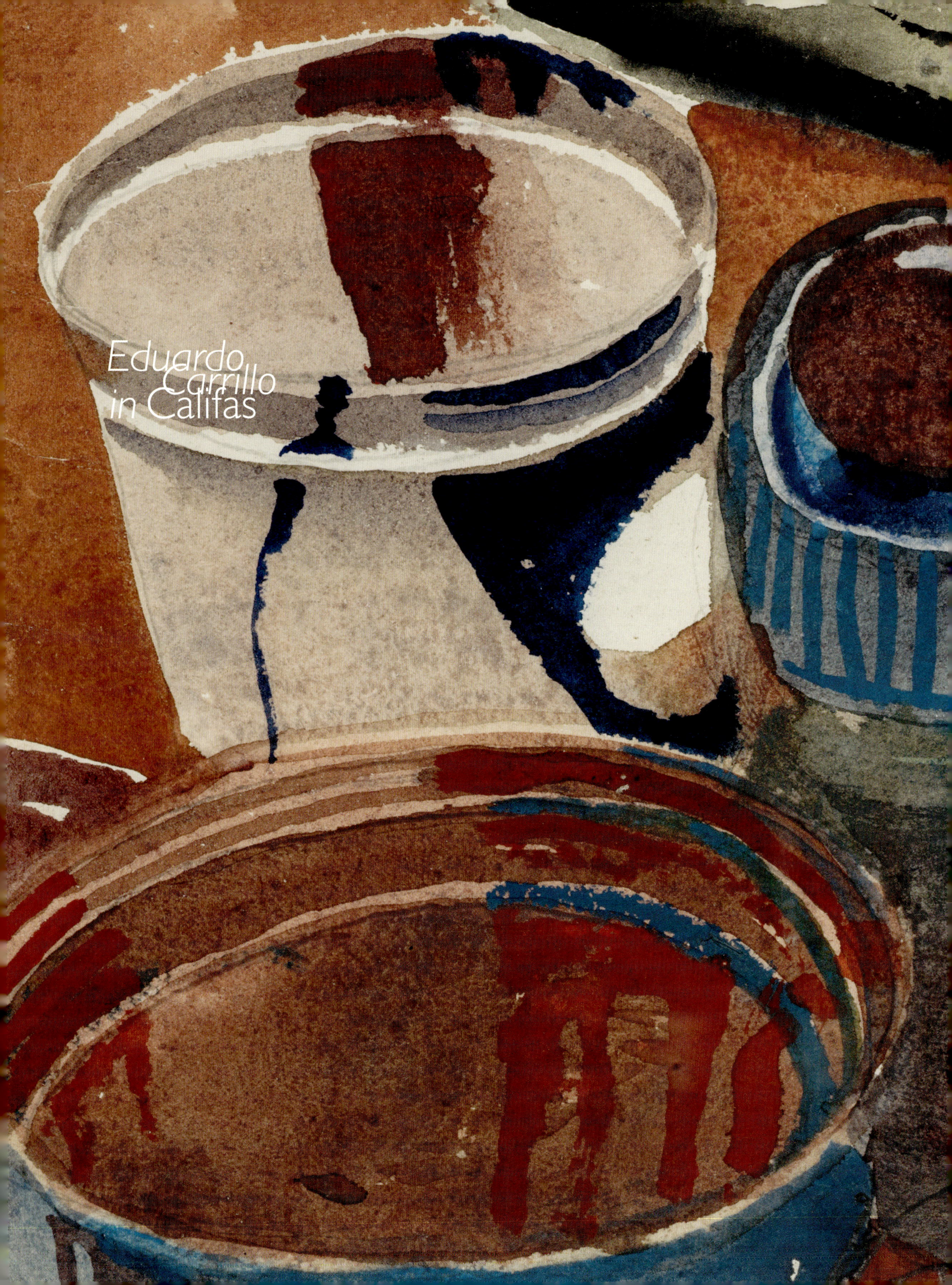
Eduardo
Carrillo
in Califas

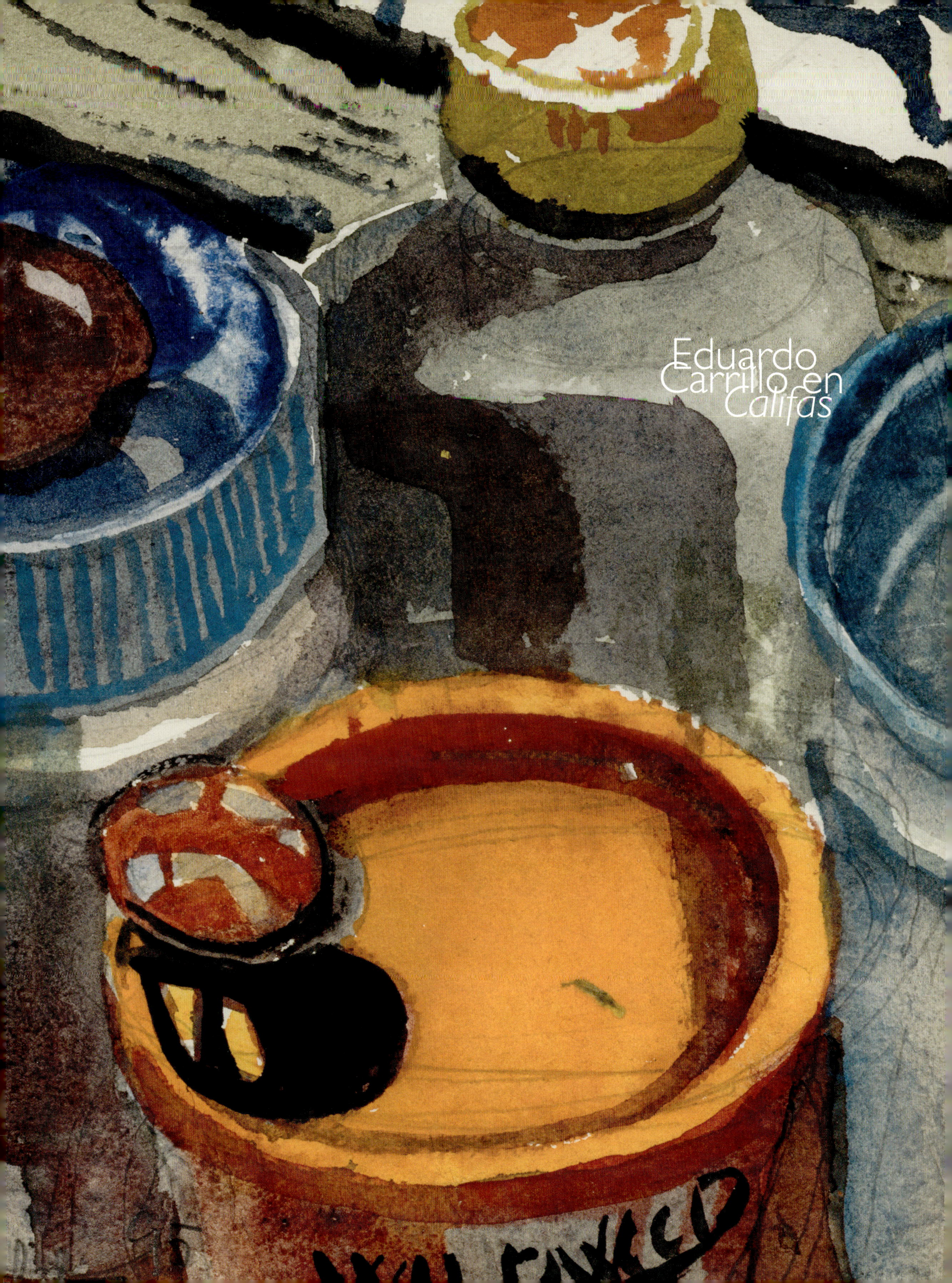
Eduardo
Carrillo en
Califas

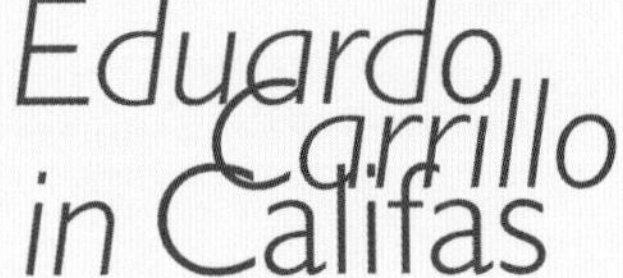

Eduardo Carrillo in Califas

PHILIP BROOKMAN

Eduardo Carrillo was up to his ankles in mud, grinning as if he had just stepped from an old, tattered photograph of Pancho Villa. It wasn't the wet, runny, light brown mud you would see in the yard after a good rain in the late-winter central-coast region of California, when nature was prepping the rolling hills and fertile fields for that verdant explosion of grasses and poppies known as early spring. Nor was it anything like the clay mix you could buy in town, prepackaged for studio work. This mud was dark, thick, and shiny, a chocolate earthen blend of moist clay and just the right amount of humus that Ed could easily spot by the side of the road when on a mission to find the best stuff for the small, symmetrical, hand-built, pit-fired pots he required his students to make.

Carrillo had long ago learned that in order to grasp the fundamentals of contemporary Chicano art, one had to understand the basic foundations of culture that sprouted from the pre-Columbian and colonial histories of Mexico and California. He had studied drawing and carving in Spain, and after receiving a graduate degree in painting from the University of California, Los Angeles, where he studied with William Brice and Jack Hooper, he founded and directed El Centro de Arte Regional, La Paz. This bold search for his own roots in La Paz (not far from his mother's Baja California hometown) further strengthened his connection to Mexican and pre-Columbian art through apprenticeships with Zapotec potter Daniel Zenteño and Fortunato Silva Morales, a traditional weaver from Celaya, Guanajuato. So now Carrillo and a small gathering of able students were digging deep into a culvert to unearth moist clay with the color and texture of the ancient pottery he had learned to create in Mexico, his family's ancestral home. I had never seen him happier.

I got to know Carrillo in the late 1970s when I was directing a small gallery at the University of California, Santa Cruz. Ed approached me one day with a big idea; he wanted to create an academically focused research project that would study and exhibit Chicano art in California, a subject that had received little attention in the mainstream museums and public institutions of the state. Subsequently we spent months together—working alongside UCSC counselor Juventino Esparza and Stanford University Professor Tomás Ybarra-Frausto—bringing together the skills and resources needed to initiate a groundbreaking three-part study of cultural liberation and self-definition: *Califas: Chicano Art and Culture in California*.

PREVIOUS SPREAD

PAINT JARS WITH CRYSTAL EGGS, 1988.
Detail. *See page 162.*

PÁGINA OPUESTA

JARROS DE PINTURA CON HUEVOS DE CRISTAL, 1988.
Detalle. *Véase la página 162.*

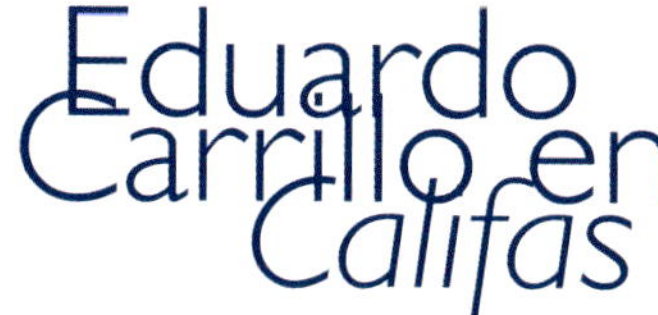

PHILIP BROOKMAN

Eduardo Carrillo tenía el lodo hasta los tobillos, y sonreía como recién salido de una vieja y ajada fotografía de Pancho Villa. No era el lodo marrón claro, húmedo y chorreante que uno podría ver en el patio tras una fuerte lluvia de finales de invierno en la región de la costa central de California, cuando la naturaleza está preparando las colinas ondulantes y los campos fértiles para esa explosión frondosa de hierbas y amapolas conocida como el comienzo de la primavera. Tampoco era como la mezcla de arcilla pre-empacada para el trabajo de taller, que uno podría comprar en la ciudad. Este lodo era oscuro, espeso y brillante, una mezcla achocolatada de arcilla húmeda con la justa cantidad de humus, lodo que Ed podía fácilmente detectar al lado de la carretera cuando se iba en búsqueda del mejor material para las vasijas pequeñas, simétricas, hechas a mano y cocidas en un horno de tierra, como las que les exigía hacer a sus estudiantes.

Mucho tiempo antes, Carrillo había aprendido que, para captar la esencia del arte chicano contemporáneo, era necesario comprender los fundamentos culturales básicos que brotaron de las historias precolombinas y coloniales de México y California. Había estudiado diseño y talla en España y al concluir un postgrado en pintura de la Universidad de California, Los Ángeles, donde estudió con William Brice y Jack Hooper, fundó y dirigió el Centro de Arte Regional en La Paz. Esta búsqueda audaz de sus raíces en La Paz, no muy lejos del pueblo originario de su madre en Baja California, reforzó su vínculo con el arte mexicano y precolombino a través de su aprendizaje con el ceramista zapoteco Daniel Zenteño y con Fortunato Silva Morales, un tejedor tradicional de Celaya, en Guanajuato. Así que entonces Carrillo y un pequeño grupo de hábiles estudiantes se pusieron a excavar a fondo una alcantarilla para extraer arcilla húmeda del mismo color y textura de la antigua cerámica que él había aprendido a crear en México, el hogar ancestral de su familia. Nunca lo había visto tan contento.

Conocí a Carrillo en los años setenta, cuando yo era el director de una pequeña galería de arte de la Universidad de California, Santa Cruz (UCSC). Un día, Ed se me acercó con una gran idea: quería crear un proyecto de investigación con un enfoque académico para estudiar y exhibir el arte chicano en California, materia que había recibido poca atención en los museos principales e instituciones públicas del estado. A partir de entonces, pasamos meses juntos trabajando al lado del consejero de la UCSC, Juventino Esparza, y el profesor Tomás Ybarra-Frausto de la Universidad de Stanford, juntando las habilidades y recursos necesarios para

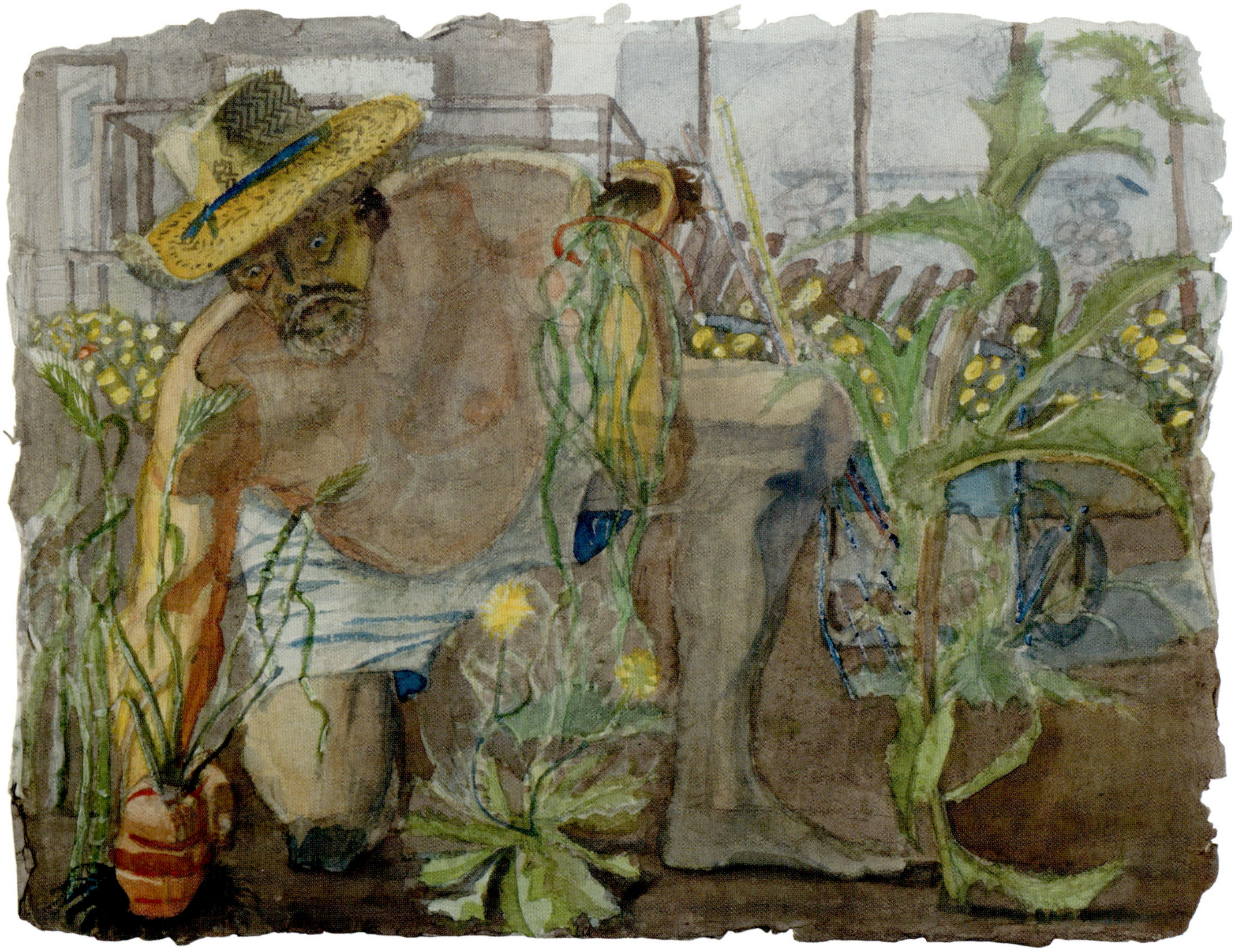

ED IN THE GARDEN, early 1990s.
Watercolor on paper, 19 × 24 inches.
Private collection.

ED EN EL JARDÍN, a comienzos de los noventa del siglo XX.
Acuarela sobre papel, 19 × 24 pulgadas.
Colección privada.

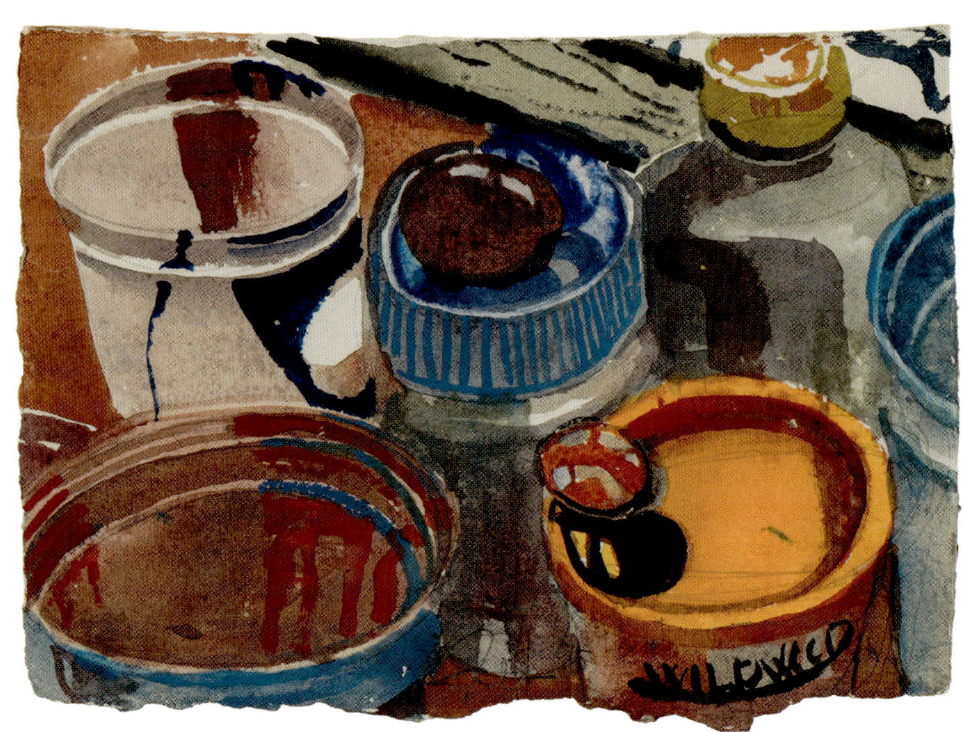

PAINT JARS WITH CRYSTAL EGGS, 1988.
Watercolor on paper, 7½ × 10 inches.
Private collection.

JARROS DE PINTURA CON HUEVOS DE CRISTAL, 1988.
Acuarela sobre papel, 7½ × 10 pulgadas.
Colección privada.

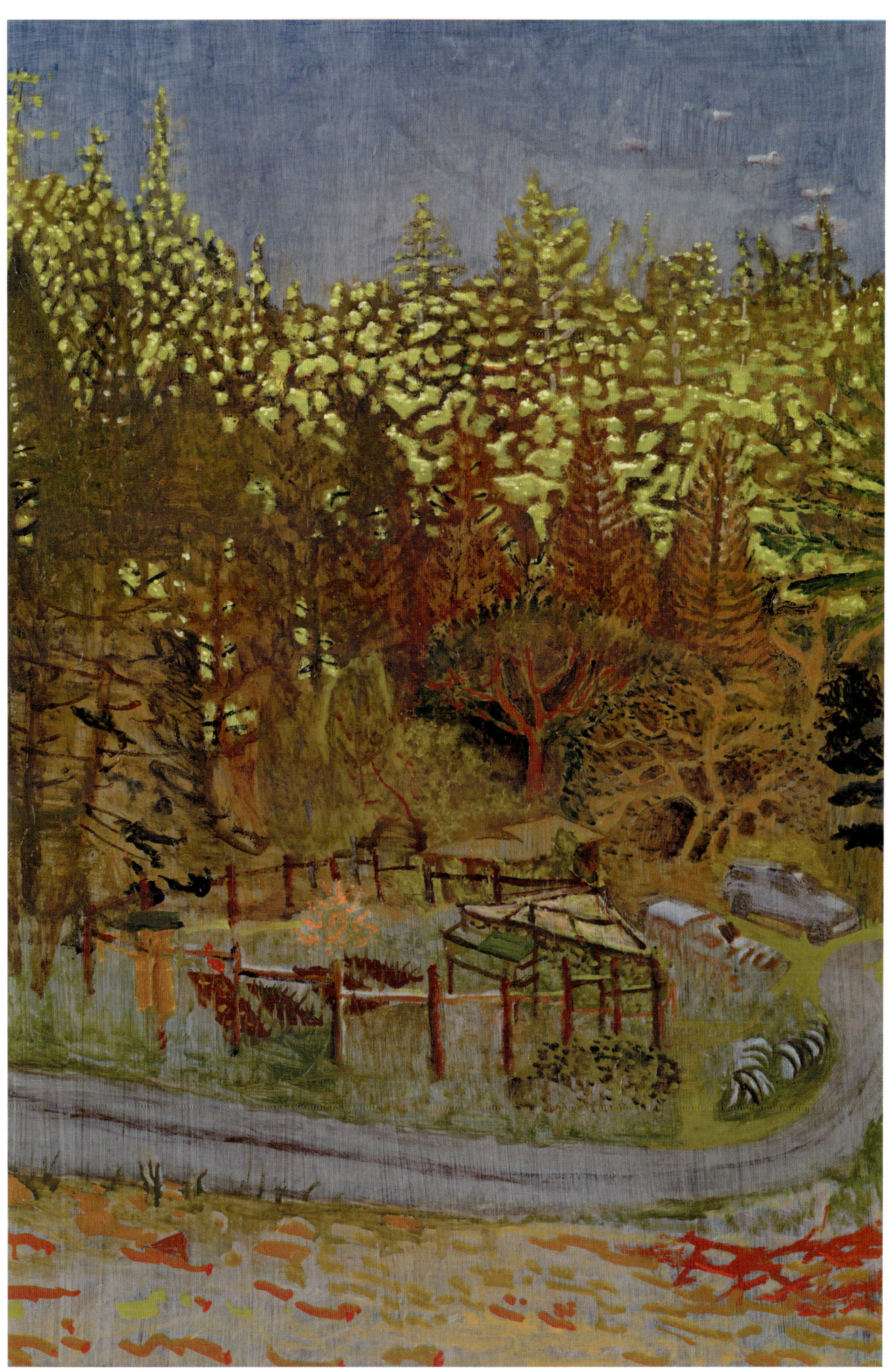

ED'S GARDEN, 1990.
Oil on board, 41½ × 27 inches. Private collection.

EL JARDÍN DE ED, 1990.
Óleo sobre tabla, 41½ × 27 pulgadas. Colección privada.

What evolved from this notion was an inspired opportunity to reflect on a history rooted in the civil rights struggles of the 1960s and '70s, with the goal of empowering a new generation of young artists and students to seek their own histories and create images that speak about their experiences. Carrillo had been personally involved in the Chicano movement—he was arrested during the 1970 Chicano Moratorium march in Los Angeles just weeks after completing work with three others on the historic Chicano Studies Research Center mural, originally hung in UCLA's Campbell Hall—and he understood that higher education was a crucial component in developing new opportunities for Chicano youth. For Carrillo, art could be a significant conduit between past and present and a bridge between communities and educational institutions such as UCSC.

The original objectives for *Califas* were to research and curate an exhibition of about twenty-five Chicano artists in California and to develop and refine interpretive research materials to assist in its educational mission. A survey exhibition, *Califas: Chicano Art in California*, included works by fifteen artists and opened at the Mary Porter Sesnon Art Gallery on March 29, 1981. We had received a planning grant for the project from the National Endowment for the Humanities, and this set the stage for a 1982 research conference, which brought together prominent scholars with avant-garde artists from throughout the state, including members of the radically experimental East Los Angeles performance art collective Asco (Harry Gamboa Jr., Gronk, Willie Herrón, and Patssi Valdez), Judith Baca, Tim Drescher, Shifra Goldman, Amalia Mesa-Bains, José Montoya, Malaquías Montoya, René Yañez, Tomás Ybarra-Frausto, and Luis Valdez.

The final component of the research project was to send a team of filmmakers—frequently led by Carrillo—on the road from Sacramento to San Diego to record interviews with artists and document many of the principal community art centers and workshops that supported Chicano artists at that time.

This archive was preserved and digitized by Colección Tloque Nahuaque at the University of California, Santa Barbara, and *Mi Otro Yo—My Other Self*, an experimental documentary drawn from the archive, was produced for public television in 1988 and broadcast nationally on PBS in 1991.

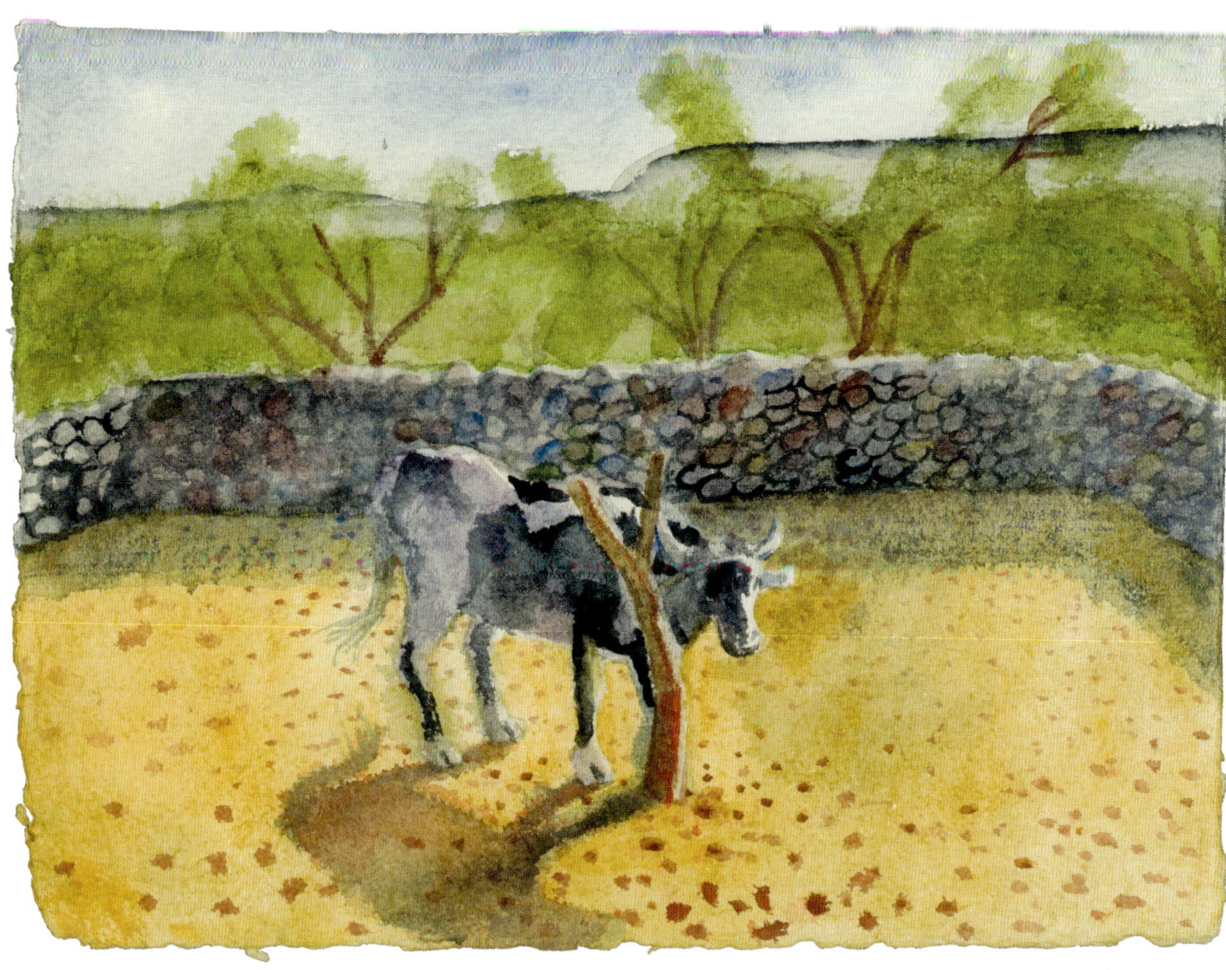

STEER IN CORRAL, 1990.
Watercolor on paper,
10¼ × 13½ inches.
Private collection.

NOVILLO EN
EL CORRAL, 1990.
Acuarela sobre papel,
10¼ × 13½ pulgadas.
Colección privada.

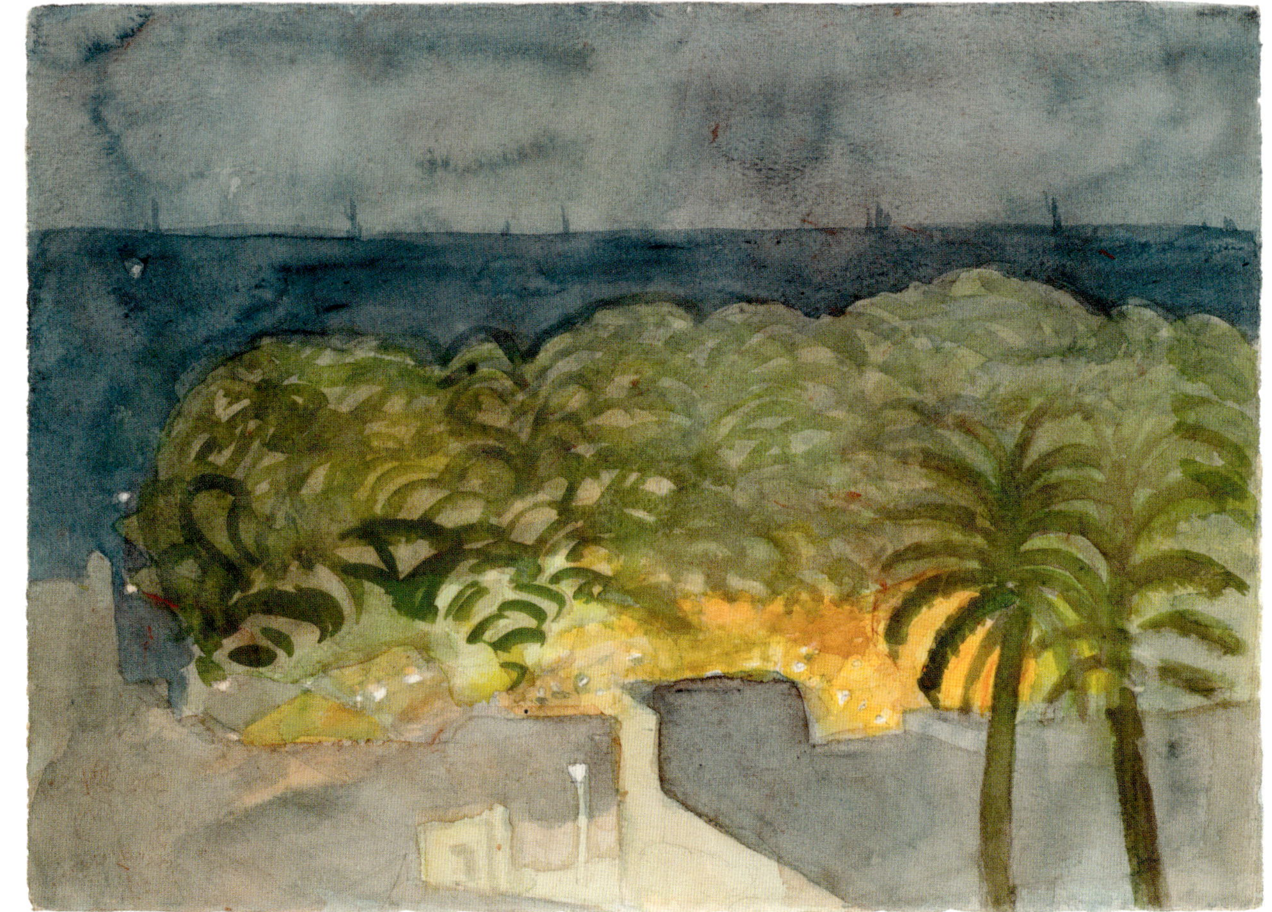

FIESTA DE SAN
IGNACIO, 1992.
Watercolor on paper,
11 × 15 inches.
Collection of
Alison Carrillo.

FIESTA DE SAN
IGNACIO, 1992.
Acuarela sobre papel,
11 × 15 pulgadas.
Colección de
Alison Carrillo.

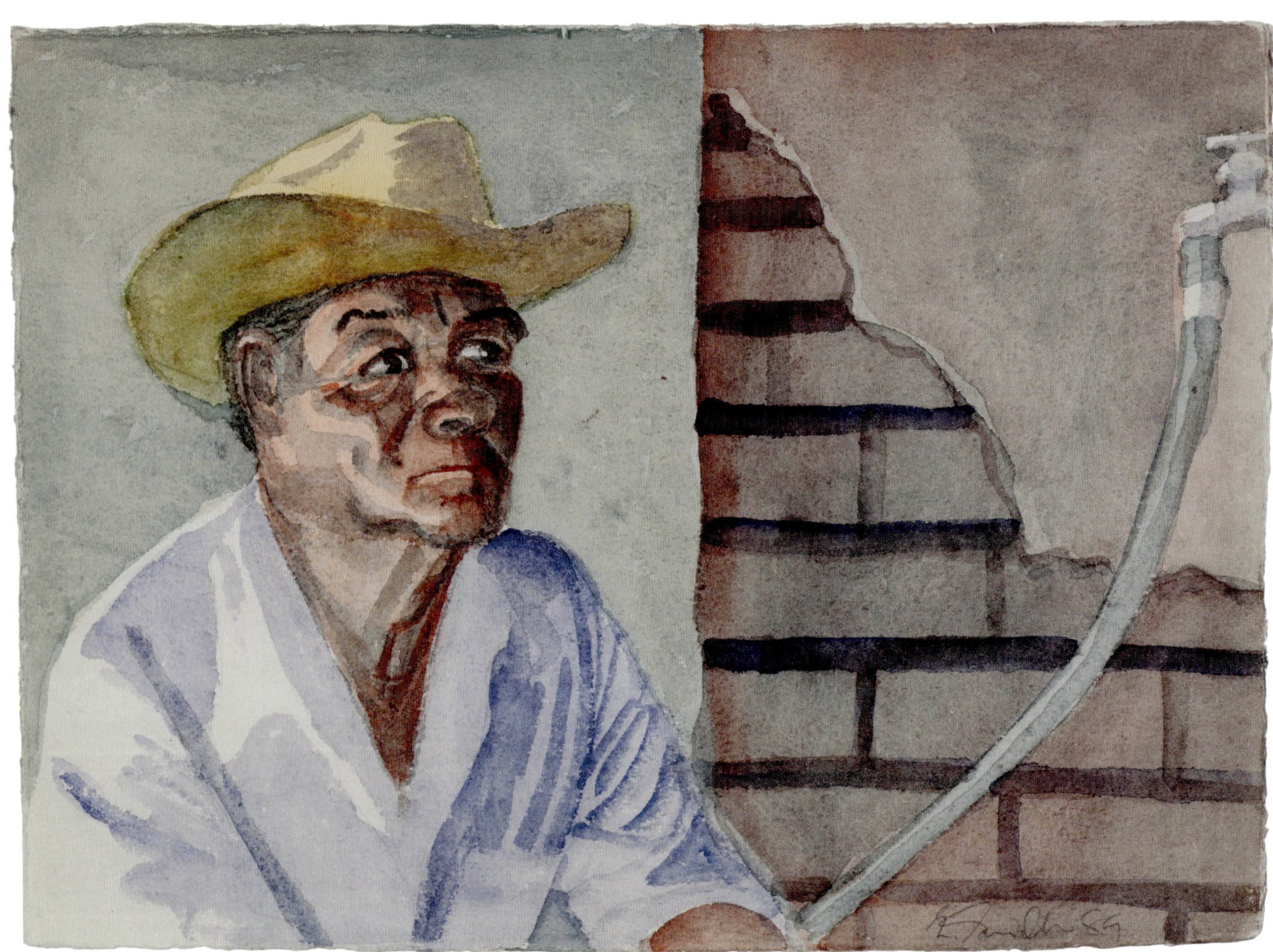

TÍO BETO [UNCLE BETO], 1990.
Watercolor on paper, 11 × 15 inches.
Private collection.

TÍO BETO, 1990.
Acuarela sobre papel, 11 × 15 pulgadas.
Colección privada.

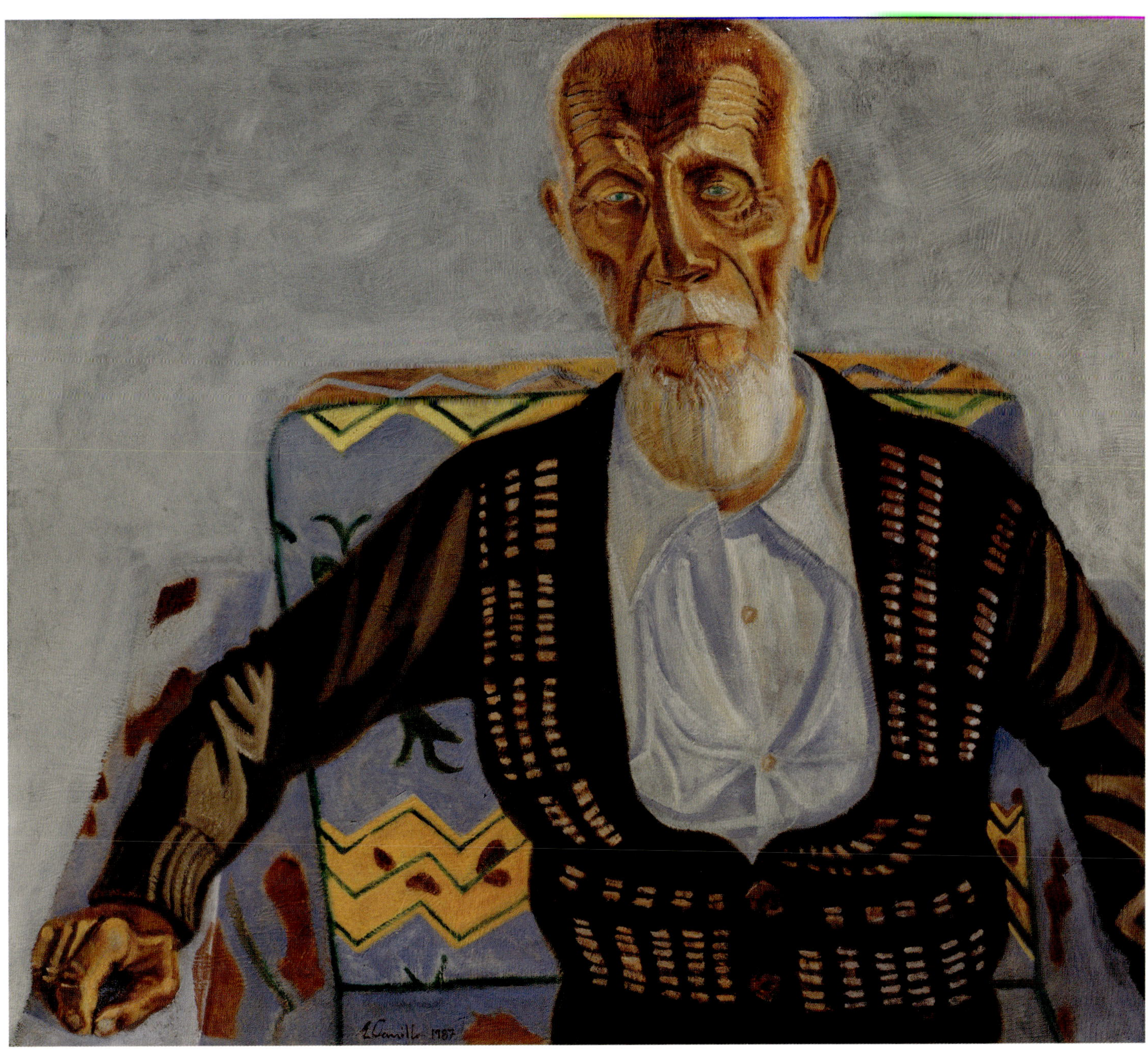

PORTRAIT OF DON LEANDRO, 1987.
Oil on canvas, 34½ × 38 inches.
Private collection, Davis, California.

RETRATO DE DON LEANDRO, 1987.
Óleo sobre lienzo, 34½ × 38 pulgadas.
Colección privada, Davis, California.

PORTRAIT OF DON LEANDRO
DONE IN AUG. OF 1987 AT
THE AGE OF 101 YRS. HE
IS THE OLDEST LIVING MALE
IN SAN IGNACIO, BAJA
CALIFORNIA MEXICO
E Carrillo

Inscription by Eduardo Carrillo on verso of Portrait of Don Leandro, *1987.*

Inscripción de Eduardo Carrillo en el reverso del Retrato de Don Leandro, *1987: "Retrato de Don Leandro hecho en agosto de 1987 cuando tenía 101 años de edad. Es el hombre más viejo de todo San Ignacio, Baja California México."*

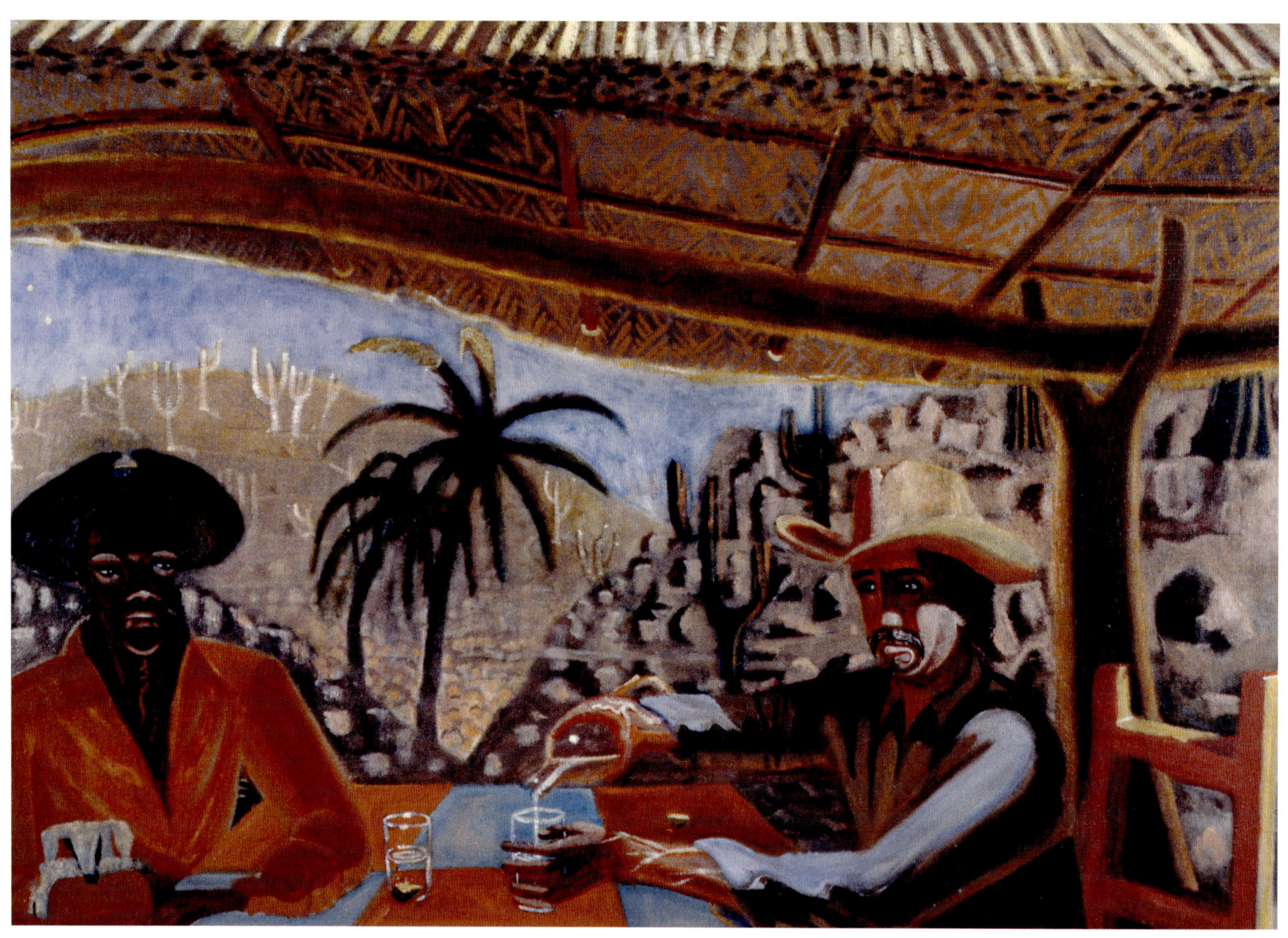

LA OTRA [*THE OTHER*] (detail), 1984.
Oil on canvas, 44½ × 72 inches.
Collection of Joanne and William Rees.

LA OTRA (detalle), 1984.
Óleo sobre lienzo, 44½ × 72 pulgadas.
Colección de Joanne y William Rees.

iniciar un estudio pionero tripartito sobre la liberación cultural y la autodefinición, titulado *Califas: Arte y cultura chicanos en California*.

La evolución de esta noción posibilitó una oportunidad para reflexionar sobre una historia enraizada en las luchas por los derechos civiles de los años sesenta y setenta. La meta era empoderar a una nueva generación de jóvenes artistas y estudiantes para buscar sus propias historias y crear imágenes que hablaran de sus experiencias. Carrillo había estado personalmente involucrado en el movimiento chicano: fue arrestado durante la marcha de la Moratoria Chicana de 1970 en Los Ángeles, pocas semanas después de haber terminado de trabajar con otros tres colegas en el mural histórico para el Centro de Investigación y Estudios Chicanos (Chicano Studies Research Center), originariamente ubicado en el Campbell Hall de la Universidad de California, Los Ángeles. Por lo tanto, entendía que la educación superior era un componente crucial para el desarrollo de nuevas oportunidades para la juventud chicana. Para Carrillo, el arte podía ser un importante conducto entre el pasado y el presente y un puente entre comunidades e instituciones educativas tales como la UCSC.

Los objetivos originales de *Califas* eran investigar y curar una muestra de cerca de veinticinco artistas chicanos en California y desarrollar y refinar materiales de investigación interpretativa para apoyar su misión educativa. La exposición panorámica general, titulada *Califas: Arte chicano en California*, incluyó obras de quince artistas y se inauguró en la Galería de Arte Mary Porter Sesnon el 29 de marzo de 1981.

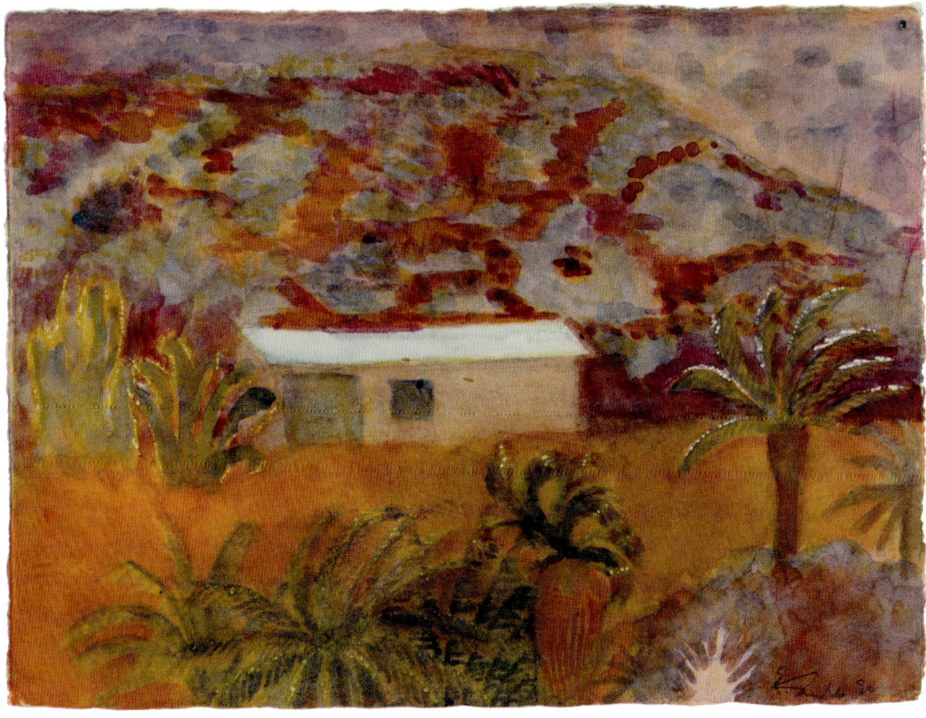

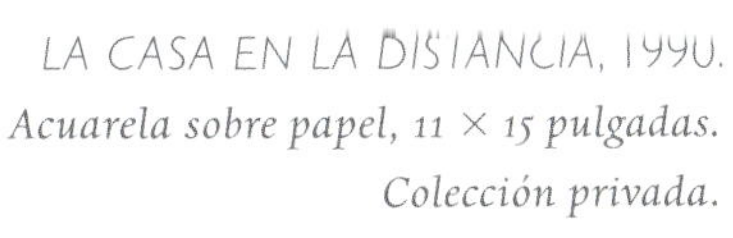

LA CASA EN LA DISTANCIA, 1990.
Acuarela sobre papel, 11 × 15 pulgadas.
Colección privada.

DISTANT HOUSE, 1990.
Watercolor on paper, 11 × 15 inches.
Private collection.

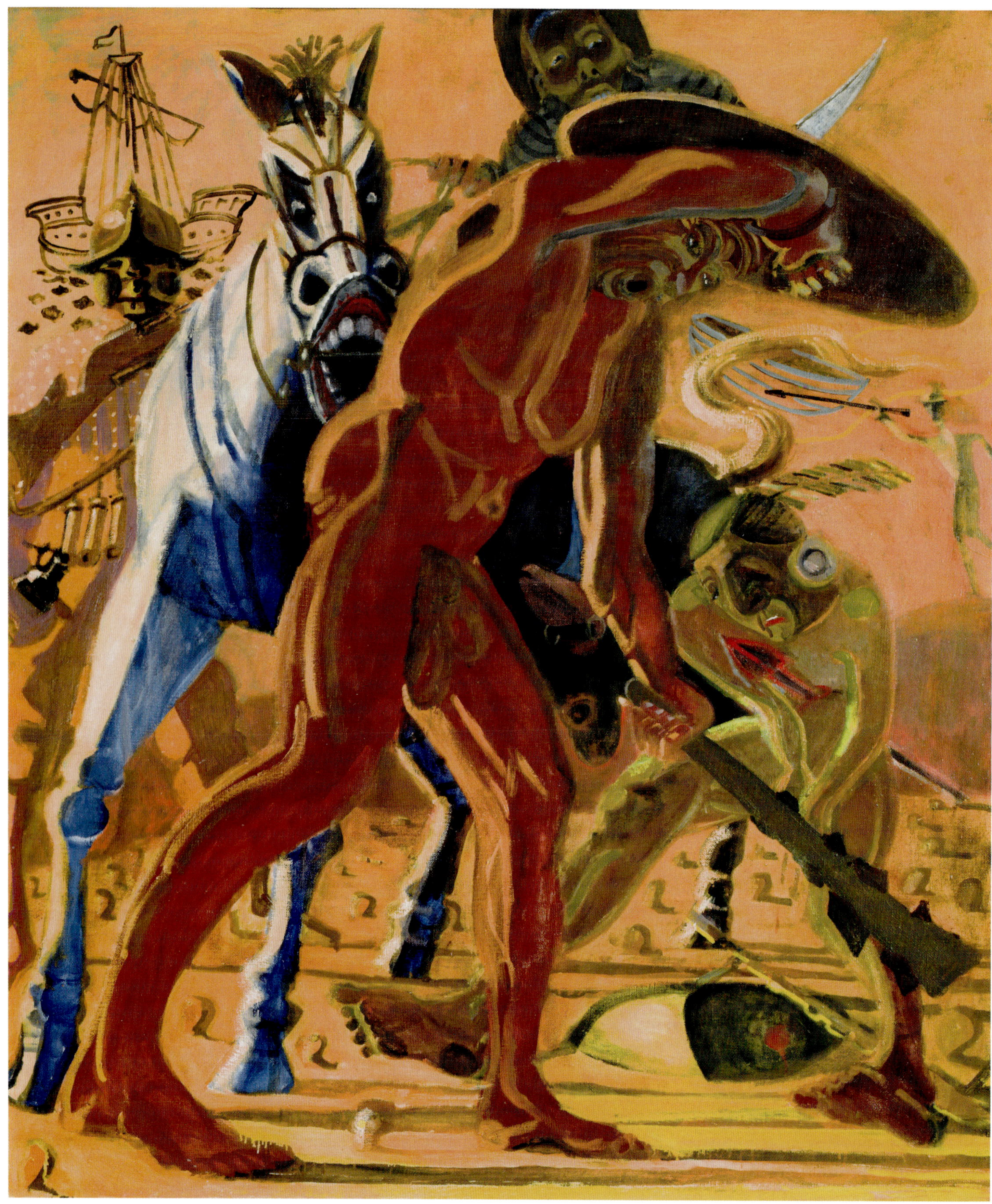

WARRIOR, 1997.
Oil on canvas, 56 × 46 inches.
Private collection.

GUERRERO, 1997.
Óleo sobre lienzo, 56 × 46 pulgadas.
Colección privada.

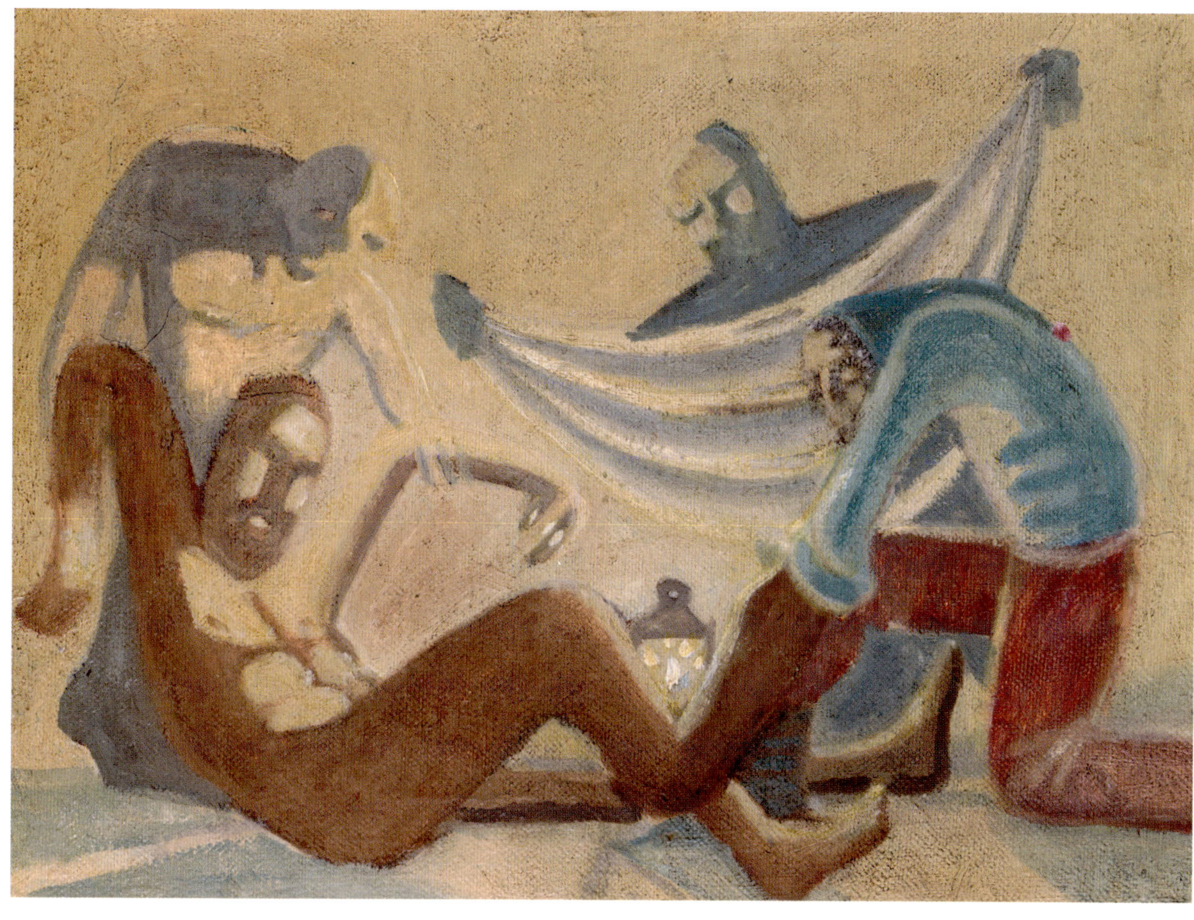

THE *BURIAL* (*THE DEPOSITION*), 1983.
Oil on canvas, 14 × 18⅛ inches. Collection of Michael and Regina Almaguer.

EL ENTIERRO (*LA DEPOSICIÓN*), 1983.
Óleo sobre lienzo, 14 × 18⅛ pulgadas. Colección de Michael y Regina Almaguer.

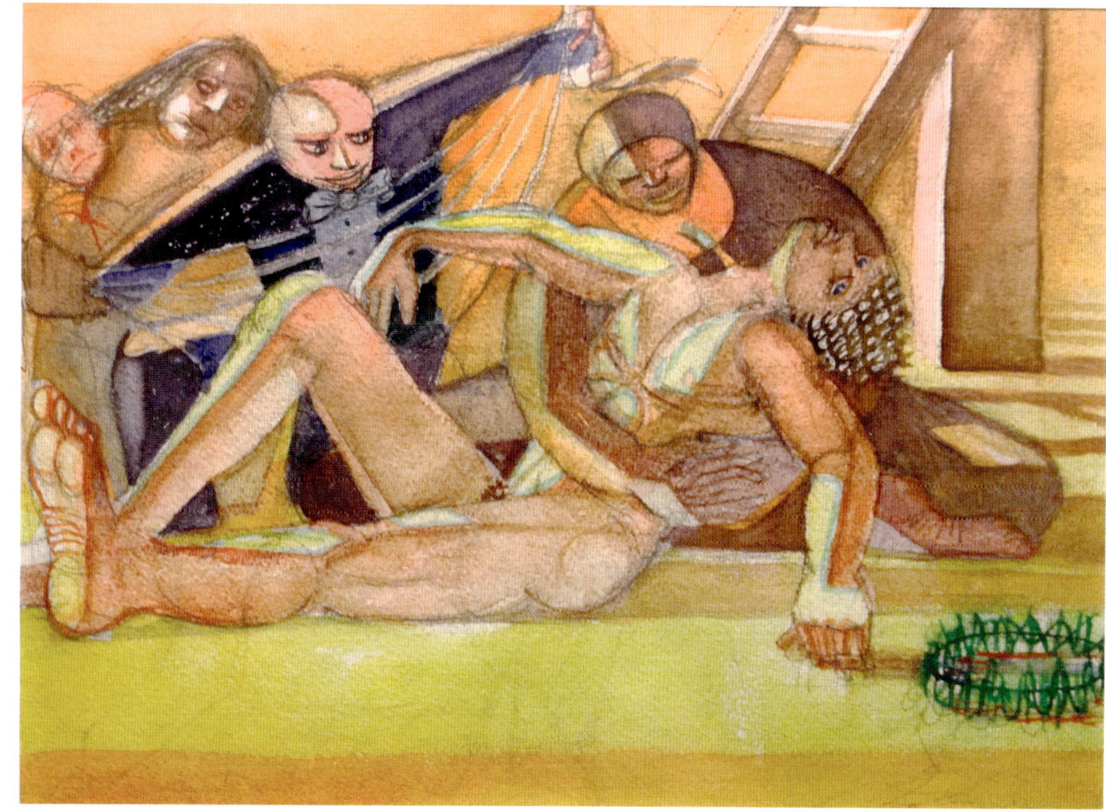

STUDY FOR *THE BURIAL* (*THE DEPOSITION*), ca. 1983.
Watercolor on paper, 13½ × 17½ inches. Courtesy of the Zamarrón Family Collection.

ESTUDIO PARA *EL ENTIERRO* (*LA DEPOSICIÓN*), hacia 1983.
Acuarela sobre papel, 13½ × 17½ pulgadas. Cortesía de la Colección de la Familia Zamarrón.

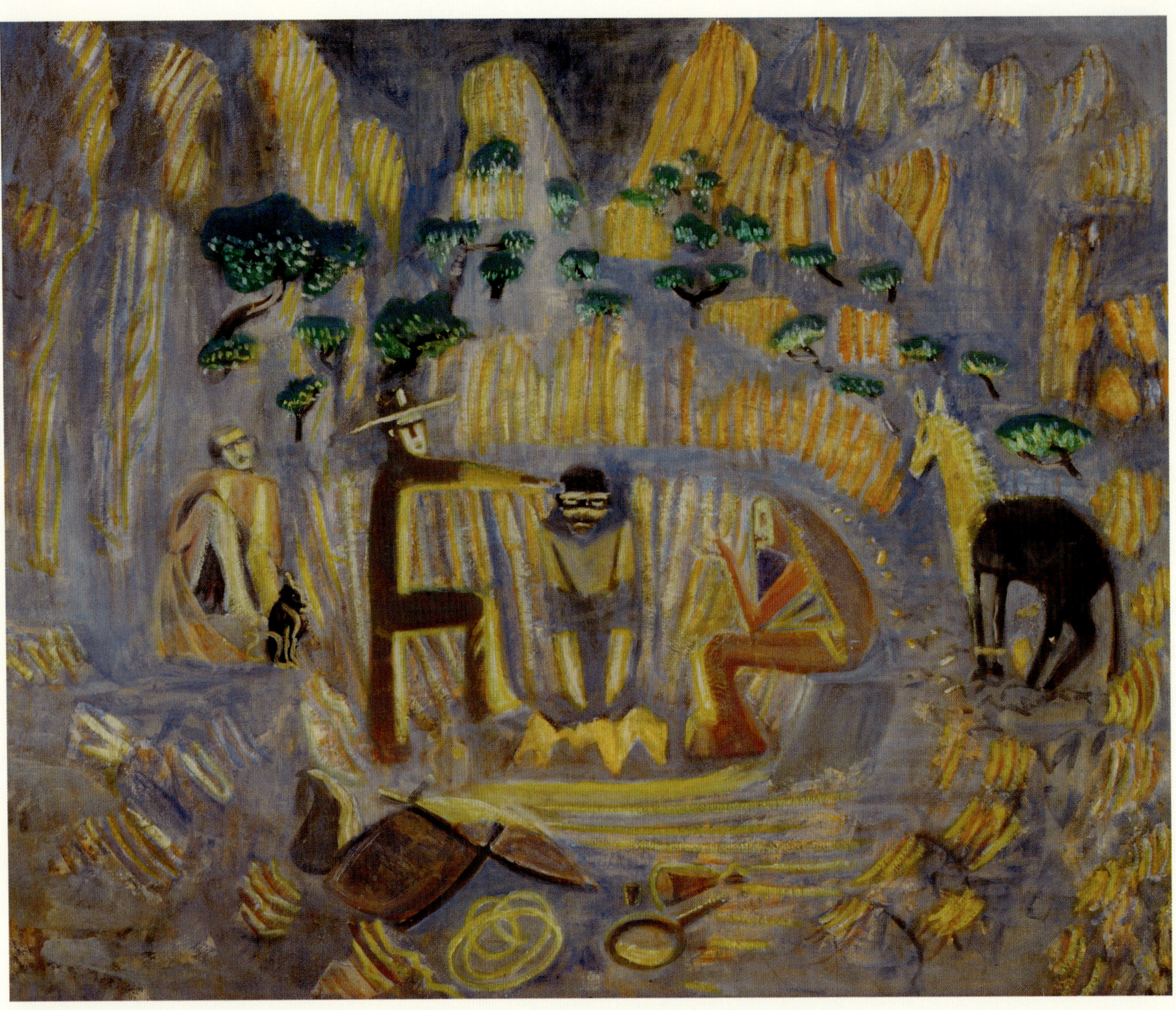

GUATAMOTE, 1983.
Oil on canvas, 38 × 45 inches.
Collection of Ruben Carrillo.

GUATAMOTE, 1983.
Óleo sobre lienzo, 38 × 45 pulgadas.
Colección de Ruben Carrillo.

Eduardo Carrillo's initial spark of inspiration—to research and convey an up-to-the-minute understanding of Chicano art and culture to a wide and diverse audience—had caught fire across California. In his quiet and insightful way, he motivated many people to come together around this goal, insisting on a transparent distribution of our primary study to ensure it would be accessible for scholars and artists to use in future research. He understood that in order to shed light on a complicated and sometimes divisive cultural history—one fraught with accounts of conquest, colonialism, racism, and poverty, side by side with stories of liberation, community, creativity, and art—one has to untangle its multiple roots. I learned firsthand from Ed that if you want to complete such a difficult task, you have to dig deep into the mud with both humor and grace.

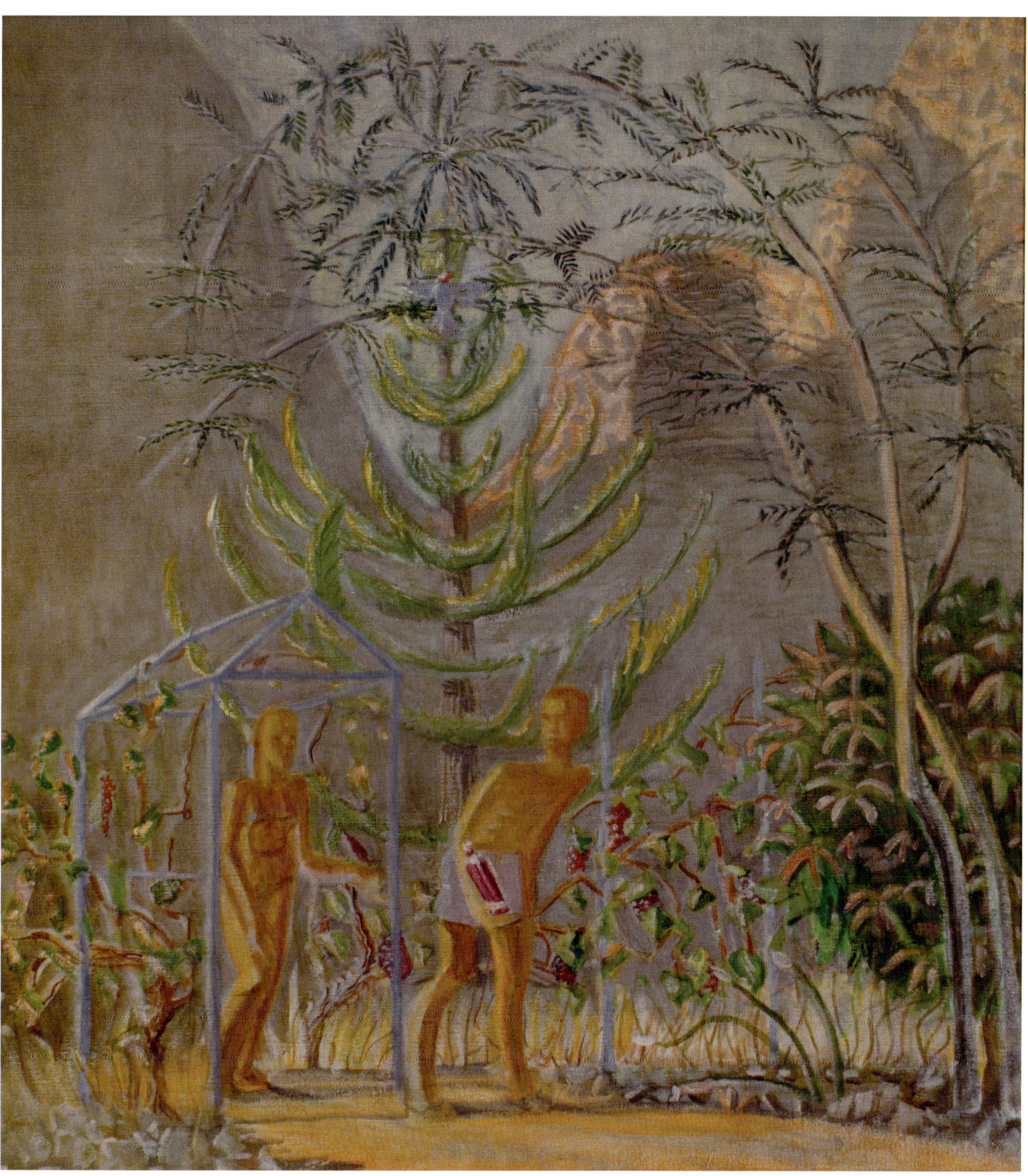

COUPLE IN THE GARDEN, 1985.
Oil on linen, 48 × 34¼ inches.
Collection Monterey Museum of Art, purchase with funds from the Metropolitan Life Foundation, 1988.054.

PAREJA EN EL JARDÍN, 1985.
Óleo sobre lino, 48 × 34¼ pulgadas.
Colección del Monterey Museum of Art, adquirido con fondos de la Metropolitan Life Foundation, 1988.054.

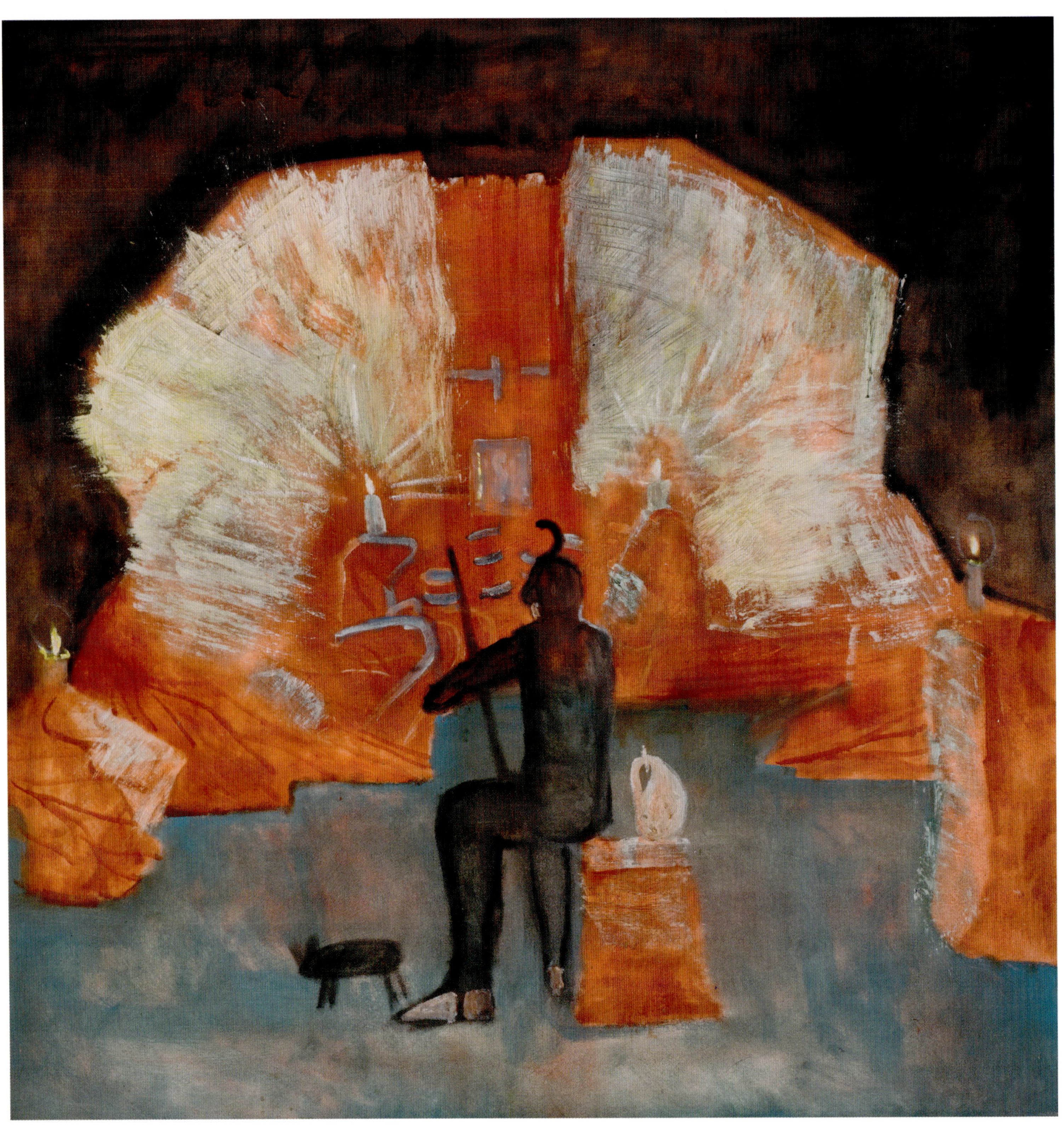

ALTAR AND VISITOR, 1984.
Oil on canvas, 40½ × 38½ inches.
Collection of Juliette Carrillo.

ALTAR Y VISITANTE, 1984.
Óleo sobre lienzo, 40½ × 38½ pulgadas.
Colección de Juliette Carrillo.

Habíamos recibido una beca de planificación del Fondo Nacional para las Humanidades (National Endowment for the Humanities), que planteó el escenario para una conferencia de investigación en 1982 que reunió a prominentes académicos y artistas de vanguardia de todo el estado, incluyendo a miembros de Asco, un colectivo radicalmente experimental del arte de performance del este de Los Ángeles (Harry Gamboa Jr., Gronk, Willie Herrón y Patssi Valdez), así también como a Judith Baca, Tim Drescher, Shifra Goldman, Amalia Mesa-Bains, José Montoya, Malaquías Montoya, René Yañez, Tomás Ybarra-Frausto y Luis Valdez.

El componente final del proyecto de investigación consistió en enviar a un equipo de productores de cine—frecuentemente guiado por Carrillo—en camino de Sacramento a San Diego, a grabar entrevistas con artistas y documentar muchos de los principales centros de arte y talleres comunitarios que en ésa época apoyaban a los artistas chicanos.

Este archivo fue conservado y digitalizado por la Colección Tloque Nahuaque en la Universidad de California, Santa Bárbara, y por *Mi otro yo—My Other Self*, un documental experimental basado en el archivo y producido para la televisión pública en 1988 y que fue transmitido en 1991 a nivel nacional por el Public Broadcasting Service (PBS), el servicio de difusión pública de los Estados Unidos.

La chispa inicial de inspiración de Eduardo Carrillo—de investigar y transmitir un conocimiento actualizado del arte y la cultura chicanos a un público amplio y variado—se propagó como fuego a través de toda California. Con su estilo discreto y perspicaz, motivó a mucha gente a unirse alrededor de este objetivo, insistiendo en una distribución transparente de nuestro trabajo inicial para asegurarse que fuese asequible para investigaciones futuras de académicos y artistas. Carrillo entendió que para aclarar una complicada y a veces divisiva historia cultural—una historia cargada de relatos de conquista, colonialismo, racismo y pobreza, junto a relatos de liberación, comunidad, creatividad y arte—uno tiene que desenredar sus múltiples raíces. De Ed aprendí, de primera mano, que para completar tan difícil tarea, uno tiene que excavar profundamente en el lodo tanto con humor como con gracia.

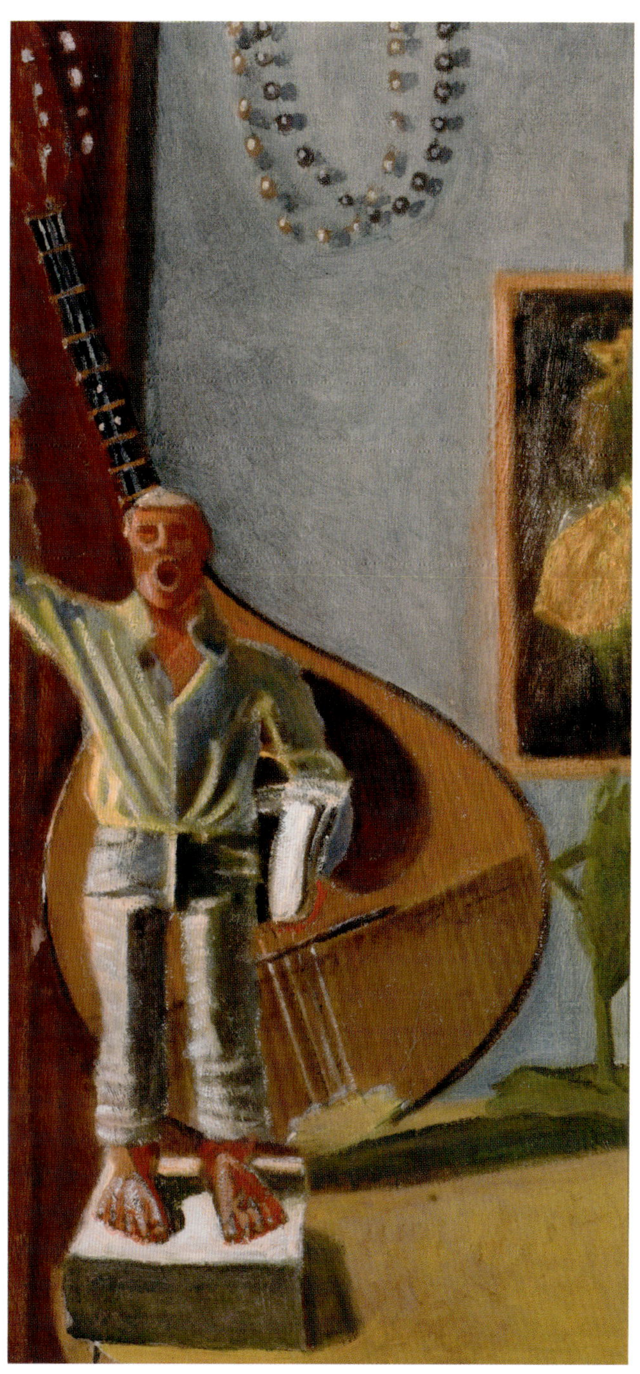

LA EXTRA, 1993.
Óleo sobre lienzo, 30 × 14 pulgadas. Colección privada.

LA EXTRA [BREAKING NEWS], 1993.
Oil on canvas, 30 × 14 inches. Private collection.

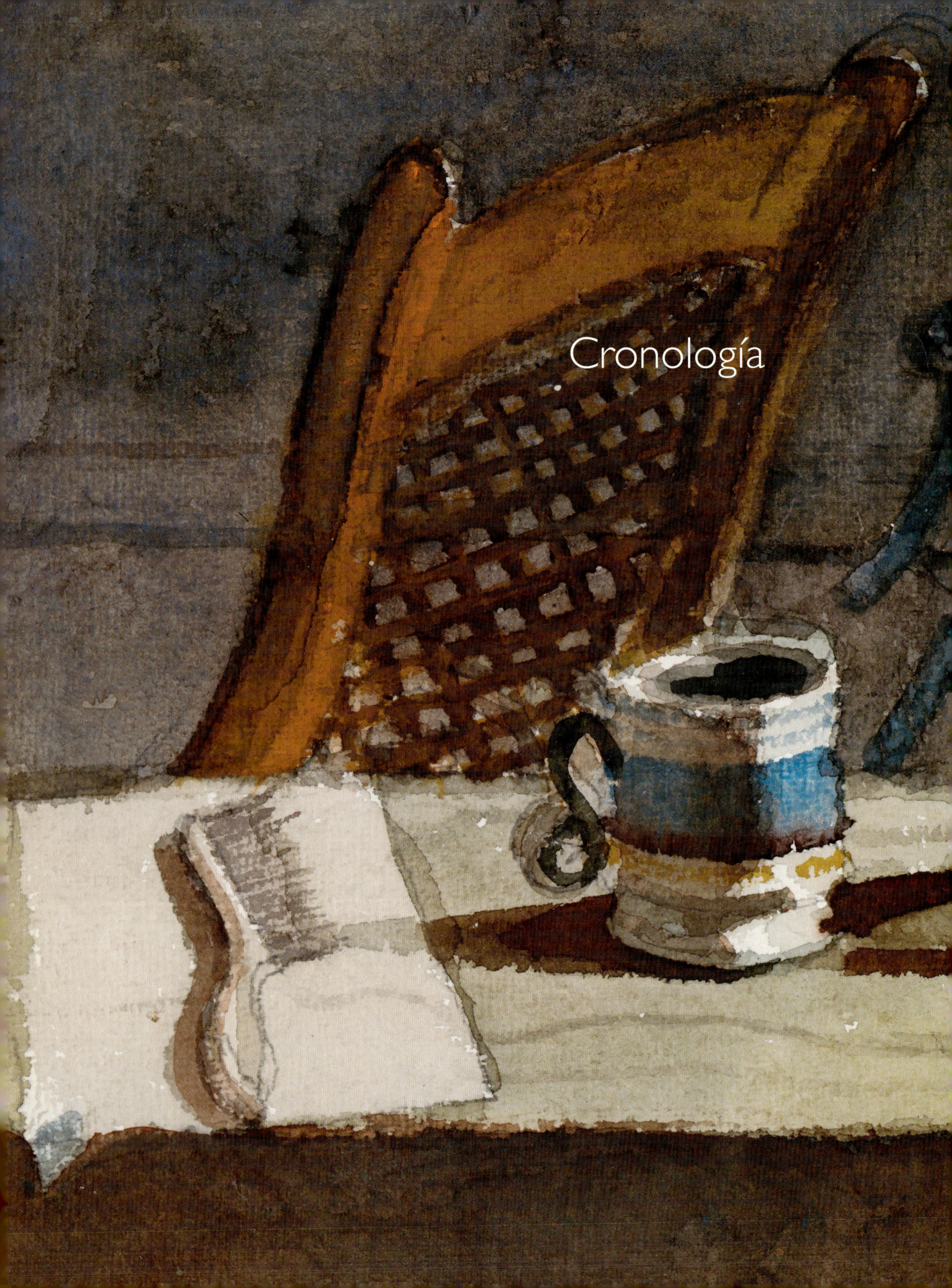

Cronología

Chronology

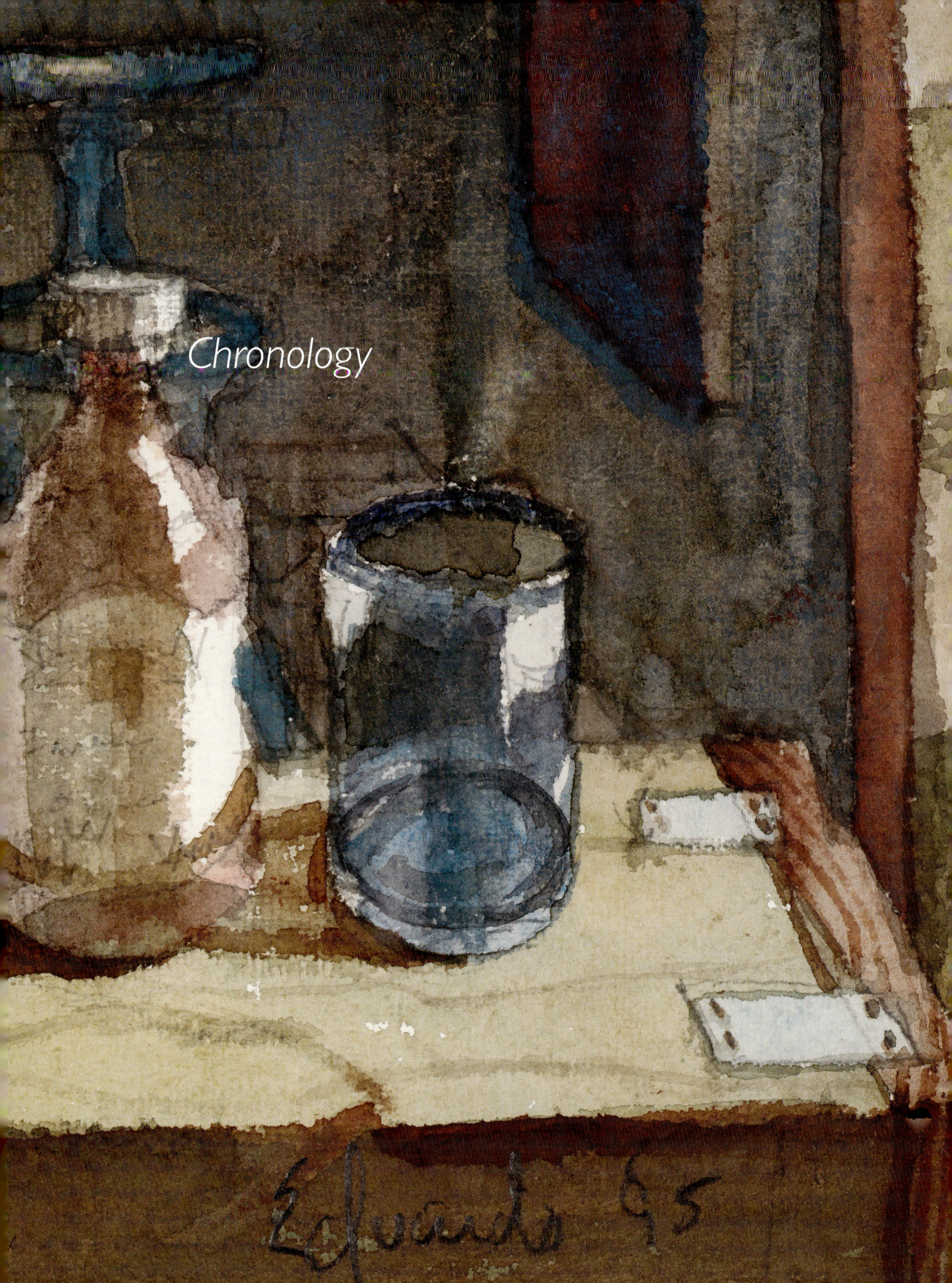

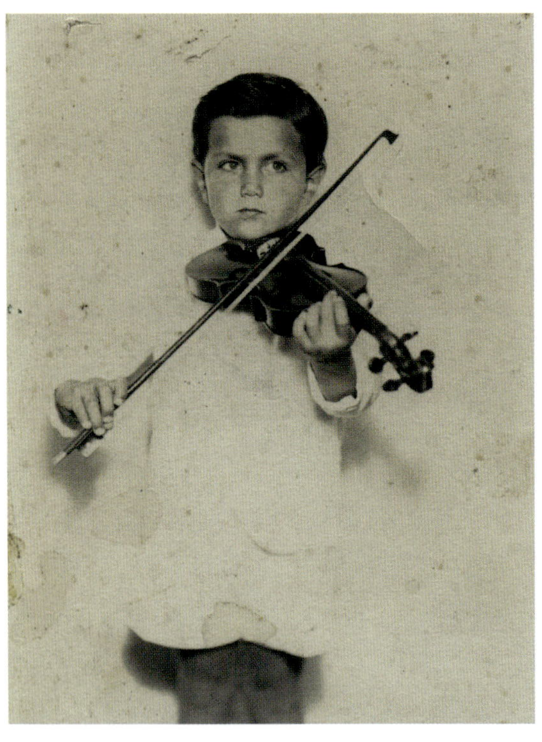

Eduardo Carrillo con violín, 1943. Fotógrafo desconocido.

Eduardo Carrillo with violin, 1943. Photographer unknown.

Cronología

8 de abril: Edward Leonard Carrillo nace en Santa Mónica, California. **1937**

Crece en el sur de Los Ángeles, California. **1938–54**

Estudia en Los Angeles City College, Los Ángeles, California. **1955–56**

Estudia con William Brice y Jack Hooper en la Universidad de California, Los Ángeles. **1956–59, 1962–64**

Exposición **1958**

Exposición artística. Builder's Emporium Parking Lot, Van Nuys, California.

Viaja a España para vivir en Madrid y trabajar en El Prado, donde copia la pintura *Las tentaciones de San Antonio Abad* de Hieronymus Bosch. Estudia independientemente con el escultor de madera policromada Antonio Valles; trabaja en la restauración del altar en la iglesia de San Francisco Grande en Madrid. **1960–61**

Recibe su Licenciatura en Bellas Artes, con especialización en Arte Pictórico, de la Universidad de California, Los Ángeles. **1962**

Se casa con Sheila Goldberg.

Exposiciones

Cuatro pintores: Garabedian / Chavez / Carrillo / Lunetta [*Four Painters: Garabedian / Chavez / Carrillo / Lunetta*]. Ceeje Gallery, Los Ángeles, California. 25 de junio–28 de julio.

Exposición colectiva. Ceeje Gallery, Los Ángeles, California. Septiembre.

Exposición colectiva. Ceeje Gallery, Los Ángeles, California. Diciembre.

El suroeste: Pintura y escultura [*The Southwest: Painting and Sculpture*]. Museum of Fine Arts, Houston, Texas. 7 de diciembre de 1962–20 de enero de 1963.

Nace su hija, Juliette Alexandra. **1963**

PÁGINA DOBLE ANTERIOR

NATURALEZA MUERTA DE TAZA Y VASO AZUL, 1995.
Detalle. *Véase la página 215.*

PREVIOUS SPREAD

STILL LIFE CUP AND BLUE GLASS, 1995.
Detail. *See page 215.*

Chronology

1937 April 8: Edward Leonard Carrillo is born in Santa Monica, California.

1938–54 Grows up in South Los Angeles, California.

1955–56 Studies at Los Angeles City College, Los Angeles, California.

1956–59, 1962–64 Studies under William Brice and Jack Hooper at University of California, Los Angeles.

1958 **Exhibition**

Art exhibit. Builder's Emporium Parking Lot, Van Nuys, California.

1960–61 Travels to Spain to live in Madrid and work in the Prado, copying *The Temptation of Saint Anthony* painting by Hieronymus Bosch. Does independent study with polychrome wood sculptor Antonio Valles; works on the restoration of the altar in the church of San Francisco Grande, Madrid.

1962 Earns Bachelor of Arts, Pictorial Arts, University of California, Los Angeles.

Marries Sheila Goldberg.

Exhibitions

Four Painters: Garabedian / Chavez / Carrillo / Lunetta. Ceeje Gallery, Los Angeles, California. June 25–July 28.

Group exhibition. Ceeje Gallery, Los Angeles, California. September.

Group exhibition. Ceeje Gallery, Los Angeles, California. December.

The Southwest: Painting and Sculpture. Museum of Fine Arts, Houston, Texas. December 7, 1962–January 20, 1963.

1963 Daughter Juliette Alexandra is born.

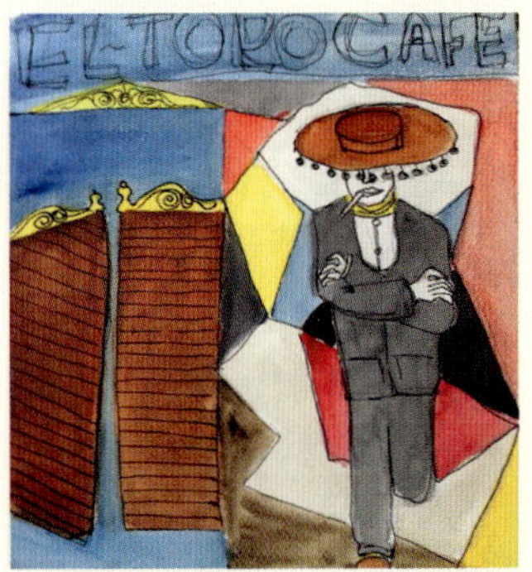

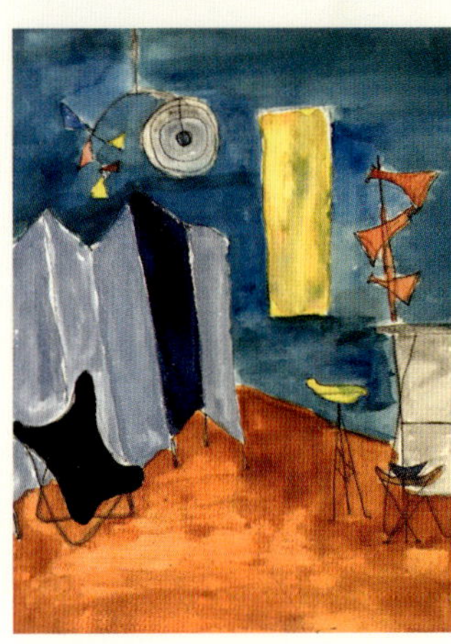

Watercolor sketches, 1954. Collection of Juliette Carrillo.

Bocetos de acuarela, 1954. Colección de Juliette Carrillo.

Exposiciones

El concepto del hombre [*Concept of Man*]. KPFK Art Center, Los Ángeles, California.

Ed Carrillo: Esculturas y pinturas policromadas [*Ed Carrillo: Polychrome Sculpture and Paintings*]. Ceeje Gallery, Los Ángeles, California. Diciembre.

Docente, División de Extensión, Universidad de California, San Diego. **1964–66**

Crea *Los cuatro evangelistas* [*The Four Evangelists*], medallones en la cúpula de la Misión de San Ignacio, Baja California, México.

Recibe su Maestría en Bellas Artes, con especialización en Arte Pictórico, Universidad de California, Los Ángeles. **1964**

Exposiciones

Exposición de tres personas. Rolf Nelson Gallery, Los Ángeles, California.

Escultura pintada '64 [*Painted Sculpture '64*]. Mount Saint Mary's College, Los Ángeles, California.

Quinta invitacional anual [*Fifth Annual Invitational*]. Whittier College, Whittier, California.

Seis pintores de la retaguardia: Garabedian / Richbourg / Urmston / Biller / Chavez / Carrillo [*Six Painters of the Rear Guard: Garabedian / Richbourg / Urmston / Biller / Chavez / Carrillo*]. Ceeje Gallery, Los Ángeles, California. Abril.

Clásico del arte del Pacífico [*Pacific Art Classic*]. Van Nuys Savings and Loan Association, Van Nuys, California. 19 de septiembre–2 de octubre.

Exposiciones **1965**

Las artes del sur de California XVII [*Arts of Southern California XVII*]. Long Beach Museum of Art, Long Beach, California.

Exposición anual de premio de compra [*Annual Purchase Award Exhibition*]. Southwestern College Art Gallery, Chula Vista, California.

Exposición anual. Westwood Art Association Gallery, Los Ángeles, California.

Pintores de la Escuela de Extensión de la Universidad de California [*Painters of University of California Extension*]. La Jolla Museum of Art, La Jolla, California.

Arte nuevo en espacio vital [*New Art in Living Space*]. 4040 Loma Riviera Drive, San Diego, California.

Exposición individual. La Jolla Museum of Art, La Jolla, California.

Exposición anual. Jewish Community Center, San Diego, California.

Muestra de figuras [*Figure Show*]. Balboa Park, San Diego, California.

Exhibitions

Concept of Man. KPFK Art Center, Los Angeles, California.

Ed Carrillo: Polychrome Sculpture and Paintings. Ceeje Gallery, Los Angeles, California. December.

1964–66 Instructor, Extension Division, University of California, San Diego.

Creates *The Four Evangelists*, medallions in the cupola of La Misión de San Ignacio, Baja California, Mexico.

1964 Earns Master of Arts, Pictorial Arts, University of California, Los Angeles.

Exhibitions

Three-person exhibition. Rolf Nelson Gallery, Los Angeles, California.

Painted Sculpture '64. Mount Saint Mary's College, Los Angeles, California.

Fifth Annual Invitational. Whittier College, Whittier, California.

Six Painters of the Rear Guard: Garabedian / Richbourg / Urmston / Biller / Chavez / Carrillo. Ceeje Gallery, Los Angeles, California. April.

Pacific Art Classic. Van Nuys Savings and Loan Association, Van Nuys, California. September 19–October 2.

1965 **Exhibitions**

Arts of Southern California XVII. Long Beach Museum of Art, Long Beach, California.

Annual Purchase Award Exhibition. Southwestern College Art Gallery, Chula Vista, California.

Annual exhibition. Westwood Art Association Gallery, Los Angeles, California.

Painters of University of California Extension. La Jolla Museum of Art, La Jolla, California.

New Art in Living Space. 4040 Loma Riviera Drive, San Diego, California.

Solo exhibition. La Jolla Museum of Art, La Jolla, California.

Annual exhibition. Jewish Community Center, San Diego, California.

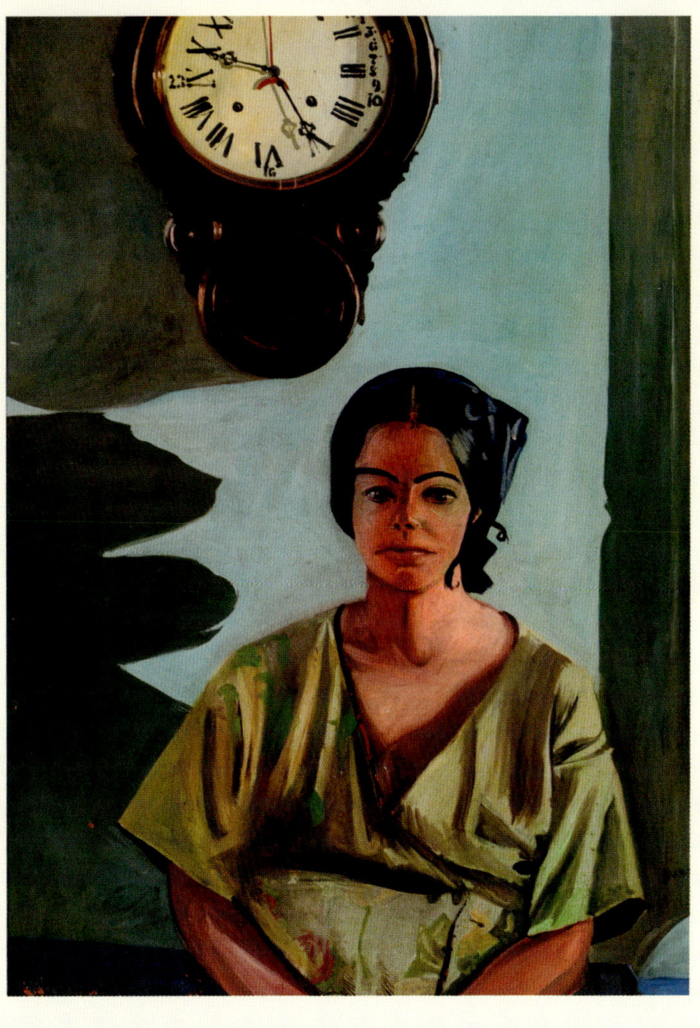

PORTRAIT OF SHEILA WITH CLOCK, ca. 1960s. *Oil on canvas, 47¼ × 31 inches. Collection of Juliette Carrillo.*

RETRATO DE SHEILA CON RELOJ, hacia los años sesenta del siglo XX. *Óleo sobre lienzo, 47¼ × 31 pulgadas. Colección de Juliette Carrillo.*

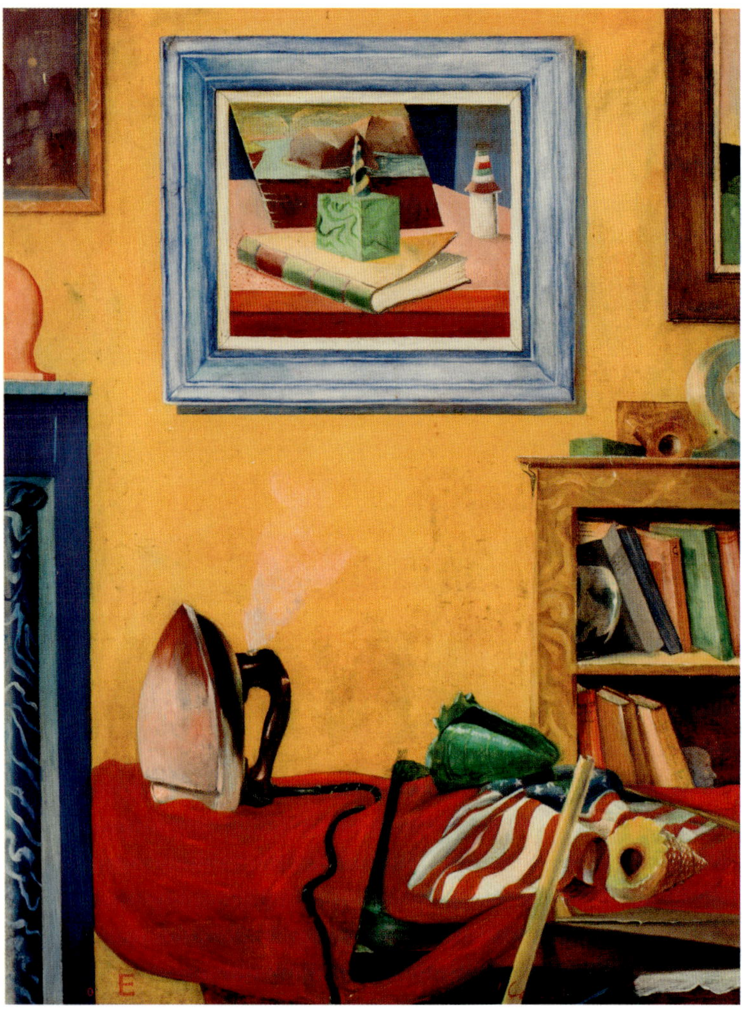

NATURALEZA MUERTA CON PLANCHA, a finales de los sesenta del siglo XX. *Óleo sobre lienzo, 47½ × 35½ pulgadas. Colección de Juliette Carrillo.*

STILL LIFE WITH IRON, late 1960s. *Oil on canvas, 47½ × 35½ inches. Collection of Juliette Carrillo.*

La escultura policromada [*Polychrome Sculpture*]. Southwestern College Art Gallery and Student Union, Chula Vista, California. 8 de enero–19 de febrero.

Algunos aspectos de la pintura y escultura en California [*Some Aspects of California Painting and Sculpture*]. La Jolla Museum of Art, La Jolla, California. 28 de febrero–11 de abril.

Exposición del Premio James D. Phelan [*James D. Phelan Award Exhibition*]. Municipal Art Gallery, Barnsdall Park, Los Ángeles, California. 21 de abril–16 de mayo.

Recibe una beca de la Copley Foundation, San Diego, California, para fundar un centro de arte regional en Baja California, México. **1966**

Se muda a La Paz, Baja California, por tres años, donde él y su esposa Sheila fundan, dirigen e imparten clases en el Centro de Arte Regional.

Empieza un período de tres años de estudio independiente sobre la cerámica indígena con Daniel Zenteño, ceramista zapoteco, La Paz.

Exposiciones

La escultura y el collage [*Sculpture and Collage*]. Balboa Park, San Diego, California.

El surrealismo hoy [*Surrealism Today*]. Los Angeles Art Association, Los Ángeles, California.

La escultura policromada [*Polychrome Sculpture*]. Long Beach Museum of Art, Long Beach, California.

Pintura: La imagen introspectiva [*Painting: The Introspective Image*]. Long Beach Museum of Art, Long Beach, California.

Exposición inaugural de las instalaciones de Bellas Artes [*Inaugural Exhibition of Fine Arts Facilities*]. Palomar College, San Marcos, California.

Exposición sin título. Jefferson Gallery, La Jolla, California.

Exposición de todo el estado de California [*All-California Exhibition*]. Fine Arts Gallery of San Diego, San Diego, California.

Figure Show. Balboa Park, San Diego, California.

Polychrome Sculpture. Southwestern College Art Gallery and Student Union, Chula Vista, California. January 8–February 19.

Some Aspects of California Painting and Sculpture. La Jolla Museum of Art, La Jolla, California. February 28–April 11.

James D. Phelan Award Exhibition. Municipal Art Gallery, Barnsdall Park, Los Angeles, California. April 21–May 16.

1966 Is awarded a grant from Copley Foundation, San Diego, California, to found a regional center for art in Baja California, Mexico.

Moves to La Paz, Baja California, for three years, during which time he and Sheila found, direct, and teach at El Centro de Arte Regional.

Begins a three-year independent study in Indian pottery under Daniel Zenteño, Zapotec potter, La Paz.

Exhibitions

Sculpture and Collage. Balboa Park, San Diego, California.

Surrealism Today. Los Angeles Art Association, Los Angeles, California.

Polychrome Sculpture. Long Beach Museum of Art, Long Beach, California.

Painting: The Introspective Image. Long Beach Museum of Art, Long Beach, California.

Inaugural Exhibition of Fine Arts Facilities. Palomar College, San Marcos, California.

Untitled exhibition. Jefferson Gallery, La Jolla, California.

All-California Exhibition. Fine Arts Gallery of San Diego, San Diego, California.

25 *Years of San Diego Art*. La Jolla Museum of Art, La Jolla, California.

California '66: Painters & Sculptors. Crocker Art Gallery, Sacramento, California. September 16–October 16.

1967 **Exhibition**

Four Painters. California State College, Hayward, California.

25 años de arte en San Diego [*25 Years of San Diego Art*]. La Jolla Museum of Art, La Jolla, California.

California '66: Pintores y escultores [*California '66: Painters & Sculptors*]. Crocker Art Gallery, Sacramento, California. 16 de septiembre–16 de octubre.

Exposición **1967**

Cuatro pintores [*Four Painters*]. California State College, Hayward, California.

Exposiciones **1968**

Exposición individual. Sala de Bellas Artes, La Paz, Baja California.

Exposición por invitación. Instituto Nacional de Bellas Artes, México, D.F., México.

Nace su hijo, Ruben. **1969**

Exposición

Exposición colectiva. San Fernando State College Art Gallery, Northridge, California.

Nombrado como Profesor Asistente de Bellas Artes, San Fernando State College, Northridge, California. **1969–70**

Crea un mural en el California State College, Northridge (destruido en un incendio). **1970**

Colabora en la creación del mural *Historia chicana* [*Chicano History*] (véase las páginas 74–75), Chicano Studies Research Center, Campbell Hall, Universidad de California, Los Ángeles. Junio.

Nombrado Profesor Asistente de Bellas Artes, Sacramento State College (hoy denominada California State University, Sacramento). **1970–72**

Exposiciones **1971**

Exposición de profesores. Sacramento State College Art Gallery, Sacramento, California.

Exposición individual. Cowell College, Universidad de California, Santa Cruz.

Artistas chicanos de Sacramento [*Chicano Artists from Sacramento*]. Universidad de California, Davis.

Exposición colectiva. Artists Contemporary Gallery, Sacramento, California.

Chicanos del Valle: Muestra de la tortilla de la Real Fuerza Aérea Chicana [*Chicanos del Valle: RCAF Tortilla Show*]. Galería de la Raza, San Francisco, California. 11–23 de junio.

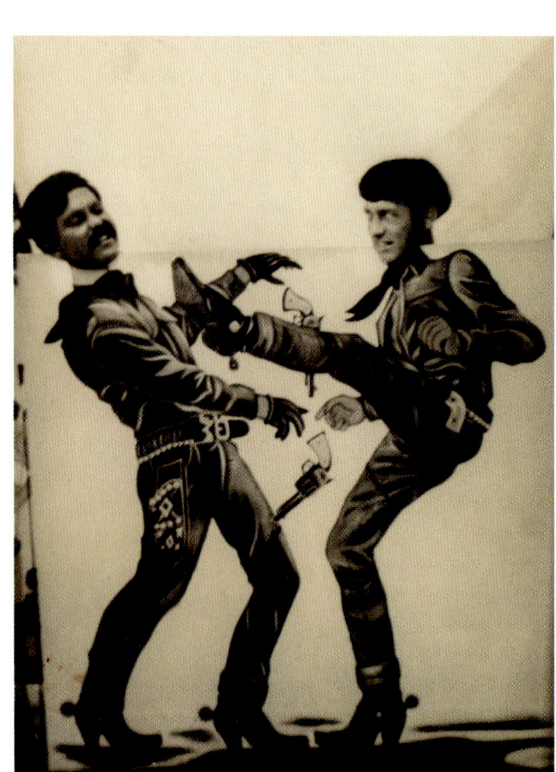

Foto de Eduardo Carrillo y Lance Richbourg parados detrás de la pintura de Richbourg de unos vaqueros sin cabeza, hacia 1968. Foto cortesía de los archivos de Lance Richbourg.

Photo of Eduardo Carrillo and Lance Richbourg standing behind Richbourg's painting of headless cowboys, ca. 1968. Photo courtesy of Lance Richbourg archives.

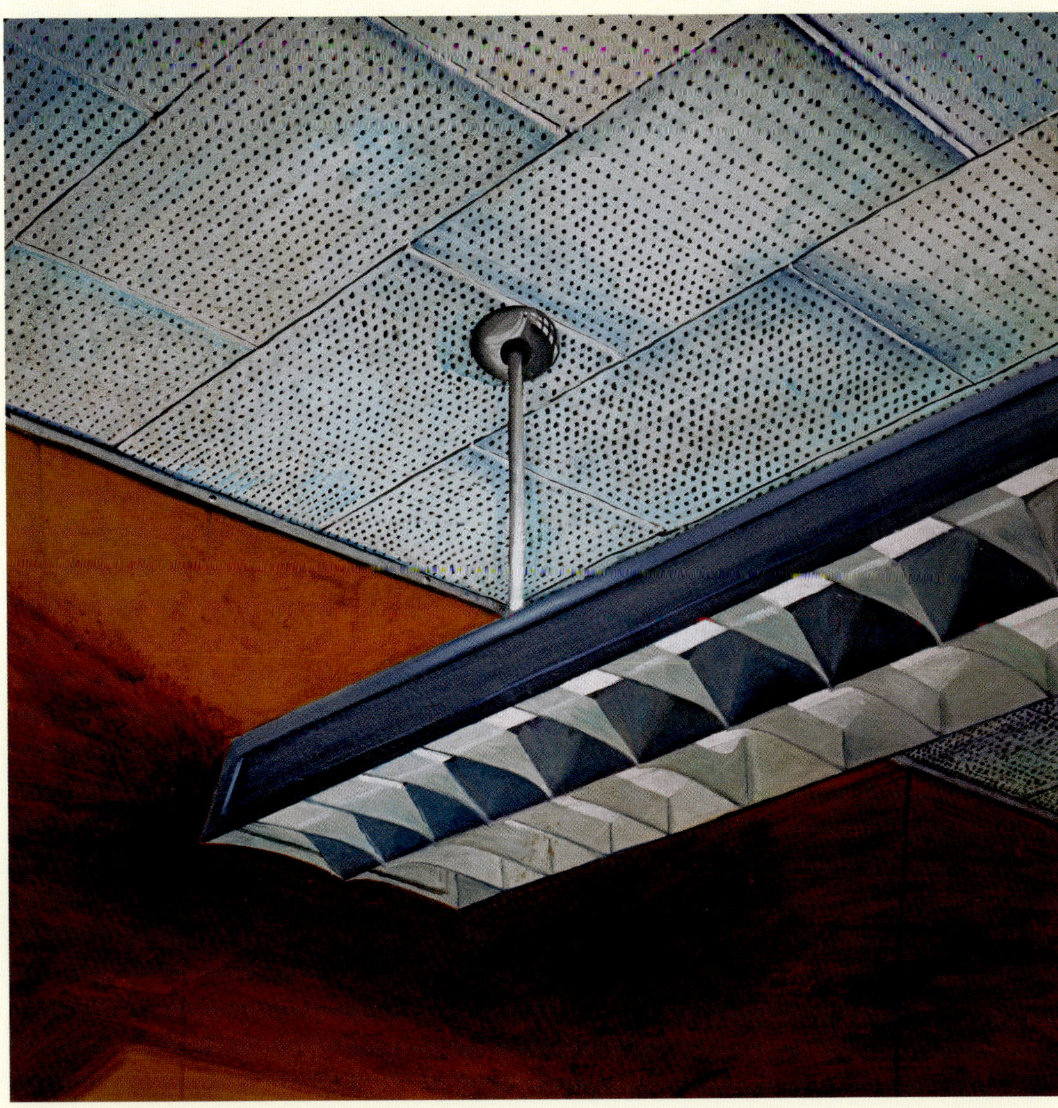

CEILING, 1969.
Oil on canvas,
48 × 47 inches.
Private collection.

CIELO RASO, 1969.
Óleo sobre lienzo,
48 × 47 pulgadas.
Colección privada.

1968 **Exhibitions**

Solo exhibition. Sala de Bellas Artes, La Paz, Baja California.

Invitational exhibition. Instituto Nacional de Bellas Artes, Mexico, D.F., Mexico.

1969 Son Ruben is born.

Exhibition

Group exhibition. San Fernando State College Art Gallery, Northridge, California.

1969–70 Is appointed Assistant Professor of Art, San Fernando State College, Northridge, California.

1970 Creates mural at California State College, Northridge (destroyed by fire).

Collaborates on *Chicano History* mural (see pages 74–75), Chicano Studies Research Center, Campbell Hall, University of California, Los Angeles. June.

1970–72 Is appointed Assistant Professor of Art, Sacramento State College (now California State University, Sacramento).

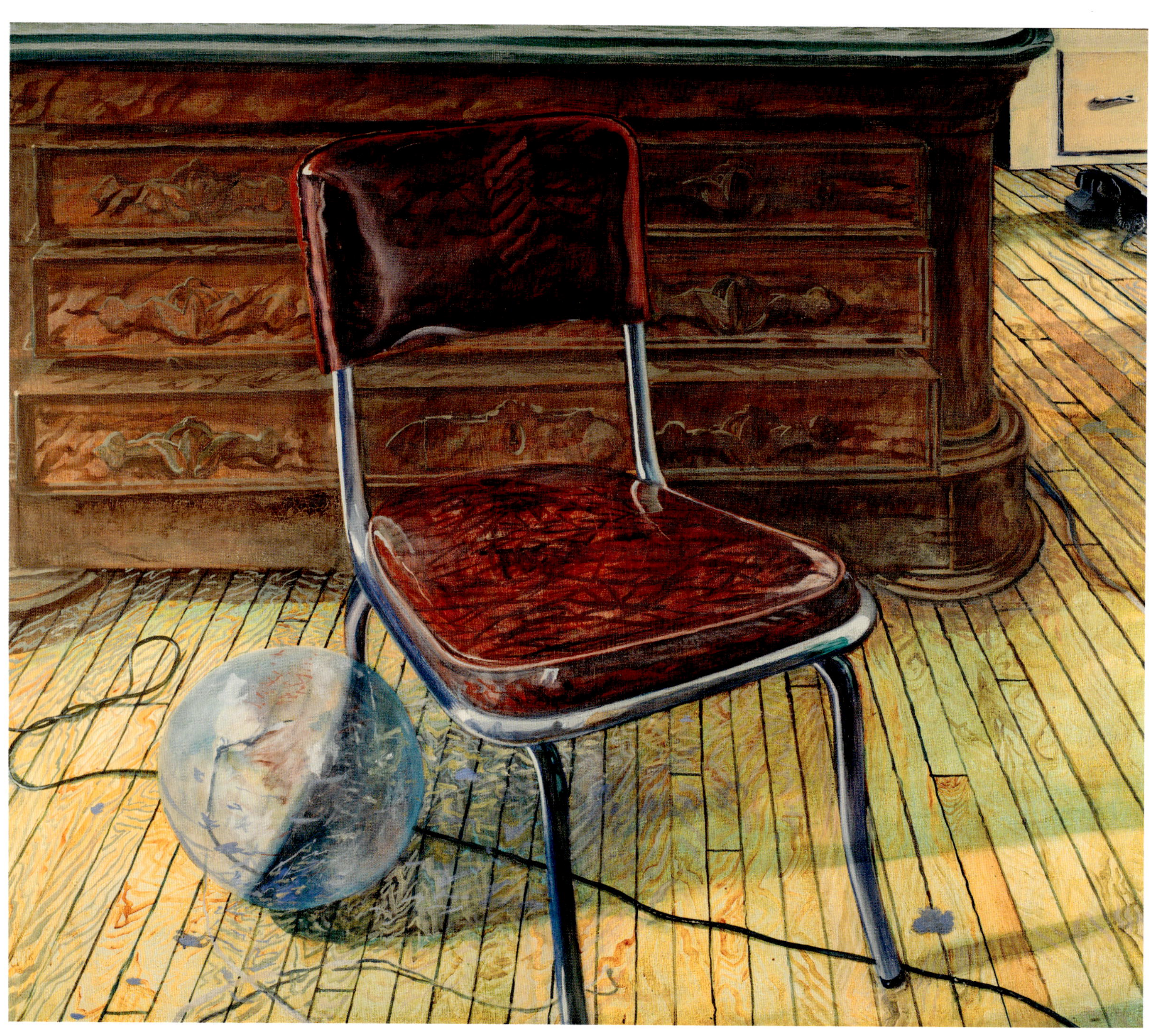

BUSY SIGNAL, 1970.
Oil on panel, 41¾ × 48 inches.
Private collection.

SEÑAL DE OCUPADO, 1970.
Óleo sobre tabla, 41¾ × 48 pulgadas.
Colección privada.

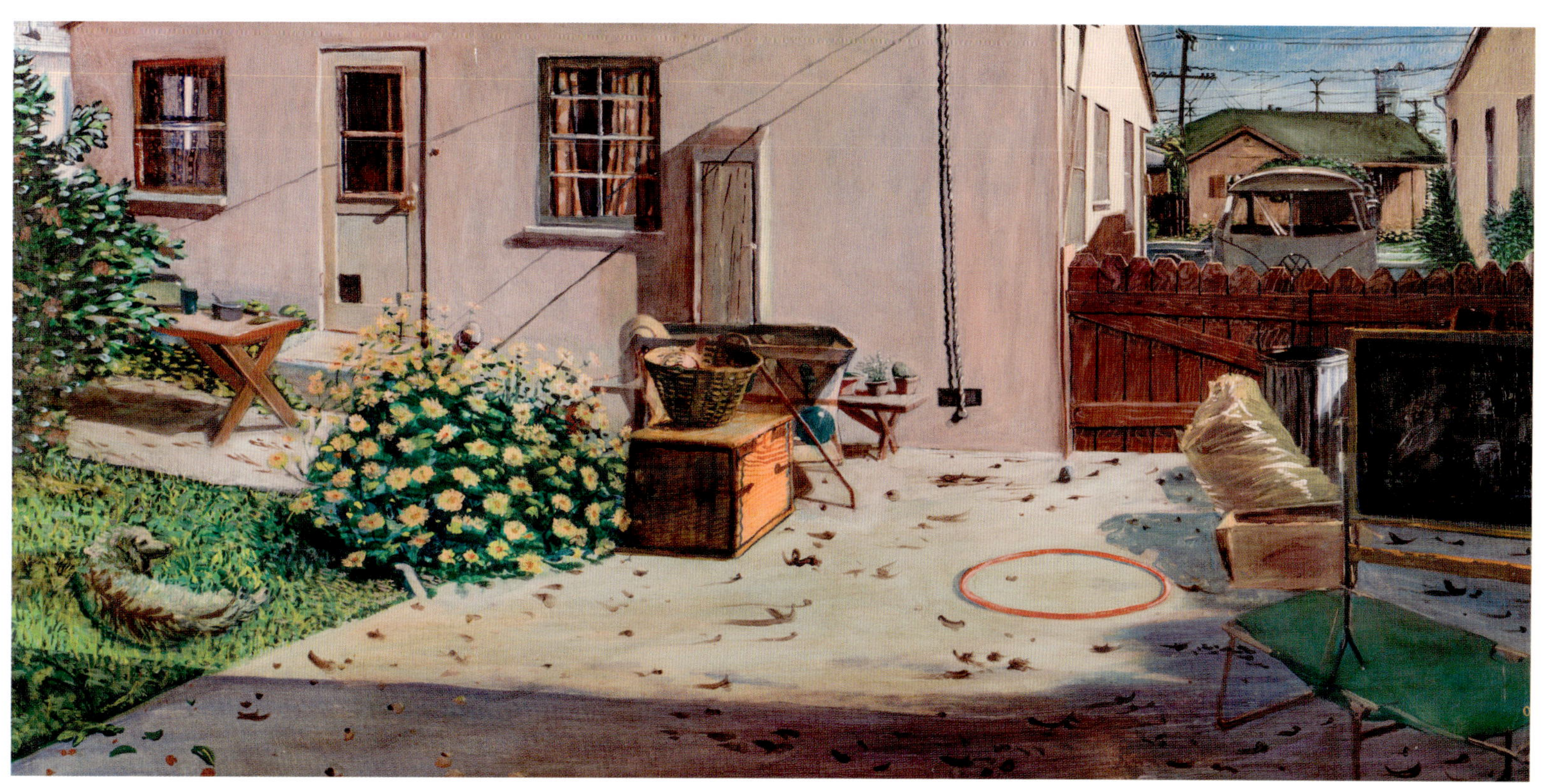

FLOWER AVENUE BACKYARD, LOS ANGELES, CALIFORNIA, 1970.
Oil on wood, 24 × 48 inches.
Private collection.

EL PATIO DE FLOWER AVENUE, LOS ÁNGELES, CALIFORNIA, 1970.
Óleo sobre madera, 24 × 48 pulgadas.
Colección privada.

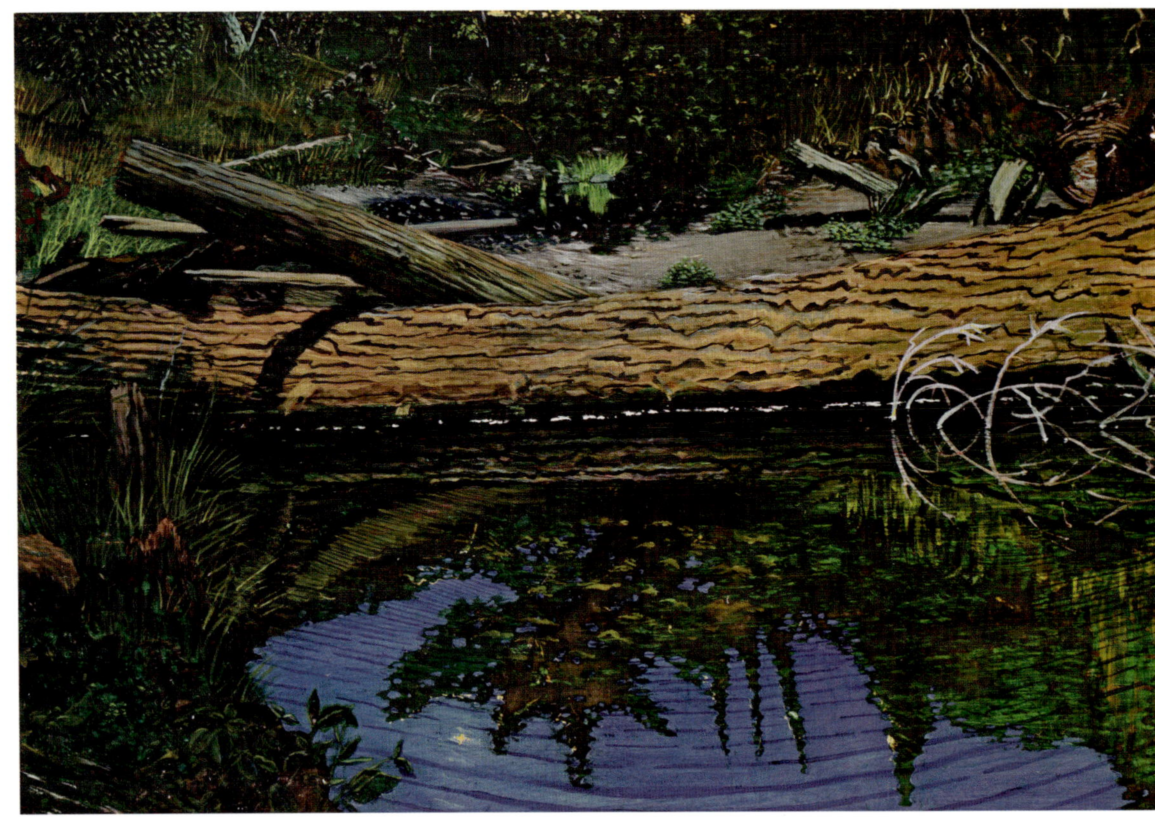

LA FOSA DE LOS GATOS, 1971.
Óleo sobre tabla, 37½ × 50 pulgadas. Colección privada.

CAT HOLE, 1971.
Oil on panel, 37½ × 50 inches. Private collection.

1971–72 Pinta un mural en el Sacramento State College, Sacramento, California (cubierto con pintura para borrarlo en 1976).

1972 Se integra al claustro académico como Profesor Asociado de Artes y Humanidades de la Universidad de California, Santa Cruz.

Exposiciones

Exposición individual. Brand Art Library, Glendale, California.

Exposición colectiva. Artists Contemporary Gallery, Sacramento, California.

Exposición individual de acuarelas. Crocker Art Gallery, Sacramento, California.

Muestrario I de Sacramento [*Sacramento Sampler I*]. Crocker Art Gallery, Sacramento. 1 de abril–7 de mayo.

Esta exposición viaja a:

Oakland Museum, Oakland, California. 23 de mayo–2 de julio.

Palácio do Buriti, Brasilia, Brasil. 21 de agosto–2 de septiembre.

Universidade Federale do Rio Grande do Sul, Puerto Alegre, Brasil. 10–30 de septiembre.

Museu de Arte de São Paulo, São Paulo, Brasil. 7–21 de octubre.

Museu de Arte Moderno, Río de Janeiro, Brasil. 30 de octubre–11 de noviembre.

1973 Recibe la Beca de Arte Creativo de los Regentes de la Universidad de California [University of California Regents' Creative Arts Grant].

Pinta un mural en las aulas de la Universidad de California, Santa Cruz.

Exposición

Arte chicano [*Chicano Art*]. Universidad de California, Santa Bárbara.

1971 **Exhibitions**

Faculty exhibition. Sacramento State College Art Gallery, Sacramento, California.

Solo exhibition. Cowell College, University of California, Santa Cruz.

Chicano Artists from Sacramento. University of California, Davis.

Group exhibition. Artists Contemporary Gallery, Sacramento, California.

Chicanos del Valle: RCAF Tortilla Show. Galería de la Raza, San Francisco, California. June 11–23.

1971–72 Creates mural at Sacramento State College, Sacramento, California (painted over in 1976).

1972 Joins faculty as Associate Professor, Art and Humanities, University of California, Santa Cruz.

Exhibitions

Solo exhibition. Brand Art Library, Glendale, California.

Group exhibition. Artists Contemporary Gallery, Sacramento, California.

Solo watercolor exhibition. Crocker Art Gallery, Sacramento, California.

Sacramento Sampler I. Crocker Art Gallery, Sacramento, California. April 1–May 7.

Exhibition travels to:

Oakland Museum, Oakland, California. May 23–July 2.

Buriti Palace, Brasilia, Brazil. August 21–September 2.

Federal University of Rio Grande do Sul, Porto Alegre, Brazil. September 10–30.

São Paulo Museum of Art, São Paulo, Brazil. October 7–21.

Museum of Modern Art, Rio de Janeiro, Brazil. October 30–November 11.

1973 Is awarded University of California Regents' Creative Arts Grant.

Creates mural in classroom units, University of California, Santa Cruz.

Exhibition

Chicano Art. University of California, Santa Barbara.

1974 Creates mural in the Applied Sciences Building, University of California, Santa Cruz (painted over in 1978).

Exhibition

Chicano Art. Santa Ana College, Santa Ana, California. April 22–May 9.

Pinta un mural en el edificio de Ciencias Aplicadas [Applied Sciences Building], Universidad de California, Santa Cruz (cubierto con pintura para borrarlo en 1978). **1974**

Exposición

Arte chicano [*Chicano Art*]. Santa Ana College, Santa Ana, California. 22 de abril–9 de mayo.

Exposición **1975**

Edward Carrillo: Obras seleccionadas, 1960–1975 [*Edward Carrillo: Selected Works, 1960–1975*]. Fine Arts Gallery, California State University, Los Ángeles. 31 de marzo–2 de abril.

Se le otorga la posición de Profesor de Artes y Humanidades, Universidad de California, Santa Cruz. **1976**

Abril–octubre: Planea y crea *Nacimiento, muerte y regeneración* [*Birth, Death, and Regeneration*] (véase la página 92), un mural arquitectónico interior de 2.500 pies cuadrados, Palomar Arcade, Santa Cruz, California (cubierto con pintura para borrarlo en 1979).

Exposiciones

Exposición individual. *Obras recientes* [*Recent Work*]. Open Ring Galleries, Sacramento, California. Enero.

Edward Carrillo, Consuelo Mendez Castillo, Luis Gutierrez, José Montoya. College Eight Gallery, Universidad de California, Santa Cruz. 2–27 de febrero.

Exposiciones **1977**

El comienzo de los años sesenta en la UCLA [*The Early Sixties at UCLA*]. Frederick S. Wight Art Gallery, Universidad de California, Los Ángeles. 8 de enero–19 de febrero.

Raíces antiguas / Visiones nuevas, Ancient Roots / New Visions. Tucson Museum of Art, Tucson, Arizona. 7 de mayo–19 de junio.

Esta exposición viaja a:

National Collection of Fine Arts, Washington, D.C. 8 de julio–2 de octubre de 1977.

Museum of Albuquerque, Albuquerque, Nuevo México. 3 de diciembre de 1977–8 de enero de 1978.

El Paso Museum of Art, El Paso, Texas. 8 de febrero–26 de marzo de 1978.

Los Angeles Municipal Art Gallery, Los Ángeles, California. 1 de julio–13 de agosto de 1978.

Sarah Campbell Blaffer Gallery, University of Houston y Southwest Chicano Art Center, Houston, Texas. 2 de septiembre–8 de octubre de 1978.

Colorado Springs Fine Arts Center, Colorado Springs, Colorado. 22 de octubre–26 de noviembre de 1978.

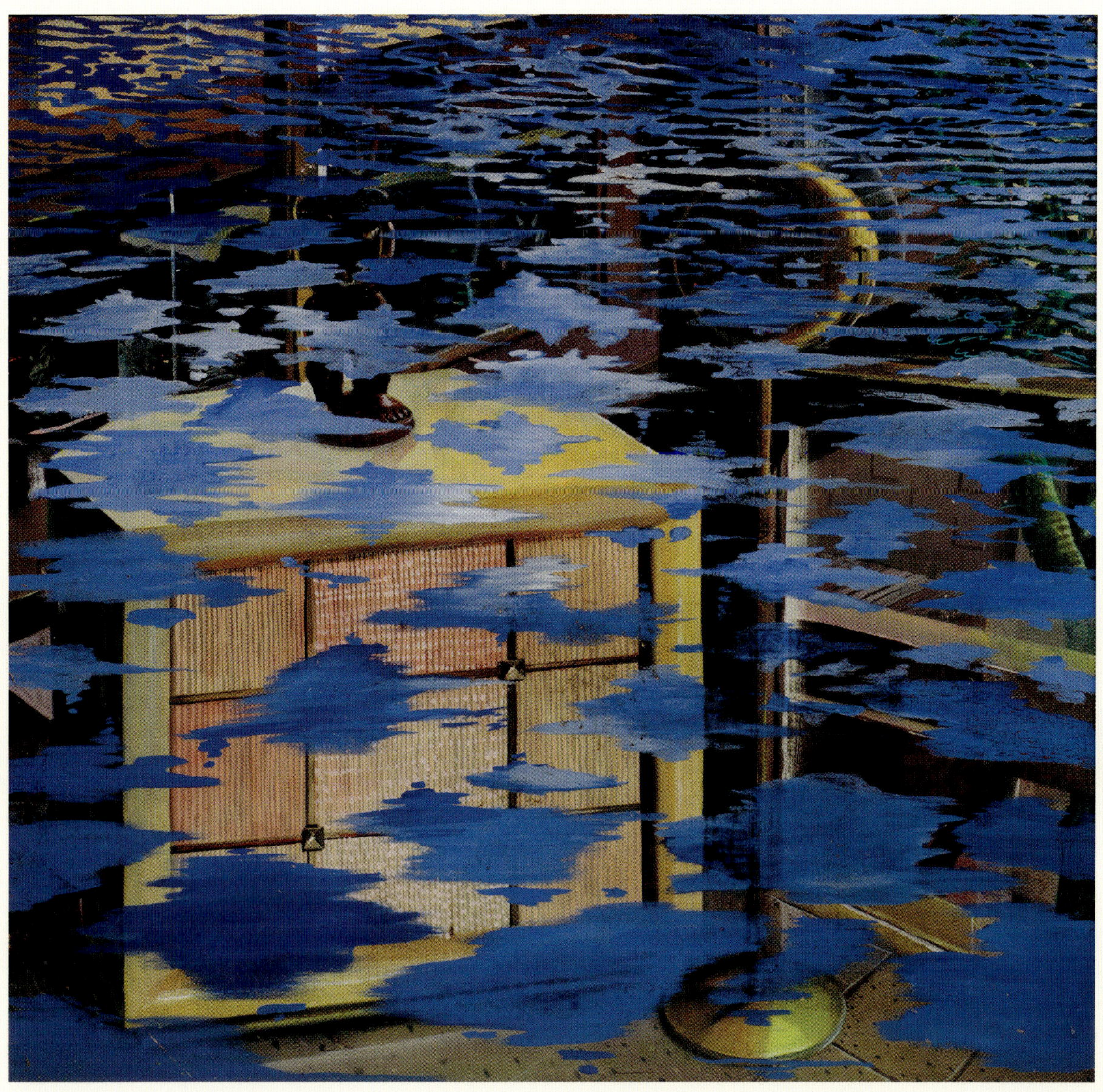

SMOKE GETS IN YOUR EYES, early 1970s.
Oil on board, 48½ × 48½ inches.
Private collection.

EL HUMO SE METE EN TUS OJOS, a comienzos de los setenta del siglo XX.
Óleo sobre tabla, 48½ × 48½ pulgadas.
Colección privada.

1975 **Exhibition**

Edward Carrillo: Selected Works, 1960–1975. Fine Arts Gallery, California State University, Los Angeles. March 31–April 2.

1976 Is granted tenure as Professor of Art and Humanities, University of California, Santa Cruz.

April–October: Plans and creates *Birth, Death, and Regeneration* (see page 92), a 2,500 square foot interior architectural mural, Palomar Arcade, Santa Cruz, California (painted over in 1979).

Exhibitions

Solo exhibition: *Recent Work*. Open Ring Galleries, Sacramento, California. January.

Edward Carrillo, Consuelo Mendez Castillo, Luis Gutierrez, José Montoya. College Eight Gallery, University of California, Santa Cruz. February 2–27.

Everson Museum of Art, Syracuse, Nueva York. 17 de febrero–1 de abril de 1979.

San Antonio Museum of Art, San Antonio, Texas. 1 de mayo–15 de junio de 1979.

Museum of Contemporary Art, Chicago, Illinois. 24 de agosto–28 de octubre de 1979.

Palacio de Minería, México, D.F., México. Octubre de 1980.

Exposición individual: *Pinturas y dibujos arquitectónicos e históricos* [*Architectural and Historical Paintings and Drawings*]. East Los Angeles Gallery, Los Ángeles, California. 7–30 de julio.

1978

Recibe beca denominada Senior Individual Artist Grant, National Endowment for the Arts, Washington, D.C.

Diseña y crea *El Grito* (véase las páginas 80–81), un mural de 8 × 44 pies en baldosas cerámicas, Placita de Dolores, Pueblo Park, Los Ángeles, California.

Exposiciones

"Mala" pintura [*"Bad" Painting*]. New Museum of Contemporary Art, Nueva York. 14–28 de enero.

Exposición individual: *Proyectos de murales y pinturas* [*Mural Projects and Paintings*]. Santa Cruz Public Library, Santa Cruz, California. Octubre.

Ritmos de Aztlán. Oakes College, Universidad de California, Santa Cruz. 27 de octubre–3 de noviembre.

1979

Como director del proyecto, empieza a organizar y curar *Califas: Arte y cultura chicanos en California* [*Califas: Chicano Art and Culture in California*], una conferencia y exposición realizada en 1981 para Mary Porter Sesnon Art Gallery de la Universidad de California, Santa Cruz.

Exposiciones

Recuerdos de Hoy. Studio Obras, San José, California. 30 de octubre–30 de noviembre.

Visiones desde Aztlán [*Visions from Aztlán*]. Oakes College, Universidad de California, Santa Cruz. 9–21 de noviembre.

1980

Exposiciones

Exposición individual de cerámica. Santa Cruz Mission Day Fiesta, Santa Cruz, California.

Fuegos de Aztlán. Oakes College, Universidad de California, Santa Cruz.

Exposición individual de acuarelas. Open Ring Galleries, Sacramento, California. 16 de mayo–20 de junio.

1977 **Exhibitions**

The Early Sixties at UCLA. Frederick S. Wight Art Gallery, University of California, Los Angeles. January 8–February 19.

Raíces Antiguas / Visiones Nuevas, Ancient Roots / New Visions. Tucson Museum of Art, Tucson, Arizona. May 7–June 19.

Exhibition travels to:

National Collection of Fine Arts, Washington, D.C. July 8–October 2, 1977.

Museum of Albuquerque, Albuquerque, New Mexico. December 3, 1977–January 8, 1978.

El Paso Museum of Art, El Paso, Texas. February 8–March 26, 1978.

Los Angeles Municipal Art Gallery, Los Angeles, California. July 1–August 13, 1978.

Sarah Campbell Blaffer Gallery, University of Houston, and Southwest Chicano Art Center, Houston, Texas. September 2–October 8, 1978.

Colorado Springs Fine Arts Center, Colorado Springs, Colorado. October 22–November 26, 1978.

Everson Museum of Art, Syracuse, New York. February 17–April 1, 1979.

San Antonio Museum of Art, San Antonio, Texas. May 1–June 15, 1979.

Museum of Contemporary Art, Chicago, Illinois. August 24–October 28, 1979.

Palacio de Minería, Mexico, D.F., Mexico. October 1980.

Solo exhibition: *Architectural and Historical Paintings and Drawings.* East Los Angeles Gallery, Los Angeles, California. July 7–30.

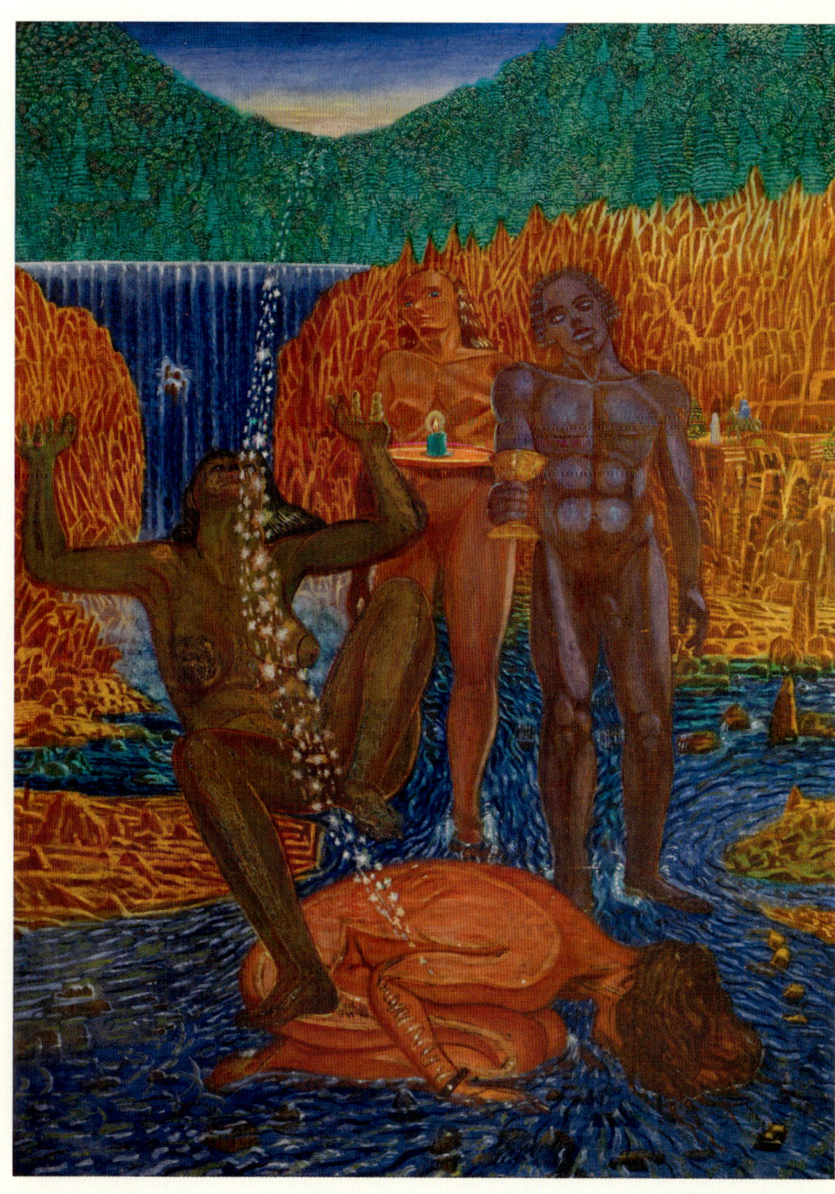

THE INITIATION, 1978.
Oil on board,
84 × 60 inches.
Private collection.

LA INICIACIÓN, 1978.
Óleo sobre tabla,
84 × 60 pulgadas.
Colección privada.

1978 Is awarded Senior Individual Artist Grant, National Endowment for the Arts, Washington, D.C.

Designs and creates *El Grito* (see pages 80–81), 8-by-44-foot glazed tile mural, Placita de Dolores, Pueblo Park, Los Angeles, California.

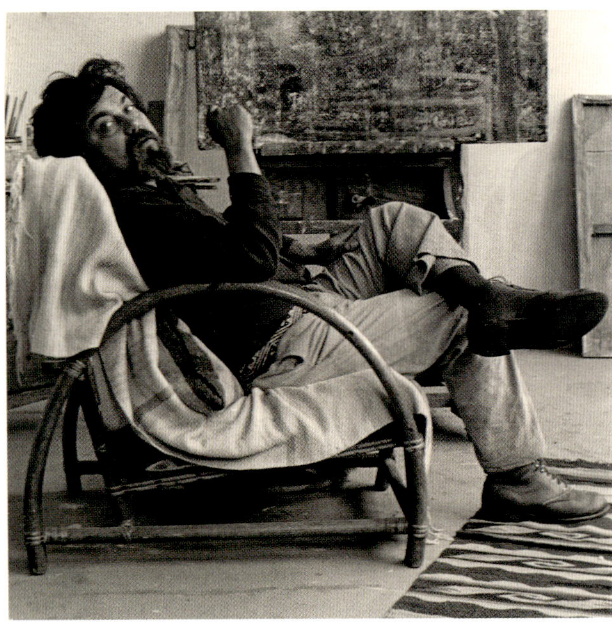

Eduardo Carrillo en su taller, Ben Lomond, California, a comienzos de los ochenta del siglo XX. Fotografía de Cruz Ortiz Zamarrón.

Eduardo Carrillo at his studio in Ben Lomond, California, early 1980s. Photo by Cruz Ortiz Zamarrón.

Exposiciones **1981**

Califas: Arte y cultura chicanos en California [*Califas: Chicano Art and Culture in California*]. Mary Porter Sesnon Art Gallery, Universidad de California, Santa Cruz. 29 de marzo–5 de mayo.

Corazón de Aztlán. Oakes College Art Lounge, Universidad de California, Santa Cruz. 14–24 de noviembre.

Cura las exposiciones tituladas *Exposición del Tercer Mundo* [*Third World Exhibit*] y *Exposición ASCO 83* [*ASCO 83 Exhibit*], Mary Porter Sesnon Art Gallery, Universidad de California, Santa Cruz. **1982**

Exposiciones

Exposición colectiva de acuarelas. Joseph Chowning Gallery, San Francisco, California.

Califas sobre papel [*Califas on Paper*]. Fondo del Sol, Washington, D.C.

Conexiones de California: El Sacramento State College, comienzos de los años setenta del siglo XX [*California Connections: Sacramento State College, the Early 1970s*]. Joseph Chowning Gallery, San Francisco, California. 9 de enero–4 de febrero.

Autorretratos [*Self-Portraits*]. Rio Hondo College, Whittier, California. 2–26 de febrero.

Conexiones de California [*California Connections*]. Laguna Beach Art Museum, Laguna Beach, California. 12 de marzo–22 de abril.

Cinco artistas de California [*Five California Artists*]. Los Angeles City College, Los Ángeles, California. 1–21 de mayo.

Exposición individual. Joseph Chowning Gallery, San Francisco, California. Septiembre.

La segunda ola: 20 artistas chicanos emergentes [*The Second Wave: 20 Emerging Chicano Artists*]. San Jose State University. San José, California. 2–30 de noviembre.

Exposiciones **1983**

Exposición de los profesores de la Facultad de Bellas Artes [*Studio Faculty Exhibition*]. Eloise Pickard Smith Gallery y Mary Porter Sesnon Art Gallery, Universidad de California, Santa Cruz.

Exposición del Día de los Muertos. La Raza Galeria Posada, Sacramento, California.

Exhibitions

"Bad" Painting. New Museum of Contemporary Art, New York. January 14–28.

Solo exhibition: *Mural Projects and Paintings*. Santa Cruz Public Library, Santa Cruz, California. October.

Ritmos de Aztlán. Oakes College, University of California, Santa Cruz. October 27–November 3.

1979 As project director, begins organizing and curating *Califas: Chicano Art and Culture in California*, 1981 conference and exhibition for Mary Porter Sesnon Art Gallery, University of California, Santa Cruz.

Exhibitions

Recuerdos de Hoy. Studio Obras, San Jose, California. October 30–November 30.

Visions from Aztlán. Oakes College, University of California, Santa Cruz. November 9–21.

1980 **Exhibitions**

Solo ceramics exhibition. Santa Cruz Mission Day Fiesta, Santa Cruz, California.

Fuegos de Aztlán. Oakes College, University of California, Santa Cruz.

Solo watercolor exhibition. Open Ring Galleries, Sacramento, California. May 16–June 20.

1981 **Exhibitions**

Califas: Chicano Art and Culture in California. Mary Porter Sesnon Art Gallery, University of California, Santa Cruz. March 29–May 5.

Corazón de Aztlán. Oakes College Art Lounge, University of California, Santa Cruz. November 14–24.

1982 Curates *Third World Exhibit* and ASCO 83 *Exhibit*, Mary Porter Sesnon Art Gallery, University of California, Santa Cruz.

Exhibitions

Group watercolor exhibition. Joseph Chowning Gallery, San Francisco, California.

Califas on Paper. Fondo del Sol, Washington, D.C.

California Connections: Sacramento State College, the Early 1970s. Joseph Chowning Gallery, San Francisco, California. January 9–February 4.

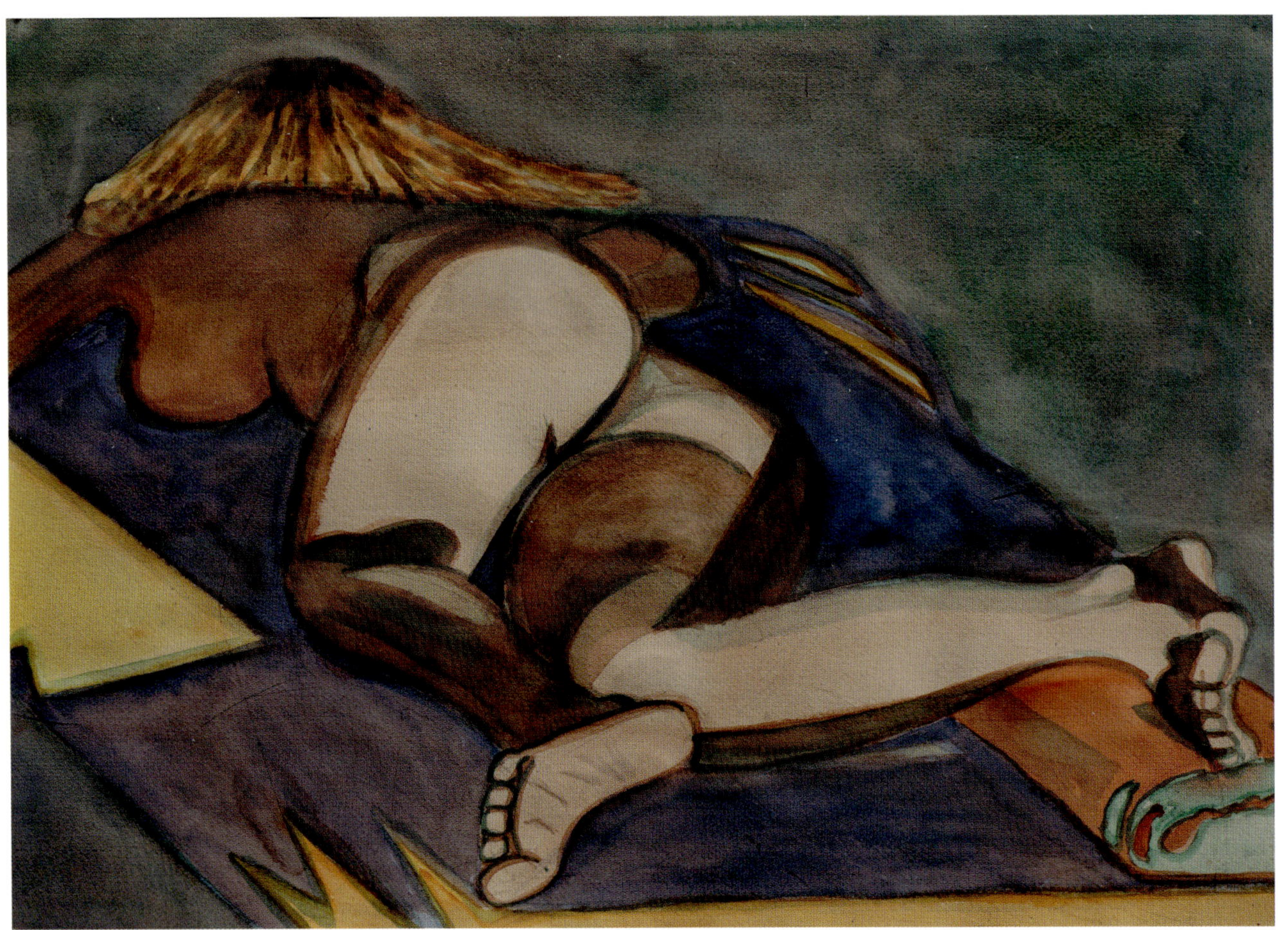

DESNUDA, hacia 1985.
Acuarela sobre papel, 22 × 30 pulgadas. Colección privada, Davis, California.

NUDE, ca. 1985.
Watercolor on paper, 22 × 30 inches. Private collection, Davis, California.

Exposición del décimo aniversario [*Tenth Anniversary Exhibition*]. Joseph Chowning Gallery, San Francisco, California.

Corrientes californianas [*California Currents*]. L.A. Louver Gallery, Venice, California. 9 de julio–6 de agosto.

Exposiciones 1984

Artistas de Santa Cruz [*Santa Cruz Artists*]. La Raza Galeria Posada, Sacramento, California.

Ceeje revisitada [*Ceeje Revisited*]. Los Angeles Municipal Art Gallery, Los Ángeles, California. 10 de abril–13 de mayo.

Exposiciones 1985

Obras nuevas [*New Works*]. Triton Museum of Art, Santa Clara, California.

Exposición individual: *Dibujos '85* [*Drawings '85*]. Joseph Chowning Gallery, San Francisco, California.

Americana / europea: Pintura & escultura de 1985 [*American / European: Painting & Sculpture 1985*]. L.A. Louver Gallery, Venice, California. 20 de agosto–21 de septiembre.

Hecho en Aztlán — Arte chicano del suroeste — Exposición del decimoquinto aniversario [*Made in Aztlán — Chicano Art from the Southwest — Fifteenth Anniversary Exhibition*]. Centro Cultural de la Raza, San Diego, California. 14 de septiembre–28 de octubre.

Self-Portraits. Rio Hondo College, Whittier, California. February 2–26.

California Connections. Laguna Beach Art Museum, Laguna Beach, California. March 12–April 22.

Five California Artists. Los Angeles City College, Los Angeles, California. May 1–21.

Solo exhibition. Joseph Chowning Gallery, San Francisco, California. September.

The Second Wave: 20 Emerging Chicano Artists. San Jose State University, San Jose, California. November 2–30.

1983 **Exhibitions**

Studio Faculty Exhibition. Eloise Pickard Smith Gallery and Mary Porter Sesnon Art Gallery, University of California, Santa Cruz.

Día de los Muertos Exhibition. La Raza Galeria Posada, Sacramento, California.

Tenth Anniversary Exhibition. Joseph Chowning Gallery, San Francisco, California.

California Currents. L.A. Louver Gallery, Venice, California. July 9–August 6.

1984 **Exhibitions**

Santa Cruz Artists. La Raza Galeria Posada, Sacramento, California.

Ceeje Revisited. Los Angeles Municipal Art Gallery, Los Angeles, California. April 10–May 13.

1985 **Exhibitions**

New Works. Triton Museum of Art, Santa Clara, California.

Solo exhibition: *Drawings* '85. Joseph Chowning Gallery, San Francisco, California.

American / European: Painting & Sculpture 1985. L.A. Louver Gallery, Venice, California. August 20–September 21.

Made in Aztlán — Chicano Art from the Southwest — Fifteenth Anniversary Exhibition. Centro Cultural de la Raza, San Diego, California. September 14–October 28.

UNTITLED (STILL LIFE WITH BOWL OF FRUIT), n.d.
Watercolor on paper, 11½ × 7¾ inches. Private collection.

SIN TÍTULO (NATURALEZA MUERTA CON TAZÓN DE FRUTAS), sin fecha.
Acuarela sobre papel, 11½ × 7¾ pulgadas. Colección privada.

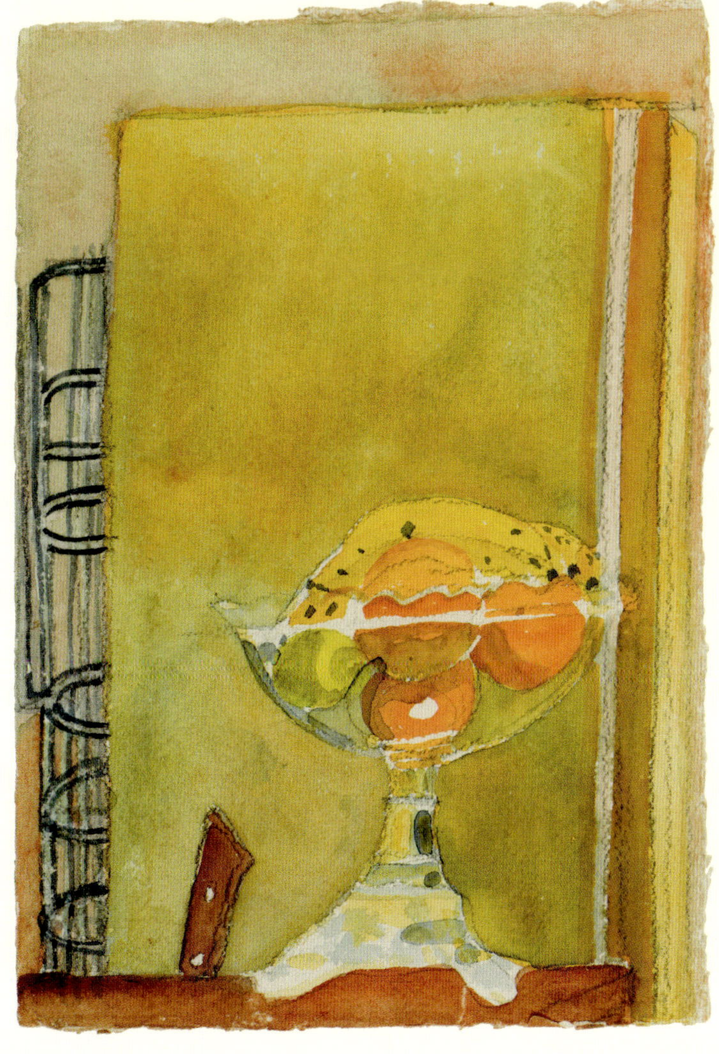

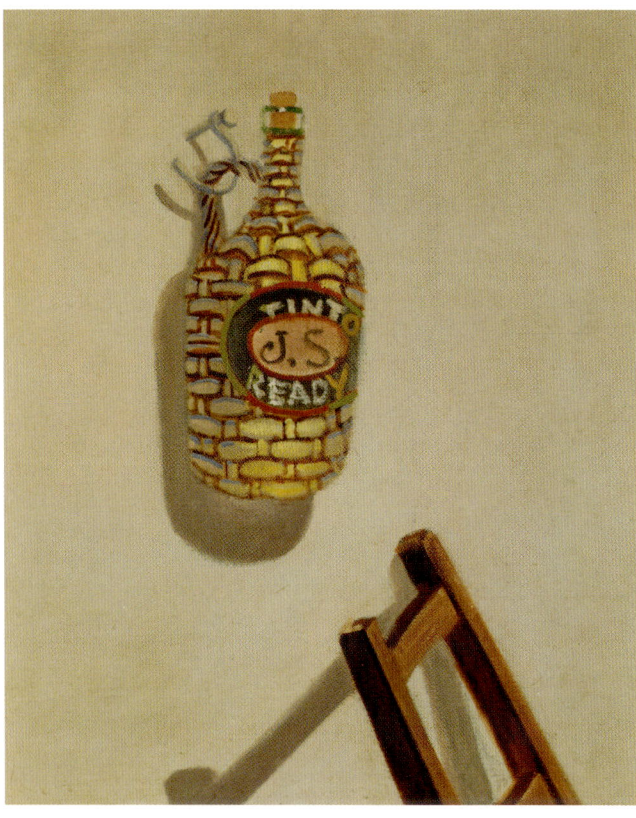

TINTO LISTO, 1988.
Óleo sobre lienzo, 23½ × 29 pulgadas.
Colección de Juliette Carrillo.

TINTO READY
[*RED WINE READY*], 1988.
Oil on canvas. 23½ × 29 inches.
Collection of Juliette Carrillo.

Exposiciones **1986**

Seis pintores [*Six Painters*]. Triton Museum of Art, Santa Clara, California.

Acuarelas [*Watercolors*]. Joseph Chowning Gallery, San Francisco, California.

Lo del corazón: El latido de una cultura [*Lo del Corazón: Heartbeat of a Culture*]. Mexican Museum, San Francisco, California. 16 de abril–15 de junio.

Esta exposición viaja a:

Charles Allis Art Museum, Milwaukee, Wisconsin. 7–29 de junio de 1987.

Fisher Gallery, University of Southern California, Los Ángeles, California. Otoño 1987.

San Jose Museum of Art, San José, California. 1987.

University Art Museum, Arizona State University, Tempe. 1989.

Pinturas de Eduardo Carrillo, 1970–1986 [*Eduardo Carrillo Paintings, 1970–1986*]. Crocker Art Museum, Sacramento, California. 17 de mayo–20 de julio.

1987

Se desempeña como director de operaciones para *Mi Otro Yo: My Other Self*, un vídeo documental producido para la televisión pública por Philip y Amy Brookman.

Exposiciones

Obras nuevas [*New Works*]. Joseph Chowning Gallery, San Francisco, California.

Exposición de arte festivo [*Holiday Art Exhibition*]. Joseph Chowning Gallery, San Francisco, California.

El artista y el mito [*The Artist and the Myth*]. Monterey Peninsula Museum of Art, Monterey, California. 12 de septiembre–29 de noviembre.

Exposiciones **1988**

Exposición colectiva. Mendocino Art Center, Mendocino, California.

Exposición colectiva. Santa Cruz Art League, Santa Cruz, California.

Exposición colectiva. Redding Museum and Art Center, Redding, California.

Exposición de arte festivo [*Holiday Art Exhibition*]. Joseph Chowning Gallery, San Francisco, California.

1986 **Exhibitions**

Six Painters. Triton Museum of Art, Santa Clara, California.

Watercolors. Joseph Chowning Gallery, San Francisco, California.

Lo del Corazón: Heartbeat of a Culture. Mexican Museum, San Francisco, California. April 16–June 15.

Exhibition travels to:

Charles Allis Art Museum, Milwaukee, Wisconsin. June 7–29, 1987.

Fisher Gallery, University of Southern California, Los Angeles, California. Fall 1987.

San Jose Museum of Art, San Jose, California. 1987.

University Art Museum, Arizona State University, Tempe. 1989.

Eduardo Carrillo Paintings, 1970–1986. Crocker Art Museum, Sacramento, California. May 17–July 20.

1987 Acts as field director for *Mi Otro Yo: My Other Self*, a documentary video produced for public television by Philip and Amy Brookman.

Exhibitions

New Works. Joseph Chowning Gallery, San Francisco, California.

Holiday Art Exhibition. Joseph Chowning Gallery, San Francisco, California.

The Artist and the Myth. Monterey Peninsula Museum of Art, Monterey, California. September 12–November 29.

1988 **Exhibitions**

Group exhibition. Mendocino Art Center, Mendocino, California.

Group exhibition. Santa Cruz Art League, Santa Cruz, California.

Group exhibition. Redding Museum and Art Center, Redding, California.

Holiday Art Exhibition. Joseph Chowning Gallery, San Francisco, California.

Mano a mano: abstracción/figuración: 16 pintores Mexicano-Americanos & Latino-Americanos del Area de la Bahía de San Francisco. Art Museum of Santa Cruz County in association with Mary Porter Sesnon Art Gallery, University of California, Santa Cruz. April 17–June 3.

Exhibition travels to:

Modern Museum of Art, Santa Ana, California. October 8, 1988–January 5, 1989.

Oakland Museum, Oakland, California. March 4–April 30, 1989.

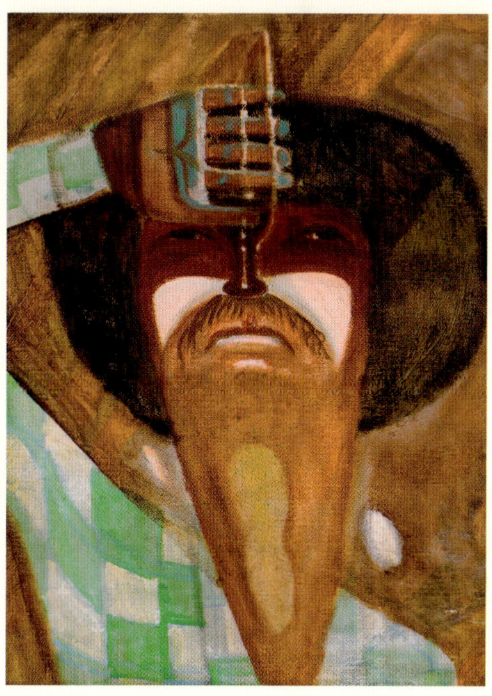

EL ÚLTIMO TRAGO [THE LAST SWIG], 1988.
Oil on canvas, 21 × 14½ inches. Collection of Ruben Carrillo.

EL ÚLTIMO TRAGO, 1988.
Óleo sobre lienzo, 21 × 14½ pulgadas. Colección de Ruben Carrillo.

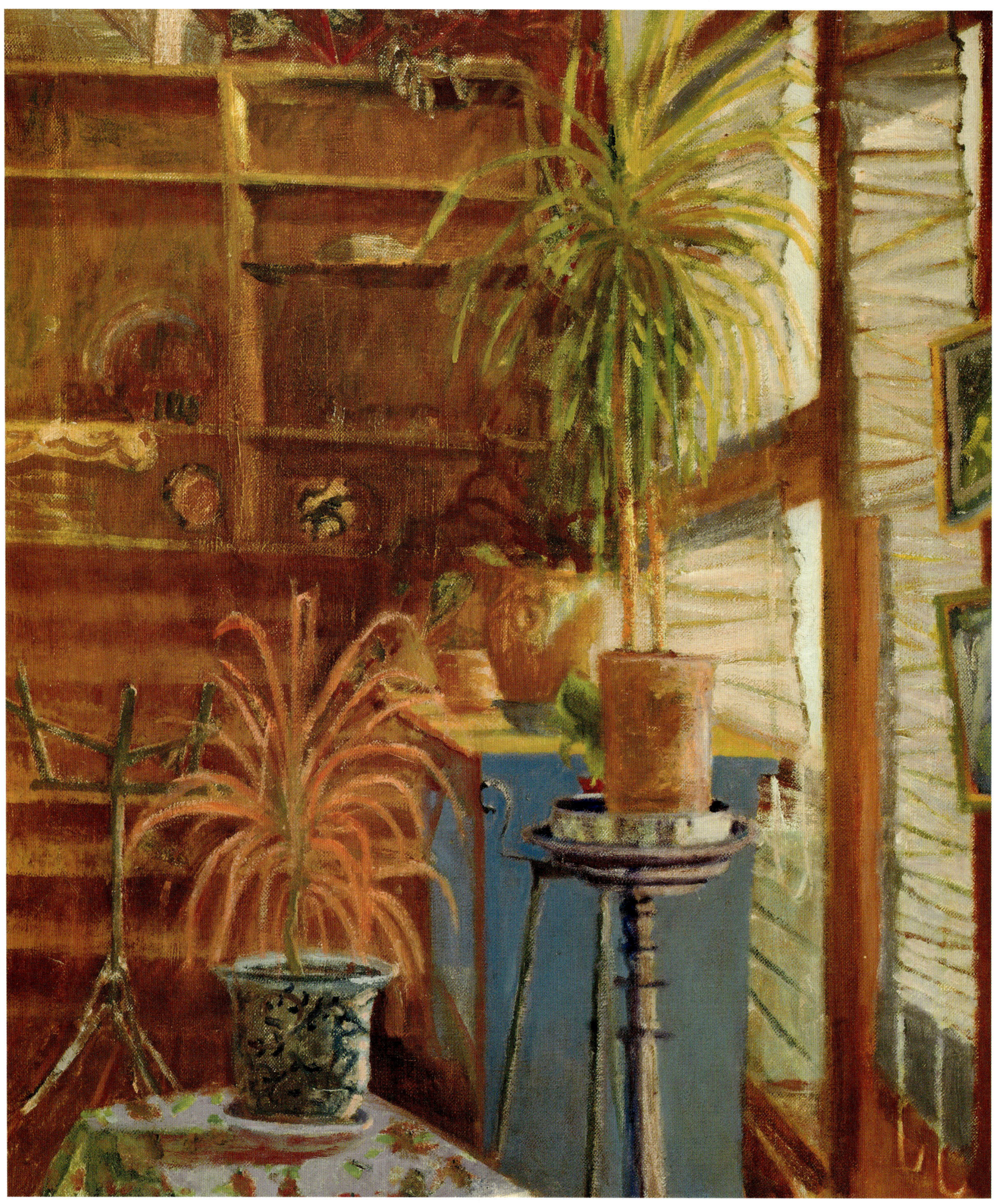

SOLARIUM, 1989.
Oil on canvas, 24 × 20 inches (framed).
Private collection.

SOLÁRIUM, 1989.
Óleo sobre lienzo, 24 × 20 pulgadas (enmarcado).
Colección privada.

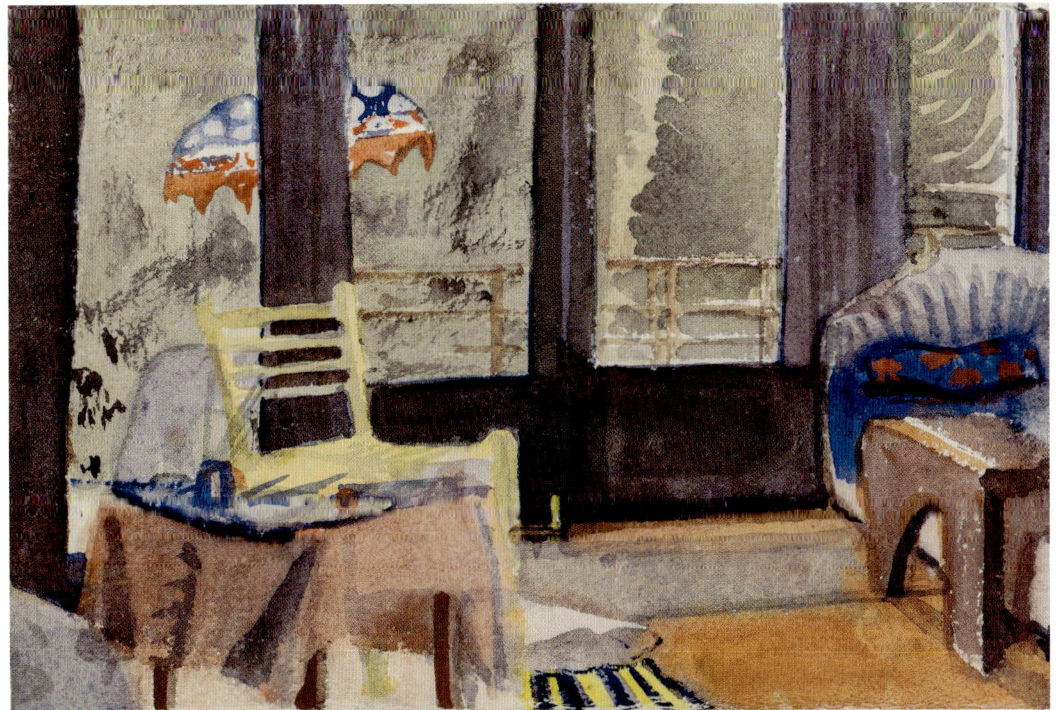

LIVING ROOM ON REDWOOD DRIVE, early 1990s. *Watercolor on paper, 10¼ × 15 inches. Private collection.*

SALÓN EN REDWOOD DRIVE, principios de los noventa del siglo XX. *Acuarela sobre papel, 10¼ × 15 pulgadas. Colección privada.*

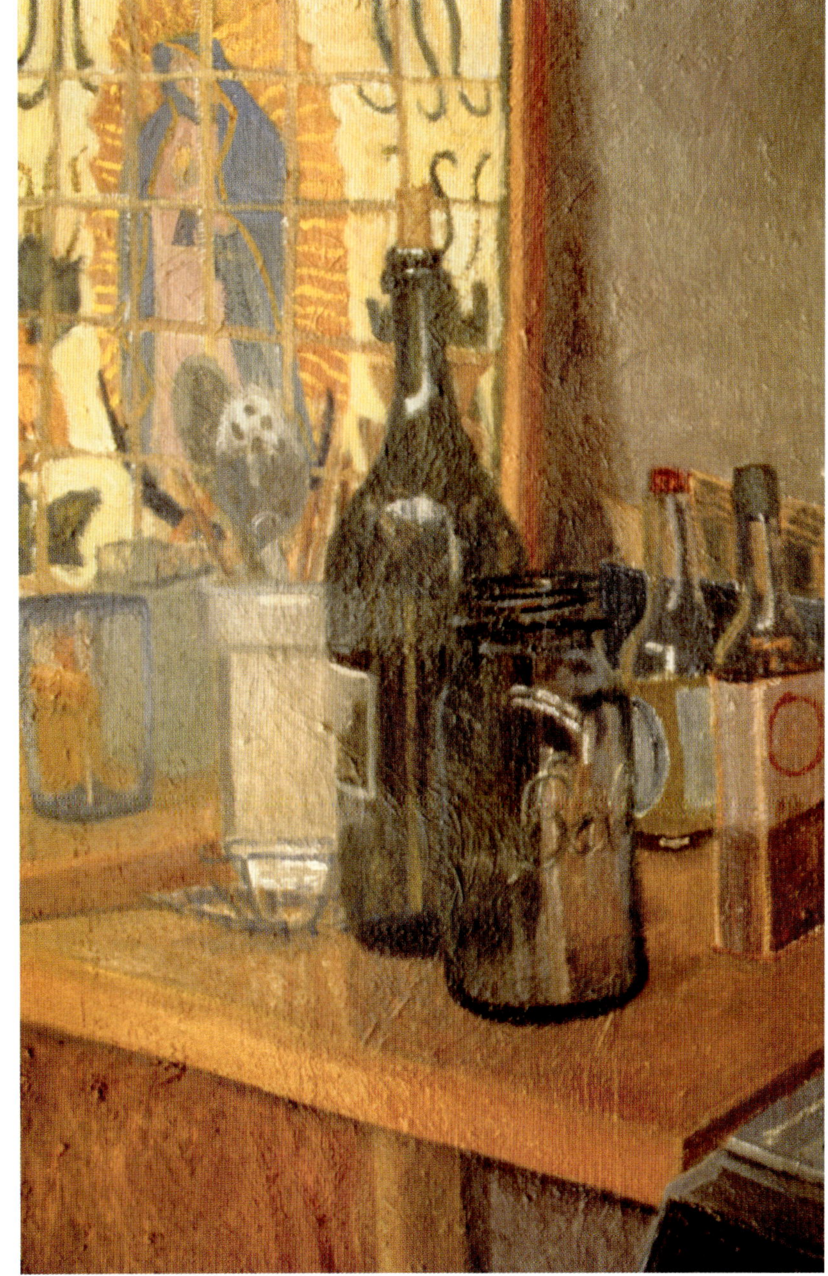

UNTITLED (STILL LIFE WITH VIRGIN OF GUADALUPE), 1991. *Oil on canvas, 30 × 20 inches. Collection of Teresa and Bill Bourke.*

SIN TÍTULO (NATURALEZA MUERTA CON LA VIRGEN DE GUADALUPE), 1991. *Óleo sobre lienzo, 30 × 20 pulgadas. Colección de Teresa y Bill Bourke.*

Mano a mano: abstracción/figuración: 16 pintores Mexicano-Americanos y Latino-Americanos del Área de la Bahía de San Francisco. Art Museum of Santa Cruz County en asociación con Mary Porter Sesnon Art Gallery, Universidad de California, Santa Cruz. 17 de abril–3 de junio.

Esta exposición viaja a:

Modern Museum of Art, Santa Ana, California. 8 de octubre de 1988–5 de enero de 1989.

Oakland Museum, Oakland, California. 4 de marzo–30 de abril de 1989.

Eduardo Carrillo. Obras recientes [*Eduardo Carrillo: Recent Work*]. L.A. Louver Gallery, Venice, California. 28 de mayo–2 de julio.

El espíritu latinoamericano: Arte y artistas de los Estados Unidos, 1920–1970 [*The Latin American Spirit: Art and Artists in the United States, 1920–1970*]. Bronx Museum of the Arts, Nueva York. 29 de septiembre de 1988–29 de enero de 1989.

Esta exposición viaja a:

El Paso Museum of Art, El Paso, Texas. 27 de febrero–23 de abril de 1989.

San Diego Museum of Art, San Diego, California. 22 de mayo–16 de julio de 1989.

Instituto de Cultura Puertorriqueña, San Juan, Puerto Rico. 14 de agosto–8 de octubre de 1989.

Center for the Arts, Vero Beach, Florida. 28 de enero–31 de marzo de 1990.

1989

Exposición

Manos de Aztlán: Décima exposición anual de arte chicano [*Manos de Aztlán: Tenth Annual Chicano Art Exhibition*]. Porter College, University of California, Santa Cruz.

1990

Dirige *Los pescadores de tiburones de San Francisquito* [*Shark Fishermen of San Francisquito*], un vídeo documental de 28 minutos.

Exposiciones

La figura humana [*The Human Figure*]. Joseph Chowning Gallery, San Francisco, California.

El séptimo cielo [*Seventh Heaven*]. New Museum of Contemporary Art, Nueva York.

Recuerdos vivos [*Living Memories*]. Louden Nelson Center, Santa Cruz, California.

Chas y Eddie pintan la Baja [*Chas and Eddie Paint the Baja*]. Joseph Chowning Gallery, San Francisco, California. Enero.

California A–Z y de vuelta [*California A–Z and Return*]. The Butler Institute of American Art, Youngstown, Ohio. 23 de junio–19 de agosto.

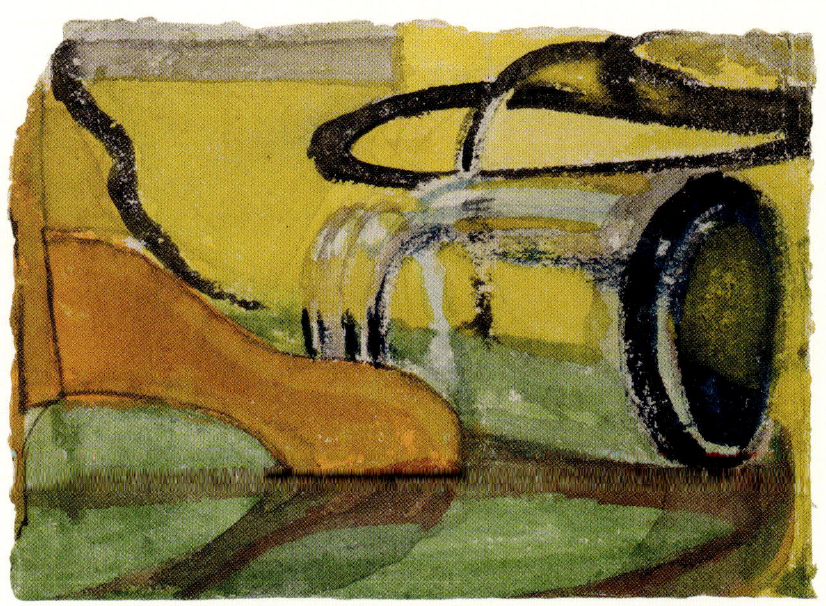

MASON JAR, 1989–90.
Watercolor on paper,
7½ × 10¼ inches.
Private collection.

FRASCO DE CONSERVA, 1989–90.
Acuarela sobre papel,
7½ × 10¼ pulgadas.
Colección privada.

Eduardo Carrillo: Recent Work. L.A. Louver Gallery, Venice, California. May 28–July 2.

The Latin American Spirit: Art and Artists in the United States, 1920–1970. Bronx Museum of the Arts, New York. September 29, 1988–January 29, 1989.

Exhibition travels to:

El Paso Museum of Art, El Paso, Texas. February 27–April 23, 1989.

San Diego Museum of Art, San Diego, California. May 22–July 16, 1989.

Instituto de Cultura Puertorriqueña, San Juan, Puerto Rico. August 14–October 8, 1989.

Center for the Arts, Vero Beach, Florida. January 28–March 31, 1990.

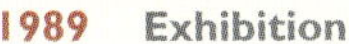

1989 **Exhibition**

Manos de Aztlán: Tenth Annual Chicano Art Exhibition. Porter College, University of California, Santa Cruz.

1990 Directs *Shark Fishermen of San Francisquito,* a 28-minute documentary video.

Exhibitions

The Human Figure. Joseph Chowning Gallery, San Francisco, California.

Seventh Heaven. New Museum of Contemporary Art, New York.

Living Memories. Louden Nelson Center, Santa Cruz, California.

Chas and Eddie Paint the Baja. Joseph Chowning Gallery, San Francisco, California. January.

California A–Z and Return. The Butler Institute of American Art, Youngstown, Ohio. June 23–August 19.

Chicano Art: Resistance and Affirmation, 1965–1985 (CARA). Wight Art Gallery, University of California, Los Angeles. September 9–December 9.

Exhibition travels to:

Denver Art Museum, Denver, Colorado. January 25–March 18, 1991.

Albuquerque Museum, Albuquerque, New Mexico. April 7–June 9, 1991.

San Francisco Museum of Modern Art, San Francisco, California. June 27–August 25, 1991.

Fresno Art Museum, Fresno, California. September 21–November 24, 1991.

El arte chicano: Resistencia y afirmación, 1965–1985 (CARA) [*Chicano Art: Resistance and Affirmation, 1965–1985 (CARA)*]. Wight Art Gallery, Universidad de California, Los Ángeles. 9 de septiembre–9 de diciembre.

Esta exposición viaja a:

Denver Art Museum, Denver, Colorado. 25 de enero–18 de marzo de 1991.

Albuquerque Museum, Albuquerque, Nuevo México. 7 de abril–9 de junio de 1991.

San Francisco Museum of Modern Art, San Francisco, California. 27 de junio–25 de agosto de 1991.

Fresno Art Museum, Fresno, California. 21 de septiembre–24 de noviembre de 1991.

Tucson Museum of Art, Tucson, Arizona. 19 de enero–5 de abril de 1992.

National Museum of American Art, Washington, D.C. 8 de mayo–26 de julio de 1992.

El Paso Museum of Art, El Paso, Texas. 23 de agosto–25 de octubre de 1992.

Bronx Museum of the Arts, Nueva York. 2 de marzo–2 de mayo de 1993.

San Antonio Museum of Art, San Antonio, Texas. 29 de mayo–1 de agosto de 1993.

Eduardo Carrillo: Mentiritas. Joseph Chowning Gallery, San Francisco, California. Octubre.

Mabou Mines: Los primeros 20 años [*Mabou Mines: The First 20 Years*]. Grey Art Gallery, New York University, Nueva York. 27 de noviembre de 1990–12 de enero de 1991.

Se divorcia de Sheila Goldberg. **1991**

Exposición

Cuatro × cuatro [*Four × Four*]. Santa Cruz Art League, Santa Cruz, California.

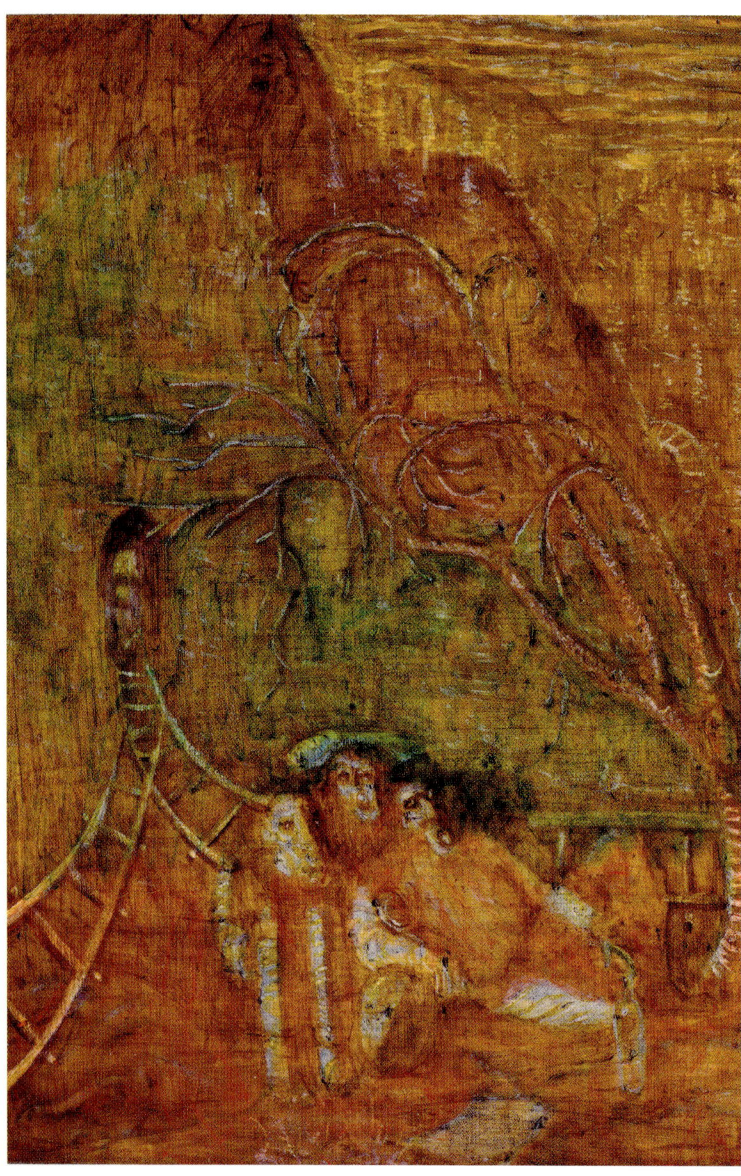

DOS CUATES EN BEN LOMOND, 1990.
Óleo sobre lienzo, 30 × 20 pulgadas. Colección de Ruben Carrillo.

TWO BUDDIES IN BEN LOMOND, 1990.
Oil on canvas, 30 × 20 inches. Collection of Ruben Carrillo.

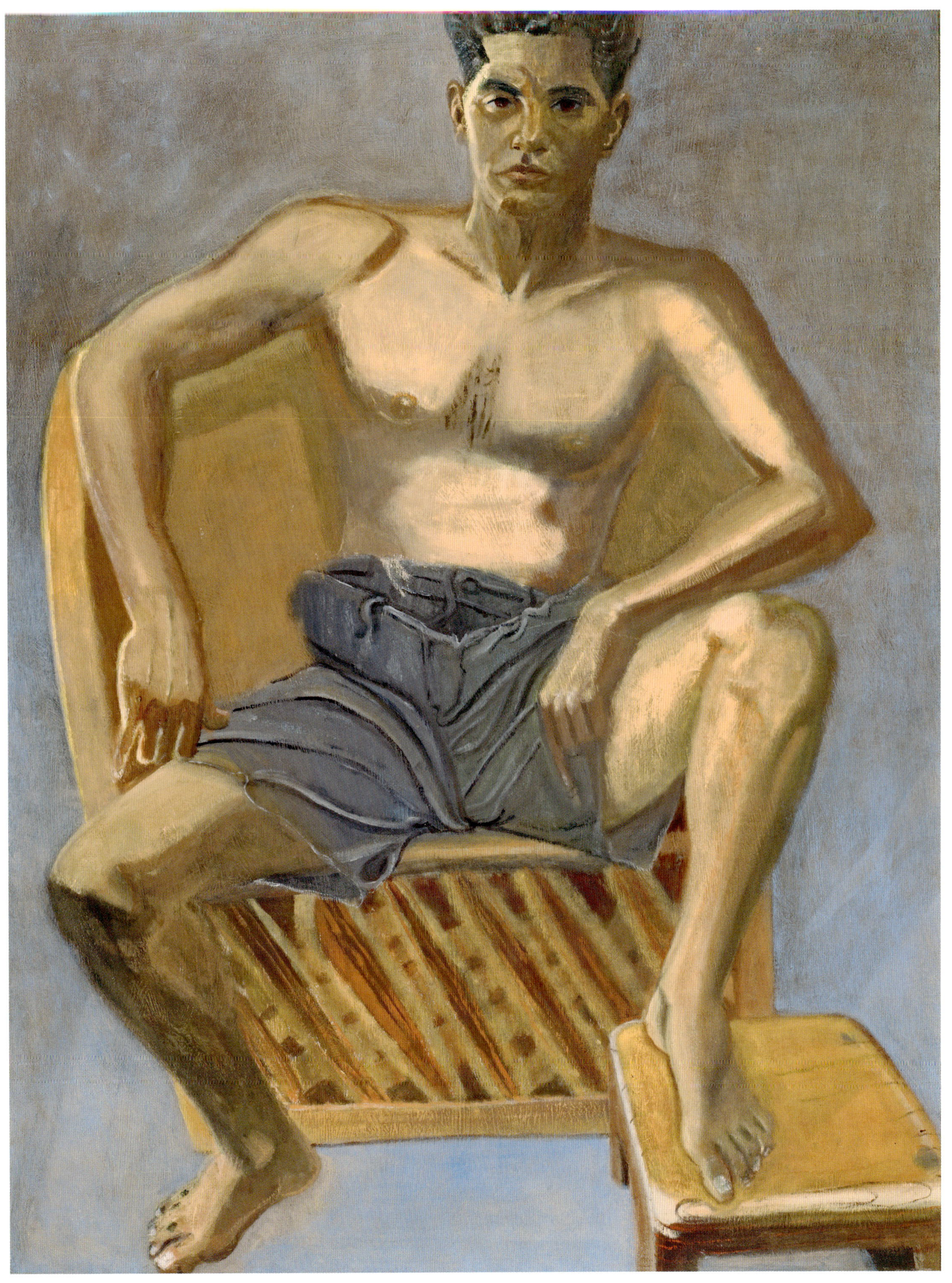

RUBEN, 1992.
Oil on canvas, 50 × 37 inches.
Collection of Ruben Carrillo.

RUBEN, 1992.
Óleo sobre lienzo, 50 × 37 pulgadas.
Colección de Ruben Carrillo.

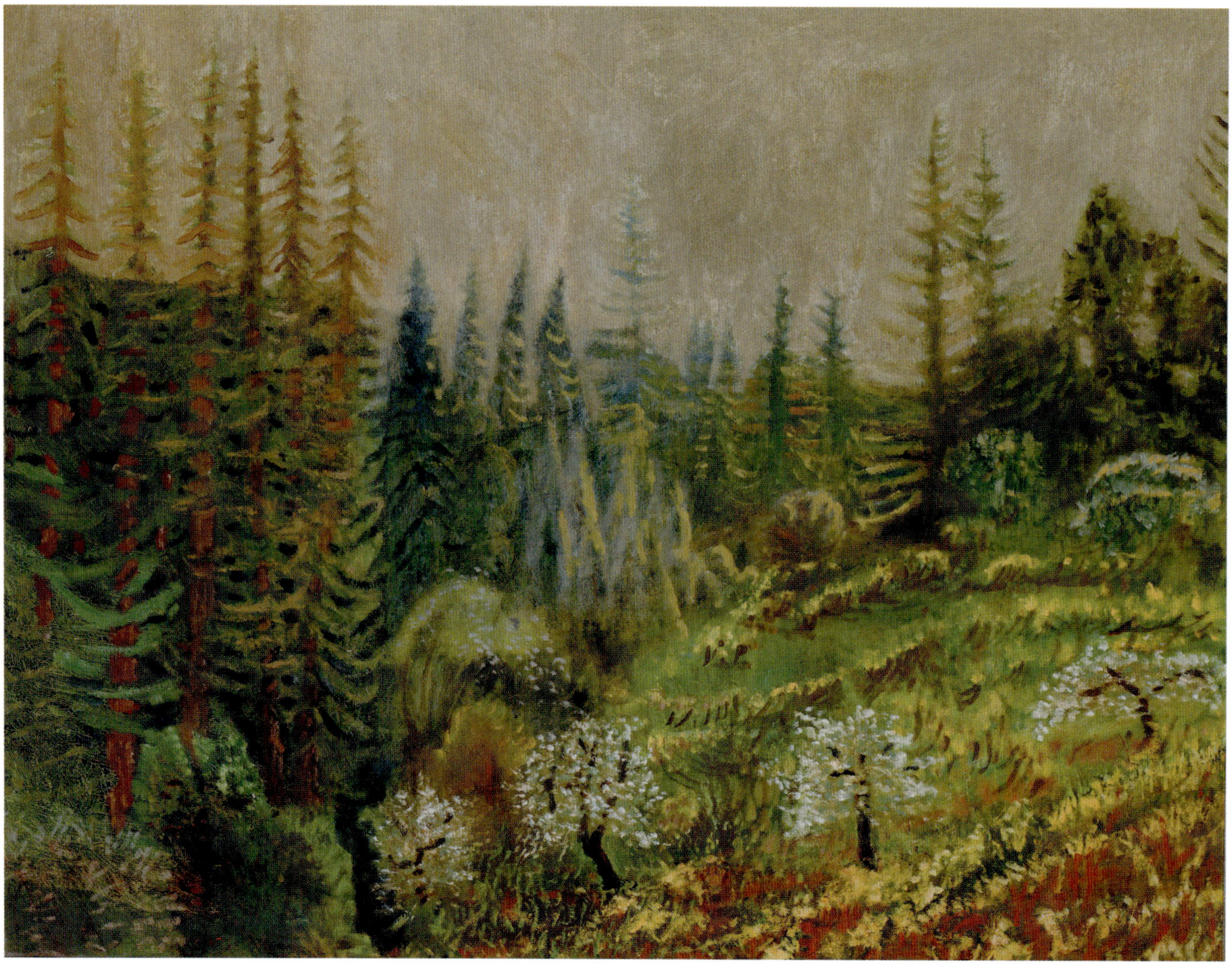

APPLE ORCHARD, 1991.
Oil on linen, 22 × 28 inches.
Collection of Alison Carrillo.

HUERTO DE MANZANAS, 1991.
Óleo sobre lienzo,
22 × 28 pulgadas.
Colección de Alison Carrillo.

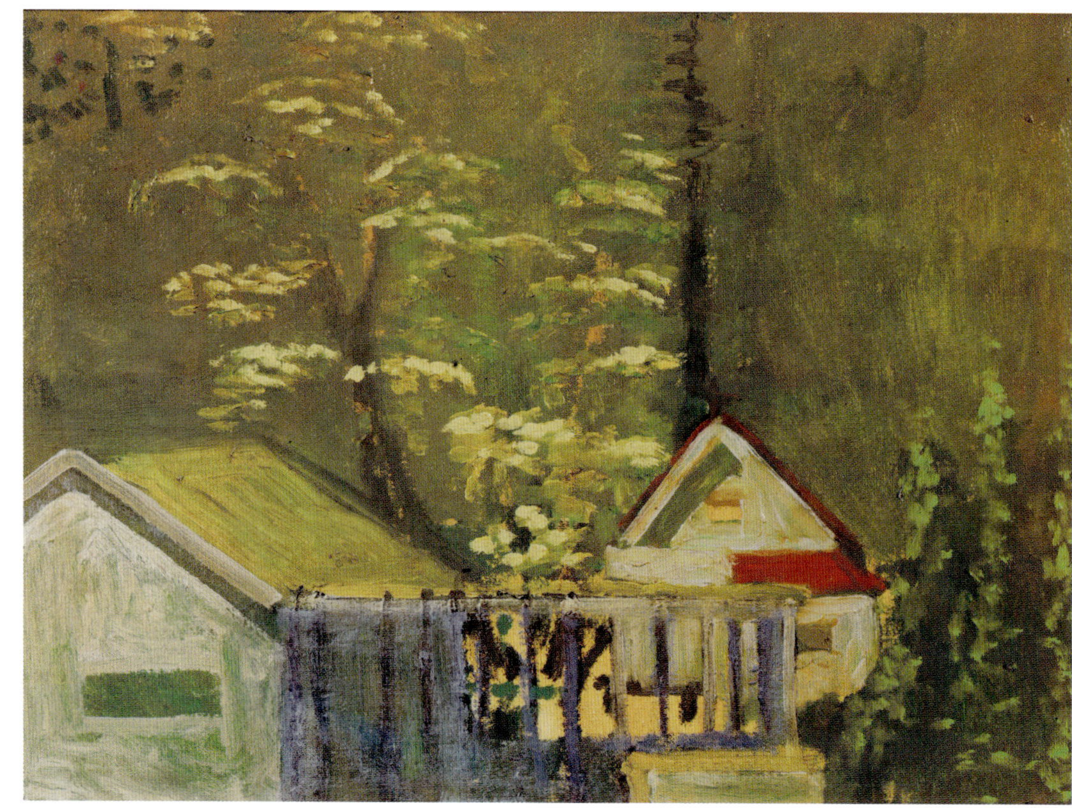

ROSE HAVEN, n.d.
Oil on board, 15½ × 19½ inches.
Collection of Juliette Carrillo.

REFUGIO DE ROSAS, sin fecha.
Óleo sobre tabla, 15½ × 19½ pulgadas.
Colección de Juliette Carrillo.

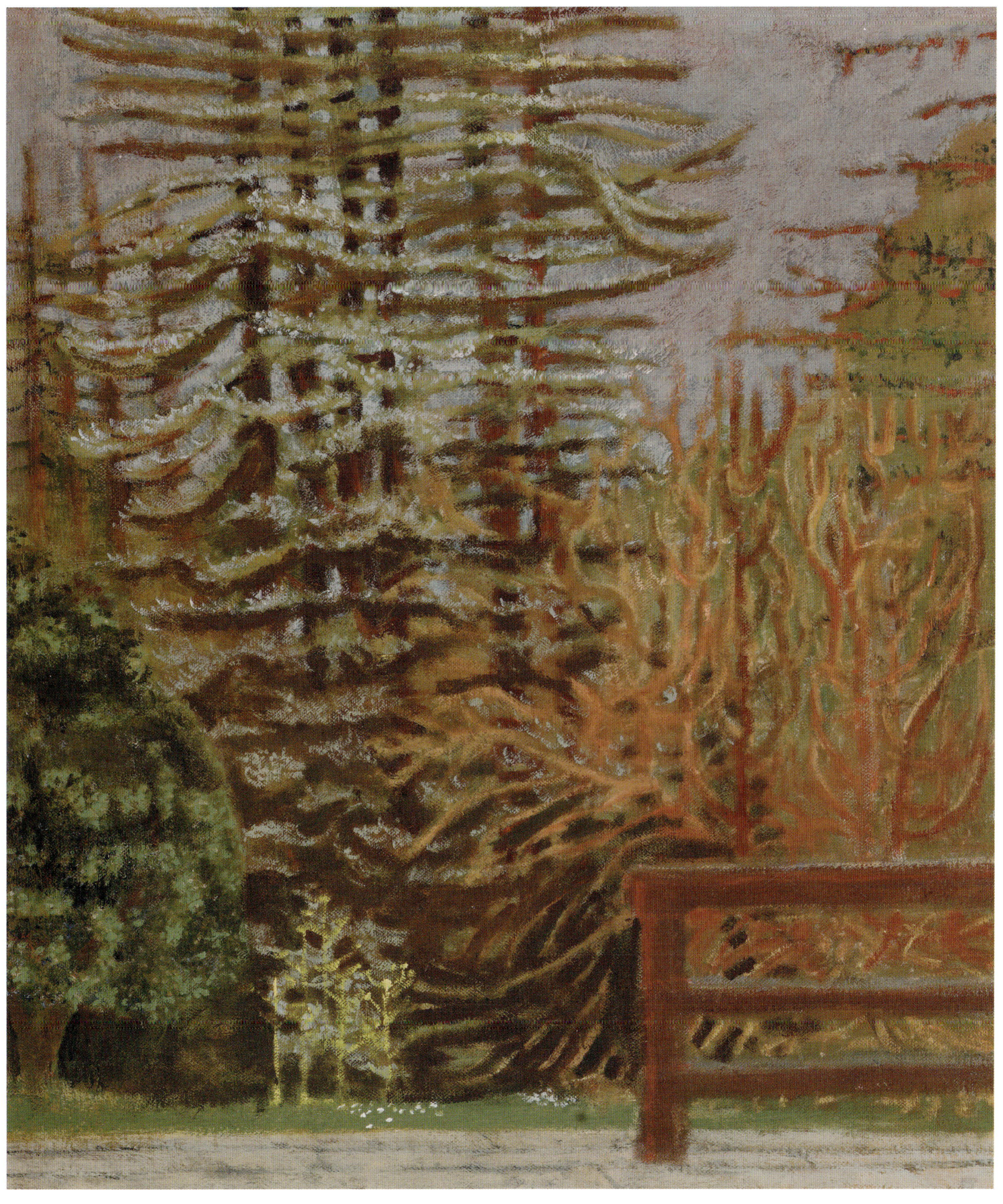

VIEW FROM BACK, 1991–92.
Oil on canvas, 24 × 20 inches.
Private collection.

VISTA DE ATRÁS, 1991–92.
Óleo sobre lienzo, 24 × 20 pulgadas.
Colección privada.

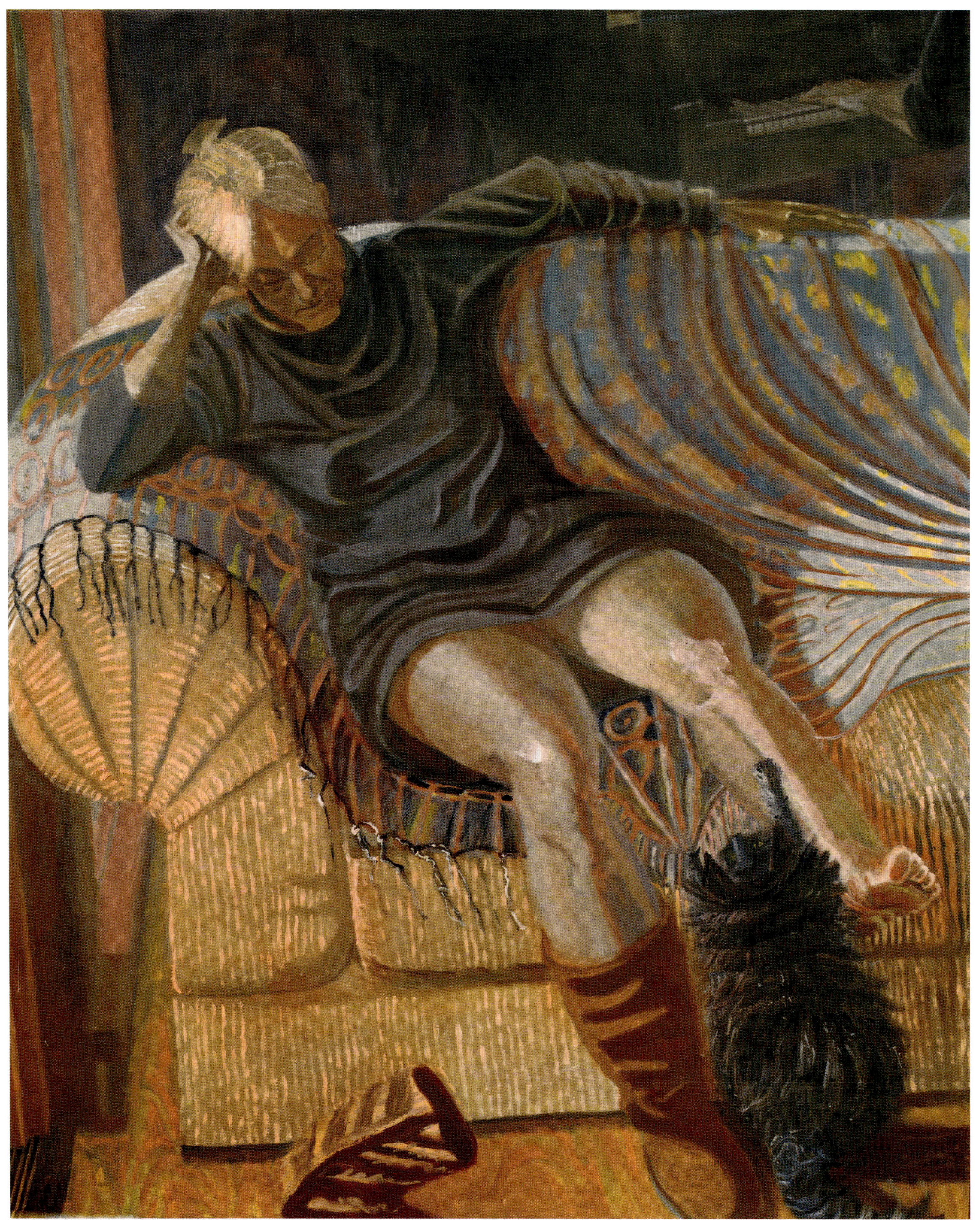

ADAGIO DOLOROSO, 1992.
Oil on canvas, 59⅝ × 47½ inches.
Private collection.

ADAGIO DOLOROSO, 1992.
Óleo sobre lienzo, 59⅝ × 47½ pulgadas.
Colección privada.

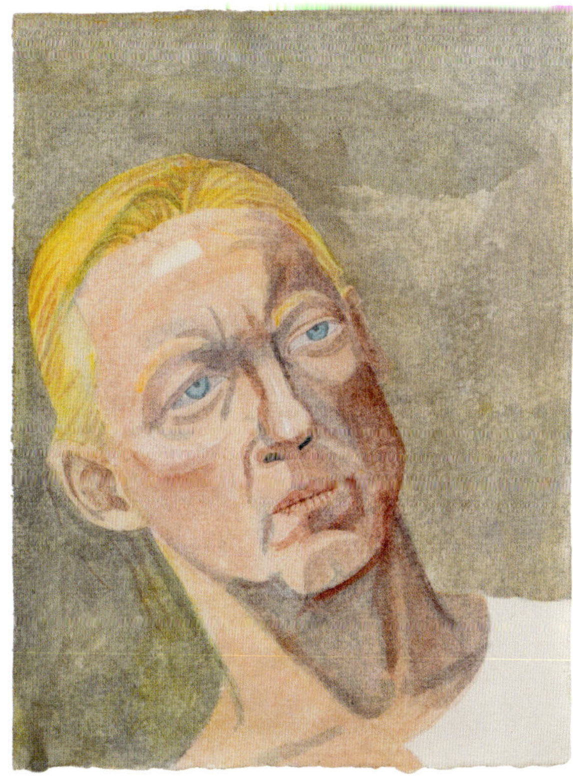

ALISON GRIEVING, 1992.
Watercolor on paper, 15 × 11 inches.
Collection of Alison Carrillo.

ALISON DESCONSOLADA, 1992.
Acuarela sobre papel, 15 × 11 pulgadas.
Collección de Alison Carrillo.

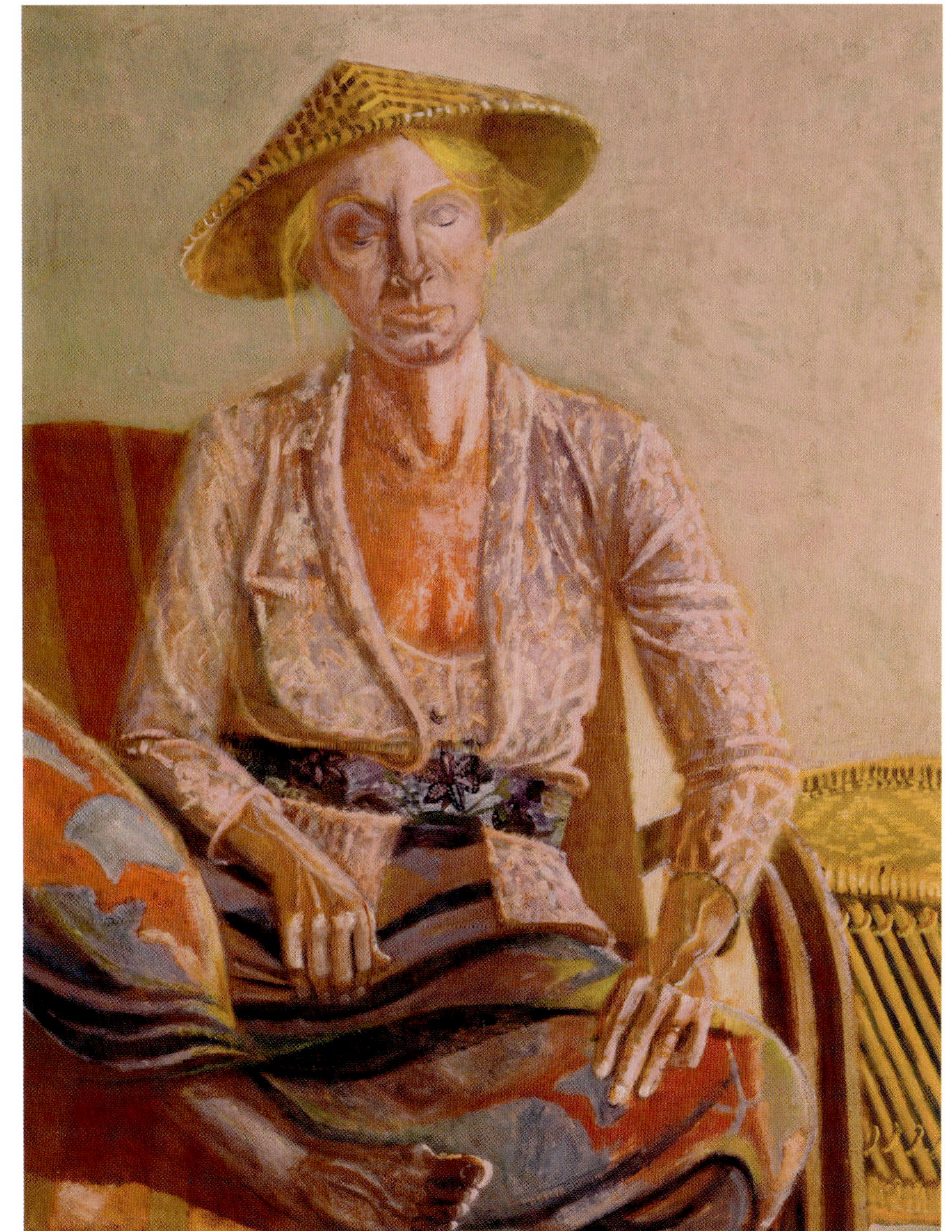

BALI BACK FROM BALI (portrait of Alison Carrillo), 1991.
Oil on linen, 39½ × 29½ inches.
Collection of Alison Carrillo.

BALI DE REGRESO DE BALI (retrato de Alison Carrillo), 1991.
Óleo sobre lino, 39½ × 29½ pulgadas.
Colección de Alison Carrillo.

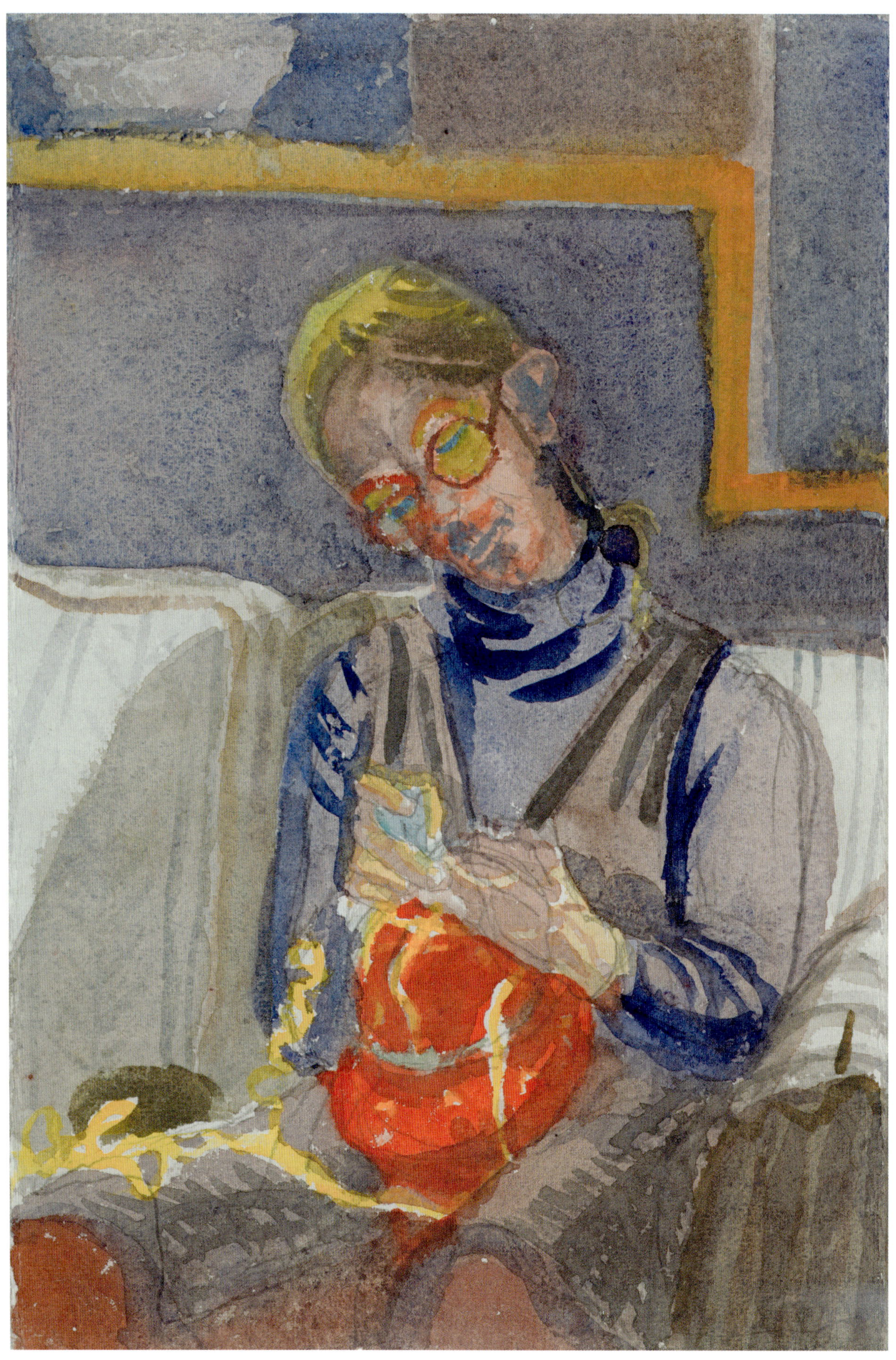

ALISON KNITTING, ca. 1992.
Watercolor on paper, 11 × 7½ inches.
Collection of Alison Carrillo.

ALISON TEJIENDO, hacia 1992.
Acuarela sobre papel, 11 × 7½ pulgadas.
Colección de Alison Carrillo.

Tucson Museum of Art, Tucson, Arizona. January 19–April 5, 1992.

National Museum of American Art, Washington, D.C. May 8–July 26, 1992.

El Paso Museum of Art, El Paso, Texas. August 23–October 25, 1992.

Bronx Museum of the Arts, New York. March 2–May 2, 1993.

San Antonio Museum of Art, San Antonio, Texas. May 29–August 1, 1993.

Eduardo Carrillo: Mentiritas. Joseph Chowning Gallery, San Francisco, California. October.

Mabou Mines: The First 20 Years. Grey Art Gallery, New York University, New York. November 27, 1990–January 12, 1991.

1991 Marriage to Sheila Goldberg ends in divorce.

Exhibition

Four × Four. Santa Cruz Art League, Santa Cruz, California.

1992 Marries Alison Keeler.

Exhibitions

Puertas de Luz. Galería Nueva, Los Angeles, California.

Eduardo Carrillo. Joseph Chowning Gallery, San Francisco, California.

1993 **Exhibition**

Landscape. Skyline College, San Bruno, California.

1995 **Exhibitions**

Solo exhibition. Joseph Chowning Gallery, San Francisco, California.

The Vanguard of the Chicano Movement. Galería de la Raza, San Francisco, California. August.

Temporarily Possessed: The Semi-Permanent Collection. New Museum of Contemporary Art, New York. September 15–December 17.

1997 **Exhibition**

Group exhibition. Joseph Chowning Gallery, San Francisco, California.

July 14: Eduardo Carrillo dies in Tijuana, Mexico, at age sixty, of cancer. His ashes are interred in San Ignacio, Baja California, Mexico.

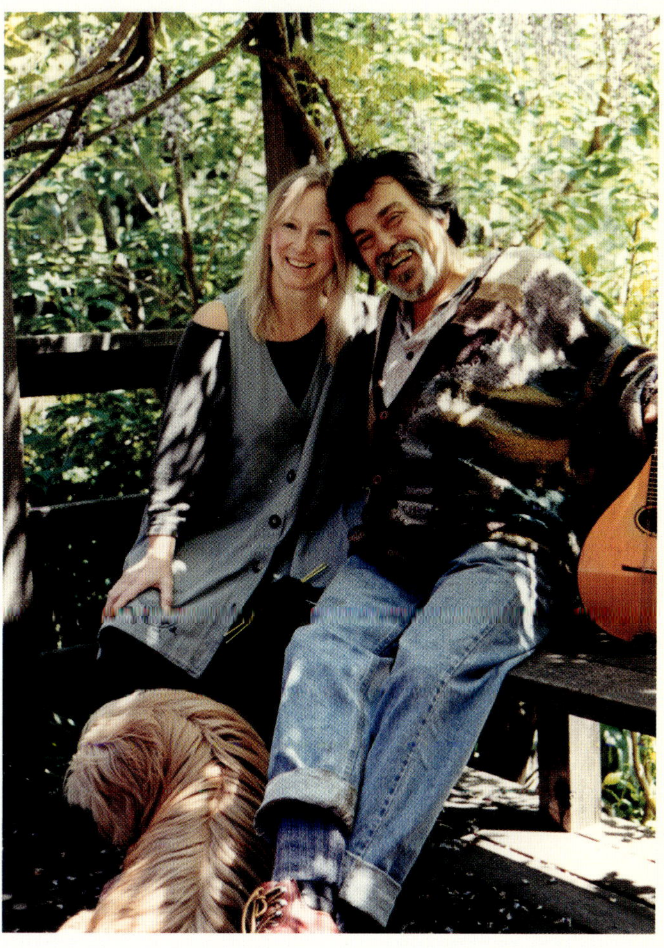

Alison and Eduardo Carrillo at home, Santa Cruz, California, 1995. Photo by Bhavani Parsons.

Alison y Eduardo Carrillo en casa, Santa Cruz, California, 1995. Fotografía de Bhavani Parsons.

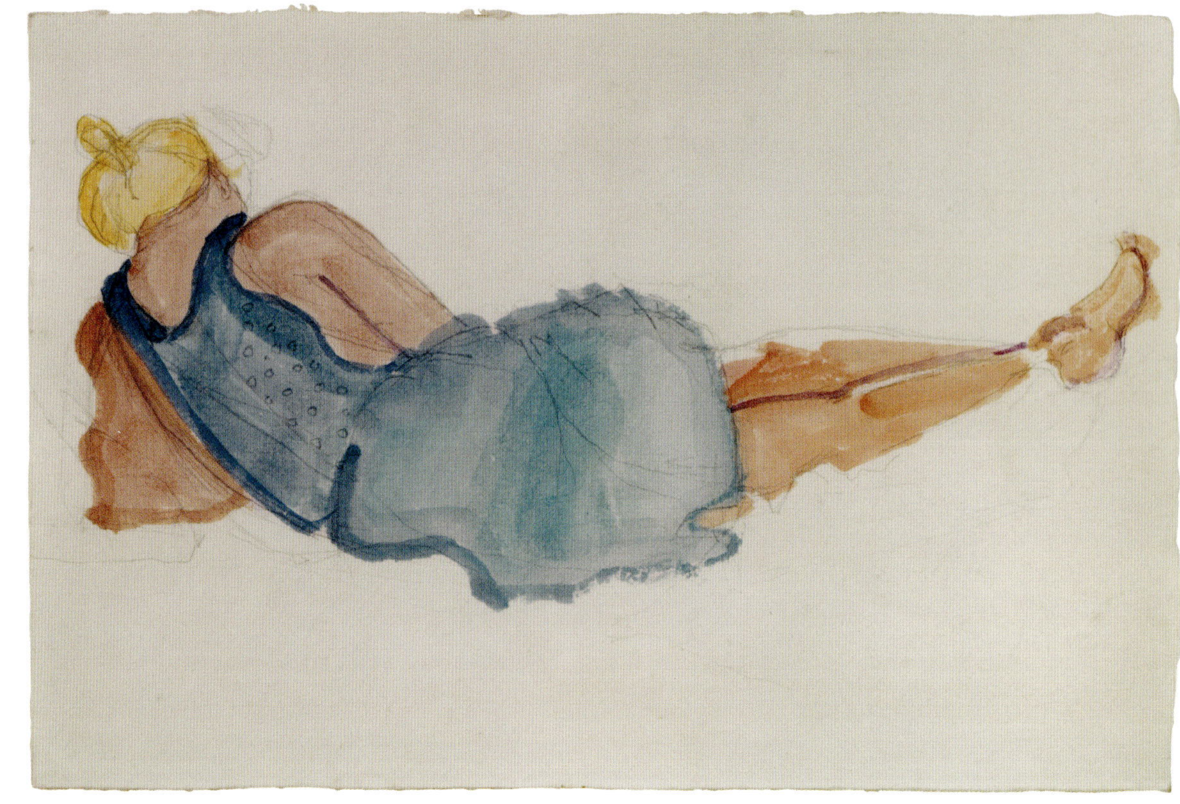

ALISON RECOSTADA, VISTA DESDE ATRÁS, 1992. *Acuarela sobre papel, 7½ × 11 pulgadas. Colección privada.*

ALISON RECLINING FROM THE BACK, 1992. *Watercolor on paper, 7½ × 11 inches. Private collection.*

Se casa con Alison Keeler. **1992**

Exposiciones

Puertas de luz. Galería Nueva, Los Ángeles, California.

Eduardo Carrillo. Joseph Chowning Gallery, San Francisco, California.

Exposición **1993**

Paisaje [*Landscape*]. Skyline College, San Bruno, California.

Exposiciones **1995**

Exposición individual. Joseph Chowning Gallery, San Francisco, California.

La vanguardia del movimiento chicano [*The Vanguard of the Chicano Movement*]. Galería de la Raza, San Francisco, California. Agosto.

Temporalmente poseído: La colección semi-permanente [*Temporarily Possessed: The Semi-Permanent Collection*]. New Museum of Contemporary Art, Nueva York. 15 de septiembre–17 de diciembre.

Exposición **1997**

Exposición colectiva. Joseph Chowning Gallery, San Francisco, California.

14 de julio: Eduardo Carrillo fallece en Tijuana, México, a la edad de 60 años, de cáncer. Sus cenizas están enterradas en San Ignacio, Baja California, México.

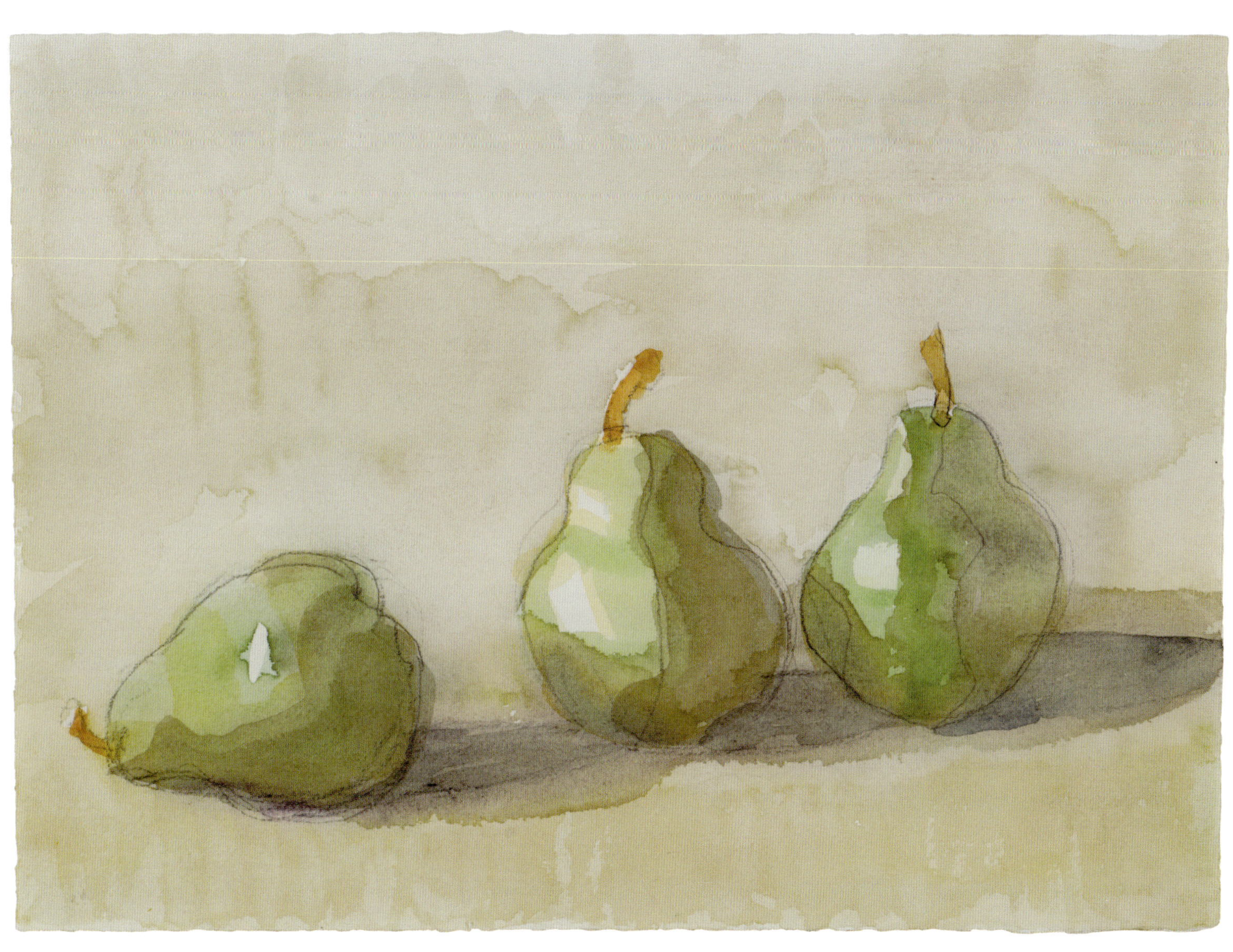

THREE PEARS, 1990.
Watercolor on paper,
11 × 15 inches.
Private collection.

TRES PERAS, 1990.
Acuarela sobre papel,
11 × 15 pulgadas.
Colección privada.

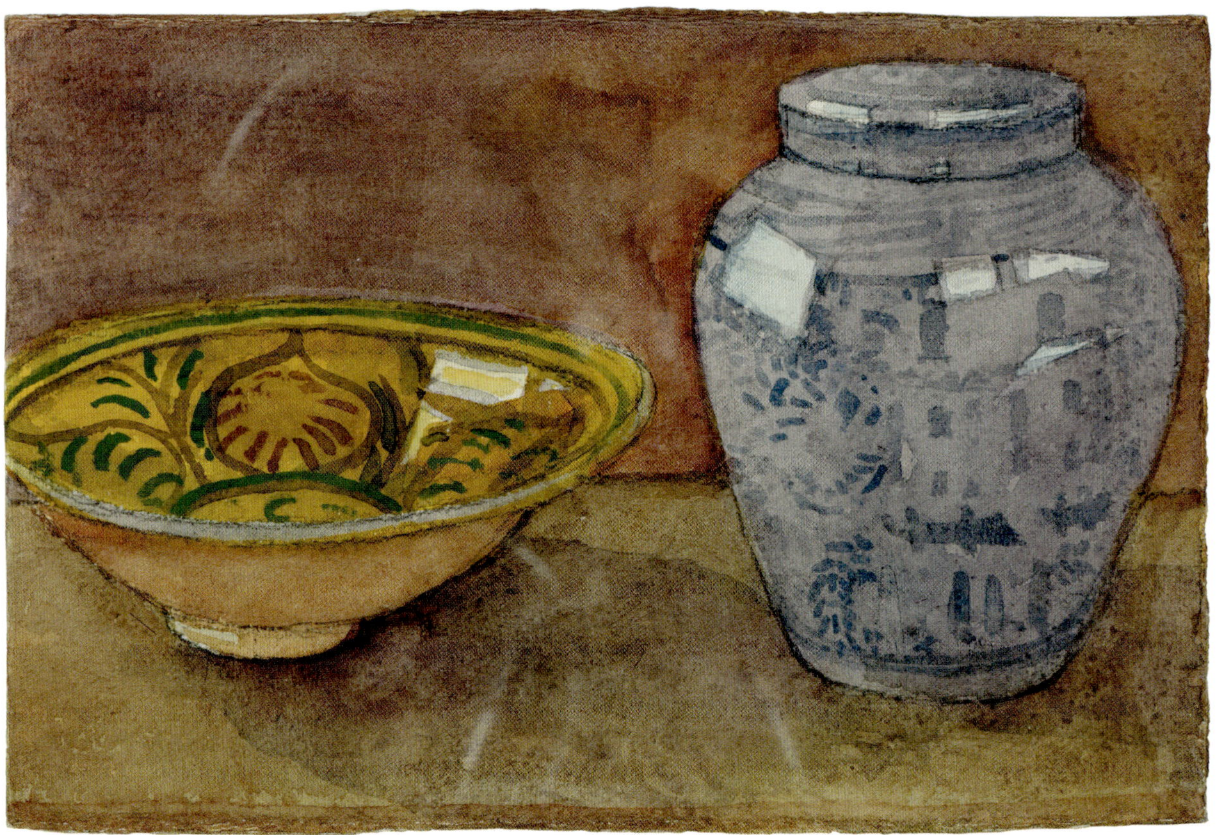

TAZÓN AFGANO Y VASIJA CHINA, 1995.
Acuarela sobre papel, 8 × 11 pulgadas. Colección privada.

AFGHAN BOWL AND CHINESE POT, 1995.
Watercolor on paper, 8 × 11 inches. Private collection.

Exposiciones póstumas

Exposición colectiva. Joseph Chowning Gallery, San Francisco, California. **1999**

Exposición colectiva. Joseph Chowning Gallery, San Francisco, California. **2001**

La colección de arte contemporánea Pilot Hill [*The Pilot Hill Collection of Contemporary Art*]. Crocker Art Museum, Sacramento, California. 20 de diciembre de 2002–23 de febrero de 2003. **2002**

Exposición colectiva. Christopher Winfield Gallery, Carmel, California. 8 de octubre–20 de noviembre. **2006**

Paisaje íntimo [*Intimate Landscape*]. Mary Porter Sesnon Art Gallery, Universidad de California, Santa Cruz. 6 de diciembre de 2006–27 de enero de 2007.

California en Connecticut: La colección de Joanne y William Rees [*California in Connecticut: Joanne and William Rees Collection*]. New Britain Museum of American Art, New Britain, Connecticut. 20 de abril–3 de julio. **2007**

La Baja California de Eduardo Carrillo: The Land of My Mother—La tierra de mi madre. National Steinbeck Center, Salinas, California. 26 de julio–5 de octubre. **2008**

Eduardo Carrillo: En un contexto cultural [*Eduardo Carrillo: Within a Cultural Context*]. Museum of Art and History en el McPherson Center, Santa Cruz, California. 22 de agosto–22 de noviembre. **2009**

Una versión modificada de la exposición viaja a:

Santa Rosa Junior College Art Gallery, Santa Rosa, California. 9 de septiembre–23 de octubre de 2010.

Posthumous Exhibitions

1999 Group exhibition. Joseph Chowning Gallery, San Francisco, California.

2001 Group exhibition. Joseph Chowning Gallery, San Francisco, California.

2002 *The Pilot Hill Collection of Contemporary Art.* Crocker Art Museum, Sacramento, California. December 20, 2002–February 23, 2003.

2006 Group exhibition. Christopher Winfield Gallery, Carmel, California. October 8–November 20.

Intimate Landscape. Mary Porter Sesnon Art Gallery, University of California, Santa Cruz. December 6, 2006–January 27, 2007.

2007 *California in Connecticut: Joanne and William Rees Collection.* New Britain Museum of American Art, New Britain, Connecticut. April 20–July 3.

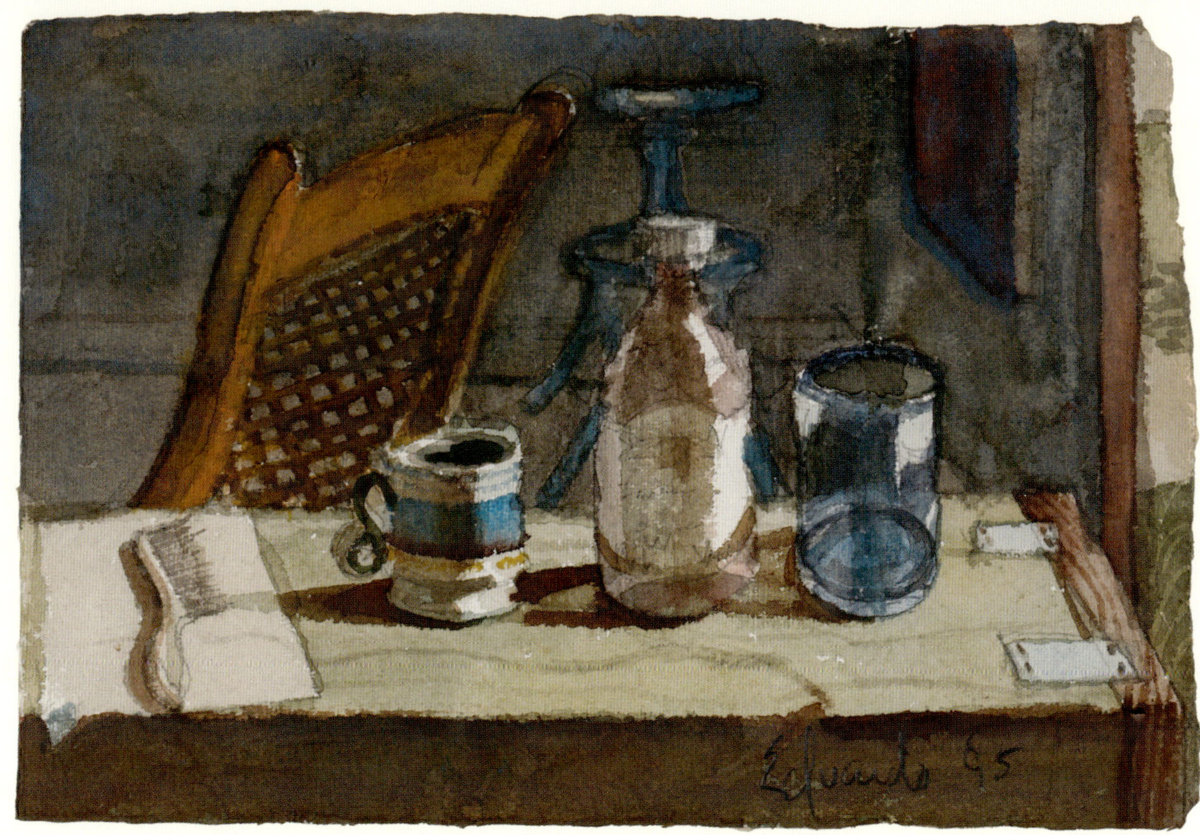

STILL LIFE CUP AND BLUE GLASS, 1995.
Watercolor on paper, 7½ × 11 inches. Private collection.

NATURALEZA MUERTA DE TAZA Y VASO AZUL, 1995.
Acuarela sobre papel, 7½ × 11 pulgadas. Colección privada.

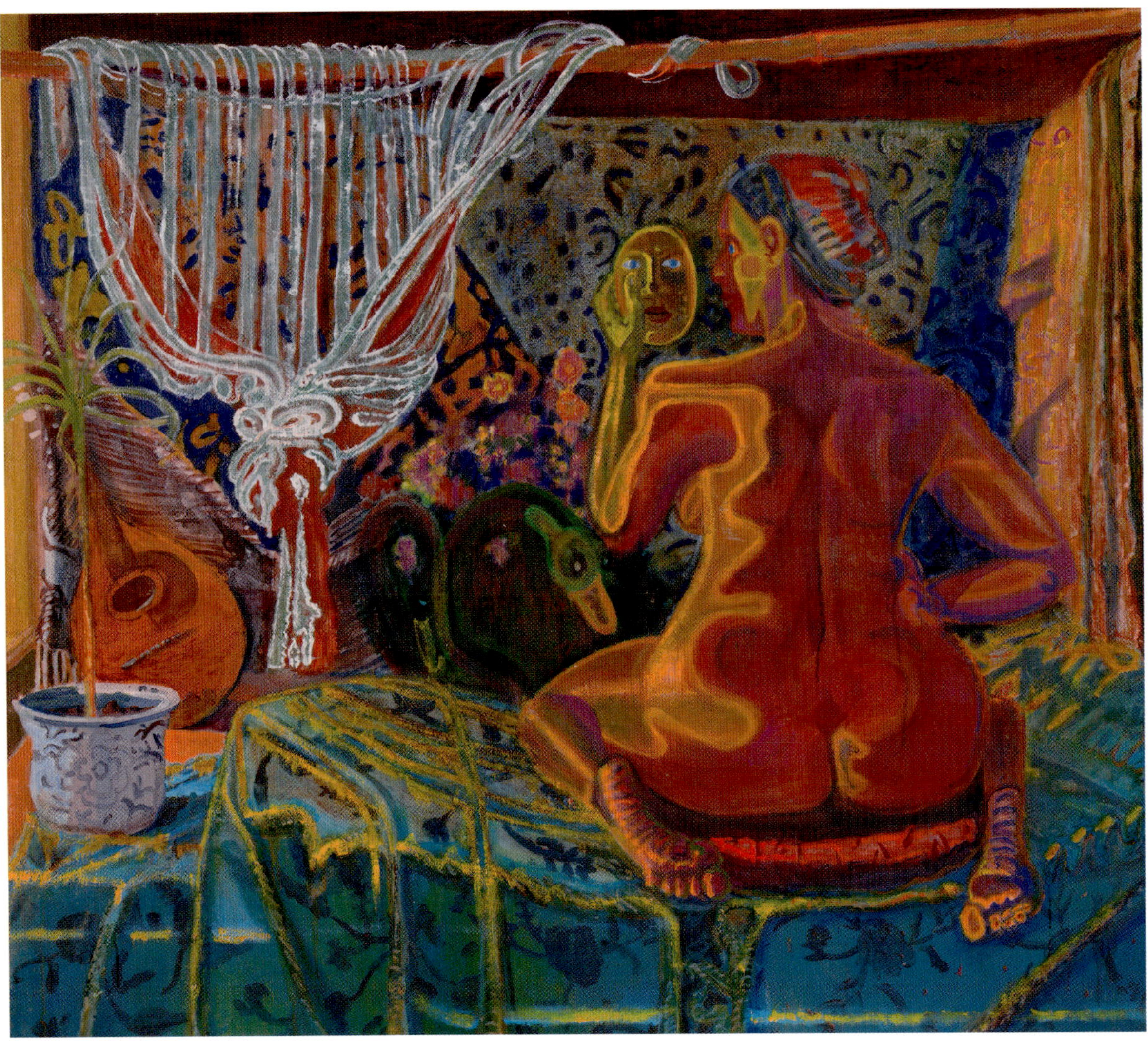

LEDA Y EL CISNE, 1996.
Óleo sobre lienzo,
51¼ × 56¾ pulgadas.
Colección privada.

LEDA AND THE SWAN, 1996.
Oil on canvas,
51¼ × 56¾ inches.
Private collection.

Eduardo Carrillo. Wiegand Gallery, Notre Dame de Namur University, Belmont, California. 22 de enero–27 de febrero. **2010**

El arte a lo largo del guión: La generación méxico-estadounidense, 1945–1965 [*Art Along the Hyphen: The Mexican-American Generation: 1945–1965*]. Autry National Center of the American West, Los Ángeles, California. 14 de octubre de 2011–8 de enero de 2012. **2011**

El efecto mariposa: El arte de California en la década de los setenta del siglo XX [*The Butterfly Effect: 1970s California Art*]. Palo Alto Art Center, Palo Alto, California. 16 de septiembre–31 de diciembre. **2016**

Testamento del espíritu: Pinturas de Eduardo Carrillo [*Testament of the Spirit: Paintings by Eduardo Carrillo*]. Crocker Art Museum, Sacramento, California. 24 de junio–7 de octubre de 2018. **2018–19**

Esta exposición viaja a:

Pasadena Museum of California Art, Pasadena, California. 12 de enero–3 de junio de 2018.

Triton Museum of Art, Santa Clara, California. 27 de octubre de 2018–27 de enero de 2019.

American University Museum, Washington, D.C. 6 de abril–1 de junio de 2019.

2008 *Eduardo Carrillo's Baja California: The Land of My Mother—La Tierra de Mi Madre*. National Steinbeck Center, Salinas, California. July 26–October 5.

2009 *Eduardo Carrillo: Within a Cultural Context*. Museum of Art and History at the McPherson Center, Santa Cruz, California. August 22–November 22.

Modified version of the exhibition travels to:

Santa Rosa Junior College Art Gallery, Santa Rosa, California. September 9–October 23, 2010.

2010 *Eduardo Carrillo*. Wiegand Gallery, Notre Dame de Namur University, Belmont, California. January 22–February 27.

2011 *Art Along the Hyphen: The Mexican-American Generation: 1945–1965*. Autry National Center of the American West, Los Angeles, California. October 14, 2011–January 8, 2012.

2016 *The Butterfly Effect: 1970s California Art*. Palo Alto Art Center, Palo Alto, California. September 16–December 31.

2018–19 *Testament of the Spirit: Paintings by Eduardo Carrillo*. Crocker Art Museum, Sacramento, California. June 24–October 7, 2018.

Exhibition travels to:

Pasadena Museum of California Art, Pasadena, California. January 12–June 3, 2018.

Triton Museum of Art, Santa Clara, California. October 27, 2018–January 27, 2019.

American University Museum, Washington, D.C. April 6–June 1, 2019.

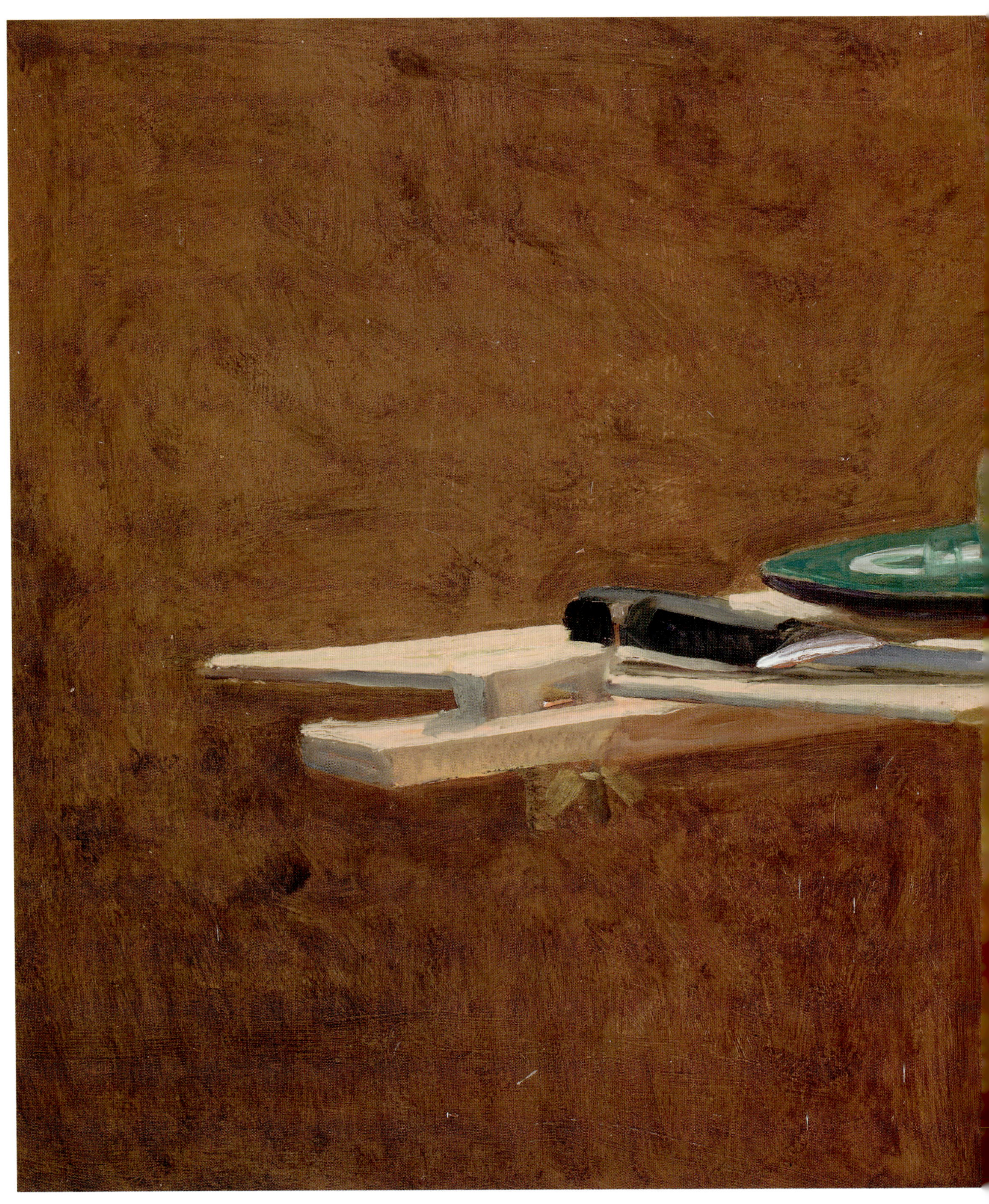

TABOURET WITH STILL LIFE, ca. 1990.
Oil on board, 22¼ × 35¼ inches.
Private collection.

TABURETE CON NATURALEZA MUERTA, hacia 1990.
Óleo sobre tabla, 22¼ × 35¼ pulgadas.
Colección privada.

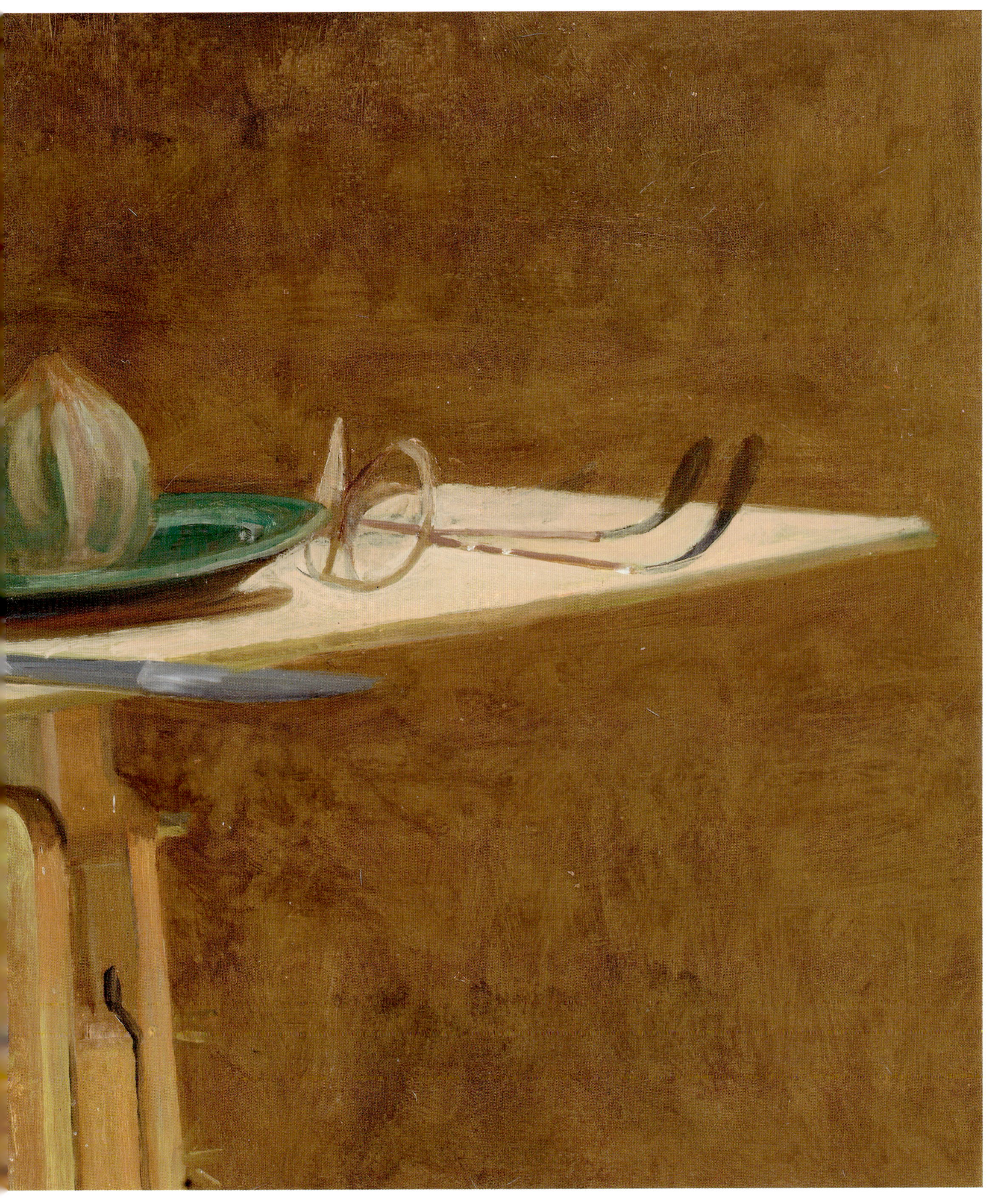

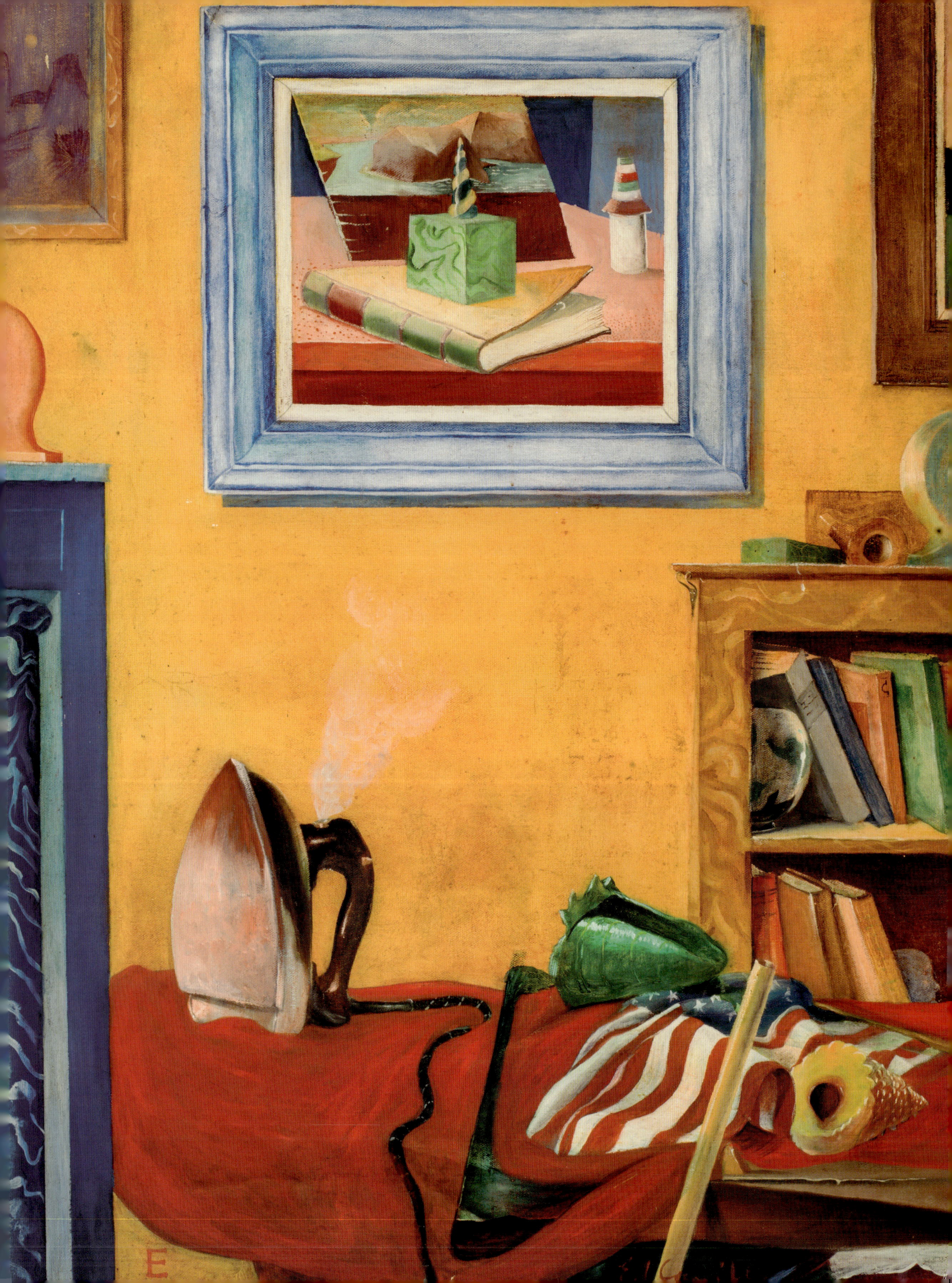

Selected Bibliography
Bibliografía seleccionada

BOOKS / LIBROS

Albright, Thomas. *Art in the San Francisco Bay Area, 1945–1980: An Illustrated History.* Berkeley and Los Angeles: University of California Press, 1985.

Brookman, Philip, Eduardo Carrillo, Juventino Esparza, and Tomás Ybarra-Frausto. *Final Report to the National Endowment for the Humanities: "Califas, Chicano Art and Culture in California."* Santa Cruz, CA: Oakes College, University of California, Santa Cruz, 1982.

Caso, Alfonso. *The Aztecs: People of the Sun.* Norman: University of Oklahoma, 1970.

Castaneda, Carlos. *A Separate Reality: Further Conversations with Don Juan.* New York: Washington Square Press, 1991.

Cockcroft, Eva Sperling, and Holly Barnet-Sánchez. *Signs from the Heart: California Chicano Murals.* Venice, CA: Social and Public Art Resource Center; Albuquerque: University of New Mexico Press, 1993.

Covarrubias, Miguel. *Indian Art of Mexico & Central America.* New York: Alfred A. Knopf, Inc., 1957.

De Alba, Alicia Gaspar. *Chicano Art Inside / Outside the Master's House: Cultural Politics and the CARA Exhibition.* Austin: University of Texas Press, 1998.

Fallon, Michael. *Creating the Future: Art and Los Angeles in the 1970s.* Berkeley: Counterpoint, 2014.

Goldman, Shifra M., and Tomás Ybarra-Frausto. *Arte Chicano: A Comprehensive Annotated Bibliography of Chicano Art, 1965–1981.* Berkeley: Chicano Studies Library Publications Unit, University of California, 1985.

Levick, Melba. *The Big Picture: Murals of Los Angeles.* Commentaries by Stanley Young. Boston: Little, Brown & Co., 1988.

Lomelí, Francisco, ed. *Handbook of Hispanic Cultures in the United States: Literature and Art.* Houston: Arte Público Press, University of Houston, 1993.

McCaughan, Edward J. *Art and Social Movements: Cultural Politics in Mexico and Aztlán.* Durham and London: Duke University Press, 2012.

Morse, Peter. *Popular Art: The Example of Jean Charlot.* Santa Barbara, CA: Capra Press, 1978.

Paz, Octavio. *Sor Juana or the Traps of Faith.* Cambridge, MA: Belknap Press of Harvard University, 1988.

Quirarte, Jacinto. *Mexican American Artists.* Austin: University of Texas Press, 1973.

Rubin, David S., ed. *Psychedelic: Optical and Visionary Art since the 1960s.* Cambridge, MA: MIT Press, 2010.

Selz, Peter. *Art of Engagement: Visual Politics in California and Beyond.* With an essay by Susan Landauer. Berkeley and Los Angeles: University of California Press, 2006.

FACING PAGE

STILL LIFE WITH IRON, late 1960s. *Detail.* *See page 182.*

PÁGINA OPUESTA

NATURALEZA MUERTA CON PLANCHA, a finales de los sesenta del siglo XX. *Detalle.* *Véase la página 182.*

EXHIBITION CATALOGUES / CATÁLOGOS DE EXPOSICIÓN

Brookman, Philip, and Guillermo Gómez-Peña. *Made in Aztlán*. San Diego, CA: Centro Cultural de la Raza, 1986.

California State University, Los Angeles, Fine Arts Gallery. *Edward Carrillo: Selected Works, 1960–1975*. Introduction by Aron Goldberg. Los Angeles: California State University, 1975.

Cancel, Luis R. *The Latin American Spirit: Art and Artists in the United States, 1920–1970*. New York: Bronx Museum of the Arts in association with Harry N. Abrams, 1988.

Carrillo, Eduardo. *Mano a mano: abstracción/figuración: 16 pintores Mexicano-Americanos & Latino-Americanos del Area de la Bahía de San Francisco*. Santa Cruz, CA: Art Museum of Santa Cruz County, 1988.

Fields, Virginia M., and Victor Zamudio-Taylor. *The Road to Aztlán: Art from a Mythic Homeland*. Los Angeles: LACMA, 2001.

Fitz Gibbon, John. *California A–Z and Return*. Introduction by Louis A. Zona. Youngstown, OH: The Butler Institute of American Art, 1990.

——. *California Connections: Sacramento State College, the Early 1970s*. San Francisco: Joseph Chowning Gallery, 1982.

——. *The Pilot Hill Collection of Contemporary Art*. Foreword by Jock Reynolds; Introduction by Scott A. Shields; Epilogue by William Allen. Sacramento: Crocker Art Museum, 2002.

Frederick S. Wight Art Gallery. *The Early Sixties at UCLA*. Los Angeles: University of California, 1977.

Gadea, Patricia. *Atomic-Circus*. Madrid: Museo Nacional Centro de Arte Reina Sofía, 2014.

Galuszka, Frank. *Intimate Landscape*. Introductory essay by Christina Waters. Carmel, CA: Winfield Gallery, 2006.

Goldfarb, Brian, John Hatfield, Laura Trippi, and Mimi Young. *Temporarily Possessed: The Semi-Permanent Collection*. New York: The New Museum of Contemporary Art, 1995.

Griswold del Castillo, Richard, Teresa McKenna, and Yvonne Yarbro-Bejarano, eds. *Chicano Art: Resistance and Affirmation, 1965–1985*. Los Angeles: Wight Art Gallery, University of California, Los Angeles, 1991.

L.A. Louver Gallery. *Terry Allen / Eduardo Carrillo*. Venice, CA: L.A. Louver Gallery, 1988.

Landauer, Susan, William H. Gerdts, and Patricia Trenton. *The Not-So-Still Life: A Century of California Painting and Sculpture*. Berkeley and Los Angeles: University of California Press; San Jose: San Jose Museum of Art, 2003.

Los Angeles Municipal Art Gallery. *Ceeje Revisited*. Preface by Josine Ianco-Starrets; Introduction by Faith Flam; Essays by Susan B. Larsen and Fidel Danieli. Los Angeles: Los Angeles Municipal Art Gallery, 1984.

Museo Eduardo Carrillo. *Eduardo Carrillo*. Santa Cruz, CA: Museo Eduardo Carrillo, 2009.

Noriega, Chon, Terezita Romo, and Pilar Tompkins Rivas. *L.A. Xicano*. Los Angeles: UCLA Chicano Studies Research Center Press, 2011.

San Jose State University. *The Second Wave: 20 Emerging Chicano Artists*. Foreword by Bob Freimark. San Jose: San Jose State University, 1982.

Tucker, Marcia. *"Bad" Painting*. New York: The New Museum, 1978.

ARTICLES / ARTÍCULOS

Allen, Virginia. "Review of *Ed Carrillo: Polychrome Sculpture and Paintings* at Ceeje Gallery." *Artforum* 2, no. 7 (January 1964): 48.

Baker, Kenneth. "Erratic Offerings in Hispanic Exhibits." *San Francisco Chronicle*, March 12, 1989.

Brookman, Philip. "Spiritual Narratives." *Artweek*, September 24, 1982.

Carrillo, Eduardo. "CALIFAS: Is Chicano Art Safe in Santa Cruz?" *Arts at Santa Cruz* 1, no. 1 (Spring 1981): 6–9.

Ceeje Gallery, Los Angeles, CA. Advertisement including portrait of Ed Carrillo. *Artforum* 1, no. 2 (July 1962): 3.

Chiapella, Julia. "Remembering Eduardo: A New Exhibit at the Sesnon Brings Forth the Stunning Vision of Eduardo Carrillo." *Santa Cruz Sentinel*, March 13, 1998.

College Eight Gallery, University of California, Santa Cruz, CA. Calendar listing. "*Group Exhibition: Edward Carrillo, Consuelo Mendez Castillo, Louis Gutierrez, José Montoya.*" *Artweek*, February 7, 1976, 10.

Cook, Katherine. "To 'Live Our Own Dynamic Epoch': Eduardo Carrillo at Joseph Chowning Gallery." *Artweek*, October 11, 1990.

Dalkey, Victoria. "A Man of Many Moods, Modes." *Sacramento Bee*, June 1, 1986.

Davidson, Maureen. "In Living Color: A retrospective of Eduardo Carrillo reveals an artist who wouldn't be pigeonholed." *Santa Cruz Weekly*, August 26, 2009.

Genauer, Emily. "William Brice: Drawing, Painting in Harmony Again." *New York Herald Tribune*, April 29, 1956.

Goldberg, Aron. "Ed Carrillo—Ceeje Alumnus." *Artweek* 6, no. 15 (April 12, 1975): 3.

Hagberg, M. "Review of *All-California Exhibition* at Fine Arts Gallery of San Diego." *Artforum* 4, no. 9 (May 1966): 18.

Langsner, Jules. "Art News from Los Angeles." *Art News* 61, no. 6 (October 1962): 50.

Open Ring Galleries, Sacramento, CA. Calendar listing. "*Solo Exhibition: Recent Work.*" *Artweek*, January 24, 1976, 7.

Petlin, Irving S. "Ed Carrillo: Ceeje Gallery." *Artforum* 4, no. 5 (January 1966): 13.

[Secunda, Arthur]. "Review of *Four Painters: Garabedian / Chavez / Carrillo / Lunetta* at Ceeje Gallery." *Artforum* 1, no. 3 (August 1962): 6.

Seldis, Henry. "Four Painters at Ceeje." *Los Angeles Times*, July 20, 1962.

———. "Six Painters of the Rear Guard." *Los Angeles Times*, April 1964.

[Steen, Charlene]. "Review of *Arts of Southern California XVII* at Long Beach Museum of Art." *Artforum* 9, no. 10 (Summer 1966): 10.

Van Proyen, Mark. "Interplays." *Artweek*, November 19, 1992.

———. "Mano a Mano." *Artweek*, April 1, 1989.

———. "On Point." *Artweek*, December 1997.

Vecsey, Esther. "Hand to Hand Combat: The Oakland Museum Hosts Mano a Mano: Abstraction and Figuration, 16 Mexican American and Latin American Painters from the Bay Area." *The Daily Californian*, March 31, 1989.

———. "The Return of the Desert Fathers: Chas and Eddie Paint the Baja at the Joseph Chowning Gallery." *Artweek* 21, no. 3 (January 25, 1990).

———. "A World Away: Chas and Eddie Paint the Baja." *The Daily Californian*, January 1990.

Waters, Christina. "The Art of Living." *Metro Santa Cruz*, September 25–October 1, 1997.

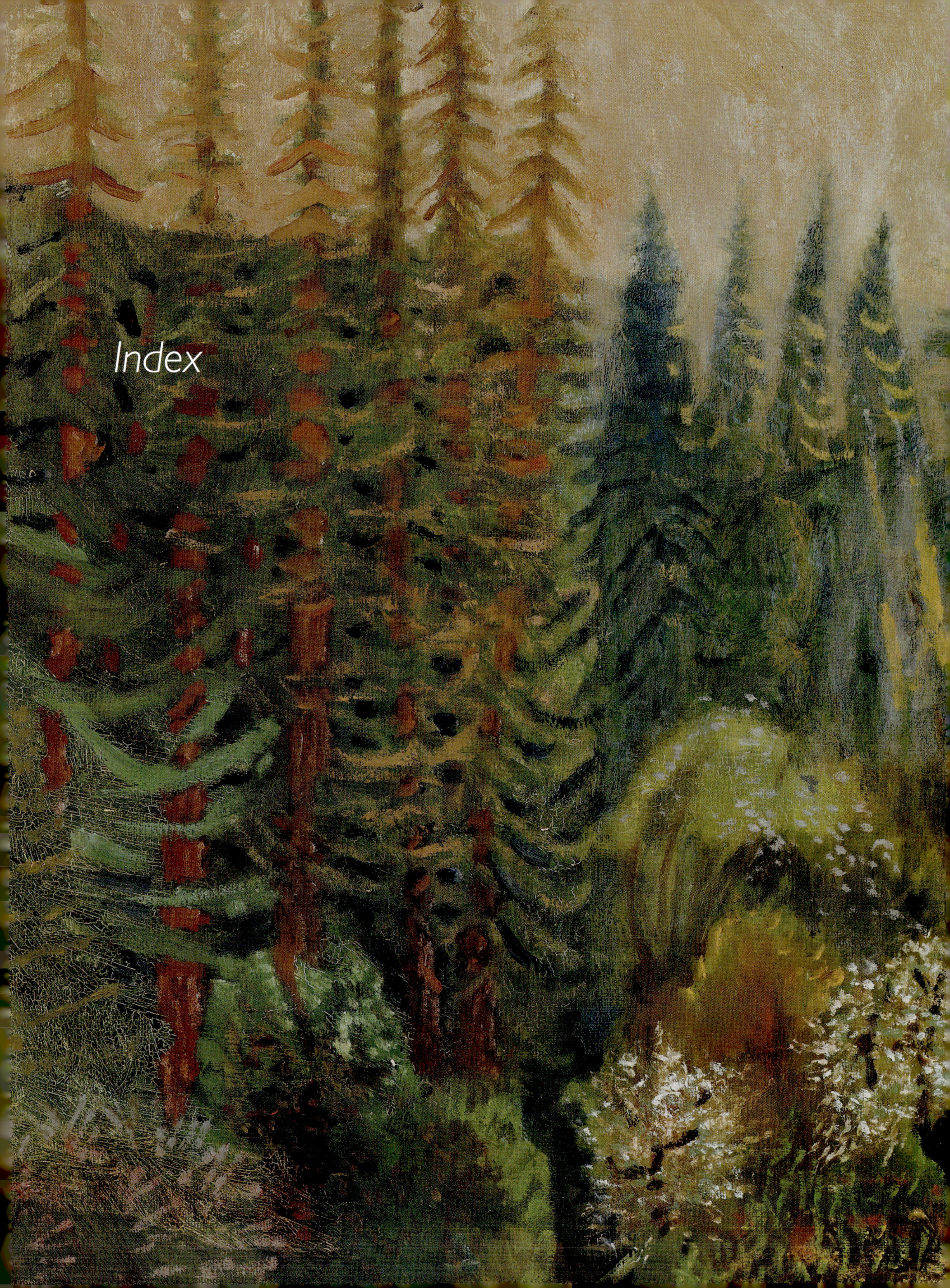

Index

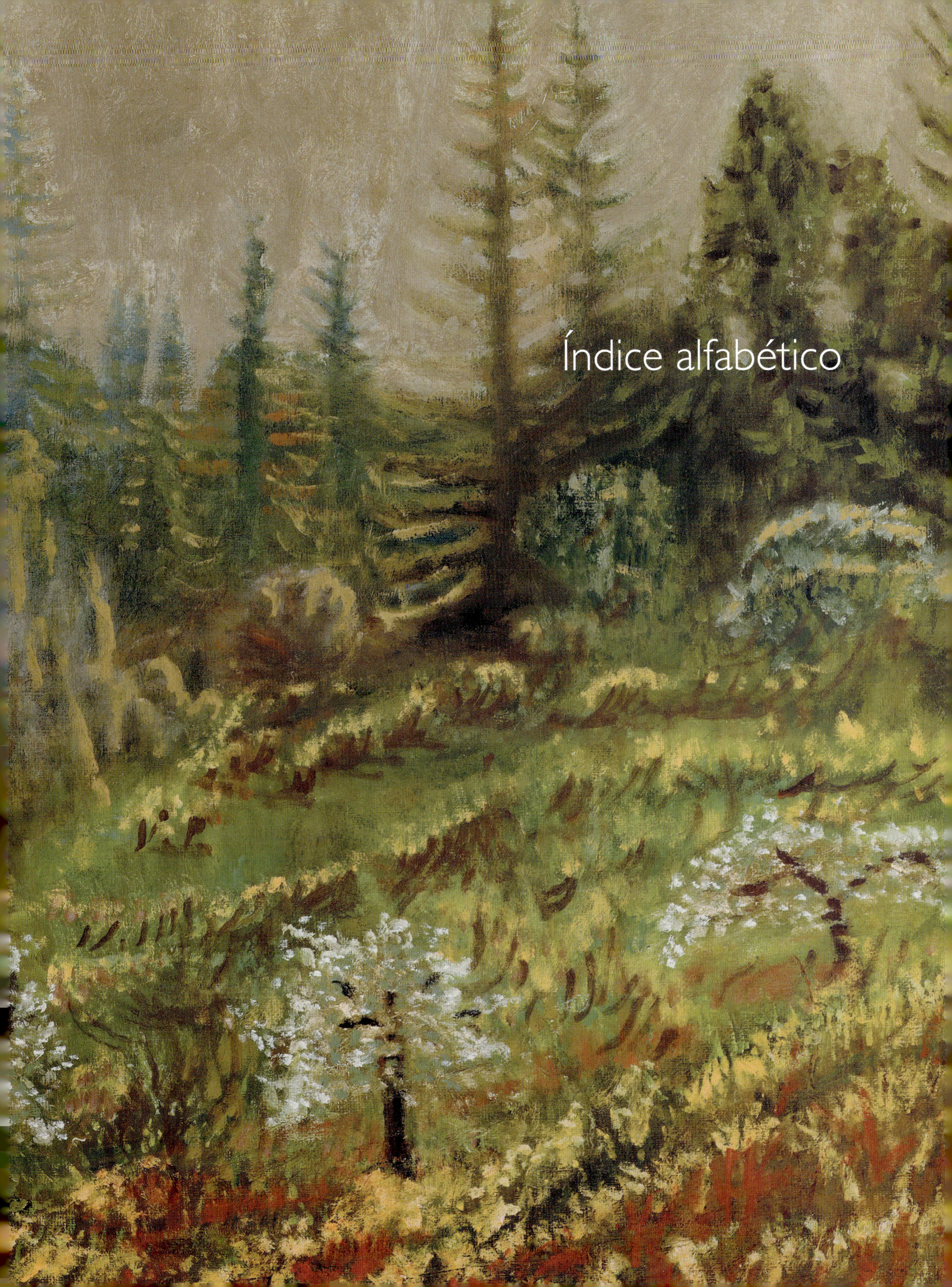

Índice alfabético

Eduardo Carrillo often gave his works Spanish titles but followed the English method of capitalization. We have respected those original titles.

Index

PREVIOUS SPREAD

APPLE ORCHARD, 1991.
Detail. See page 206.

PÁGINA DOBLE ANTERIOR

HUERTO DE MANZANAS, 1991.
Detalle. Véase la página 206.

A menudo, Eduardo Carrillo titulaba sus obras en español pero usando mayúsculas como se hace en inglés. Hemos conservado esos títulos en su forma original.

Índice alfabético

Los números de página en negrilla indican las ilustraciones.

Testament of the Spirit

Paintings by Eduardo Carrillo

was produced under the auspices of the Crocker Art Museum

Kristina Perea Gilmore, Associate Curator

Testamento del espíritu

Pinturas de Eduardo Carrillo

fue producido bajo los auspicios del Museo de Arte Crocker

Kristina Perea Gilmore, Curadora Asociada

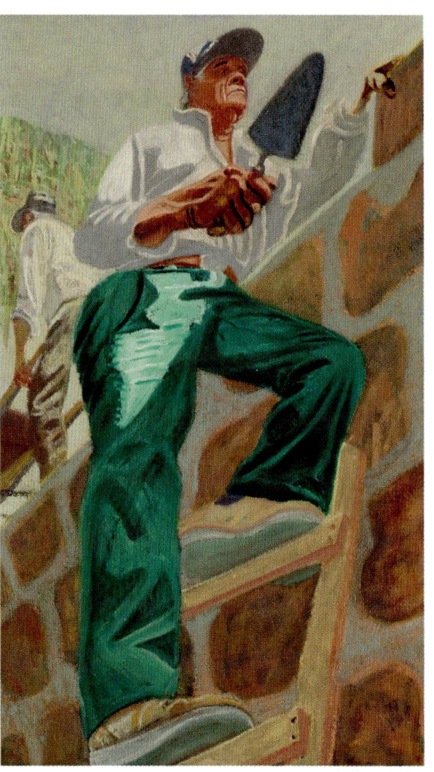

PRODUCED BY WILSTED & TAYLOR PUBLISHING SERVICES

Project manager Christine Taylor

Production assistant LeRoy Wilsted

Copy editor Melody Lacina

Designer and compositor Nancy Koerner

Proofreader Nancy Evans

Indexer Mary Mortenson

Color manager Evan Winslow Smith

Printer's devil Lillian Marie Wilsted

PRODUCIDO POR WILSTED & TAYLOR PUBLISHING SERVICES

Directora del proyecto Christine Taylor

Ayudante de producción LeRoy Wilsted

Editora de manuscritos Melody Lacina

Diseñadora y cajista Nancy Koerner

Correctora de pruebas Nancy Evans

Compiladora de índices Mary Mortenson

Gerente de colores de imprenta Evan Winslow Smith

Aprendiz de imprenta Lillian Marie Wilsted

Testament of the Spirit was composed in Electra and Dante with Gill Sans display. The paper is 157 gsm matte art paper. The book was printed and bound in China by R. R. Donnelley Asia.

Testamento del espíritu fue compuesto en Electra, Dante y Gill Sans display. El papel es 157 gsm papel de arte matte. El libro fue impreso y encuadernado en China por R. R. Donnelley Asia.